NOMOSSTUDIUM

PD Dr. Daniel Effer-Uhe
Dipl.-Psych. Alica Mohnert,
Mag. iur., LL.M. (CUPL/中国政法大学)

Psychologie
für Juristen

Die Deutsche Nationalbibliothek verzeichnet diese Publikation in
der Deutschen Nationalbibliografie; detaillierte bibliografische
Daten sind im Internet über http://dnb.d-nb.de abrufbar.

ISBN 978-3-8487-4629-3 (Print)
ISBN 978-3-8452-8859-8 (ePDF)

1. Auflage 2019
© Nomos Verlagsgesellschaft, Baden-Baden 2019. Gedruckt in Deutschland. Alle Rechte,
auch die des Nachdrucks von Auszügen, der fotomechanischen Wiedergabe und der
Übersetzung, vorbehalten.

Vorwort

Im Jurastudium und Referendariat lernt man eine Menge – aber keine Psychologie. Jedenfalls nicht viel. Als Jurastudentin wird man – je nach Universität und eigenen Vorlieben – vielleicht die Gelegenheit haben, an einer ein- bis zweitägigen Schlüsselqualifikationsveranstaltung zum Beispiel zu Urteilseinflüssen teilzunehmen, als Referendar wird einem der Ausbilder oder die Arbeitsgemeinschaftsleiterin das eine oder andere zur Würdigung von Zeugenaussagen erzählen. Wenn man mit dem Ausbilder oder der Arbeitsgemeinschaftsleiterin Glück hat, kann der Inhalt dieser Erzählungen auch fachlich fundiert sein, aber garantiert ist das leider nicht.

Dabei beschreibt die Psychologie jede Menge Konzepte, die für die berufliche Praxis so gut wie jeder juristischen Berufsgruppe von eminenter Bedeutung sind. Schlagen Sie irgendein gängiges Lehrbuch für Psychologiestudenten auf, Sie werden sich wundern, wieso Sie davon in Ihrer eigenen Ausbildung nichts gehört haben. Die Antwort ist einfach: Weil es vielen Dozenten an Problembewusstsein mangelt, weil ihnen in ihrer eigenen Ausbildung diese Inhalte ebenfalls nicht begegnet sind und nicht zuletzt, weil es an leicht zugänglicher Literatur, die sich an Juristen richtet, fehlt. Lehrbücher zur Rechtspsychologie richten sich in der Regel nicht an Juristen, sondern an Psychologen, die Berührungspunkte zur forensischen Tätigkeit aufweisen. Diesem Mangel an einführender Literatur mit Fokus auf die Bedürfnisse von Juristen wollen wir mit diesem Werk abhelfen.

Das Ziel, ein allgemeines einführendes Werk zu schreiben, das für Juristen als Generalisten von Interesse ist, setzt naturgemäß eine rigorose Stoffauswahl voraus. Wir wollen Ihnen nicht die gesamte Psychologie als Gesamteinführung für ein unsortiertes Publikum präsentieren – solche Werke gibt es bereits –, und manche Aspekte, die für Juristen in ihrer beruflichen Praxis relevant werden könnten, können wir nicht erschöpfend behandeln. Ein solches Buch müsste in mehreren Bänden erscheinen, und viel Wichtiges würde in der Masse untergehen. Wir möchten Ihnen vielmehr ein Buch zur Verfügung stellen, das angehende (und auch schon praktizierende) Juristinnen und Juristen vollständig lesen können und aus dem sie aus allen Kapiteln einen Mehrwert ziehen.

Dieses Buch soll nicht der Strafrechtlerin vertiefte Kriminologiekenntnisse verschaffen oder den Familienrechtler umfassend in familienrechtspsychologischen Fragen ausbilden: Dem Spezialisten, der sich gerade in seinem Spezialgebiet vertieft informieren will, stehen spezialisierte Werke für einzelne Rechtsgebiete bereits jetzt zur Verfügung. Viele Themen, die man potentiell in unserem Buch „Psychologie für Juristen" hätte ansprechen können, haben wir daher letztlich für zu speziell befunden und aussortiert, und die Auswahl der verbleibenden Themen ist notwendigerweise subjektiv. Und vermutlich gibt es auch noch psychologische Themen, die wir nicht im Blick hatten, obwohl sie thematisch hineingepasst hätten. Wenn Sie etwas im Kopf haben, worüber Sie gern mehr (oder überhaupt etwas) gelesen hätten, oder einen allgemeinen Verbesserungsvorschlag haben, freuen wir uns über eine Nachricht von Ihnen.

Unser Buch basiert auf einem Seminar, das *Daniel Effer-Uhe* im Rahmen seiner Lehrstuhlvertretung an der Goethe-Universität Frankfurt am Main im Sommersemester 2016 mit *Alica Mohnerts* Unterstützung gehalten hat, sowie auf anschließenden Vorlesungen an den Universitäten Frankfurt am Main, Köln und Leipzig. Unsere Teilnehmerinnen und Teilnehmer haben mit ihren Fragen und Diskussionsbeiträgen viele gute

Vorwort

Anregungen beigesteuert. Herzlichen Dank dafür! Ebenso danken wir den Mitarbeiterinnen, Mitarbeitern und Hilfskräften an den Universitäten Freiburg, Frankfurt am Main, Leipzig und Köln, die uns bei der Erarbeitung des Buchs unterstützt haben: *Matthias Klatt* (Freiburg), *Anabel Wenzel*, *Mara Becker*, *Alicia Erk* und *Max Gotta* (Frankfurt), *Laura Krüger* und *Josua Zimmermann* (Leipzig) sowie *Bianca Bacher* (Köln) – erst durch ihre Hilfe war es möglich, dieses Werk in dieser Form und Zeit auf die Beine zu stellen. Ebenso danken wir für die Unterstützung des Kölner Vereins zur Förderung der Rechtswissenschaft, der unser Lehrbuchprojekt durch die Finanzierung einer Hilfskraftstelle unterstützt hat.

Die Inhalte dieses Buches haben wir in regelmäßigen Diskussionen erstellt, die verschiedenen Ideen im Rahmen gemeinsamer Gespräche reifen lassen. Gleichwohl bringt die Erstellung des Manuskripts eines solchen Werkes es mit sich, dass Verantwortlichkeiten aufgeteilt werden müssen und Teile des Werkes vom einen, andere Teile vom anderen Co-Autor zu verfassen sind, auch wenn es nach dem ersten Entwurf noch reichliche wechselseitige Überarbeitungen gibt. Hauptverantwortliche Autorin für die Abschnitte zu Wahrnehmung und Erinnerung, Zeugenvernehmung und Beweiswürdigung, Persuasion und Einstellungsänderung, Verhandeln und Motivation war *Alica Mohnert*. Die Abschnitte zur kognitiven Dissonanz, zu Urteilsverzerrungen, Urteilsheuristiken und Urteilsfehlern, zu statistischen Fehlschlüssen, zur Attribution, zu sozialen Rollen, sozialen Normen und sozialem Einfluss, zu Aggression, Beharren auf Diagnosen, Resilienz und posttraumatischer Belastungsstörung sowie innerhalb des Abschnitts zur Zeugenvernehmung und Beweiswürdigung die Ausführungen zum Einsatz von Polygraphen hat *Daniel Effer-Uhe* geschrieben. Die Einführung und den Abschnitt zu Psychologie und psychologischer Forschung haben wir gemeinsam verfasst, mit Ausnahme der Ausführungen zu psychologischen Datenbanken und der Abgrenzung zu psychoanalytischen Ansätzen, die aus *Alica Mohnerts* Feder stammen.

Mit diesem Buch verbinden wir unseren Anspruch, ein gut lesbares Einführungswerk vorzulegen, aus dessen Lektüre angehende und bereits praktizierende Juristinnen und Juristen für ihre berufliche Tätigkeit großen Nutzen ziehen, und die Hoffnung, dass es eine Vielzahl von Lesern und Leserinnen findet, denen es hilft, (noch) bessere Juristen zu werden. Wir hoffen, damit ein neues Problembewusstsein zu wecken und Ihr Interesse an einer weitergehenden Beschäftigung mit den angesprochenen Themenkreisen (beispielsweise mit Hilfe des umfangreichen Fußnotenapparats) zu entfachen. Wir denken, es ist eine spannende Materie.

Köln, im Januar 2019 *Alica Mohnert und Daniel Effer-Uhe*

Inhalt

Abkürzungsverzeichnis	11

§ 1 Psychologie und psychologische Forschung 13
    I. Was ist Psychologie? 13
    II. Psychologische Forschung 14
    III. Kritische Bemerkungen zur Psychoanalyse und ihren tiefenpsychologischen Ablegern 19
    IV. Psychologische Datenbanken und Fachzeitschriften 23
        1. Datenbanken 23
        2. Fachzeitschriften 24

§ 2 Kognitive Dissonanz 25

§ 3 Urteilsverzerrungen, Urteilsheuristiken, Urteilsfehler 29
    I. Verfügbarkeitsheuristik 29
    II. Ankereffekt 30
    III. Statistische Denkfehler 34
        1. Repräsentativitätsheuristik 34
        2. Statistische Fehlschlüsse 35
            a) Der Fehlschluss des Anklägers (Prosecutor's Fallacy) 35
            b) Beweisring und Beweiskette 36
            c) Rechnerischer Umgang mit dem Beweiswert von Indizien 38
                aa) Häufigkeitsbaum 39
                bb) Vertiefung zu den mathematischen Grundlagen: das Bayes-Theorem 42
            d) Abhängige und unabhängige Indizien 46
            e) Der „umgekehrte Fehler" oder Vertauschungsfehler (Inverse Fallacy) 48
            f) Empfehlungen 49
    IV. Rückschaufehler (Hindsight Bias) 49
    V. Hofeffekt 51
    VI. Darstellungseffekt (Framing) 53
    VII. Bestätigungsfehler (Confirmation Bias) 57
    VIII. Kompromisseffekt 58

§ 4 Wahrnehmen und Erinnern 62
    I. Informationsaufnahme 63
    II. Speicherung von Informationen 67
    III. Abruf von Informationen 68
    IV. Exkurs: Wiedererkennen von Personen 69
    V. Suggestion und Pseudoerinnerung 73

§ 5 Zeugenvernehmung und Beweiswürdigung 83
    I. Grundlagen 83
        1. Wozu sich mit Aussagewürdigung und Zeugenvernehmung beschäftigen? 83

Inhalt

	2. Terminologie und grundlegende Konzepte	83
	a) Glaubhaftigkeit einer Aussage	83
	b) Beweislastverteilung in der Ausgangshypothese	84
	c) Lügen und Irrtümer	84
II.	Aussagewürdigung	87
	1. Aussagetüchtigkeit	88
	2. Inhaltsorientierte Aussageanalyse anhand der Realitätskriterien	89
	a) Exkurs: Körperliche Merkmale, insbesondere der irreführend sogenannte Lügendetektor	90
	b) Inhaltsbezogene Realitätskriterien	96
	aa) Kognitive Aspekte	97
	(i) Detailreichtum	97
	(ii) Gesprächswiedergabe	98
	(iii) Mimik und Gestik	98
	(iv) Interaktionen	98
	(v) Komplikationen	99
	(vi) Deliktstypik	99
	(vii) Nebensächlichkeiten	100
	(viii) Raum-zeitliche Verhältnisse	100
	(ix) Individualität/Originalität	100
	(x) Gefühle	101
	(xi) Assoziationen	102
	(xii) Unverstandenes	102
	(xiii) Mehrdeutigkeit	102
	(xiv) Logische Konsistenz	102
	bb) Strategische Selbstdarstellung	103
	(i) Selbstbelastung	103
	(ii) Entlastung des „Gegners"	104
	c) Strukturelle Realitätskriterien	104
	aa) Strukturgleichheit	105
	bb) Tempo	106
	cc) Nichtsteuerungskriterium	107
	dd) Homogenität	107
	ee) Verflechtung	108
	ff) Konstanz und Inkonstanz	108
	gg) Wechselseitige Ergänzung durch mehrere Personen	109
	hh) Isomorphiekriterium	109
	3. Kompetenzanalyse	109
	4. Exkurs: Falsche Geständnisse	110
III.	Zeugenvernehmung	111
	1. Gestaltung der Vernehmung	111
	a) Vernehmungsvorbereitung	112
	b) Verhalten der Vernehmungsperson	113
	c) Hinführung zum Beweisthema	117
	d) Vernehmung zur Sache	118
	aa) Der Bericht	118
	bb) Das Verhör	119

	f) Gute Fragetechnik		120
	aa) Fragequalität		120
	bb) Frageinhalt		121
	cc) Fragetaktik		122
	g) Fragetypen		122
	aa) Die Filterfrage		123
	bb) Offene Fragen		123
	cc) Geschlossene Fragetypen		124
	dd) Testfragen		124
	h) Spezialfall Komplott		125
	i) Besondere Vernehmungsmethoden		126
	aa) Das kognitive Interview		126
	(i) Das Zurückversetzen in den Wahrnehmungskontext		127
	(ii) Die Ausführung sämtlicher Details		128
	(iii) Die Reihenfolgenvertauschung		128
	(iv) Der Perspektivenwechsel		129
	bb) Die Mehrkanalmethode		129
	cc) Das Zickzackverhör		129
	dd) Die Reid-Technik		130
	2. Korrekte Dokumentation und typische Fehler		131
	a) Verkürzung		132
	b) Sprachliche Korrektur		132
	c) Weglassen der Aussageentstehung und „Hilfestellungen"		132
	d) Chronologische Korrektur		133
	e) Weglassen der Fragen		133
	3. Besondere Vernehmungssituationen		133
	a) Polizeibeamte als Zeugen		133
	b) Anonyme Zeugen		134
	c) Opferzeugen		135
§ 6	Motivation		136
	I. Altruismus		137
	II. Exkurs: Soziale Skripte		140
§ 7	Attribution		143
§ 8	Soziale Normen, soziale Rollen, sozialer Einfluss		150
§ 9	Aggression		157
§ 10	Beharren auf Diagnosen		161
§ 11	Resilienz und posttraumatische Belastungsstörung		164
§ 12	Persuasion und Einstellungsänderungen		169
	I. Grundlagen: Was sind Einstellungen?		169
	II. Einstellungsänderung		169

Inhalt

§ 13	**Verhandeln**	173
	I. Low-balling	174
	II. Der Ankereffekt in Verhandlungen	175
	III. Mit der Tür ins Gesicht	176
	IV. Der Fuß in der Tür	176
	V. Addendum: Effektive Zugeständnisse	178
	VI. Künstliche Knappheit	179
	VII. Kontrasteffekte	179
	VIII. Abwehr manipulativer Verhandlungstechniken	181
§ 14	**Moralische Urteile**	183
§ 15	**Freier Wille**	186
§ 16	**Ein paar Worte zum Abschluss**	191
	Literaturverzeichnis	193
	Stichwortverzeichnis	211

Abkürzungsverzeichnis

Abs.	Absatz
AktG	Aktiengesetz
Alt.	Alternative
ArbGG	Arbeitsgerichtsgesetz
AT	Allgemeiner Teil
Aufl.	Auflage
Az.	Aktenzeichen
Bd.	Band
Beck-OGK	Beck-Online-Großkommentar
Beck-OK	Beck-Online-Kommentar
Beschl.	Beschluss
BGB	Bürgerliches Gesetzbuch
BGH	Bundesgerichtshof
BGHSt	Entscheidungssammlung des Bundesgerichtshofs in Strafsachen
bspw.	beispielsweise
BT	Besonderer Teil
BZRG	Bundeszentralregistergesetz
bzw.	beziehungsweise
DRiZ	Deutsche Richterzeitung
Drs.	Drucksache
engl.	englisch
etc.	et cetera
e. V.	eingetragener Verein
f., ff.	folgende
FGO	Finanzgerichtsordnung
Fn.	Fußnote
Forens Psychiatr Psychol Kriminol	Forensische Psychiatrie, Psychologie, Kriminologie (Zeitschrift)
FRP	Zeitschrift für pädagogische Psychologie und Jugendkunde
grds.	grundsätzlich
GVRZ	Zeitschrift für das gesamte Verfahrensrecht
h. M.	herrschende Meinung
Hrsg.	Herausgeber
IPA	Internationales Phonetisches Alphabet
JGG	Jugendgerichtsgesetz
Jura	Juristische Ausbildung (Zeitschrift)
KOVVfG	Gesetz über das Verwaltungsverfahren der Kriegsopferversorgung
lat.	lateinisch
LG	Landgericht
LSG	Landessozialgericht
Mio.	Millionen
MLR	Marburg Law Review (Zeitschrift)
Mrd.	Milliarde
MünchKomm	Münchener Kommentar
m. w. N.	mit weiteren Nachweisen
NJ	Neue Justiz – Zeitschrift für Rechtsentwicklung und Rechtsprechung
NJOZ	Neue juristische Online-Zeitschrift
NJW	Neue juristische Wochenschrift

Abkürzungsverzeichnis

NVwZ	Neue Zeitschrift für Verwaltungsrecht
OEG	Gesetz über die Entschädigung für Opfer von Gewalttaten
OLG	Oberlandesgericht
PLOS	Public Library of Science
PNAS	Proceedings of the National Academy of Science of the United States of America
PsychPbG	Gesetz über die psychosoziale Prozessbegleitung im Strafverfahren
PTBS	posttraumatische Belastungsstörung
R&P	Recht und Psychiatrie (Zeitschrift)
RiStBV	Richtlinien für das Strafverfahren und das Bußgeldverfahren
Rn.	Randnummer
RVG	Rechtsanwaltsvergütungsgesetz
Rz.	Randziffer
S.	Satz; Seite
SGG	Sozialgerichtsgesetz
StGB	Strafgesetzbuch
StPO	Strafprozessordnung
str.	streitig
StV	Strafverteidiger (Zeitschrift)
Urt.	Urteil
v.	von; vom
vgl.	vergleiche
VVG	Gesetz über den Versicherungsvertrag
VwGO	Verwaltungsgerichtsordnung
z. B.	zum Beispiel
ZB Med	Deutsche Zentralbibliothek für Medizin
ZJS	Zeitschrift für das juristische Studium
ZPO	Zivilprozessordnung
ZRP	Zeitschrift für Rechtspolitik
ZStW	Zeitschrift für die gesamte Strafrechtswissenschaft

§ 1 Psychologie und psychologische Forschung

I. Was ist Psychologie?

Unter **Psychologie** versteht man die wissenschaftliche Untersuchung des Verhaltens von Individuen und ihrer mentalen Prozesse; die Psychologie betrachtet sowohl Prozesse innerhalb des Individuums als auch Kräfte in seinem physischen und sozialen Umfeld.[1] Verhalten ist das Mittel, durch das sich ein Organismus an die Umwelt anpasst; Psychologen untersuchen also, was das Individuum tut und wie es dieses Tun in einer vorgegebenen Verhaltensumgebung und in einem größeren sozialen und kulturellen Kontext umsetzt.[2]

Speziell die **Sozialpsychologie**, die für den juristischen Kontext besonders bedeutsam ist, definiert sich als die wissenschaftliche Untersuchung der Art und Weise, wie Denken, Fühlen und Verhalten durch die reale oder vorgestellte Anwesenheit anderer Personen in Interaktion beeinflusst werden.[3] Die Sozialpsychologie geht davon aus, dass man etwas Wesentliches – die wichtige Rolle des **sozialen Einflusses** – außer Acht lässt, wenn man das Verhalten einer Person vorwiegend mit Persönlichkeitsmerkmalen erklärt.[4] Sozialer Einfluss umfasst – über das beobachtbare Verhalten hinausgehend – auch das Denken und Fühlen unter Bedingungen sozialer Komplexität; schon die bloße Anwesenheit anderer kann zu einer Beeinflussung führen.[5] Die Analyseebene ist für die Sozialpsychologie nicht das Individuum an sich, sondern das Individuum im Kontext einer sozialen Situation.[6] Der Sozialpsychologie geht es um die den meisten Menschen gemeinsamen **psychischen Prozesse**, die sie für soziale Einflüsse empfänglich machen bzw. anfällig werden lassen.[7]

In Abgrenzung von den angrenzenden wissenschaftlichen Fachgebieten, die sich ebenfalls mit dem Verhalten von Menschen befassen, konzentriert sich die Psychologie auf das Verhalten von Individuen, während die **Soziologie** das Verhalten von Menschen in Gruppen oder Institutionen untersucht; die **Anthropologie** hat den breiteren Kontext von Verhalten in verschiedenen Kulturen zu ihrem Gegenstand gemacht.[8] Die Psychologie hat zum Ziel, Verhalten zu beschreiben, zu erklären, vorherzusagen und zu kontrollieren; letztlich geht es ihr darum, die Lebensqualität von Menschen zu verbessern.[9] Vorhersagen in der Psychologie als einer empirischen Wissenschaft sind praktisch immer Wahrscheinlichkeitsaussagen – Aussagen darüber, mit welcher Wahrscheinlichkeit ein bestimmtes Verhalten auftreten wird oder ein bestimmter Zusammenhang nachgewiesen werden kann.[10]

---

1 *Fischer/Wiswede*, Grundlagen der Sozialpsychologie, 3. Aufl. 2009, S. 13; *Gerrig*, Psychologie, 21. Aufl. 2018, S. 2.
2 *Gerrig*, Psychologie, 21. Aufl. 2018, S. 3.
3 *Allport*, The historical background of modern social psychology, in: Lindzey (Hrsg.), Handbook of Social Psychology, 2. Aufl. 1954, Bd. 2, S. 5; *Aronson/Wilson/Akert*, Sozialpsychologie, 8. Aufl. 2014, S. 3; *Fischer/Wiswede*, Grundlagen der Sozialpsychologie, 3. Aufl. 2009, S. 9–10. Für einen detaillierten Überblick über sozialpsychologische Forschungsthemen, siehe *Frey/Greif*, Sozialpsychologie, 4. Aufl. 1997, S. 18–20.
4 *Aronson/Wilson/Akert*, Sozialpsychologie, 8. Aufl. 2014, S. 6.
5 *Kessler/Fritsche*, Sozialpsychologie, 2018, S. 3; *Aronson/Wilson/Akert*, Sozialpsychologie, 8. Aufl. 2014, S. 3.
6 *Kessler/Fritsche*, Sozialpsychologie, 2018, S. 5–8; *Aronson/Wilson/Akert*, Sozialpsychologie, 8. Aufl. 2014, S. 7.
7 *Aronson/Wilson/Akert*, Sozialpsychologie, 8. Aufl. 2014, S. 8.
8 *Gerrig*, Psychologie, 21. Aufl. 2018, S. 4; *Fischer/Wiswede*, Grundlagen der Sozialpsychologie, 3. Aufl. 2009, S. 14.
9 *Gerrig*, Psychologie, 21. Aufl. 2018, S. 4 ff.
10 *Gerrig/Zimbardo*, Psychologie, 18. Aufl. 2008, S. 6–7.

II. Psychologische Forschung

4 Als Jurist führen Sie mit hoher Wahrscheinlichkeit zwar selbst keine **psychologische Forschung** durch, trotzdem ist es für Sie relevant, in Grundzügen nachzuvollziehen, wie dieser Forschungszweig sachgerecht arbeitet. Denn was Ihnen in vielen Rechtsgebieten sehr wohl begegnen kann, sind Sachverständigengutachten von Sozialwissenschaftlern im Allgemeinen oder von Psychologen im Besonderen, die Sie würdigen müssen. Um das sinnvoll tun zu können, sollten Ihnen als forensisch tätigem Juristen einige grundlegende Kenntnisse über Forschungsmethoden, typische Probleme und Mindeststandards zur Verfügung stehen, damit Sie nicht vollständig darauf angewiesen sind, dem Sachverständigen zu glauben, ohne das Gutachten zumindest in Ansätzen zielgerichtet hinterfragen zu können. Es geht dabei weniger darum, Sie als Juristen zu befähigen, ohne weiteres jedes psychologische Gutachten, das für ein Verfahren angefertigt wird, zu verstehen, sondern vielmehr darum, Ihnen zu ermöglichen, dem Gutachter die richtigen Fragen zu stellen, damit der Gutachter Sie in die Lage versetzt, das Gutachten zu verstehen und richtig einordnen zu können.

5 Psychologische Forschung erfolgt üblicherweise in einem Prozess, der – je nach Art der Einteilung – aus sieben[11] bis neun[12] Schritten besteht: Er beginnt mit der (1) Beobachtung eines Phänomens, aufgrund derer dann (2) Hypothesen[13] gebildet werden. Es folgt (3) die Konzeption einer Untersuchung, (4) die Datenauswertung (ggf. nach einer eigenen Datenerhebung) und das Ziehen von Schlussfolgerungen im Hinblick auf die Hypothese. Im Anschluss werden (5) die Ergebnisse veröffentlicht, so dass (6) ungelöste Fragen in der wissenschaftlichen Community diskutiert werden können und im Idealfall am Ende (7) die Lösung offener Fragen steht.

6 Psychologische Beweise basieren meist auf der Annahme, dass alle Ereignisse, seien sie physikalischer, geistiger oder behavioraler Natur, das Ergebnis von spezifischen Kausalfaktoren sind und von diesen bestimmt werden.[14] Man nimmt an, dass Verhalten und mentale Prozesse regelmäßigen Mustern von Zusammenhängen folgen, die durch die Forschung entdeckt werden können.[15] Allerdings kann man aufgrund der Komplexität des Menschen nicht davon ausgehen, dass eine bestimmte Ursache bei jedem Menschen zu einer bestimmten Folge führt, vielmehr kann nur probabilistisch (also mit einer gewissen Wahrscheinlichkeit) mit dem Auftreten der Folge gerechnet werden.[16]

7 Die wissenschaftliche Methode hat das Ziel, Schlussfolgerungen mit möglichst großer Objektivität zu ziehen, also möglichst unbeeinflusst von Emotionen, beobachterabhängigen Urteilsverzerrungen und persönlicher Voreingenommenheit.[17] **Beobachterabhän-**

---

11 Zum Folgenden *Gerrig*, Psychologie, 21. Aufl. 2018, S. 28–29.
12 *Döring/Bortz*, Forschungsmethoden und Evaluation in den Sozial- und Humanwissenschaften, 5. Aufl. 2016, S. 23–25.
13 „Eine Hypothese ist eine vorläufige und überprüfbare Aussage über den Zusammenhang zwischen Ursachen und Folgen" (*Gerrig*, Psychologie, 21. Aufl. 2018, S. 28). Als Theorie bezeichnet man ein geordnetes System von Begriffen und Aussagen, die ein Phänomen oder eine Gruppe von Phänomenen erklärt (*Hussy/Jain*, Experimentelle Hypothesenprüfung in der Psychologie, 2002, S. 266; *Gerrig*, Psychologie, 21. Aufl. 2018, S. 28). Der inflationäre Wortgebrauch unter Juristen, eine Lehre oder einen Merksatz als „Theorie" zu bezeichnen, folgt also nicht der eigentlichen Bedeutung des Begriffs.
14 *Gerrig*, Psychologie, 21. Aufl. 2018, S. 28.
15 *Gerrig*, Psychologie, 21. Aufl. 2018, S. 28.
16 *Döring/Bortz*, Forschungsmethoden und Evaluation in den Sozial- und Humanwissenschaften, 5. Aufl. 2016, S. 40.
17 *Gerrig*, Psychologie, 21. Aufl. 2018, S. 30.

gige Urteilsverzerrung (**Observation Bias**) ist ein Effekt, der durch persönliche Erwartungen oder Motive des Beobachters entsteht; die Voreingenommenheit des Betrachters wirkt dabei als Filter, durch den einige Sachverhalte als relevant und bedeutend bemerkt, andere als irrelevant und bedeutungslos ignoriert werden.[18] Als **Affirmation Bias** (oder **Confirmation Bias**) bezeichnet man die Beobachtung, dass aufgrund früherer Informationen (beispielsweise die vom Strafrichter vor der Hauptverhandlung gelesene Akte) vorgefasste Überzeugungen dazu führen können, dass Bestätigungen der Überzeugung stärker wahrgenommen werden als zu ihr im Widerspruch stehende Informationen oder auch als das bloße Ausbleiben hypothesenkonsistenter Informationen.[19] So wird möglicherweise ein Strafrichter aufgrund seiner Vorinformationen bei der Lektüre einer Akte zu anderen Schlüssen gelangen als der Verteidiger, auch wenn sich beide bemühen, den Akteninhalt möglichst objektiv zu bewerten.

Die angestrebte Objektivität wird durch verschiedene Verfahren gesichert: Der Minimierung möglicher beobachterabhängiger Urteilsverzerrungen dient die **Standardisierung**, also die Nutzung einheitlicher und konsistenter Verfahren auf allen Stufen der Datengewinnung.[20] Insbesondere im Rahmen der Vernehmungsführung bei strafrechtlichen Ermittlungen gewinnt die beobachterabhängige Urteilsverzerrung in der als „Interviewer-Bias" bezeichneten Form Bedeutung: Das Ergebnis einer Vernehmung hängt ganz entscheidend von den Erwartungen des Vernehmenden ab, der seine Fragen tendenziell so formuliert, dass die Antworten darauf seine Annahmen zu bestätigen scheinen.[21] An Informationen, die die eigene Ausgangshypothese bestätigen, kann man sich eher erinnern als an hypotheseninkonsistente Informationen.[22] Angesichts des Bestrebens vieler Strafverfolger, die Ermittlungen mit dem Ziel der Überführung des Verdächtigen zu führen, wirkt sich dieser Interviewer-Bias regelmäßig zulasten des Beschuldigten aus.[23]

In der sozialwissenschaftlichen Forschung gibt es drei grundsätzliche Arten von Methoden: die Beobachtungsmethode, die korrelative Methode und die experimentelle Methode.[24] Die **Beobachtungsmethode** ist hilfreich zur bloßen Beschreibung von Verhalten.[25] Dabei muss allerdings die sogenannte **Interrater-Reliabilität** sichergestellt werden, dass also mehrere Menschen, die unabhängig voneinander ein Verhalten beobachten, zu denselben Ergebnissen gelangen.[26] Dazu müssen gut definierte Kategorien gebildet werden.[27]

Manche Verhaltensweisen lassen sich allerdings nur schwer vorhersagen; überhaupt taugt die Beobachtungsmethode nur zur bloßen Beschreibung, nicht aber zur Vorhersa-

---

18 *Döring/Bortz*, Forschungsmethoden und Evaluation in den Sozial- und Humanwissenschaften, 5. Aufl. 2016, S. 33.
19 *Jansen*, Zeuge und Aussagepsychologie, Rn. 368; *Englich*, in: Volbert/Steller (Hrsg.), Handbuch der Rechtspsychologie, 2008, S. 486, 492; *vom Schemm/Köhnken*, in: Volbert/Steller (Hrsg.), Handbuch der Rechtspsychologie, 2008, S. 322, 324; *Effer-Uhe*, Die Parteivernehmung, 2015, S. 238.
20 *Gerrig*, Psychologie, 21. Aufl. 2018, S. 32.
21 *Sickor*, StV 2015, S. 516, 519.
22 *Sickor*, StV 2015, S. 516, 519.
23 *Sickor*, StV 2015, S. 516, 519.
24 *Aronson/Wilson/Akert*, Sozialpsychologie, 8. Aufl. 2014, S. 30.
25 *Aronson/Wilson/Akert*, Sozialpsychologie, 8. Aufl. 2014, S. 30; vgl. allgemein *Döring/Bortz*, Forschungsmethoden und Evaluation in den Sozial- und Humanwissenschaften, 5. Aufl. 2016, S. 323–325.
26 *Fischer/Wiswede*, Grundlagen der Sozialpsychologie, 3. Aufl. 2009, S. 32–34; *Aronson/Wilson/Akert*, Sozialpsychologie, 8. Aufl. 2014, S. 31.
27 *Aronson/Wilson/Akert*, Sozialpsychologie, 8. Aufl. 2014, S. 31.

ge von Verhalten.[28] Dazu besser geeignet ist die **korrelative Methode**. Bei ihr werden zwei Variablen systematisch gemessen und der Zusammenhang zwischen ihnen erfasst, also inwieweit die eine durch die andere vorhergesagt werden kann.[29] Um einen solchen Zusammenhang festzustellen, müssen oft **Stichproben** untersucht werden, wobei darauf zu achten ist, dass die Stichprobe typisch für die Gesamtheit ist; davon kann bei einer Zufallsauswahl grundsätzlich ausgegangen werden.[30]

11   Die korrelative Methode sagt nur etwas über einen Zusammenhang zwischen zwei Variablen aus, aber nichts über die **Kausalität**; Ursachen von Sozialverhalten lassen sich mit ihr also nicht herausfinden.[31] Beispielsweise lässt sich feststellen, dass bei Bränden eine Korrelation zwischen der Anzahl der bei der Brandbekämpfung tätigen Feuerwehrleute und dem durchschnittlich eintretenden Schaden besteht: Je mehr Feuerwehrleute tätig sind, desto größer sind die Schäden. Trotzdem ist weder die Anzahl der Feuerwehrleute kausal für den Brandschaden, noch ist der Brandschaden kausal für die Anzahl der eingesetzten Feuerwehrleute – vielmehr beruht beides auf einer gemeinsamen Drittursache, nämlich der Größe des Feuers. Wenn zwei Variablen A und B positiv miteinander korrelieren, ein höherer Wert bei der einen also üblicherweise mit einem höheren Wert bei der anderen koinzidiert, sind drei Erklärungen denkbar: A kann Ursache von B sein, B kann Ursache von A sein, es können aber auch beide durch eine gemeinsame Ursache C hervorgerufen worden sein.[32] Korrelation ist also für sich genommen noch kein Beleg für Kausalität.[33] Eine festgestellte Korrelation ist daher allenfalls ein Ausgangspunkt, um die Kausalität zu untersuchen.[34]

12   Kausalzusammenhänge können nur durch die **experimentelle Methode** nachgewiesen werden, indem der Forscher einen Aspekt der Situation ändert, um so festzustellen, ob dieser Aspekt die Ursache des fraglichen Verhaltens ist.[35] Der Forscher stellt zu Beginn die Hypothese auf, dass die **unabhängige Variable** (die im Experiment verändert wird) die **abhängige Variable** (deren Reaktion beobachtet wird) bestimmt.[36] Im Anschluss manipuliert er die unabhängige Variable, um ihren Einfluss auf die abhängige Variable zu überprüfen und so Aussagen über den Kausalzusammenhang zwischen beiden Variablen tätigen zu können.[37]

13   Ein Problem, das sich speziell bei Experimenten ergeben kann, sind sogenannte **Erwartungseffekte**: Wenn ein Forscher oder Betrachter dem Probanden auf subtile Weise – ob beabsichtigt oder unbeabsichtigt – mitteilt, welches Ergebnis er erwartet, ist es

---

28 *Aronson/Wilson/Akert*, Sozialpsychologie, 8. Aufl. 2014, S. 32.
29 *Bröder*, Versuchsplanung und experimentelles Praktikum, 2011, S. 70–72; *Aronson/Wilson/Akert*, Sozialpsychologie, 8. Aufl. 2014, S. 33.
30 *Döring/Bortz*, Forschungsmethoden und Evaluation in den Sozial- und Humanwissenschaften, 5. Aufl. 2016, S. 295; *Aronson/Wilson/Akert*, Sozialpsychologie, 8. Aufl. 2014, S. 35; *Hussy/Jain*, Experimentelle Hypothesenprüfung in der Psychologie, 2002, S. 124.
31 *Aronson/Wilson/Akert*, Sozialpsychologie, 8. Aufl. 2014, S. 35.
32 *Gerrig*, Psychologie, 21. Aufl. 2018, S. 38–39.
33 *Aronson/Wilson/Akert*, Sozialpsychologie, 8. Aufl. 2014, S. 35.
34 *Gerrig*, Psychologie, 21. Aufl. 2018, S. 40.
35 *Döring/Bortz*, Forschungsmethoden und Evaluation in den Sozial- und Humanwissenschaften, 5. Aufl. 2016, S. 193; *Aronson/Wilson/Akert*, Sozialpsychologie, 8. Aufl. 2014, S. 38; *Fischer/Wiswede*, Grundlagen der Sozialpsychologie, 3. Aufl. 2009, S. 35–38; *Bröder*, Versuchsplanung und experimentelles Praktikum, 2011, S. 60–64.
36 *Kessler/Fritsche*, Sozialpsychologie, 2018, S. 24–27; *Bröder*, Versuchsplanung und experimentelles Praktikum, 2011, S. 38–39; *Aronson/Wilson/Akert*, Sozialpsychologie, 8. Aufl. 2014, S. 39.
37 *Bröder*, Versuchsplanung und experimentelles Praktikum, 2011, S. 63–64; *Gerrig*, Psychologie, 21. Aufl. 2018, S. 33.

II. Psychologische Forschung

möglich, dass gerade das die gewünschte Reaktion hervorruft; man spricht dann von einer „konfundierenden Variablen".[38] Erwartungseffekte können durch Doppel-blind-Verfahren vermieden werden, indem also weder der Proband noch der Versuchsleiter weiß, welcher Proband welcher Versuchsbedingung zugeordnet ist.[39] Ein **Placeboeffekt** liegt vor, wenn Probanden ihr Verhalten ändern, ohne dass irgendeine experimentelle Manipulation erfolgt ist, beispielsweise allein aufgrund ihrer Überzeugung oder Erwartung, dass eine Manipulation vorliegt.[40]

Als Gegenmaßnahme gegen den Einfluss konfundierender Variablen verwendet man sogenannte **„Kontrollbedingungen"**, versucht also, möglichst alle Variablen und Bedingungen konstant zu halten („*ceteris paribus*") mit Ausnahme derjenigen, die in direktem Zusammenhang mit der zu testenden Hypothese stehen.[41] Zur Feststellung von Placeboeffekten wird üblicherweise eine Versuchsbedingung hinzugefügt, unter der keine Behandlung oder Manipulation stattfindet (**Placebo-Kontrollgruppe**).[42]

Die Zuordnung von Probanden zu einer Experimental- oder einer Kontrollbedingung sollte zufällig erfolgen, um es möglichst wahrscheinlich zu machen, dass beide Gruppen zu Beginn des Experiments in den wesentlichen Punkten möglichst vergleichbar sind.[43] Eine Stichprobe aus einer Population ist dann repräsentativ, wenn sie die Eigenschaften der Population möglichst genau widerspiegelt.[44] Ein instruktives Beispiel bietet die „Unstatistik des Monats", die monatlich von dem Psychologen *Gerd Gigerenzer*, dem Ökonomen *Thomas Bauer* und dem Statistiker *Walter Krämer* gekürt wird. „Sieger" im August 2016 war eine Studie über den Zusammenhang zwischen den Eigenschaften „Fußball-Fan" und „Hochschulabschluss".[45] Deren Ergebnis: Gut 73 % der Fans des SC Freiburg haben einen Hochschulabschluss, immerhin noch mehr als 63 % des Schlusslichts Hamburger SV. Fußballfans scheinen also weit überdurchschnittlich gebildet zu sein. (Die Akademikerrate in der Gesamtbevölkerung betrug 2015 ca. 16 %.) Wie kam es zu diesem Ergebnis? Die Umfrage beschränkte sich auf Mitglieder des Karrierenetzwerks Xing, zu dessen Mitgliedern weit überdurchschnittlich viele Akademiker gehören. Gemessen wurde also nicht der Anteil der Hochschulabsolventen an den Fans der einzelnen Klubs, sondern nur der Anteil der Hochschulabsolventen unter denjenigen Fans der Klubs, *die gleichzeitig Mitglied bei Xing sind*. In der Schnittmenge „Mitglieder von Xing" und „Fan eines Fußballvereins" dürfte die Akademikerquote aber generell ganz erheblich höher sein als in der Menge „Fans eines Fußballvereins" für sich genommen. Die Stichprobe war also für die als Gesamtpopulation (zumindest in der Presseberichterstattung) angenommene Menge der Fußballfans nicht repräsentativ.

Psychologische Messungen zielen auf Ergebnisse, die sowohl zuverlässig (**reliabel**: das Ergebnis ist bei wiederholter Testung unter vergleichbaren Umständen reproduzierbar)

---

38 *Gerrig*, Psychologie, 21. Aufl. 2018, S. 34.
39 *Döring/Bortz*, Forschungsmethoden und Evaluation in den Sozial- und Humanwissenschaften, 5. Aufl. 2016, S. 197–198; *Gerrig*, Psychologie, 21. Aufl. 2018, S. 36.
40 *Gerrig*, Psychologie, 21. Aufl. 2018, S. 35.
41 *Kessler/Fritsche*, Sozialpsychologie, 2018, S. 18; *Gerrig*, Psychologie, 21. Aufl. 2018, S. 35; *Döring/Bortz*, Forschungsmethoden und Evaluation in den Sozial- und Humanwissenschaften, 5. Aufl. 2016, S. 54–55.
42 *Gerrig*, Psychologie, 21. Aufl. 2018, S. 36.
43 *Döring/Bortz*, Forschungsmethoden und Evaluation in den Sozial- und Humanwissenschaften, 5. Aufl. 2016, S. 127; *Gerrig*, Psychologie, 21. Aufl. 2018, S. 36.
44 *Gerrig*, Psychologie, 21. Aufl. 2018, S. 37; *Döring/Bortz*, Forschungsmethoden und Evaluation in den Sozial- und Humanwissenschaften, 5. Aufl. 2016, S. 297.
45 http://www.rwi-essen.de/unstatistik/58 (Datum des letzten Abrufs: 28.12.2018).

als auch gültig (**valide**: die durch die Testung erlangte Information gibt tatsächlich diejenige Variable oder Qualität wieder, die sie wiedergeben soll) sind.[46] Eine zufällige Verteilung von Messergebnissen folgt in vielen Fällen einer „**Normalverteilung**" in Form einer Gauß'schen Kurve.[47] Der Umgang mit anderen Verteilungen kann hier nicht näher erörtert werden, dafür sei auf Literatur zur Statistik verwiesen.[48] Fällt ein Ergebnis in den Bereich wahrscheinlicher Werte, bezeichnet man es als statistisch nicht signifikant.[49] Ob ein Unterschied **statistisch signifikant** ist, lässt sich also anhand der Abweichung von der zu erwartenden Verteilung ablesen. Als signifikant betrachtet man meist einen Unterschied, der so groß ist, dass die Wahrscheinlichkeit eines zufälligen Zustandekommens kleiner als 5 % ist.[50] Allerdings finden sich gelegentlich auch andere Signifikanzniveaus, z. B. 1 %.[51]

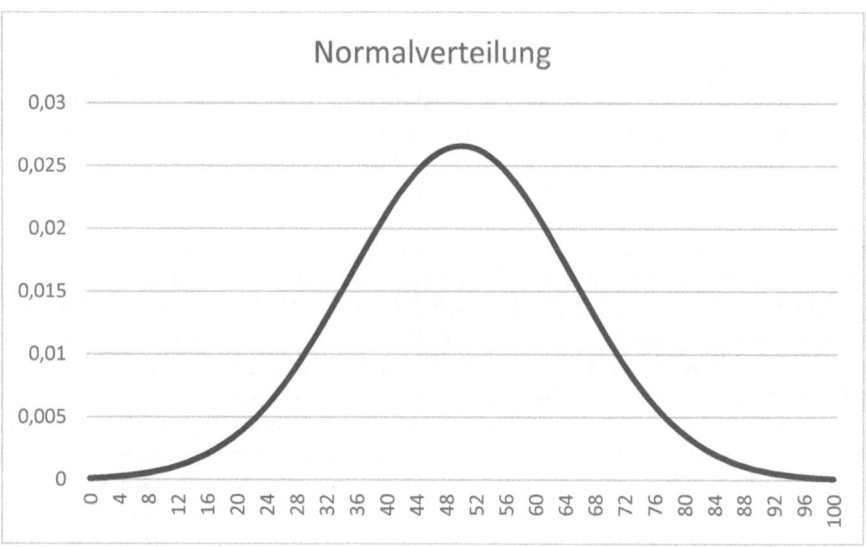

17 Eine aussagekräftige Statistik sollte auf einer ausreichend großen Stichprobe beruhen und die Stichprobengröße angeben, außerdem sollten das Maß der Variabilität und des Signifikanzniveaus angegeben werden.[52] Insbesondere der Richter sollte sich darüber im Klaren sein, dass statistische Relevanz, wenn die Wahrscheinlichkeit eines zufälligen Zustandekommens nur knapp unter 5 % liegt, keineswegs per se geeignet sein muss, das erforderliche Beweismaß (im Zivilprozess in der Regel die volle Überzeugung des Richters[53]) herbeizuführen. Der Richter sollte sich daher, wenn in einem Gutachten

---

46 *Bröder*, Versuchsplanung und experimentelles Praktikum, 2011, S. 48; 290; *Gerrig*, Psychologie, 21. Aufl. 2018, S. 43 ff.
47 *Rasch/Friese/Hofmann/Naumann*, Quantitative Methoden 1, 3. Aufl. 2010, S. 21.
48 Vgl. einführend z. B. *Müller-Benedict*, Grundkurs Statistik in den Sozialwissenschaften, 5. Aufl. 2011, S. 117–151.
49 *Hussy/Jain*, Experimentelle Hypothesenprüfung in der Psychologie, 2002, S. 145.
50 *Gerrig*, Psychologie, 21. Aufl. 2018, S. 67–68; *Aronson/Wilson/Akert*, Sozialpsychologie, 8. Aufl. 2014, S. 41.
51 *Hussy/Jain*, Experimentelle Hypothesenprüfung in der Psychologie, 2002, S. 145; *Rasch/Friese/Hofmann/Naumann*, Quantitative Methoden 1, 3. Aufl. 2010, S. 56–58; 242.
52 *Gerrig*, Psychologie, 21. Aufl. 2018, S. 69.
53 *Foerste*, in: Musielak/Voit, ZPO, 15. Aufl. 2018, § 286 Rn. 18.

von statistischer Signifikanz die Rede ist, erkundigen, welches Signifikanzniveau erreicht wurde.

Bevor man sich als Richter auf einen von einem Sachverständigen durchgeführten Test verlässt, sollte man sich darüber hinaus versichern, dass dieser Test (1) reliabel ist, also konsistente Ergebnisse liefert,[54] (2) valide ist, also das misst, was er zu messen beabsichtigt,[55] und (3) standardisiert ist, also bei allen Testpersonen in gleicher Weise und unter denselben Bedingungen angewandt wird. Reliabilität wird anhand der Korrelation mit sich selbst gemessen: Liefert der Test zu unterschiedlichen Zeitpunkten oder mit unterschiedlichen Items durchgeführt vergleichbare Ergebnisse?[56]

Validität dagegen kann nur durch Korrelation mit einem externen Vergleichsmaßstab gemessen werden.[57] **Interne Validität** ist gegeben, wenn bei einem Experiment alles außer der unabhängigen Variablen gleich bleibt.[58] Meist ändern sich aber auch zumindest die Teilnehmer – um darauf beruhende Unterschiede zu minimieren, sollte die Zuweisung zu Experimental- oder Kontrollbedingung zufällig erfolgen.[59] Interne Validität wird also durch eine Kontrolle aller Störvariablen und eine zufällige Zuweisung der Untersuchungsteilnehmer zu den verschiedenen Versuchsbedingungen erreicht.[60]

Die **externe Validität** gibt an, wie gut sich die Ergebnisse einer Untersuchung verallgemeinern lassen, einerseits in Bezug auf andere reale Situationen, andererseits in Bezug auf Menschen im Allgemeinen.[61] Die externe Validität kann durch Replikation überprüft werden.[62] Bei Feldexperimenten, Experimenten also, die in einer natürlichen Umgebung durchgeführt werden, ist die externe Validität in der Regel höher als bei einem Laborexperiment,[63] dafür ist die interne Validität allerdings meist geringer, da die Störvariablen im Feldexperiment schwerer unter Kontrolle zu halten sind.[64] Oft führt die Kombination von Laborexperimenten mit hoher interner Validität und Feldexperimenten mit hoher externer Validität zu verlässlichen Ergebnissen.[65]

III. Kritische Bemerkungen zur Psychoanalyse und ihren tiefenpsychologischen Ablegern

Wenn Sie sich als Juristin oder Jurist der Psychologie zuwenden, um aus den dortigen Erkenntnissen zu lernen, so ist es unser Anspruch als Autorenteam, Ihnen Erkenntnisse zu vermitteln, die nach heutigem Stand der Wissenschaft fundiert sind. Unserer Ein-

---

54 *Aronson/Wilson/Akert*, Sozialpsychologie, 8. Aufl. 2014, S. 31; *Gerrig*, Psychologie, 21. Aufl. 2018, S. 43.
55 *Gerrig*, Psychologie, 21. Aufl. 2018, S. 44.
56 *Gerrig*, Psychologie, 21. Aufl. 2018, S. 45.
57 *Bröder*, Versuchsplanung und experimentelles Praktikum, 2011, S. 48–49; *Gerrig*, Psychologie, 21. Aufl. 2018, S. 46.
58 *Kessler/Fritsche*, Sozialpsychologie, 2018, S. 17–18; *Bröder*, Versuchsplanung und experimentelles Praktikum, 2011, S. 49–52; *Aronson/Wilson/Akert*, Sozialpsychologie, 8. Aufl. 2014, S. 40.
59 *Kessler/Fritsche*, Sozialpsychologie, 2018, S. 18; *Aronson/Wilson/Akert*, Sozialpsychologie, 8. Aufl. 2014, S. 40.
60 *Aronson/Wilson/Akert*, Sozialpsychologie, 8. Aufl. 2014, S. 41.
61 *Döring/Bortz*, Forschungsmethoden und Evaluation in den Sozial- und Humanwissenschaften, 5. Aufl. 2016, S. 195; *Aronson/Wilson/Akert*, Sozialpsychologie, 8. Aufl. 2014, S. 42; *Bröder*, Versuchsplanung und experimentelles Praktikum, 2011, S. 52–54; *Kessler/Fritsche*, Sozialpsychologie, 2018, S. 18–20.
62 *Kessler/Fritsche*, Sozialpsychologie, 2018, S. 22, 28; *Aronson/Wilson/Akert*, Sozialpsychologie, 8. Aufl. 2014, S. 44.
63 *Kessler/Fritsche*, Sozialpsychologie, 2018, S. 24; *Aronson/Wilson/Akert*, Sozialpsychologie, 8. Aufl. 2014, S. 43; *Döring/Bortz*, Forschungsmethoden und Evaluation in den Sozial- und Humanwissenschaften, 5. Aufl. 2016, S. 198.
64 *Aronson/Wilson/Akert*, Sozialpsychologie, 8. Aufl. 2014, S. 44.
65 Vgl. *Aronson/Wilson/Akert*, Sozialpsychologie, 8. Aufl. 2014, S. 44.

schätzung nach können nicht alle Denkschulen der Psychologie diesen Standard einhalten, einschließlich der klassischen Psychoanalyse nach *Sigmund Freud* und ihrer vielfältigen tiefenpsychologischen (auch: psychodynamischen) Ableger. Viele dieser Spielarten wurden schon während des „Heydays" der **Psychoanalyse** um die Jahrhundertwende des 19. zum 20. Jahrhundert gegründet, typischerweise von Schülern *Freuds*, die bei ihm aufgrund innovativer Ideen in Ungnade gefallen waren, so geschehen bei *Carl Gustav Jung* und *Alfred Adler*.[66] Letztendlich rekurrieren tiefenpsychologische Denkschulen bis heute stark auf die Psychoanalyse, die Werke *Freuds* werden oft als eine Art „Minimalkonsens" aufgefasst,[67] daher gibt es für die kritische Bewertung einschlägige Parallelen in der Architektur ihres jeweiligen Theorieaufbaus.

22 Obgleich *Freud* sich fleißig an zeitgenössisch bereits mehr oder weniger gesellschaftlich akzeptierten Konzepten bediente,[68] um seine Ideen zusammenzustellen, war und ist die Psychoanalyse ein echter Verkaufsschlager. In Wahrheit waren seine Ideen nicht so innovativ, wie *Freud* es selbst gern darstellte. Er verstand es, einen parareligiösen Personenkult um sich aufzubauen und sich seinen eigenen Mythos als einsamer Kämpfer für „die Wahrheit" zu bereiten. Tatsächlich fanden seine Bücher unter seinen Zeitgenossen begeisterten Anklang, wenngleich es auch schon damals dezidierte Kritiker gab.[69]

23 Wie so oft zeichnet das Leben ein komplexeres Gesamtbild, als sich für eine emotionalisierende Legendenbildung eignet. Nichtsdestotrotz sind die Konstrukte der Psychoanalyse ins kollektive Gedächtnis übergegangen. Sehr wahrscheinlich haben Sie auch schon einmal hier oder da etwas aufgeschnappt, das aus dieser Denkschule stammt: Traumdeutung, das rote Sofa, hinter dem der Analytiker verborgen mitschreibt, hysterische Neurosen, unbewusste Motive, Sublimierung, Widerstand, Fehlleistungen wie vielsagende Versprecher, der psychische Apparat bestehend aus Es, Ich und Über-Ich, der Ödipuskomplex mitsamt Kastrationsangst bzw. Penisneid – all das sind Erwägungen, die durch *Freud* populär geworden sind.

24 Von der Popularität eines Konzeptes strikt zu trennen ist allerdings die Frage, ob es *valide* ist, also ob die durch eine Testung gewonnene Information die Variable ausreichend präzise wiedergibt, die sie messen soll.[70] Legt man die Maßstäbe der Experimentalpsychologie an, geraten die zugrundeliegenden Prinzipien der Psychoanalyse schnell in schwierige Fahrwasser. *Freuds* Theorien sind in vielen Teilen empirisch unüberprüfbar, da sie in einer Weise formuliert sind, die rückblickend alles deuten, aber nichts

---

66 *Selg*, Sigmund Freud, Genie oder Scharlatan?, 2002, S. 52–54.
67 *Eschenröder*, Hier irrte Freud, 2. Aufl. 1986, S. 4.
68 Insbesondere das „Unbewusste" war ein Modethema. Hypnose, eigentlich ein klassischer Bestandteil von Varietéaufführungen, erlebte unter *Freuds* „Praktikumsleiter" *Charcot* an der Pariser Salpêtrière erneuerte (unverdiente) Aufmerksamkeit. *Freud* entwickelte zu *Charcot* eine unkritische Verehrungshaltung und übernahm dessen Hypnosekonzept in seine eigene spätere Praxis. Zahlreiche Ideen über Sexualität, die *Freud* zugeschrieben werden, hat er vielmehr *Schopenhauers* Werk entnommen, vgl. *Selg*, Sigmund Freud, Genie oder Scharlatan?, 2002, S. 8–9; 24; *Sulloway*, Freud, Biologist of the Mind, 1979, S. 29–30; 40.
69 *Sulloway*, Freud, Biologist of the Mind, 1979, S. 448–466; *Eschenröder*, Hier irrte Freud, 2. Aufl. 1986, S. 168–175. Mindestens dreißig Zeitschriften besprachen „Die Traumdeutung" (1899) und die kürzere Version „Über den Traum" (1901) zeitnah, wobei viele Rezensionen äußerst positiv ausfielen, in einem Fall bezeichnete der Rezensent das Werk als „epochal". Ähnlicher Popularität erfreuten sich die „Drei Abhandlungen zur Sexualtheorie" (1905), obwohl *Albert Moll* schon 1897 in den „Untersuchungen über die Libido sexualis" *Freuds* Methodik als fragwürdig kritisiert hatte und frühzeitig auf die Gefahr suggestiver Fragen hinwies.
70 *Gerrig*, Psychologie, 21. Aufl. 2018, S. 44.

vorhersagen kann.[71] Damit haben sie wissenschaftlich in etwa den Wert einer Bauernregel.

Wissenschaft braucht nicht ausschließlich in Laboren stattzufinden, um zum Erkenntnisgewinn beizutragen, aber sie muss exakt aufzeichnen, quantifizieren, korrekt schlussfolgern und sich kritisch mit alternativen Erklärungen für ihre Befunde auseinandersetzen.[72] Wer wissen will, ob etwas dran ist an *Freuds* Konzepten, muss an der empirischen Basis ansetzen. Lassen sich die behaupteten Phänomene schlicht nicht nachweisen, sind weitere Erwägungen zur psychoanalytischen Metapsychologie wertlos.[73] Anhänger der Psychoanalyse wenden gegen experimentelle Studien zur Überprüfung der Annahmen *Freuds* oft das apologetische Argument ein, nur diejenigen, die sich einer Lehranalyse unterzogen hätten, seien dazu imstande, passende Untersuchungen durchzuführen und zu interpretieren.[74] Wissenschaftliche Erkenntnis also nur für „Eingeweihte" im jeweiligen Untergebiet? Das Gegenteil ist der Fall. Jedem steht es zu, sich mit einer Fragestellung wissenschaftlich-kritisch auseinanderzusetzen.[75]

Letztlich ist Psychoanalyse eine ideologische Pseudowissenschaft. Ihre Theorien und Verfahren beanspruchen eine wissenschaftliche Fundierung, die sie nicht einlösen können. Durch ihr Überzeugungssystem bedingt weichen Anhänger der Psychoanalyse von den gängigen Standards der Wissenschaftlichkeit ab.[76] Das nach wie vor lesenswerte, dezidiert kommentierte Kompendium an empirischen Studien zur Untersuchung psychoanalytischer Konzepte von *Eysenck/Wilson* zeigt auf, dass sich die Annahmen der Psychoanalyse vielfach nicht zeigen lassen und die behaupteten Phänomene besser durch andere Erklärungen verstanden werden können.[77]

Die außerordentliche Verbreitung, die *Freuds* Ideen trotz ihrer Unwissenschaftlichkeit erfahren haben, ist im Grunde verblüffend. Wenn man sich jedoch vor Augen hält, wie die langwierige und teure Ausbildung zum Psychoanalytiker bis heute abläuft, klärt sich dieses Rätsel. Hindernisse und Schwierigkeiten einer Aufgabe führen über das Prinzip der kognitiven Dissonanz[78] zu einer signifikant gesteigerten Wertschätzung des erlangten Resultats; man nennt dieses Phänomen auch Aufwandsrechtfertigung.[79] Davon sind auch Analytiker-Aspiranten akut betroffen: Die theoretische Grundlage ihrer Ausbildung „muss" gut sein – wieso sonst hätten sie sich so viele Jahre lang dafür all die Mühe gemacht und so viel Geld investiert?

Im Lichte dieser Feststellungen kann man sich durchaus die Frage stellen, ob es *Freud* an Methodenkenntnis mangelte. Dies muss man wohl bejahen; schlimmer noch: Er hegte im wesentlichen keinerlei Interesse an wissenschaftlicher Überprüfung seiner

---

71 *Wilson/Eysenck*, Einleitung, in: Wilson/Eysenck (Hrsg.), Experimentelle Studien zur Psychoanalyse Sigmund Freuds, 1979, S. 15, 15–16.
72 *Wilson/Eysenck*, Einleitung, in: Wilson/Eysenck (Hrsg.), Experimentelle Studien zur Psychoanalyse Sigmund Freuds, 1979, S. 15, 21.
73 *Wilson/Eysenck*, Einleitung, in: Wilson/Eysenck (Hrsg.), Experimentelle Studien zur Psychoanalyse Sigmund Freuds, 1979, S. 15, 28–29.
74 *Wilson/Eysenck*, Einleitung, in: Wilson/Eysenck (Hrsg.), Experimentelle Studien zur Psychoanalyse Sigmund Freuds, 1979, S. 15, 22.
75 *Wilson/Eysenck*, Einleitung, in: Wilson/Eysenck (Hrsg.), Experimentelle Studien zur Psychoanalyse Sigmund Freuds, 1979, S. 15, 22.
76 *Döring/Bortz*, Forschungsmethoden und Evaluation in den Sozial- und Humanwissenschaften, 5. Aufl. 2016, S. 87–88.
77 *Wilson/Eysenck* (Hrsg.), Experimentelle Studien zur Psychoanalyse Sigmund Freuds, 1979.
78 Siehe S. 25.
79 *Aronson/Mills*, The Effect of Severity of Initiation on Liking for a Group, in: Journal of Abnormal and Social Psychology 59 (1959), S. 177–181.

Theorien, obwohl er sein psychoanalytisches Vokabular mit Vorliebe naturwissenschaftlich-medizinisch zusammenstellte und Analogien zur Organmedizin zog, was gut zum Zeitgeist des naturwissenschaftlich-technischen Aufschwungs in der zweiten Hälfte des 19. Jahrhunderts passte.[80] Verbrieft ist seine Haltung auf einer Postkarte vom 28.2.1934 an *Saul Rosenzweig*, der ihm von Versuchen berichtet hatte, *Freuds* Verdrängungskonzept experimentell zu bestätigen:

29 „Ich habe Ihre experimentellen Arbeiten zur Prüfung psychoanalytischer Behauptungen mit Interesse zur Kenntnis genommen. Sehr hoch kann ich diese Bestätigungen nicht einschätzen, denn die Fülle sicherer Beobachtungen, auf denen jene Behauptungen ruhen, macht sich von der experimentellen Prüfung unabhängig. Immerhin, sie kann nicht schaden."[81]

30 Konsequenterweise bemühte *Freud* sich daher seinerseits nicht darum, seine Befunde experimentalpsychologisch zu testen, bevor er zu Generalisierung und Inkorporation in seine Theorien überging. Hinzu kommt, dass seine Berichte selbstgefällige Verschönerungen, dezidierte Lücken über für ihn peinliche oder zweifelhafte Details und auch schlichte Lügen beinhalten.[82] Darüber hinaus lag *Freud* in vielerlei medizinischen Einschätzungen grob falsch, was viele seiner Zeitgenossen durchaus erkannten,[83] an anderer Stelle fiel er auf Täuschungen seiner Kollegen und Patienten herein,[84] offensichtlich, weil er nicht in der Lage war, deren vordergründiges Verhalten und Aussagen ausreichend kritisch zu hinterfragen – eine Kernkompetenz guter Wissenschaft.

31 Vielleicht haben Sie das Gefühl, es sei unfair, *Freud* an den heutigen Maßstäben guter Wissenschaft zu messen; allerdings entsprach er auch denen der damaligen Zeit nicht. Bereits 1879 eröffnete in Leipzig das erste experimentell arbeitende psychologische Labor unter *Wilhelm Wundt* (1832–1920); auch der Psychophysiker *Gustav Theodor Fechner* (1801–1887) und der Sinnesphysiologe *Hermann Ludwig von Helmholtz* (1821–1894) waren *Freuds* Zeitgenossen.[85] Gute Wissenschaft gab es auch damals schon.

32 Wir können eine Reihe von ausgezeichnet zu lesenden kritischen Würdigungen der Psychoanalyse all jenen empfehlen, die gern mehr wissen möchten, als diese Einführung in kondensierter Form aufzeigen kann.[86] Übrigens: Psychoanalyse ist beileibe nicht der einzige Fall von pseudowissenschaftlicher psychotherapeutischer Intervention. Im klinischen Feld tummeln sich zahlreiche Vertreter dubioser Ideen, die wissenschaftlichen Standards nicht standhalten können; es lohnt sich (nicht zuletzt im Hin-

---

80 *Eschenröder*, Hier irrte Freud, 2. Aufl. 1986, S. 7.
81 Zitiert nach *Eysenck*, Sigmund Freud, 1985, S. 161.
82 *Selg*, Sigmund Freud, Genie oder Scharlatan?, 2002, S. 16–23.
83 *Freud* erachtete bspw. Kokain nahezu als Allheilmittel, ironischerweise u. a. gegen Alkoholismus und Morphiumabhängigkeit; anscheinend trägt er eine gewisse Mitschuld an dem Tod eines süchtigen Bekannten, vgl. *Selg*, Sigmund Freud, Genie oder Scharlatan?, 2002, S. 10–12.
84 Im Winter 1885/86 nutzte *Freud* ein Stipendium für einen sechsmonaten Aufenthalt an der Pariser Salpêtrière. In diesem Krankenhaus demonstrierte der Neurologe *Jean-Marie Charcot* suggestive Hypnose an „Hysterikerinnen" (altgriech. ὑστέρα = Gebärmutter). *Freud* erkannte nicht, dass dessen „Experimente" wiederholt an denselben aufmerksamkeitshungrigen Probanden vorgeführt wurden, die die gewünschten Symptome mit *Charcots* Schülern im Vorfeld eingeübt hatten, vgl. *Sulloway*, Freud, Biologist of the Mind, 1979, S. 40.
85 *Wendt*, Allgemeine Psychologie – Wahrnehmung, 2014, S. 25.
86 Von kurz bis ausführlich: *Selg*, Sigmund Freud, Genie oder Scharlatan?, 2002; *Eschenröder*, Hier irrte Freud, 2. Aufl. 1986; *Eysenck*, Sigmund Freud, 1985; *Ellenberger*, The Discovery of the Unconscious, 1970; *Sulloway*, Freud, Biologist of the Mind, 1979. In deutscher Übersetzung *Ellenberger*, Die Entdeckung des Unbewussten, 2. Aufl. 1996; *Sulloway*, Freud, Biologe der Seele: Jenseits der psychoanalytischen Legende, 1982.

blick auf die Auswahl von Sachverständigen und die Würdigung ihrer Gutachten), unsauberes Handwerk und Ideologie erkennen zu lernen, und wir ermutigen Sie herzlich, einen Blick in die Literatur zu werfen.[87] Sehr wahrscheinlich werden Sie sowohl in der Thematik der Psychoanalyse als auch in Darstellungen zu Pseudowissenschaften allgemein über zahlreiche Schlagworte und Konstrukte stolpern, die Sie bislang als einigermaßen gesicherte psychologische Erkenntnis oder „gute therapeutische Praxis" eingestuft hätten.

IV. Psychologische Datenbanken und Fachzeitschriften

In jedem Fachgebiet gibt es Datenbanken, in denen man sich Kenntnis darüber verschaffen kann, wie der aktuelle Forschungsstand aussieht und auf welche Fachzeitschriften man zugreifen muss, um sich thematisch zu vertiefen. Während Sie mit juristischen Datenbanken schon vertraut sind, haben Sie mit hoher Wahrscheinlichkeit noch nie eine Recherche in einer psychologischen oder medizinischen Datenbank unternommen. Doch auch auf diese Informationen können Sie selbstverständlich zugreifen und selbst Recherchen durchführen. Für manche benötigen Sie Zugriff, bspw. über das Netz Ihrer Universitätsbibliothek, andere sind frei verfügbar. Schauen Sie auf der Datenbankenliste Ihrer Bibliothek nach den Namen der nachfolgend beschriebenen Datenbanken, dort finden Sie sehr wahrscheinlich auch Informationen dazu, in welchem Umfang Ihre Institution die Nutzung lizenziert hat. Fragen Sie eine Bibliothekarin vor Ort oder machen Sie dort einen Literaturrecherchekurs mit, wenn Sie Einstiegshilfe benötigen. Wenn Sie gern am Modell lernen, schauen Sie sich ein Schulungsvideo auf einer Video-Streaming-Plattform an. Datenbanken sind mächtige Werkzeuge, die Ihnen sehr weiterhelfen können, wenn Sie die Funktionen richtig zu nutzen wissen.

Anders als juris – in diesem Punkt technisch völlig überholt – verfügen die hier aufgeführten psychologischen Fachdatenbanken und üblicherweise auch die einzelnen Zeitschriften über eine Zitationsexportfunktion. Halten Sie Ausschau nach einem Feld „cite" oder „export citation". Die dort automatisiert abrufbaren Informationen können direkt von einem Literaturmanagementprogramm wie **Citavi**, **Mendeley**, **EndNote**, **Zotero** o. ä. importiert werden. Wir hoffen, dass bei juris das 21. Jahrhundert auch bald Einzug hält.

1. Datenbanken

Zentral für Ihre Suche nach psychologischen Aufsätzen sind **PsycInfo** (international) und **Psyndex** (deutsch- und englischsprachig). Je nachdem, unter welchem Stichwort und welchen Autor Sie suchen, kann es nützlich sein, in beiden eine Suche durchzuführen. Beachten Sie die Option „advanced search", dort können Sie die Suchfelder näher eingrenzen, bspw. nach Publikationsjahr, Autorenname oder einem Schlagwort im Abstract. Dieses Vorgehen kann hilfreich sein, um die Treffermenge zu reduzieren, oder wenn Ihnen bruchstückhafte Informationen über das gesuchte Dokument vorliegen. Beide Datenbanken sind mit dem SFX-Linkservice verbunden, der Sie direkt von einem angezeigten Treffer zum Volltext eines gesuchten Aufsatzes führt, sofern dieser von Ihrer Institution aus zugänglich ist.

---

87 *Lilienfeld/Lynn/Lohr/Tavris* (Hrsg.), Science and Pseudoscience in Clinical Psychology, 2. Aufl. 2003; *Lilienfeld/Ruscio/Lynn* (Hrsg.), Navigating the Mindfield, 2008. Ein informativer Rundumschlag im Bereich der sog. Komplementär- und Alternativ„medizin": *Harriet Halls* 10teilige Serie „Science-Based Medicine" auf dem YouTube-Kanal *JamesRandiFoundation*.

36 PubMed ist eine freizugängliche medizinische Datenbank der U. S. National Library of Medicine. Psychologische und medizinische Forschung haben zahlreiche Berührungspunkte, daher wird man auch hier oft fündig. Die Datenbank listet die internationale Zeitschriftenliteratur aus allen Bereichen der medizinischen Forschung und Praxis auf.

37 LIVIVO ist eine weitere medizinisch-interdisziplinäre Datenbank. Sie ist besonders interessant, wenn sich in Ihrer Nähe eine Niederlassung der ZB Med befindet, da Sie in LIVIVO den dortigen Bücherbestand miteinsehen können.

38 Für den wissenschaftlichen Gebrauch kann es zusätzlich von Interesse sein, nachzuvollziehen, welche Artikel in einem ausgewählten Datensatz zitiert werden und welche anderen Artikel diesen Datensatz ihrerseits zitieren. Dies lässt sich mithilfe der Datenbanken des **ISI Web of Knowledge** wie dem **Social Sciences Citation Index** und dem **Web of Science** feststellen.

39 Und noch ein kleiner Tipp: Sollte sich herausstellen, dass Sie keinen Zugang auf eine Zeitschrift über Ihre Institution haben, findet sich der Volltext des gesuchten Artikels in vielen Fällen doch noch über eine andere Open-Access-Quelle bei **Google Scholar**. Probieren Sie es einfach mal aus!

2. Fachzeitschriften

40 Im Gegensatz zur juristischen Tradition publizieren die meisten natur- und sozialwissenschaftlichen Zeitschriften schon lange (zusätzlich oder ausschließlich) online. Sie werden also üblicherweise einen Aufsatz als PDF erlangen können, ohne dafür in die Bibliothek gehen zu müssen. Das gilt in der überwiegenden Zahl der Fälle auch für alte und sehr alte Artikel, die nachträglich digitalisiert wurden.

41 Es gibt zudem eine stärkere Hierarchisierung unter den psychologischen Fachzeitschriften als in den Rechtswissenschaften. Eine Orientierung gibt der sog. **Impact-Factor** zum bibliometrischen Vergleich. Er zeigt auf, wie oft die Artikel einer bestimmten Zeitschrift in anderen Publikationen pro Jahr zitiert werden. Der Verbreitungsgrad ist zwar logischerweise nicht kritiklos mit Qualität gleichzusetzen, gibt aber einen Anhaltspunkt dafür, wie einflussreich das Medium in der Fachwelt ist.

42 Viele Zeitschriften wenden zu Qualitätssicherungszwecken üblicherweise ein **Peer-Review-Verfahren** an. Bevor ein Artikel erscheint, wird er unabhängigen Gutachtern aus dem gleichen Fachgebiet anonymisiert zur Beurteilung seiner Stichhaltigkeit zugesandt und ggf. mit Verbesserungsvorschlägen versehen.

§ 2 Kognitive Dissonanz

Nachdem Sie nun wissen, worum es in der Psychologie geht und welche Methodik dabei eingesetzt wird, können wir mit den eigentlichen Inhalten beginnen. Als erstes möchten wir Ihnen das Konzept der kognitiven Dissonanz vorstellen.

Unter **kognitiver Dissonanz** versteht man den Konfliktzustand, in dem sich eine Person befindet, nachdem sie eine Entscheidung getroffen, eine Handlung vorgenommen oder mit Informationen in Berührung gekommen ist, die in Widerspruch zu ihren Überzeugungen, Gefühlen und Werten steht.[88] Bei einem solchen Widerspruch erlebt die Personen einen unangenehmen Zustand, da ihre Handlung oder ihr Zustand ihrem Selbstkonzept zuwiderläuft,[89] so dass sie die Dissonanz reduzieren möchte.[90] Zur Verringerung des Unwohlseins gibt es prinzipiell drei Möglichkeiten: eine Änderung des Verhaltens oder der Einstellung, um es an die dissonante Kognition anzupassen; eine Änderung der dissonanten Kognition, um das Verhalten zu rechtfertigen bzw. an der Einstellung festhalten zu können; und das Hinzufügen neuer Kognitionen, ebenfalls mit dem Ziel der Rechtfertigung des Verhaltens bzw. der Einstellung.[91] Man tendiert, nachdem man eine Handlung vorgenommen hat, die mit den eigenen Einstellungen in Widerspruch steht, dazu, sein Verhalten zu rechtfertigen; das kann sowohl im Wege einer Einstellungsänderung als auch durch eine konsistente Kognition erfolgen.[92] Ein Beispiel für eine Änderung der Kognition lässt sich an starken Rauchern beobachten, die regelmäßig die Gefahren des Rauchens in ihrer Wahrnehmung verharmlosen.[93] Der Prozess der Dissonanzreduktion läuft weitgehend unbewusst ab.[94]

Menschen – und damit auch Richter – sind geneigt, die erste ihnen zu einem Thema präsentierte Information, sofern sie in sich plausibel ist und nicht schon bestehenden Wertungen und Einstellungen widerspricht, zur Ausgangsbasis zu machen und ihre Einstellung darauf zu gründen. Hat man sich erst einmal auf eine Auffassung festgelegt, neigen die meisten Menschen dazu, neue Informationen verzerrt wahrzunehmen, um ihre Position zu bestätigen.[95] Insbesondere die richterlichen Entscheidungshypothesen, die im Lauf des Verfahrens zu überprüfen sind, sind daher von dem ersten Bild dominiert, das die Klage- bzw. Anklageschrift vorgibt, Alternativhypothesen stellen sich als eher fernliegend dar:[96] Richter bilden sich schon vor der Verhandlung eine erste Auffassung zum Rechtsstreit. Diese Auffassung dann ins Wanken zu bringen, ist schwer, weil z. B. Zeugenaussagen im Licht der vorgefassten Meinung verzerrt werden. Informationen, die mit der ersten Hypothese nicht in Einklang stehen, werden tenden-

---

[88] *Festinger*, A theory of cognitive dissonance, 1957, S. 3 ff.; *Gerrig/Zimbardo*, Psychologie, 18. Aufl. 2008, S. 649.
[89] *Aronson/Wilson/Akert*, Sozialpsychologie, 8. Aufl. 2014, S. 181.
[90] *Gerrig*, Psychologie, 21. Aufl. 2018, S. 673; *Wood*, Attitude Change: Persuasion and Social Influence, in: Annual Review of Psychology 51 (2000), S. 539, 546 f.
[91] *Aronson/Wilson/Akert*, Sozialpsychologie, 8. Aufl. 2014, S. 181.
[92] *Gerrig*, Psychologie, 21. Aufl. 2018, S. 673; *Festinger/Carlsmith*, Cognitive Consequences of Forced Compliance, in: Journal of Abnormal and Social Psychology 58 (1959), S. 203, 209.
[93] *Aronson/Wilson/Akert*, Sozialpsychologie, 8. Aufl. 2014, S. 181; *Gibbons/Eggleston/Benthin*, Cognitive Reactions to Smoking Relapse: The Reciprocal Relation Between Dissonance and Self-Esteem, in: Journal of Personality and Social Psychology 72 (1997), S. 184, 187 ff.
[94] *Aronson/Wilson/Akert*, Sozialpsychologie, 8. Aufl. 2014, S. 183.
[95] *Aronson/Wilson/Akert*, Sozialpsychologie, 8. Aufl. 2014, S. 185 f.; *Hart u. a.*, Feeling Validated Versus Being Correct: A Meta-Analysis of Selective Exposure to Information, in: Psychological Bulletin 135 (2009), S. 555, 579 ff.
[96] *Sommer*, Effektive Strafverteidigung, 3. Aufl. 2016, S. 259 Rn. 367 f.

ziell abgewertet, bestätigende Informationen aufgewertet. Denn gute Argumente gegen die eigene Ansicht erzeugen Dissonanz, weswegen sie weniger stark erinnert werden; dasselbe gilt im Übrigen auch für unsinnige Argumente *für* die eigene Position.[97] Problematisch ist insofern insbesondere die Vorbefassung des erstinstanzlichen Strafrichters durch den Eröffnungsbeschluss, der zur Folge hat, dass der Richter, der ihn erlassen hat, automatisch eine erste Auffassung zugunsten der Strafbarkeit und zugunsten des tatsächlichen Vorliegens des angeklagten Sachverhalts hat. Schon die Präsentation der Ermittlungsakte, die ja – gerade auf den vorderen Blättern – meist durch Informationen mit Belastungstendenz geprägt ist, hat einen großen Einfluss auf den ersten Eindruck des Richters. Um dagegen anzukämpfen, ist es Aufgabe des Verteidigers, schon in einem möglichst frühen Stadium des Ermittlungsverfahrens tätig zu werden und alternative Erklärungen aktenkundig zu machen.

46 Wenn bei der Beweisaufnahme in der strafrechtlichen Hauptverhandlung zunächst das staatsanwaltliche Beweisprogramm abgearbeitet wird, kommt es zu einer weiteren Verfestigung des ersten Bildes, das ja ohnehin von der Darstellung der Anklagebehörde dominiert ist. Aufgrund der kognitiven Dissonanz wird es dann schwer für den Verteidiger, mit Gegenbeweismitteln durchzudringen.[98] Für den Richter, der eine solche Verzerrung verringern will, empfiehlt es sich, schon in einem frühen Verfahrensstadium auch entlastende Beweise zu erheben. Im Zivilrecht ist es üblich, zunächst Haupt- und erst danach Gegenbeweise zu erheben, was aber weniger rechtliche als tatsächliche Hintergründe (Prozessökonomie) hat. Immerhin besteht eine Beweislastverteilung zu Ungunsten der Seite, deren Beweise zuerst erhoben werden, was zumindest einen ansatzweisen Ausgleich des psychologischen Nachteils, ein bereits bestehendes Bild ins Schwanken bringen zu müssen, darstellt. Der Effekt kann zusätzlich reduziert werden, wenn der Verteidiger bzw. Beklagtenanwalt möglichst frühzeitig Zweifel weckt, beispielsweise Zweifel schon im Ermittlungsverfahren aktenkundig macht und seine „Geschichte" vom Tatablauf in die Akten bringt, so dass der Richter sie schon im Rahmen der Vorbereitung des Eröffnungsbeschlusses zur Kenntnis nimmt.[99] Das Plädoyer selbst kommt dagegen regelmäßig zu spät, um noch einen nennenswerten Einfluss auf die Überzeugungsbildung zu haben.[100] Überdies genügt es für einen Verteidiger nicht, Zweifel an der Version der Staatsanwaltschaft zu säen, vielmehr ist es Aufgabe der Verteidigung, plausible Alternativgeschichten einzubringen.[101] Denn nach dem empirisch zumindest für englische Geschworenenentscheidungen belegten „story-model" versuchen Entscheider, eine möglichst plausible Geschichte des Falls zu konstruieren und wählen regelmäßig die Entscheidungsalternative, die am besten zur plausibelsten Geschichte passt.[102] Die Alternativgeschichte kann sich sowohl auf einzelne Sachverhaltselemente als auch global auf den kompletten Sachverhalt beziehen; die globale Alternativgeschichte birgt aber die Gefahr, dass die Widerlegung dieser Version beim

---

97 *Aronson/Wilson/Akert*, Sozialpsychologie, 8. Aufl. 2014, S. 185; *Hart u. a.*, Feeling Validated Versus Being Correct: A Meta-Analysis of Selective Exposure to Information, in: Psychological Bulletin 135 (2009), S. 555, 556 f.
98 *Sommer*, Effektive Strafverteidigung, 3. Aufl. 2016, S. 187 Rn. 115; S. 259 Rn. 367 f.
99 *Sommer*, Effektive Strafverteidigung, 3. Aufl. 2016, S. 260 Rn. 369.
100 *Sommer*, Effektive Strafverteidigung, 3. Aufl. 2016, S. 261 Rn. 375.
101 *Sommer*, Effektive Strafverteidigung, 3. Aufl. 2016, S. 262 f. Rn. 381, 384.
102 *Hupfeld-Heinemann/Oswald*, in: Volbert/Steller (Hrsg.), Handbuch der Rechtspsychologie, 2008, S. 477, 482; *Pennington/Hastie*, Practical Implications of Psychological Research on Juror and Jury Decision Making, in: Personality and Social Psychology Bulletin 16 (1990), S. 90, 94 f. Vgl. zu derartigen Modellen im Hinblick auf die Beweiswürdigung *Schweizer*, Beweiswürdigung und Beweismaß, 2015, S. 273 ff.

Richter zur Akzeptanz der gegnerischen Version als einzig verbliebener Alternativgeschichte führt.[103] Als Richter wiederum sollte man sich immer deutlich vor Augen halten, dass die Ablehnung einer Version nicht automatisch dazu führen kann, die gegnerische Version zu bejahen. Generell besteht die Gefahr, dass eine stimmige Geschichte einer schlecht strukturierten Geschichte vorgezogen wird, auch wenn die Beweismittel eher für die schlechter strukturierte Geschichte sprechen.[104]

Die sogenannte „**Nachentscheidungsdissonanz**" tritt auf, wenn man sich zwischen mehreren Alternativen entschieden hat, bei denen es Argumente für verschiedene Entscheidungsalternativen gab; das Bedürfnis nach einer Verringerung der Dissonanz ist umso stärker, je dauerhafter und je schwerer revidierbar die Entscheidung ist.[105] Zur Verringerung der Dissonanz verändern sich die Gefühle zugunsten der gewählten und zulasten der nicht gewählten Alternative.[106] Beispielsweise hat *Brehm*[107] ein Experiment durchgeführt, in dem er sich als Vertreter eines Warentestunternehmens ausgab und die Probanden bat, mehrere kleine Küchengeräte zu bewerten. Allen wurde mitgeteilt, dass sie als Belohnung eines der Geräte als Geschenk behalten durften. Ihnen wurden dabei jeweils zwei Geräte zur Wahl angeboten, die sie als gleichermaßen attraktiv bewertet hatten. Nach der Entscheidung für eines der Geräte wurden sie dann erneut gebeten, alle Produkte ein zweites Mal zu bewerten. Das Gerät, für das sie sich entschieden hatten, stuften sie jetzt etwas höher ein als bei der ersten Bewertung, das Alternativgerät, gegen das sie sich entschieden hatten, dagegen deutlich schlechter.

47

Ein frühes Experiment zur internen und externen Rechtfertigung haben *Festinger* und *Carlsmith* 1959 durchgeführt.[108] Studentische Probanden bearbeiteten zunächst eine Stunde lang langweilige und eintönige Aufgaben. Anschließend erklärte ihnen der Versuchsleiter, er führe eine Studie dazu durch, ob Menschen bessere Leistungen erbringen, wenn ihnen im Vorhinein gesagt wird, dass es sich um interessante Aufgaben handele. Der Versuchsleiter bat daher die Probanden, der nächsten Teilnehmerin (in Wahrheit eine Mitarbeiterin des Versuchsleiters) zu berichten, dass sie gerade selbst die Aufgaben durchgeführt hätten und sehr interessant gefunden hätten. Einer Hälfte der Teilnehmer wurde für diese Lüge eine Belohnung von 20 Dollar angeboten (also eine starke externe Rechtfertigung), den anderen Teilnehmern eine Belohnung von 1 Dollar (eine schwache externe Rechtfertigung). Später wurden beide Gruppen befragt, wie viel Spaß ihnen selbst die Aufgaben gemacht hätten. Die Studenten, denen für ihre Lüge 20 Dollar geboten wurden, stuften die Tätigkeiten als langweilig ein – sie hatten der nachfolgenden Teilnehmern also die Unwahrheit gesagt, aber selbst nicht daran geglaubt, dass die Aufgaben interessant waren. Die andere Gruppe, die nur eine überschaubare Belohnung bekommen hatte, bewertete dagegen die Aufgaben als deutlich angenehmer. Warum war das so? Weil sie keine ausreichende externe Rechtfertigung für ihre Lüge hatten, redeten sich die Probanden dieser Gruppe selbst ein, dass ihre Aussage gar nicht so weit von der Wahrheit entfernt war. Sie spürten kognitive Dissonanz, weil sie ohne ausreichenden Grund die nachfolgende Teilnehmerin belogen hat-

48

---
103 *Sommer*, Effektive Strafverteidigung, 3. Aufl. 2016, S. 263 Rn. 386.
104 *Schweizer*, Beweiswürdigung und Beweismaß, 2015, S. 274.
105 *Aronson/Wilson/Akert*, Sozialpsychologie, 8. Aufl. 2014, S. 186.
106 *Aronson/Wilson/Akert*, Sozialpsychologie, 8. Aufl. 2014, S. 186; *Brehm*, Postdecision Changes in the Desirability of Alternatives, in: Journal of Abnormal and Social Psychology 52 (1956), S. 384, 387 ff.
107 *Brehm*, Postdecision Changes in the Desirability of Alternatives, in: Journal of Abnormal and Social Psychology 52 (1956), S. 384 ff.
108 *Festinger/Carlsmith*, Cognitive Consequences of Forced Compliance, in: Journal of Abnormal and Social Psychology 58 (1959), S. 203, 210.

ten. Die andere Gruppe hatte dagegen mit den 20 Dollar Belohnung einen ausreichenden Grund für ihre Lüge, sie spürte geringere kognitive Dissonanz.

49 Diese Überlegung lässt sich auf strafrechtliche oder ordnungsrechtliche Bestrafungen übertragen: Wenn ein potentieller Straftäter mit einer hohen Strafe rechnen kann, wird ihn das möglicherweise von der Straftat abhalten. Die Strafdrohung wird aber seine Einstellung gegenüber der möglichen Straftat nicht grundsätzlich ändern, denn er hat ja eine äußere Rechtfertigung für sein konformes Verhalten: Er will eine schwere Strafe vermeiden. Eine sogenannte „unzureichende Strafe", also eine im Hinblick auf das Verhalten sehr milde Strafe, führt dagegen bei weniger Menschen dazu, dass sie sich gerade aufgrund der Angst vor Bestrafung an ein vorgeschriebenes Verhalten halten. Wenn Sie einen freien Parkplatz im Halteverbot nicht nutzen, obwohl Sie nur mit einem Verwarnungsgeld in Höhe von 5 Euro rechnen, das Ihnen höchstwahrscheinlich gar nicht auferlegt wird, weil Sie in den wenigen Minuten, die Sie dort parken, gar nicht entdeckt werden, dann müssen Sie nach einem Grund suchen, warum Sie denn dort nicht geparkt haben. Das wird nach der Theorie der kognitiven Dissonanz dazu führen, dass Sie sich stärker mit der Parkverbotsnorm identifizieren und sich in Zukunft noch wahrscheinlicher freiwillig an solche Parkverbote halten werden. Eine hohe Strafdrohung hat also den Vorteil, dass sie insgesamt mehr Menschen dazu bringt, die sanktionierte Norm zu befolgen. Eine niedrige Strafdrohung hat dafür den Vorzug, dass sie mehr Menschen dazu bringt, auch ihre Einstellung zu der Norm zum Positiven zu ändern und der Norm in Zukunft freiwillig zu folgen.

50 Das beruht darauf, dass eine Person üblicherweise Gründe dafür sucht, dass sie sich in einer bestimmten Weise verhält bzw. verhalten hat. Die Rechtfertigung für ein Verhalten kann interner („ich habe es gern getan") oder externer Art („ich wurde dafür bezahlt") sein. In Vertragsverhandlungen kann aufgrund dieser Nachentscheidungsdissonanz das Hervorrufen der Illusion, sich schon unwiderruflich entschieden zu haben, wenn sie bereits vor dem endgültigen Vertragsschluss erzeugt werden kann, die Verhandlungsposition der Gegenseite stärken, da die Dissonanzreduktion den Vertragsschluss als erstrebenswerter erscheinen lässt.[109]

---

[109] Aronson/Wilson/Akert, Sozialpsychologie, 8. Aufl. 2014, S. 187. Vgl. zu diesem sogenannten Low-balling noch unten S. 174.

§ 3 Urteilsverzerrungen, Urteilsheuristiken, Urteilsfehler

Im folgenden Abschnitt geht es um Urteile – nicht im Sinne der gerichtlichen Entscheidung, sondern im Sinne von deskriptiven Aussagen über wahrgenommene oder erschlossene kognitive Sachverhalte (also in Abgrenzung zu wertenden Entscheidungen). Urteile im psychologischen Sinne können an verschiedenen Verzerrungen leiden, die durchaus auch das Urteil im Sinne der juristischen Entscheidung betreffen können. Viele dieser Fehler beruhen auf **Urteilsheuristiken**, einfachen Faustregeln, die komplexe Entscheidungen vereinfachen.[110] Solche Heuristiken sind also sozusagen „mentale Abkürzungen", die Menschen nutzen, um schnell und effizient Urteile zu fällen, ohne auf vollständige Information und Informationsauswertung angewiesen zu sein; sie führen in der Regel in einem vernünftigen zeitlichen Rahmen zu guten Entscheidungen, können aber auch systematisch Fehlurteile begünstigen.[111] Wer Urteilsheuristiken kennt und versteht, kann seine Anfälligkeiten für einige Fehlertypen verringern.[112]

51

I. Verfügbarkeitsheuristik

Unter der **Verfügbarkeitsheuristik** versteht man, dass wir unsere Urteile bevorzugt auf Informationen gründen, die im Gedächtnis leicht verfügbar sind, beispielsweise auf Sachverhalte, mit denen wir kurz zuvor konfrontiert wurden.[113] Ereignisse, bei denen es leicht fällt, sich an ähnliche Ereignisse zu erinnern, werden intuitiv als wahrscheinlicher eingeschätzt als Ereignisse, bei denen das schwerer fällt.[114] Diese Heuristik führt in der Regel zu brauchbaren Ergebnissen, denn an häufige Ereignisse kann man sich üblicherweise auch besser erinnern, sie sind also leicht verfügbar.[115] Die Verfügbarkeitsheuristik führt allerdings zu Problemen, wenn durch die Gedächtnisprozesse eine verzerrte Informationsstichprobe zustande kommt oder die im Gedächtnis gespeicherte Information nicht korrekt ist.[116] So kann die Erinnerung an ein besonders anschauliches oder eindringliches Erlebnis leichter verfügbar sein, ebenso wie die an ein Ereignis, von dem man schon oft (oder erst wenige Sekunden zuvor) gehört hat.[117]

52

Es ist naheliegend, dass typische Informationen gerade aufgrund ihrer Häufigkeit besonders leicht kognitiv verfügbar sind. Nichtsdestotrotz können aber auch atypische Informationen einer Person zum relevanten Zeitpunkt sehr präsent sein, z. B. weil sie diese Informationen unmittelbar zuvor aufgenommen hat. Das bedeutet, dass die Typizität nicht allein die Verfügbarkeit einer Information bestimmt. Dass man sich nicht immer zwingend an das am leichtesten erinnert, was typisch für das Gesamtbild ist, kann daher zu Fehlschlüssen führen.[118] Beispielsweise fiel Personen, die gebeten wurden, sich an sechs Gelegenheiten zu erinnern, in denen sie sich erfolgreich durchgesetzt hatten, die Erinnerung leichter als Personen, die den Auftrag hatten, sich an zwölf derartige Begebenheiten zu erinnern; die Folge war, dass die erstgenannte Gruppe an Pro-

53

---

110 *Schweizer*, Kognitive Täuschungen vor Gericht, 2005, Rn. 2.
111 *Aronson/Wilson/Akert*, Sozialpsychologie, 8. Aufl. 2014, S. 74 f.
112 *Gerrig*, Psychologie, 21. Aufl. 2018, S. 368.
113 *Gerrig*, Psychologie, 21. Aufl. 2018, S. 369; *Aronson/Wilson/Akert*, Sozialpsychologie, 8. Aufl. 2014, S. 75; vgl. *Tversky/Kahneman*, Availability: A Heuristic for Judging Frequency and Probability, in: Cognitive Psychology 5 (1973), S. 207, 211.
114 *Pfister/Jungermann/Fischer*, Die Psychologie der Entscheidung – Eine Einführung, 4. Aufl. 2017, S. 137.
115 *Pfister/Jungermann/Fischer*, Die Psychologie der Entscheidung – Eine Einführung, 4. Aufl. 2017, S. 137.
116 *Gerrig/Zimbardo*, Psychologie, 18. Aufl. 2008, S. 313.
117 *Pfister/Jungermann/Fischer*, Die Psychologie der Entscheidung – Eine Einführung, 4. Aufl. 2017, S. 137.
118 *Aronson/Wilson/Akert*, Sozialpsychologie, 8. Aufl. 2014, S. 76.

banden sich deshalb als durchsetzungsstärker beurteilte als die zweitgenannte Gruppe.[119] Die Verfügbarkeitsheuristik versagt, wenn die individuelle Verfügbarkeit einer Information und deren tatsächliche Relevanz für das Urteil auseinanderfallen.[120]

54 So kann schon die Reihenfolge, in der Informationen in einer Akte dem Richter präsentiert werden, beeinflussen, welche Informationen besser und welche schlechter verfügbar sind. Beispielsweise sind aus einer Liste gelernter Informationen die ersten (**Primacy-Effekt**) und die letzten (**Recency-Effekt**) besonders gut abrufbar, weil diese besonders gut von anderen Informationen zu unterscheiden sind.[121] Informationen, die dem Primacy- oder Recency-Effekt unterliegen, wirken sich damit stärker auf die Urteilsbildung aus als andere Informationen, weil sie kognitiv leichter verfügbar sind. Dass sie juristisch bedeutsamer sind als Informationen, die sich irgendwo in der Mitte der Akte befinden und dementsprechend weniger präsent sind, ist damit aber naturgemäß nicht gesagt. Generell neigt man zu einer Abwertung von Informationen, wenn sie den Erwartungen, die man sich aufgrund früherer Informationen gebildet hat, widersprechen.[122] Hinweise werden z. B. dann als bedeutsamer eingestuft, wenn sie dem Bild entsprechen, das sich der Richter bereits aufgrund der Aktenlage gemacht hatte.[123]

II. Ankereffekt

55 Ein Sonderfall der Verfügbarkeitsheuristik ist der **Ankereffekt**. Er kommt dann zum Tragen, wenn numerische Urteile getroffen werden, ohne dass von vornherein ein „richtiges" Ergebnis ersichtlich wäre, das Urteil also unter ungewissen Umständen gefällt wird. Unter solchen Umständen neigen Menschen dazu, sich in ihrem Urteil an einem vorgegebenen Vergleichswert („Anker") – also einer Zahlenvorgabe – zu orientieren:[124] Wenn man einen Wert anhand eines Ausgangswerts abschätzt, dient dieser Ausgangswert als Anker und wird regelmäßig unzureichend angepasst.[125] Der Effekt erklärt sich am einfachsten an einem Beispiel: Stellt man einer Gruppe von Probanden die Frage, ob nach ihrer Meinung die Stadt Frankfurt am Main mehr oder weniger als 2,5 Mio. Einwohner (hoher Anker) hat,[126] werden die meisten angeben, die Einwohnerzahl sei geringer. Fragt man eine andere Gruppe, ob nach ihrer Meinung die Stadt Frankfurt am Main mehr oder weniger als 100.000 Einwohner (niedriger Anker) hat, werden die meisten die Einwohnerzahl für höher halten. Fragt man, nachdem man in den beiden Gruppen zunächst durch diese erste Frage einen Ankerwert gesetzt hat, konkret, wie viele Einwohner Frankfurt denn tatsächlich habe, lässt also frei schätzen, wird die Gruppe mit dem hohen Anker signifikant höher schätzen als die Gruppe mit dem niedrigen Anker.

---

119 *Aronson/Wilson/Akert*, Sozialpsychologie, 8. Aufl. 2014, S. 77; *Schwarz u. a.*, Ease of Retrieval as Information: Another Look at the Availability Heuristic, in: Journal of Personality and Social Psychology 61 (1991), S. 195, 196.
120 *Sommer*, Effektive Strafverteidigung, 3. Aufl. 2016, S. 169.
121 *Pastötter/Oberauer/Bäuml*, in: Kiesel/Spada, (Hrsg.) Lehrbuch Allgemeine Psychologie, 4. Aufl. 2018, S. 121, 129; *Gerrig*, Psychologie, 21. Aufl. 2018, S. 271–272..
122 *Hupfeld-Heinemann/Oswald*, in: Volbert/Steller (Hrsg.), Handbuch der Rechtspsychologie, 2008, S. 477, 480.
123 *Hupfeld-Heinemann/Oswald*, in: Volbert/Steller (Hrsg.), Handbuch der Rechtspsychologie, 2008, S. 477, 480; vgl. oben S. 25.
124 *Englich*, in: Volbert/Steller (Hrsg.), Handbuch der Rechtspsychologie, 2008, S. 486, 489.
125 *Gerrig*, Psychologie, 21. Aufl. 2018, S. 372; *Sommer*, Effektive Strafverteidigung, 3. Aufl. 2016, S. 170.
126 Tatsächlich hat Frankfurt etwas mehr als 700.000 Einwohner.

II. Ankereffekt

Der Ankereffekt wird mit verschiedenen Versuchsaufbauten untersucht. Die ursprünglichen Untersuchungen[127] nutzten – wie in obigem Beispiel – eine komparative Frage, es sollte also von den Probanden angegeben werden, ob der richtige Wert über oder unter einem bestimmten Ankerwert liegt.[128] In der Folgezeit kamen Überlegungen auf, ob der Ankereffekt auch auftreten kann, wenn keine komparative Frage gestellt wird, die Probanden also nicht explizit aufgefordert wurden, sich über den Anker Gedanken zu machen, was üblicherweise lebensnäher ist als die Szenarien mit komparativer Frage. Auch bei derartigen Untersuchungen trat der Ankereffekt auf.[129]

Die Ursache für die Existenz des Ankereffekts könnte möglicherweise darin liegen, dass die Probanden vom Ankerwert ausgehen und ihn dann so weit korrigieren, bis ihnen der Wert für den Kontext plausibel erscheint.[130] Mit dem Ankerwert konsistente Informationen werden nach dem **Modell selektiver Zugänglichkeit** leichter wahrgenommen als inkonsistente Informationen, so dass ankerkonsistente Informationen dem Richter präsenter sind als inkonsistente Informationen.[131] So werden bei einem hohen Anker Aspekte, die für einen hohen Wert sprechen, eher wahrgenommen als Aspekte, die einen niedrigen Wert nahelegen. Dann erscheint es als richterliche Strategie gegen Ankereffekte aber angebracht, gezielt ankerinkonsistente Informationen verfügbar zu machen:[132] Der Richter, dem der Ankereffekt bekannt ist, sollte also z. B. bei einer hohen Schmerzensgeldforderung ganz bewusst nach Aspekten suchen, die eher für eine niedrige Schmerzensgeldhöhe sprechen. Selbst wenn der Ankerwert auch dann noch unzureichend angepasst sein sollte, ist seine Wirkung zumindest vermindert.

Selbst wenn eine Information offensichtlich keinen oder nur geringen Wert hat, besteht dennoch die Neigung, sich von einem Anker beeinflussen zu lassen.[133] Beispielsweise sollten Probanden die Anzahl der Ärzte in der Stadt schätzen, nachdem sie eine vier-

---

127 Vgl. z. B. *Tversky/Kahneman*, Judgment under Uncertainty: Heuristics and Biases, in: Science, New Series 185 (1974), S. 1124, 1128.
128 Vereinzelt wurde angenommen, dass der Ankereffekt nur auftritt, wenn die Antwort auf die komparative Frage unerwartet war, also z. B. in obigem Beispiel nur bei den Probanden, die eine Größe der Stadt Frankfurt am Main von mehr als 2,5 Mio. Einwohnern (in der Variante mit dem hohen Anker) oder von weniger als 100.000 Einwohnern (in der Variante mit dem niedrigen Anker) angenommen hatten (*Grau/Bohner*, Anchoring Revisited: The Role of the Comparative Question, in: PLOS ONE 9 (2014), S. 1, 2 ff.). Dieses Ergebnis verträgt sich allerdings nicht mit der Feststellung, dass der Ankereffekt sogar bei absurd hohen Ankern auftritt (vgl. *Nickolaus*, Ankereffekte im Strafverfahren, 2018, 1. Kap. A. I. 2. a.), und beruht auf methodischen Schwächen der Untersuchung von *Grau/Bohner* (Anchoring Revisited: The Role of the Comparative Question, in: PLOS ONE 9 (2014), S. 1, 2 ff.). *Grau/Bohner* wollen wissen, ob der Ankereffekt bei "unerwarteter Antwort" auf die komparative Frage stärker ausfällt als bei erwarteter Antwort. Dazu vergleichen sie in ihrer Studie 1 die Abweichung derjenigen, die auf die komparative Frage unerwartet geantwortet haben, von der durchschnittlichen Schätzung ohne Anker mit der durchschnittlichen Abweichung derjenigen, die auf die komparative Frage erwartet geantwortet haben, von der durchschnittlichen Schätzung ohne Anker. Sie nehmen mit anderen Worten die Gruppe derjenigen, die besonders extrem schätzen (weil sie die komparative Frage unerwartet beantwortet haben) – dass deren freie Schätzung dann tatsächlich besonders extrem ausfällt, ist aber nicht weiter verwunderlich. Diejenigen, die die komparative Frage unerwartet beantwortet haben, stellen schon keine Zufallsauswahl aus der Grundgesamtheit dar, es sind vielmehr gerade diejenigen, von denen man vermuten kann, dass sie auch ohne Anker extrem hoch geschätzt hätten. Beim Ankereffekt geht es um den Einfluss des Ankerwerts auf den Schätzwert, wie er ohne den Anker ausgefallen wäre. Da man diesen Einfluss nicht an denselben Personen messen kann, geht an einer vergleichbaren Zusammensetzung der Gruppe mit Anker und der Gruppe ohne Anker kein Weg vorbei, die durch eine Zufallsauswahl zu gewährleisten gewesen wäre.
129 *Northcraft/Neale*, in: Organizational Behavior & Human Decision Processes 39 (1987), S. 84 ff.
130 *Gerrig*, Psychologie, 21. Aufl. 2018, S. 372.
131 *Englich*, in: Volbert/Steller (Hrsg.), Handbuch der Rechtspsychologie, 2008, S. 486, 492.
132 *Englich*, in: Volbert/Steller (Hrsg.), Handbuch der Rechtspsychologie, 2008, S. 486, 492.
133 *Gerrig*, Psychologie, 21. Aufl. 2018, S. 372; *Sommer*, Effektive Strafverteidigung, 3. Aufl. 2016, S. 170.

Effer-Uhe

stellige Identifikationsnummer zwischen 1928 und 1935 auf ihren Fragebogen übertragen hatten und sie gewarnt worden waren, dass die Identifikationsnummer die Schätzung beeinflussen könnte. Das durchschnittliche Ergebnis der Schätzung waren 539 Ärzte, während die Kontrollgruppe der Probanden, die keine Identifikationsnummer zu übertragen hatten, durchschnittlich gerade einmal 219 Ärzte schätzte.[134]

59 Gerade die Festlegung eines Strafmaßes im Strafprozess ist von einem hohen Maß an Ungewissheit geprägt, die Festlegung der „angemessenen Strafe" kann daher stark vom Ankereffekt beeinflusst sein; einen effektiven Anker kann beispielsweise der Hinweis auf eine milde Beurteilung in einem vergleichbaren Fall setzen.[135] Weniger stark wirkt sich der Ankereffekt dann aus, wenn die Ungewissheit über den „richtigen" Zielwert geringer ist. Geht es um das Strafmaß in einem Totschlagsprozess, in dem viele Besonderheiten des Einzelfalls zu berücksichtigen sind, ist das „richtige" Strafmaß mit mehr Ungewissheiten belastet als in einem Fall von Alltagskriminalität, für den sich bei einem Gericht oder einer Staatsanwaltschaft bestimmte „Strafmaßkataloge" herausgebildet haben. So hat beispielsweise ein Strafrichter an einem Amtsgericht eine recht genaue Vorstellung davon, wie hoch die Strafe bei einer Trunkenheitsfahrt mit 1,5 ‰ bei einem Ersttäter ausfallen sollte, wenn keine Besonderheiten zu berücksichtigen sind – hier kann sich naturgemäß der Ankereffekt weniger stark auswirken, weil er gerade auf der Ungewissheit basiert.

60 Beeindruckende Evidenz für die Bedeutung des Ankers für das Strafmaß lieferte ein Experiment, in dem erfahrenen Richtern und Staatsanwälten ein fiktiver Vergewaltigungsfall anhand von Aktenauszügen vorgelegt wurde, die sich nur im Strafantrag der Staatsanwaltschaft unterschieden. Hatte die Staatsanwaltschaft zwei Monate Freiheitsstrafe gefordert, war das von den Probanden empfohlene Strafmaß im Durchschnitt um acht bis zehn Monate niedriger, als wenn der Strafantrag auf 34 Monate lautete; lagen die Anträge weniger weit auseinander, reduzierte sich auch der Unterschied im empfohlenen Strafmaß.[136]

61 Auch Ereignisse, die mit der Sache *offensichtlich* nichts zu tun haben, können als Anker das Urteil beeinflussen. So zeitigten beispielsweise von den Probanden selbst erwürfelte staatsanwaltliche Strafforderungen[137] oder parteiische Zwischenrufe während der Verhandlung[138] deutliche Ankereffekte für die Strafzumessung.

62 Den Ankereffekt kann sich der Strafverteidiger in der Praxis nutzbar machen, indem er eine eigene – optimistische – Vorstellung über das Strafmaß zu einem möglichst frühen Zeitpunkt in das Verfahren einbringt. Das Plädoyer ist dafür der falsche Zeitpunkt, da dann spätestens der zuerst plädierende Staatsanwalt bereits einen Anker gesetzt hat, der dann die Strafmaßfestsetzung dominieren kann.[139] Tatsächlich ist es umgekehrt sogar so, dass das vom Ankläger geforderte Strafmaß einen effektiven Anker für die Ge-

---

134 *Wilson u. a.*, A New Look at Anchoring Effects: Basic Anchoring and Its Antecedents, in: Journal of Experimental Psychology: General 125 (1996), S. 387, 398.
135 *Sommer*, Effektive Strafverteidigung, 3. Aufl. 2016, S. 216.
136 *Englich/Mussweiler*, Sentencing under Uncertainty: Anchoring Effects in the Courtroom, in: Journal of Applied Social Psychology 31 (2001), S. 1535, 1540 ff.
137 *Englich/Mussweiler/Strack*, Playing Dice with Criminal Sentences – The Influence of irrelevant Anchors on Experts: Judicial Decision Making, in: Personality and Social Psychology Bulletin 32 (2006), S. 188, 191.
138 *Englich*, in: Volbert/Steller (Hrsg.), Handbuch der Rechtspsychologie, 2008, S. 486, 490 f.; *Englich*, „Geben Sie ihm doch einfach fünf Jahre!", in: Zeitschrift für Sozialpsychologie 36 (2005), S. 215, 221 f.
139 Vgl. *Hupfeld-Heinemann/Oswald*, in: Volbert/Steller (Hrsg.), Handbuch der Rechtspsychologie, 2008, S. 477, 484.

II. Ankereffekt

genforderung der Verteidigung setzt.[140] Es sollte also das Bestreben des Verteidigers – jedenfalls, wenn seine Prozesstaktik nicht auf einen Freispruch ausgerichtet ist, sondern er eine Strafmaßverteidigung beabsichtigt – dahin gehen, zu einem frühen Zeitpunkt ein niedriges Strafmaß in den Raum zu stellen. Eine Gelegenheit dafür könnte ein Rechtsgespräch zwischen Richter, Staatsanwaltschaft und Verteidigung sein, das mit dem Ziel geführt wird, einen Deal auszuhandeln. Eine *völlig* unrealistische Strafmaßvorstellung erscheint allerdings nicht empfehlenswert. Seine Aufgabe als Anker kann zwar durchaus auch ein unrealistischer Anker erfüllen.[141] Allerdings könnte eine völlig unrealistische Strafmaßforderung die Gefahr für den Verteidiger bergen, vom Richter in der Folge nicht mehr ausreichend ernstgenommen zu werden.

Ähnliches gilt im Zivilrecht bei Schmerzensgeldforderungen, bei denen die geforderte Höhe einen Anker setzt: Je höher der Spielraum ist, den aufgrund der Besonderheiten des Einzelfalls die Schmerzensgeldkataloge lassen, umso mehr kann der durch die Forderungshöhe gesetzte Anker den Richter beeinflussen.[142] In einer Studie von *Chapmann* und *Bornstein*[143] wurden Probanden zu einem fiktiven Sachverhalt mit vier verschiedenen Schmerzensgeldforderungen von einem unplausibel niedrigen (100 Dollar) bis zu einem unplausibel hohen Anker (1 Mrd. Dollar) konfrontiert. Die Jury sah zwar den Kläger als umso unsympathischer und die Forderung als umso unbegründeter an, je mehr er forderte; trotzdem wurde denjenigen, die einen hohen Antrag stellten, signifikant mehr zugesprochen. Zu ähnlichen Ergebnissen gelangte *Schweizer*[144] zum schweizerischen Recht. Für den Anwalt, der ein möglichst hohes Schmerzensgeld erstreiten will, empfiehlt es sich daher, einen hohen Antrag zu stellen. Allerdings setzt die Kostenverteilung nach §§ 91 ff. ZPO – im Grundsatz trägt der Unterlegene die Prozesskosten, bei Teilunterliegen kommt es zu einer anteiligen Kostenteilung – in unserer Rechtsordnung einem unbeschränkten Einsatz des Ankereffekts durch den Klageantrag Grenzen. Zumindest bei Schmerzensgeldanträgen führt jedoch ein höherer Antrag wegen § 92 Abs. 2 Nr. 2 ZPO nicht ohne weiteres zwingend zu einem Teilunterliegen.[145]

Ein anderer Anwendungsbereich des Ankereffekts sind Wertgutachten. Denn auch Probanden mit Fachwissen auf dem Gebiet der jeweiligen Entscheidung sind vor dem Ankereffekt nicht gefeit. Beispielsweise schätzten Immobiliensachverständige, die zuvor mit einem hohen Ankerwert konfrontiert waren, den Wert eines Hauses um durchschnittlich ca. 10 % höher ein als Sachverständige, für die ein niedriger Ankerwert gesetzt wurde.[146]

In Verhandlungssituationen, z. B. in privaten Vertrags- oder gerichtlichen Vergleichsverhandlungen, kann der Ankereffekt zu einer verstärkten Wirkung des ersten Gebots führen. Es setzt einen Anker für die nachfolgenden Erwartungen der Gegenseite[147] und

---

140 *Englich*, in: Volbert/Steller (Hrsg.), Handbuch der Rechtspsychologie, 2008, S. 486, 491.
141 *Schweizer*, Kognitive Täuschungen vor Gericht, 2005, Rn. 194.
142 Vgl. *Effer-Uhe*, Die richtige Höhe des Schmerzensgeldantrags – Im Spannungsfeld zwischen Ankereffekt und Kostenrisiko, in: Christandl u. a. (Hrsg.), Intra- und Interdisziplinarität im Zivilrecht – Jahrbuch Junger Zivilrechtswissenschaftler 2017, 2018, S. 71, 73.
143 *Chapmann/Bornstein*, in: Applied Cognitive Psychology, Band 10 (1996), S. 519, 523 ff.
144 *Schweizer*, Kognitive Täuschungen vor Gericht, 2005, Rn. 212 ff.
145 Vgl. zu den Folgen für die Prozesskosten *Effer-Uhe*, Die richtige Höhe des Schmerzensgeldantrags – Im Spannungsfeld zwischen Ankereffekt und Kostenrisiko, in: Christandl u. a. (Hrsg.), Intra- und Interdisziplinarität im Zivilrecht – Jahrbuch Junger Zivilrechtswissenschaftler 2017, Baden-Baden 2018, S. 71, 76 ff.
146 *Northcraft/Neale*, in: Organizational Behavior & Human Decision Processes 39 (1987), S. 84, 87 ff. Der höhere Anker lag dabei gut 25 % über dem niedrigen Anker.
147 *Galinsky/Mussweiler*, in: Journal of Personality and Social Psychology 83 (2002), S. 657, 662.

beeinflusst daher die Bereitschaft, bessere Folgegebote zu akzeptieren. Ein großzügiges erstes Vergleichsangebot mag zwar zu einem besseren Verhandlungsklima führen, da es die Gegenseite als Zeichen für Kompromissbereitschaft auffasst. Wenn zunächst ein ehrgeiziges Ziel als Anker präsentiert wird, kann das aber begünstigen, dass spätere verbesserte Angebote eher angenommen werden, was für das Verhandlungsergebnis meist von größerer Bedeutung ist. So wurden die Probanden in einer Untersuchung von *Korobkin* und *Guthrie*[148] in die Lage eines potentiellen Klägers versetzt, der über die Annahme oder Ablehnung eines Vergleichsangebots zu entscheiden hatte. Die beiden Versuchsgruppen wurden darüber informiert, dass sie ein vorheriges Vergleichsangebot in Höhe von 2.000 Dollar bzw. 10.000 Dollar bereits abgelehnt hätten. Das letzte Angebot in Höhe von 12.000 Dollar akzeptierten signifikant mehr Probanden aus der Gruppe, die mit dem niedrigen Anker geimpft worden waren: Das Angebot in Höhe von 12.000 Dollar erschien dieser Gruppe angesichts des niedrigen Ausgangsangebots ausgesprochen großzügig, während es der anderen Gruppe – bei ansonsten gleicher Sachlage – gegenüber dem Ausgangsangebot nur als recht geringfügige Verbesserung erscheinen musste.

III. Statistische Denkfehler

1. Repräsentativitätsheuristik

66 Die sogenannte **Repräsentativitätsheuristik** wirkt, wenn man etwas nach seiner Ähnlichkeit zu einem Prototyp einordnet,[149] wie das gleich folgende Beispiel verdeutlicht. Das ist insbesondere deshalb problematisch, weil Informationen über die **Basisrate** nicht ausreichend genutzt werden (dazu sogleich), sondern man vielmehr die Aufmerksamkeit oft vor allem darauf richtet, wie repräsentativ die Informationen über eine Person für die übergeordnete Kategorie sind.[150] Um das an einem Beispiel (nach *Aronson/Wilson/Akert*[151]) zu veranschaulichen: Wenn man von einer Person weiß, dass sie Jens heißt, blond, wortkarg, aber umgänglich ist und gerne ans Meer geht, mag für manchen die Annahme naheliegen, dass es sich um einen Ostfriesen handeln könnte, da sie ein verbreitetes Stereotyp vom Ostfriesen erfüllt. Aber selbst wenn dieses Stereotyp auf viele Ostfriesen passen *sollte*, sagen die von Jens erfüllten Eigenschaften noch nichts darüber aus, wie wahrscheinlich oder unwahrscheinlich es ist, dass er Ostfriese ist. Wenn er beispielsweise Student an einer niedersächsischen Hochschule ist, ist es, da die Mehrzahl der Studenten eine heimatnahe Hochschule wählt, erheblich wahrscheinlicher, dass er tatsächlich Ostfriese ist, als wenn er in München studiert – in München dürfte die Basisrate an Ostfriesen (der relative Anteil an Ostfriesen in einer gegebenen Bevölkerungsgruppe, hier der Studenten einer Hochschule) einfach sehr niedrig, in Niedersachsen dagegen deutlich höher sein. Diese Information prägt die Wahrscheinlichkeit, dass Jens tatsächlich Ostfriese ist, weitaus stärker als seine vermeintlich „typischen" Eigenschaften. Allgemein kann man sagen, dass die subjektive Wahrscheinlich-

---

148 *Korobkin/Guthrie*, in: Ohio State Journal of Dispute Resolution 10 (1994), S. 1 ff.
149 *Aronson/Wilson/Akert*, Sozialpsychologie, 8. Aufl. 2014, S. 77; *Spina u. a.*, Cultural Differences in the Representativeness Heuristic: Expecting a Correspondence in Magnitude Between Cause and Effect, in: Personality and Social Psychology Bulletin, 36 (2010), S. 583, 584 f.
150 *Aronson/Wilson/Akert*, Sozialpsychologie, 8. Aufl. 2014, S. 79; *Kahneman/Tversky*, On the Psychology of Prediction, in: Psychological Review 80 (1973), S. 237 f.; vgl. zur fehlenden Berücksichtigung der Basisrate z. B. auch *Hupfeld-Heinemann/Oswald*, in: Volbert/Steller (Hrsg.), Handbuch der Rechtspsychologie, 2008, S. 477, 479.
151 *Aronson/Wilson/Akert*, Sozialpsychologie, 8. Aufl. 2014, S. 77 ff.

III. Statistische Denkfehler

keit für ein Ereignis umso größer geschätzt wird, je repräsentativer das Ereignis für die Kategorie ist, zu der es gehört – so wird die Wahrscheinlichkeit, dass beim Lotto die Kombination 5, 13, 26, 29, 30, 44 gezogen wird, intuitiv als höher eingeschätzt als die Wahrscheinlichkeit der Lottozahlen 1, 2, 3, 4, 5, 6, denn Lottozahlen zeichnen sich durch ihre zufällige Ziehung aus und die erste Zahlenkombination erscheint uns viel zufälliger als die zweite.[152] Hintergrund dieser Einschätzung ist, dass uns Ähnlichkeit und Repräsentativität kognitiv leichter zugänglich sind als Wahrscheinlichkeitsberechnungen, tatsächlich Repräsentativität zumindest oft mit einer hohen Wahrscheinlichkeit korreliert (aber nicht immer, wie die Beispiele zeigen) und dass Menschen diese Korrelation überschätzen.[153]

2. Statistische Fehlschlüsse

Generell besteht bei Juristen – wie bei vielen anderen Berufsgruppen auch – ein Defizit im korrekten Umgang mit Risiken und Wahrscheinlichkeiten, was statistische Fehlschlüsse begünstigt. Immerhin legen Studien nahe, dass sich Denkprozesse nicht nur durch einführende Statistik-Seminare, sondern selbst durch kurze, einmalige Vorträge verbessern lassen,[154] die sich möglicherweise in die an Lernstoff nicht gerade arme Juristenausbildung mit überschaubarem Aufwand integrieren ließen.

a) Der Fehlschluss des Anklägers (Prosecutor's Fallacy)

Ein verbreiteter statistischer Fehlschluss ist als sogenannte „**Prosecutor's Fallacy**" oder „**Fehlschluss des Anklägers**" bekannt:[155] Wenn vom Täter einer Straftat bekannt ist, dass er bestimmte Merkmale hat, die in dieser Kombination nur bei einem sehr geringen Bevölkerungsanteil vorkommen, dann legt das für viele Menschen die Annahme nahe, dass ein Tatverdächtiger, der genau diese Merkmalskombination aufweist, schon aufgrund dieser Merkmale mit einer hohen Wahrscheinlichkeit schuldig ist. Das sei an einem Beispiel verdeutlicht: Stellen Sie sich vor, im März 2014 wäre es in San Francisco zu einem Mord gekommen, bei dem DNA-Spuren des Täters gefunden wurden. 2016 wurde in New York durch Zufall ein Mann ermittelt, dessen DNA-Profil mit den ermittelten Besonderheiten der DNA-Spuren aus San Francisco übereinstimmt. Weitere Indizien dafür, dass der Mann aus New York die Tat in San Francisco begangen hat, bestehen nicht; ob er zur Tatzeit in San Francisco war, lässt sich nicht mehr feststellen. Ein von der Staatsanwaltschaft bestellter Sachverständiger stellt fest, dass das gefundene DNA-Profil nur bei einem von ca. 10 Mio. Menschen vorkommt. Der Staatsanwalt hakt nach und will wissen, wie hoch denn die Wahrscheinlichkeit ist, dass die ermittelte Person der Täter ist. Der Sachverständige antwortet: 10 Millionen zu 1. Daraufhin erhebt der Staatsanwalt Anklage. Zu Recht?

Die Antwort des Sachverständigen auf die Nachfrage des Staatsanwalts ist fehlerhaft. Das zeigt sich schon, wenn man sich überlegt, dass die USA gut 320 Mio. Einwohner haben. Statistisch sollten also etwa 32 Menschen allein in den USA das gesuchte DNA-Profil aufweisen. Wenn man davon ausgeht, dass für diese etwa 32 Menschen die

---

152 *Pfister/Jungermann/Fischer*, Die Psychologie der Entscheidung – Eine Einführung, 4. Aufl. 2017, S. 134.
153 *Pfister/Jungermann/Fischer*, Die Psychologie der Entscheidung – Eine Einführung, 4. Aufl. 2017, S. 134.
154 *Aronson/Wilson/Akert*, Sozialpsychologie, 8. Aufl. 2014, S. 89; *Nisbett u. a.*, Teaching Reasoning, in: Science, New Series, 238 (1987), S. 625, 629 f.
155 Vgl. dazu *Thompson/Schumann*, in: Law and Human Behaviour 11 (1987), S. 167 ff., insbesondere S. 170 f.; *Balding/Donnelly*, in: Nature 368, S. 285 f.; *Gigerenzer*, Das Einmaleins der Skepsis, 2004, S. 209 ff.

Effer-Uhe

Wahrscheinlichkeit ihrer Täterschaft (mangels weiterer Indizien) gleich hoch ist,[156] läge also die Wahrscheinlichkeit, dass der New Yorker die Tat begangen hat, nicht bei 10.000.000:1, sondern bei etwa 1:32[157]. Und dabei ist die Möglichkeit, dass jemand von außerhalb der USA die Tat begangen hat, noch überhaupt nicht berücksichtigt.[158]

70   Eine Möglichkeit, solche Fehlschlüsse zu vermeiden, ist die Angabe der relevanten Daten in natürlichen Häufigkeiten statt in Prozenten: Beim Umgang mit Prozentzahlen verfügen die meisten Menschen nicht über eine zuverlässige Intuition, während die Umrechnung z. B. von „nur 0,01 ‰ der Menschen weisen ein DNA-Profil wie in der Blutspur vom Tatort" in „einer von 100.000 Menschen hat ein solches DNA-Profil" Fehlschlüsse zu vermindern hilft.[159] Nähere Ausführungen zu den mathematischen Grundlagen statistischer Fehlschlüsse finden sich in einem gesonderten Vertiefungsabschnitt.[160]

b) Beweisring und Beweiskette

71   In der Praxis ist es oft so, dass eine Haupttatsache („X ist Täter") nicht direkt bewiesen werden kann, sondern nur Indizien dafür vorliegen, also Hilfstatsachen, aus denen auf andere erhebliche Tatsachen – mit geringerer oder höherer Wahrscheinlichkeit – geschlossen werden kann (z. B. „am Tatort wurden DNA-Spuren von X gefunden"). Oft ist nicht nur ein einziges Indiz gegeben, sondern mehrere Indizien wirken zusammen. Für die Praxis sind zwei verschiedene Arten zu unterscheiden, auf die Indizien zusammenwirken können: in der Terminologie von *Bender/Nack/Treuer*[161] der Beweisring und die Beweiskette.

72   Zunächst ein Beispiel für einen Beweisring: Ein Autofahrer wird auf seinen Blutalkoholwert getestet. Es ergibt sich ein Ergebnis von 0,9 ‰ zur Zeit der Fahrt. (Materiellrechtlich bedeutet das, dass eine absolute Fahruntüchtigkeit ausscheidet, weil die Rechtsprechung dafür 1,1 ‰ Blutalkohol – 1,0 ‰ plus Sicherheitszuschlag – fordert. Allein der Blutalkoholwert reicht daher noch nicht aus, um die Strafbarkeit nach § 316 StGB zu begründen, vielmehr müssen weitere Indizien – Ausfallerscheinungen, mutmaßlich alkoholbedingte Fahrfehler – hinzukommen.[162]) Angenommen, der getestete Autofahrer wäre vorher mit etwa 50 km/h in Schlangenlinien über die freie Autobahn gefahren. Dann hätten wir insgesamt drei Indizien, die auf eine alkoholbedingte Fahruntüchtigkeit hindeuten: Die Blutalkoholkonzentration von 0,9 ‰, die Schlangenlinien

---

156   Natürlich könnte man argumentieren, dass die Wahrscheinlichkeit von vornherein nicht gleich hoch ist, sondern unter denjenigen, die das passende DNA-Profil aufweisen, die Täterwahrscheinlichkeit für diejenigen höher ist, die näher an San Francisco wohnen. Aber das wären dann schon weitere Indizien, die mit herangezogen würden. Und für unseren New Yorker würde dadurch die Wahrscheinlichkeit wohl noch weiter sinken.
157   Genauer wäre 1:33, denn dadurch, dass das DNA-Profil des New Yorkers getestet wird und sich als gleich herausstellt, verändert sich die Wahrscheinlichkeit der anderen 319.999.999 Einwohner nicht, dass sie ebenfalls über das DNA-Profil verfügen, es leben also in den USA rechnerisch noch etwa *weitere (!)* 319.999.999 Einwohner · $\frac{1}{10.000.000}$ ≈ 32 Einwohner mit passendem DNA-Profil hinzu, vgl. dazu die Berechnung unten S. 46.
158   Vgl. dazu auch *Effer-Uhe*, Die Parteivernehmung, 2015, S. 93 f.
159   *Gigerenzer*, Das Einmaleins der Skepsis, 2004, S. 74 ff.
160   Vgl. unten S. 42 ff.
161   *Bender/Nack/Treuer*, Tatsachenfeststellung vor Gericht, 4. Aufl. 2014, Rn. 598 ff.
162   *Rengier*, Strafrecht Besonderer Teil II – Delikte gegen die Person und die Allgemeinheit, 19. Aufl. 2018, § 43 Rn. 10 f.

III. Statistische Denkfehler

und das niedrige Tempo auf einer Autobahn. Diese drei Indizien weisen jedes für sich genommen schon unmittelbar auf die Haupttatsache „Fahruntüchtigkeit". Man spricht in dieser Konstellation von einem „Beweisring". In einem solchen Beweisring ist es so, dass mehrere Indizien in dieselbe Richtung – nämlich auf die Haupttatsache – weisen und daher die Summe der Indizien ausreichen kann, um dem Richter die erforderliche Überzeugung von der Haupttatsache (alkoholbedingte Fahruntüchtigkeit) zu vermitteln, auch wenn jedes einzelne Indiz für sich genommen nicht ausreichen würde.

Das Bild des „Rings" für diese Konstellation beruht auf der Vorstellung, dass die Haupttatsache mittig angeordnet ist und die Indizien aus verschiedenen Richtungen auf diese Haupttatsache verweisen, also ringförmig um die Haupttatsache angeordnet sind.

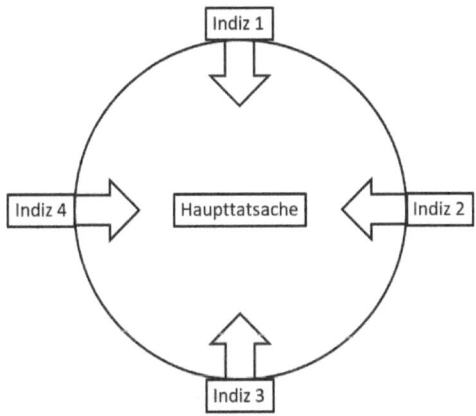

Mehrere Indizien auf einem solchen Beweisring erhöhen also die Wahrscheinlichkeit der zu beweisenden Haupttatsache. (Wie stark die Erhöhung ausfällt, lässt sich mathematisch mit Hilfe des sogenannten Bayes-Theorems[163] errechnen, das in einen gesonderten Abschnitt[164] ausgelagert ist.)

Betrachten wir ein anderes Beispiel[165], um den Unterschied zur Beweiskette zu verdeutlichen: Angenommen, es sei zu einem Unfall mit Fahrerflucht gekommen. Auf Aufnahmen einer Überwachungskamera lässt sich erkennen, dass das Tatfahrzeug ein grauer Renault Mégane war, dessen Kennzeichen mit „BM-CL" beginnt. Es stellt sich heraus, dass es insgesamt zwei Fahrzeuge dieses Typs in dieser Farbe mit dieser Buchstabenkombination gibt. Der alleinlebende M ist Halter eines dieser Fahrzeuge. Die Polizei geht davon aus, dass bei etwa 90 % der Fahrten ein alleinlebender Fahrzeughalter auch der Fahrer ist.

Haupttatsache ist hier, dass M Fahrer des Unfallwagens war. Hierzu haben wir einerseits eine Wahrscheinlichkeit von 50 %, dass der Wagen des M der Unfallwagen war, andererseits eine Wahrscheinlichkeit von 90 %, dass der M, *wenn* sein Wagen der Unfallwagen war, diesen auch gefahren hat. Hätten wir die Situation eines Beweisrings, käme man auf eine Wahrscheinlichkeit von mehr als 90 %, dass M der Unfallfahrer

---

163 Nach dem englischen Mathematiker *Thomas Bayes* (ca. 1701-1761). Aussprache in IPA: /beɪz/.
164 Siehe unten S. 42.
165 Beispiel nach *Bender/Nack/Treuer*, Tatsachenfeststellung vor Gericht, 4. Aufl. 2014, Rn. 602.

war; denn im Beweisring verstärken die verschiedenen Indizien in ihrer Zusammenwirkung ja die Wahrscheinlichkeit, dass die Haupttatsache gegeben ist. Das ist in unserem zweiten Beispiel aber völlig anders. Die beiden Indizien „Autotyp mit Teilkennzeichen" und Haltereigenschaft sind „hintereinandergeschaltet": Das Indiz „Autotyp mit Teilkennzeichen" weist auf die Tatsache hin, dass die Unfallflucht tatsächlich mit dem Auto des M begangen wurde. Dafür besteht eine Wahrscheinlichkeit von 50 %. Aber selbst, wenn das mit 100 %iger Sicherheit feststünde, müsste man noch *zusätzlich* den Nachweis führen, dass der M zur Tatzeit auch selbst gefahren ist. Je mehr Indizien auf diese Weise hintereinandergeschaltet sind, desto mehr nimmt die Wahrscheinlichkeit der Beweistatsache ab. Die Indizien weisen – anders als beim Beweisring – nicht jedes für sich schon auf die Haupttatsache hin, vielmehr müssen die Indizien zwingend gemeinsam vorliegen, damit der Schluss auf die Haupttatsache möglich ist. Will man die Beweiskraft der Indizien mathematisch berechnen, müssen in einer solchen Konstellation die Wahrscheinlichkeiten miteinander multipliziert werden („Produktregel").[166] Hier wäre also 50 % · 90 % zu rechnen (oder $\frac{1}{2}$ mal $\frac{9}{10}$) = 45 % (bzw. $\frac{9}{20}$). Die einzelnen Indizien sind also, wie bei einer Perlenkette, hintereinandergeschaltet: Wenn auch nur eines der Indizien entfällt (z. B. weil der Fahrer nachweisen kann, dass sein Auto sich zum Tatzeitpunkt an einem anderen Ort befand), dann schließt das den Schluss auf die Haupttatsache aus. Bei einem Beweisring bliebe dagegen auch ohne eines der Indizien der Schluss noch denkbar, wenn auch mit geringerer Wahrscheinlichkeit: Wäre der Fahrer im ersten Beispiel zwar nicht mit niedriger Geschwindigkeit, aber doch in Schlangenlinien über die Autobahn gefahren und hätte eine Blutalkoholkonzentration von 0,9 ‰ gehabt, wäre der Schluss auf eine alkoholbedingte Fahruntüchtigkeit immer noch möglich.

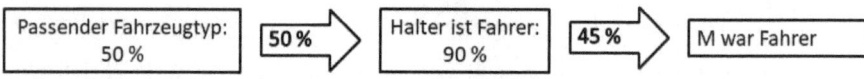

77 Das Bild der Kette darf übrigens nicht dazu verleiten, anzunehmen, dass ein Indiz auf das nächste hindeuten muss. Das wird leider nicht immer hinreichend deutlich, wenn es zum Beispiel – zwar nicht unzutreffend, aber doch missverständlich – heißt, dass in der Indizienkette ein Indiz auf dem anderen aufbaue.[167] Die Produktregel ist dann anzuwenden, wenn es um mehrere Indizien geht, die jeweils notwendige Bedingung für die Haupttatsache sind, also zwingend vorliegen müssen, damit die Haupttatsache gegeben sein kann; nicht erforderlich ist, dass das eine Indiz auch Bedingung des anderen Indizes ist. (Ganz im Gegenteil wäre ein Indiz, das notwendige Voraussetzung eines anderen Indizes ist, neben diesem anderen gar nicht zusätzlich berücksichtigungsfähig: Die Wahrscheinlichkeit des Indizes, das Voraussetzung für ein anderes Indiz ist, ist in dessen Wahrscheinlichkeit ja schon enthalten.[168])

c) Rechnerischer Umgang mit dem Beweiswert von Indizien

78 Wie ein zusätzliches Indiz die Wahrscheinlichkeit, dass die zu beweisende Haupttatsache vorliegt, beeinflusst, ist eine Frage, die den Juristen in vielen Fallgestaltungen beschäftigen kann. Gerade die Variante des Beweisrings bietet dabei erhebliches Potential

---

166 *Bender/Nack/Treuer*, Tatsachenfeststellung vor Gericht, 4. Aufl. 2014, Rn. 616.
167 So z. B. *Miebach*, in: Knauer/Kudlich/Schneider (Hrsg.), MünchKomm StPO, 2016, § 261 Rn. 122.
168 Siehe unten S. 46.

für Fehlschlüsse. Selbstverständlich liegen in der Realität selten konkrete Zahlen vor („der Angeklagte ist von einem Zeugen mit einer Sicherheit von 56 % und von einem weiteren mit einer Sicherheit von 73 % wiedererkannt worden"). Trotzdem kann die mathematische Veranschaulichung anhand konkreter Wahrscheinlichkeitswerte helfen, mögliche Fehlschlüsse zu erkennen. Überdies laufen dem Juristen vereinzelt tatsächlich konkrete Wahrscheinlichkeitsangaben über den Weg (z. B. bei dem oben[169] für den Fehlschluss des Anklägers genannten Beispiel des DNA-Profils), die ohne weiteres einer Nutzung im Rahmen einer mathematischen Berechnung zugänglich sind. Und selbst bei Indizien, deren Beweiswert sich mathematisch nicht sicher berechnen lässt, ist es durchaus möglich, den einzelnen Indizien im Rahmen der freien richterlichen Beweiswürdigung einen konkreten Beweiswert im Wege der Schätzung zuzumessen[170] (so z. B. im obigen Beispiel zur Trunkenheitsfahrt die Wahrscheinlichkeit von 90 %, dass der alleinlebende Halter eines Fahrzeugs bei einer konkreten Fahrt auch der Fahrer ist): Das ermöglicht im Anschluss eine mathematische Berechnung des Beweiswerts mehrerer kombinierter Indizien. Allerdings sollte man sich auch über die Grenzen dieser Methode im Klaren sein – ihre Überzeugungskraft steht und fällt mit der Plausibilität der einzelnen eingesetzten Beweiswerte und vermag, wenn deren ungefähre Größenordnung nicht plausibel begründet ist, eine Sicherheit zu suggerieren, die so nicht besteht.[171] Immerhin führt auch der Verzicht auf die Schätzung konkreter Wahrscheinlichkeiten für die einzelnen Indizien nicht viel weiter: denn jedenfalls das richterliche Endurteil über die Wahrscheinlichkeit, ob ein bestimmter Sachverhalt gegeben ist oder nicht, kann praktisch nie mit absoluter Sicherheit gefällt werden, stellt also bis zu einem bestimmten Grad ohnehin eine Schätzung dar – und die Verwendung ebenfalls nur geschätzter Werte zur Berechnung der für das endgültige Urteil relevanten Wahrscheinlichkeit kann helfen, logische Fehler auf dem Weg zu dieser Wahrscheinlichkeit der Haupttatsache festzustellen und zu vermeiden.[172]

aa) Häufigkeitsbaum

Ein geradezu klassisches Beispiel zur Berechnung des Beweiswerts von Indizien ist das sogenannte Taxiproblem von *Kahneman* und *Tversky*:[173] In einer Stadt fahren Taxis zweier Gesellschaften. Die Taxis der einen Gesellschaft sind grün, die der anderen Gesellschaft blau. 15 % der Taxis in der Stadt gehören zur „grünen" Gesellschaft, 85 % zur „blauen" Gesellschaft. Eines Nachts kommt es zu einem Unfall mit einem Taxi, das allerdings vom Unfallort flüchtet. Ein Zeuge bekundet, es habe sich um ein grünes Taxi gehandelt. Das Gericht lässt die Sehfähigkeit des Zeugen darauf untersuchen, wie sicher er in der Lage ist, grüne und blaue Taxis unter nächtlichen Sichtbedingungen zu unterscheiden. Es stellt sich heraus, dass der Zeuge die Farbe in 80 % der Fälle zutreffend identifiziert und sich in 20 % der Fälle irrt. Wie hoch ist die Wahrscheinlichkeit, dass das fliehende Taxi tatsächlich grün war?

---

169 S. 35.
170 *Hüttmann*, Übersicht über die häufigsten der für die richterliche Beweiswürdigung relevanten statistischen Fehlschlüsse, in: GVRZ 2018, S. 9, Gliederungspunkt III. 2.
171 BGH NJW 1989, S. 3161, 3162.
172 *Hüttmann*, Übersicht über die häufigsten der für die richterliche Beweiswürdigung relevanten statistischen Fehlschlüsse, in: GVRZ 2018, S. 9, Gliederungspunkt III. 2.
173 Vgl. *Tversky/Kahneman*, Evidential Impact of Base Rates, in: Kahneman/Slovic/Tversky (Hrsg.), Judgment under Uncertainty – Heuristics and Biases, 1982, S. 153, 156 f.

80 Die intuitive Antwort, dass die Wahrscheinlichkeit 80 % beträgt, weil der Zeuge sich ja in 20 % der Fälle irrt, ist falsch. Sie vernachlässigt die Basisrate – dass also per se die Wahrscheinlichkeit, einem grünen Taxi zu begegnen, nur 15 % beträgt. (Man spricht in derartigen Fällen von einem **Basisratenfehler**.) Nehmen wir an, in der Stadt gäbe es insgesamt 100 Taxis, und der Zeuge wäre jedem einzelnen davon nachts begegnet und hätte hinterher die Farbe angeben sollen. (Die Zahl 100 ist frei gegriffen, die mathematischen Ergebnisse bleiben auch bei jeder anderen Zahl identisch. Ein Vorteil der Zahl 100 ist, dass sich die Anzahl der grünen und blauen Taxis in ganzen Zahlen ausdrücken lässt. Ginge man z. B. von 10 Taxis aus, müsste man mit 8,5 blauen und 1,5 grünen Taxis weiterrechnen, was die Anschaulichkeit und das intuitive Verständnis beeinträchtigen könnte, weil die Vorstellung, dass der Zeuge einem halben Taxi begegnet, eher zu Verwirrung führt.) Ihm wären dann 85 blaue Taxis und 15 grüne Taxis begegnet. Hätte er also die Farben richtig angegeben, hätte er 85 Taxis als blau und 15 Taxis als grün identifiziert. Allerdings irrt er sich ja in 80 % der Fälle: Von den 85 blauen Taxis erkennt er nur 68 korrekt als blau und gibt 17 als grün an. Von den 15 grünen Taxis erkennt er 12 zutreffend als grün und gibt die anderen 3 als blau an. Insgesamt wird er also bei 100 Taxis 71 als blau und 29 als grün identifizieren. Er „erkennt" mit anderen Worten mehr Taxis (17) fälschlich als grün, als er grüne Taxis zutreffend als grün identifiziert (12). Die tatsächliche Wahrscheinlichkeit, dass es sich um ein grünes Taxi gehandelt hat, beträgt also – bei der notwendigen Berücksichtigung der Basisrate, also der generellen Wahrscheinlichkeit, dass ein Taxi in dieser Stadt grün ist – nur $\frac{12}{17+12}$, also $\frac{12}{29}$ oder knapp 41,4 %. Das ist erfahrungsgemäß für manche nicht ganz einfach zu verstehen, denn die Berechnung scheint ja davon auszugehen, dass der Zeuge allen 100 Taxis begegnen muss. Dem ist aber tatsächlich nicht so: Die Formel rechnet nur aus, wie hoch die Wahrscheinlichkeit, dass der Zeuge grün wahrnimmt, ausfällt, wenn er irgendeinem beliebigen Taxi begegnet wäre – *jedes Mal*, wenn der Zeuge nachts ein Taxi sieht und als grün wahrnimmt, beträgt die Wahrscheinlichkeit, dass das Taxi tatsächlich grün war, 41,4 %; gerade deshalb ist die Berechnung auch unabhängig davon, welche Gesamtzahl angenommen wird: Wären stattdessen als Ausgangspunkt nicht 100, sondern 1.000 Taxis gewählt worden, dann wäre das Ergebnis ebenso 41,4 % gewesen ($\frac{120}{170+120} = \frac{120}{290}$). Graphisch lässt sich das anhand eines **Häufigkeitsbaums** veranschaulichen:

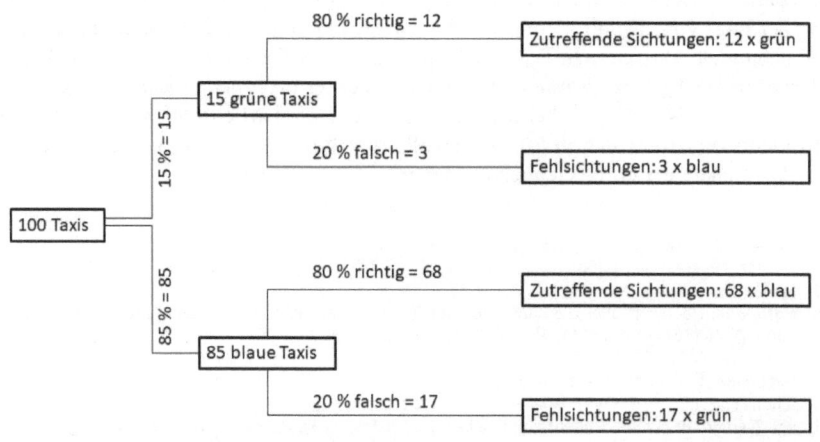

III. Statistische Denkfehler

Zeichnet man einen solchen Häufigkeitsbaum, stellt man ohne größeren Aufwand (und ohne größere Fehlerrisiken) fest, dass auf 12 zutreffende Grün-Sichtungen 17 fehlerhafte Grün-Sichtungen kommen, dass also die Wahrscheinlichkeit, dass das geflüchtete Taxi grün war, $\frac{12}{29}$ (nämlich $\frac{12}{17+12}$) betragen muss. Ein solcher Häufigkeitsbaum ist ein recht einfaches, aber sehr wirkungsvolles Hilfsmittel, um statistische Fehlschlüsse bei der Kombination mehrerer Indizien zu vermeiden. Kehren wir noch einmal zu obigem[174] Beispiel zum Fehlschluss des Anklägers mit der DNA-Spur zurück und verlegen den Tatort auf ein Kreuzfahrtschiff, auf dem sich – neben dem Opfer – insgesamt 1.000 Personen befanden. Der Tatverdächtige T, dessen DNA-Profil mit dem des Täters übereinstimmt, befand sich unter diesen Personen. Dann gibt es zwei Indizien („Täter befand sich an Bord" und „Täter hat das passende DNA-Profil"). Die Wahrscheinlichkeit, dass eine zufällig auswählte Person der Täter war, beträgt für jede Person auf dem Schiff $\frac{1}{1.000}$. Die Wahrscheinlichkeit, dass eine beliebige Person das DNA-Profil des Täters aufweist, beträgt $\frac{1}{10.000.000}$ (also 0,00001 %). Wie hoch ist die Wahrscheinlichkeit, dass der Tatverdächtige T der Täter war?

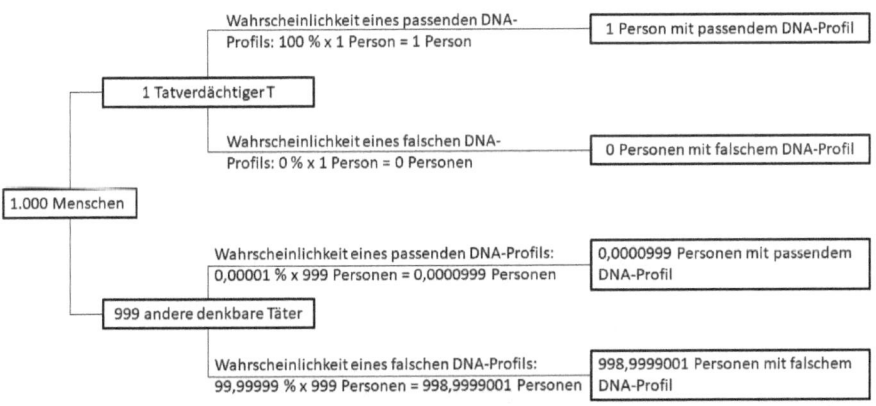

Hier zeigt sich, wie stark belastend tatsächlich das DNA-Profil ist: Während es ohne sonstige Indizien, wenn also einer von gut 320 Mio. Einwohnern der USA als Täter in Betracht kommt, ohne dass irgendetwas außer dem DNA-Profil auf den T hindeutet, die Wahrscheinlichkeit nur bei ca. 1:32 liegt (also bei gut 3 %), erhöht sich die Wahrscheinlichkeit zusammen mit der Anwesenheit auf dem Kreuzfahrtschiff (die für sich genommen auch nur zu einer Täterwahrscheinlichkeit von 1:1.000 oder 0,1 % führen würde) ganz erheblich, denn die Wahrscheinlichkeit, dass noch eine weitere Person auf dem Schiff das passende DNA-Profil hat, ist verschwindend gering (das sagt die Zahl von durchschnittlich 0,0000999 weiteren Personen, faktisch also niemandem, mit passendem DNA-Profil) – die Täterwahrscheinlichkeit des T steigt auf $\frac{1}{1+0,0000999} = \frac{1}{1,0000999}$ ≈ 99,99 %.[175] Damit wäre auch ein anderer denkbarer Fehlschluss vermieden, der sogenannte Fehlschluss des Verteidigers („**Defense Attorney's Fallacy**"): Die Argumenta-

---

174 S. 35.
175 Wohlgemerkt gilt das nur, solange von den anderen Menschen auf dem Schiff das DNA-Profil unbekannt ist. Wäre das DNA-Profil der anderen 999 Menschen bekannt und verfügte keiner über das entsprechende DNA-Profil, so würde die Sicherheit – sofern keine Messfehler o. ä. in Betracht kommen – auf glatt 100 % nur noch minimal steigen. Wenn dagegen – was per se extrem unwahrscheinlich ist – ein weiterer

tion, dass die DNA-Spur nicht allzu belastend ist, weil sie nur zeigt, dass der Täter und der Tatverdächtigte beide zu einer größeren Gruppe (ca. 32 Amerikaner) gehören, geht fehl. Denn durch das Indiz wird die Zahl der Verdächtigen tatsächlich sehr stark eingeschränkt, ohne dass der konkrete Verdächtige ausgeschlossen wird. Das Indiz erhöht also die Wahrscheinlichkeit einer Täterschaft ganz erheblich, so dass es im Zusammenspiel mit anderen Indizien (hier der Anwesenheit auf dem Kreuzfahrtschiff) ohne weiteres für eine Verurteilung ausreichen kann.[176]

83   Mit diesem Vorgehen (Umrechnen von Prozentzahlen in natürliche Häufigkeiten – 15 Taxis von 100 Taxis oder 0,0000999 Personen von 999 Personen – und Zeichnen eines Häufigkeitsbaums) lassen sich Fehler bei der Wahrscheinlichkeitsberechnung (oder -schätzung) weitestgehend vermeiden. Es sei jedem Juristen, der in seiner Berufspraxis mit derartigen Berechnungen zu tun hat (beispielsweise dem Richter in einem Schwurgericht, das die Täterwahrscheinlichkeit bei Vorliegen einer DNA-Spur festzustellen hat), dringend empfohlen. Eine Alternative (oder Ergänzung zur Überprüfung) ist die Berechnung mit Hilfe des sogenannten Bayes-Theorems. Die Beschäftigung mit dieser Formel, die nur auf den ersten Blick auf den Juristen sperrig wirkt, lohnt sich, vermittelt sie doch ein besseres Verständnis des Zusammenwirkens von Indizien. (Wer schon immer mit Mathematik auf Kriegsfuß stand, kann den folgenden – gar nicht so tiefgehenden – Vertiefungsabschnitt aber getrost überspringen, wenn er stattdessen mit dem Häufigkeitsbaum sicher umgehen kann.)

bb) Vertiefung zu den mathematischen Grundlagen: das Bayes-Theorem

84   Das **Bayes-Theorem**[177] geht von einer Anfangswahrscheinlichkeit (oder A-priori-Wahrscheinlichkeit) für das Vorliegen einer Haupttatsache (z. B. Täterschaft) aus und berechnet die Endwahrscheinlichkeit (oder A-posteriori-Wahrscheinlichkeit) für diese Haupttatsache, wenn Indizien hinzukommen. Kommt zu einer Anfangswahrscheinlichkeit (z. B. $\frac{1}{1.000}$ im Beispiel mit dem Kreuzfahrtschiff) ein weiteres Indiz hinzu, so errechnet sich die Endwahrscheinlichkeit folgendermaßen:

85   $$P(H|I_1) = \frac{P(H) \cdot P(I_1|H)}{P(H) \cdot P(I_1|H) + P(\neg H) \cdot P(I_1|\neg H)}$$

Mensch auf dem Schiff auf seine DNA untersucht worden sein und über dasselbe DNA-Profil verfügen sollte (z. B. ein eineiiger Zwilling des T), dann würde die Wahrscheinlichkeit auf 50 % fallen.

176   Vgl. *Hüttmann*, Übersicht über die häufigsten der für die richterliche Beweiswürdigung relevanten statistischen Fehlschlüsse, in: GVRZ 2018, S. 9, Gliederungspunkt II. 6.

177   Die im Folgenden zum Ausgangspunkt genommene Formel stellt schon eine Umformung des Bayes-Theorems dar, das in seiner Normalform lautet

$P(A|B) = \frac{P(B|A) \cdot P(A)}{P(B)}$;

daraus ergibt sich, wenn *P(B)* nicht unmittelbar bekannt ist, die Formel

$P(A|B) = \frac{P(A) \cdot P(B|A)}{P(A) \cdot P(B|A) + P(\neg A) \cdot P(B|\neg A)}$;

vgl. zur Herleitung näher *Geipel*, Handbuch der Beweiswürdigung, 3. Aufl. 2017, § 9 Rn. 57 ff. Ausführlich zum Bayes-Theorem auch *Schweizer*, Beweiswürdigung und Beweismaß, 2015, S. 132 ff., 168 ff.

III. Statistische Denkfehler

Dabei ist

$P(H)$	die Anfangswahrscheinlichkeit (P für *probability*), dass die Haupttatsache H (z. B. die Täterschaft) vorliegt (= A-priori-Wahrscheinlichkeit);
$P(\neg H)$	die Anfangswahrscheinlichkeit, dass die Haupttatsache H nicht vorliegt ($\neg$ ist der logische Operator für „nicht" oder „non", alternativ liest man die Formel auch mit P(nH) mit „n" für „nicht"[178] oder mit $P(H^c)$ mit „H^c" für das Komplement[179] des Ereignisses H^{180}, also die Menge aller Ereignisse, bei denen die Haupttatsache nicht vorliegt);
$P(H\|I_1)$	die Endwahrscheinlichkeit, dass die Haupttatsache H (z. B. Täterschaft) vorliegt unter der Bedingung, dass das Indiz I_1 (z. B. das passende DNA-Profil) gegeben ist (= A-posteriori-Wahrscheinlichkeit), also eine sogenannte „bedingte Wahrscheinlichkeit";
$P(I_1\|H)$	die bedingte Wahrscheinlichkeit, dass das Indiz I_1 auftritt unter der Bedingung, dass die Haupttatsache *H* gegeben ist (also: wie wahrscheinlich ist es, dass das passende DNA-Profil vorliegt, wenn der DNA-Träger der Täter ist[181]);
$P(I_1\|\neg H)$	die Wahrscheinlichkeit, dass das Indiz I_1 auftritt unter der Bedingung, dass die Haupttatsache *H* nicht gegeben ist (wie wahrscheinlich ist es, dass das passende DNA-Profil vorliegt, wenn eine Person *nicht* der Täter ist).

Die Formel wird deutlich übersichtlicher, wenn man sich klarmacht, dass der Term $P(H) \cdot P(I_1|H)$ aus dem Zähler identisch als erster Summand im Nenner wieder auftaucht, während beim zweiten Summand im Nenner die Haupttatsache gegenüber diesem Term immer durch die Nicht-Haupttatsache ersetzt ist (also „Wahrscheinlichkeit, dass die Haupttatsache nicht vorliegt" statt „Wahrscheinlichkeit, dass die Haupttatsache vorliegt" und „Wahrscheinlichkeit, dass die Indiztatsache vorliegt, wenn die Haupttatsache nicht vorliegt" statt „Wahrscheinlichkeit, dass die Indiztatsache vorliegt, wenn die Haupttatsache vorliegt").

---

[178] So bei *Bender/Nack/Treuer*, Tatsachenfeststellung vor Gericht, 4. Aufl. 2014, Rn. 648.
[179] Von lat. *complementum* = Ergänzung, also das fehlende Gegenstück, das die Menge, in der die Haupttatsache H vorliegt, zur Gesamtheit ergänzt. Wenn die Wahrscheinlichkeit der Haupttatsache *P(H)* also z. B. 10 % (oder $\frac{1}{10}$) beträgt, beträgt das Komplement *P(¬H)* 90 % (oder $\frac{9}{10}$).
[180] So bei *Hüttmann*, Übersicht über die häufigsten der für die richterliche Beweiswürdigung relevanten statistischen Fehlschlüsse, in: GVRZ 2018, S. 9, Gliederungspunkt II. 3. a.
[181] Diese Wahrscheinlichkeit beträgt in unserem Kreuzfahrtbeispiel 100 %, weil die DNA des Täters sicher festgestellt ist. Das ist aber keineswegs zwingend. Wäre der Täter beispielsweise beobachtet und mit 90%iger Sicherheit als dunkelhaarig beschrieben worden, betrüge die Wahrscheinlichkeit, dass das Indiz „dunkelhaarig" gegeben ist, wenn eine Person der Täter ist, nur 90 %. Und auch bei DNA-Feststellungen ergibt sich zumindest in praktischen Fällen regelmäßig keine 100%ige Sicherheit: So steht möglicherweise nicht absolut sicher fest, ob am Tatort gefundene DNA vom Täter stammt, und auch mögliche Kontaminationen oder Verwechslungen der Probe kann man zwar meist sehr sicher, aber doch nicht vollständig ausschließen.

§ 3 Urteilsverzerrungen, Urteilsheuristiken, Urteilsfehler

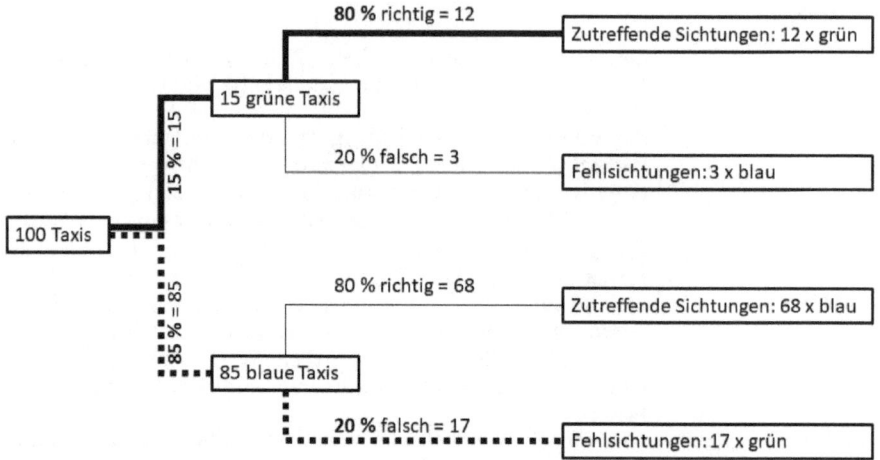

88 Der Term P(H) • P(I$_1$|H), der im Zähler und als erster Summand im Nenner auftaucht, entpuppt sich bei näherem Hinsehen als das Produkt der beiden Wahrscheinlichkeiten, die sich im Häufigkeitsbaum entlang des hier fettgedruckten Astes finden, der zur zutreffenden Grün-Sichtung (im Taxiproblem) oder zum DNA-Profil des Tatverdächtigen (beim Kreuzfahrtbeispiel) führt, also hier entlang des fett gedruckten Astes: 15 % • 80 % oder $\frac{15}{100} \cdot \frac{8}{10} = \frac{120}{1.000} = 0{,}12$. (*P(H)* ist die Anfangswahrscheinlichkeit, also die Wahrscheinlichkeit, dass ein zufällig aus der Gesamtzahl an Taxis gegriffenes Taxi grün ist, P(I$_1$|H) ist die Wahrscheinlichkeit, dass ein Taxi als grün gesichtet wird, *falls* es tatsächlich grün ist.) Der verbleibende Term P(¬H) • P(I$_1$| ¬H) (der zweite Summand im Nenner) stellt das Produkt entlang des hier gestrichelt dargestellten Astes dar, der zu den fälschlichen Grün-Sichtungen (im Taxiproblem) bzw. zu den 0,0000999 weiteren Personen mit passendem DNA-Profil (beim Kreuzfahrtbeispiel) führt: 85 % • 20 % oder $\frac{85}{100} \cdot \frac{2}{10} = \frac{170}{1.000} = 0{,}17$. (P(I$_1$| ¬H) ist die Wahrscheinlichkeit, dass ein Auto als grün gesichtet wird, wenn es tatsächlich nicht grün ist, P(¬H) die Wahrscheinlichkeit, dass ein zufällig ausgewähltes Auto nicht grün ist.)

89 Die Berechnung stellt sich also wie folgt dar:

$$P(H|I_1) = \frac{P(H) \cdot P(I_1|H)}{P(H) \cdot P(I_1|H) + P(\neg H) \cdot P(I_1|\neg H)}$$

$$= \frac{\frac{15}{100} \cdot \frac{8}{10}}{\left(\frac{15}{100} \cdot \frac{8}{10}\right) + \left(\frac{85}{100} \cdot \frac{2}{10}\right)}$$

$$= \frac{\frac{120}{1.000}}{\frac{120}{1.000} + \frac{170}{1.000}}$$

$$= \frac{\frac{10}{1.000} \cdot 12}{\frac{10}{1.000} \cdot (12 + 17)}$$

$$= \frac{12}{12 + 17} = \frac{12}{29} \approx 0{,}4138 = 41{,}38\%$$

III. Statistische Denkfehler

Macht man sich diese Zusammenhänge klar, erhellt das auch, warum man ebenso gut, wie wir es oben getan hatten, statt mit Prozentzahlen oder Brüchen im Bayes-Theorem mit den absoluten Zahlen am Ende des jeweiligen Astes ($\frac{12 \text{ Grünsichtungen}}{12 \text{ Grünsichtungen} + 17 \text{ Grünsichtungen}} = \frac{12}{12+17} = \frac{12}{29}$) rechnen kann: Die Berechnung erfolgt ganz parallel zum Bayes-Theorem!

Will man nicht nur den Einfluss eines einzigen Indizes auf die A-priori-Wahrscheinlichkeit ausrechnen, sondern mehrere Indizien berücksichtigen, lässt sich das Bayes-Theorem erweitern:[182]

$$P(H|I_1 \cap I_2 \cap \ldots \cap I_n)$$
$$= \frac{P(H) \cdot P(I_1|H) \cdot P(I_2|H) \cdot \ldots \cdot P(I_n|H)}{P(H) \cdot P(I_1|H) \cdot \ldots \cdot P(I_n|H) + P(\neg H) \cdot P(I_1|\neg H) \cdot \ldots \cdot P(I_n|\neg H)}$$

Allerdings ist es auch einfach möglich, zunächst das Bayes-Theorem in der o. g. Form nur für ein Indiz anzuwenden und das Ergebnis als neue A-priori-Wahrscheinlichkeit zu verwenden, bevor der Einfluss des nächsten Indizes berechnet wird. Man wendet dann also die Formel

$$P(H|I_1) = \frac{P(H) \cdot P(I_1|H)}{P(H) \cdot P(I_1|H) + P(\neg H) \cdot P(I_1|\neg H)}$$

mehrmals hintereinander an.

Kommen wir nach diesen vertiefenden Ausführungen noch einmal zum Ausgangsfall[183], dem Mord in San Francisco, zurück, und überlegen wir uns, wie der Sachverständige zu seiner falschen Antwort kam. Wir erinnern uns: Der Sachverständige hatte festgestellt, dass das ermittelte DNA-Profil nur bei einem von ca. 10 Mio. Menschen vorkommt. Auf die Frage des Staatsanwalts hatte der Sachverständige gemeint, die Wahrscheinlichkeit, dass die ermittelte Person der Täter ist, liege bei 10 Millionen zu 1. Wie kann es zu dieser Antwort kommen? Das kann einerseits auf einer fälschlichen Gleichsetzung von $P(H|I)$ mit $P(I|\neg H)$ beruhen – das wäre der eigentliche Fehlschluss des Anklägers.[184] (Tatsächlich ist es, wie wir gesehen haben, keineswegs so, dass die Wahrscheinlichkeit, dass eine Person der Täter ist, wenn das DNA-Profil zutrifft, identisch ist mit der Wahrscheinlichkeit, dass das DNA-Profil zutrifft, wenn eine Person nicht der Täter ist.) Aber auch eine andere Erklärung ist denkbar: Möglicherweise hat der Sachverständige korrekterweise das Bayes-Theorem angewandt, aber fälschlicherweise als Anfangswahrscheinlichkeit mangels irgendwelcher Anhaltspunkte zur Anfangswahrscheinlichkeit $\frac{1}{2}$ eingesetzt:

$$P(H|I_1) = \frac{\frac{1}{2} \cdot 1}{\frac{1}{2} \cdot 1 + \frac{1}{2} \cdot \frac{1}{10.000.000}} = \frac{\frac{1}{2}}{\frac{1}{2} + \frac{1}{20.000.000}} = \frac{\frac{1}{2}}{\frac{10.000.001}{20.000.000}}$$
$$= \frac{1}{\frac{20.000.002}{20.000.000}} = \frac{20.000.000}{20.000.002} \approx 99{,}99999\,\%$$

Eine Täterwahrscheinlichkeit von 99,99999 % entspricht recht genau der Antwort des Sachverständigen, dass die Wahrscheinlichkeit, dass der Verdächtige der Täter ist, bei

---

182 Vgl. für zwei Indizien *Bender/Nack/Treuer*, Tatsachenfeststellung vor Gericht, 4. Aufl. 2014, Rn. 651.
183 Oben S. 35.
184 *Hüttmann*, Übersicht über die häufigsten der für die richterliche Beweiswürdigung relevanten statistischen Fehlschlüsse, in: GVRZ 2018, S. 9, Gliederungspunkt II. 3. c.

etwa 10 Millionen zu 1 liegt. Zu diesem Ergebnis kommt man mit Hilfe des Bayes-Theorems aber nur dann, wenn man für P(H) $\frac{1}{2}$ statt $\frac{1}{320.000.000}$ (für alle Amerikaner) oder einer anderen Zahl mit großem Nenner einsetzt. Denn während bei der gerade durchgeführten Rechnung die Zahlen über und unter dem Hauptbruchstrich nahezu identisch sind (mit der Folge, dass das Ergebnis praktisch gleich 1 bzw. 100 % ist), würde der Zähler in Relation zum Nenner stark schrumpfen, wenn man die Anfangswahrscheinlichkeit P(H) richtig wählt:

$$P(H|I_1) = \frac{\frac{1}{320.000.000} \cdot 1}{\frac{1}{320.000.000} \cdot 1 + \frac{319.999.999}{320.000.000} \cdot \frac{1}{10.000.000}}$$

$$= \frac{1}{1 + \frac{319.999.999}{10.000.000}} = \frac{1}{\frac{329.999.999}{10.000.000}} \approx \frac{1}{32,999} \approx 1 : 33$$

95 Genaugenommen ist schon die Frage des Staatsanwalts, wie hoch denn jetzt die Wahrscheinlichkeit ist, dass die ermittelte Person der Täter ist, fehl am Platze: Denn die A-posteriori-Wahrscheinlichkeit lässt sich nicht ohne eine A-priori-Wahrscheinlichkeit errechnen, was den Sachverständigen dazu bewogen haben mag, die A-priori-Wahrscheinlichkeit auf $\frac{1}{2}$ zu setzen.

96 Verstößt ein statistischer Fehlschluss insbesondere bei der Beweiswürdigung gegen Regeln der Wahrscheinlichkeitsrechnung, so wird das Urteil rechtsfehlerhaft und dadurch grundsätzlich revisibel gemäß § 337 StPO bzw. §§ 559 Abs. 2, 545 Abs. 1, 546 ZPO.[185] Es handelt sich dabei um einen Verstoß gegen Denkgesetze und somit einen Fehler bei der Rechtsanwendung.[186] Dass die A-posteriori-Wahrscheinlichkeit nicht konkret anhand des Bayes-Theorems ausgerechnet wurde, soll dagegen nach der Rechtsprechung keinen Revisionsgrund darstellen; entgegen einzelner Literaturstimmen[187] hat der BGH bislang davon abgesehen, den Tatsacheninstanzen eine konkrete Berechnung der Wahrscheinlichkeiten aufzuerlegen.[188] Das sollte aber Richter nicht dazu verleiten, sich gar nicht mit dem Bayes-Theorem (oder der Wahrscheinlichkeitsberechnung mit Hilfe von Häufigkeitsbäumen) zu beschäftigen – denn einerseits verhindert die Überprüfung vermeidbare Fehler, andererseits kann durchaus auch ein Urteil ohne konkrete Wahrscheinlichkeitsberechnung wegen Verstoßes gegen Denkgesetze in der Revision aufgehoben werden, weil die nicht offengelegte Berechnung fehlerhaft ist. So wäre im Fall des New Yorker Tatverdächtigen für den Mord in San Francisco eine Verurteilung unter Verweis auf die geringe Verbreitung des „passenden" DNA-Profils auch dann rechtsfehlerhaft, wenn die Berechnung nicht im Urteil konkret offengelegt wird.

d) Abhängige und unabhängige Indizien

97 Hat man es mit mehreren Indizien zu tun, gilt es, den Fehler zu vermeiden, **abhängige Indizien** wie **unabhängige** zu behandeln. Man bezeichnet zwei Indizien immer dann als

---

185 *Hüttmann*, Übersicht über die häufigsten der für die richterliche Beweiswürdigung relevanten statistischen Fehlschlüsse, in: GVRZ 2018, S. 9, Gliederungspunkt IV.
186 Vgl. *Geipel*, Handbuch der Beweiswürdigung, 3. Aufl. 2017, § 35 Rn. 170 f.; *Schweizer*, Beweiswürdigung und Beweismaß, 2015, S. 170. Die Einzelheiten sind allerdings umstritten.
187 *Hüttmann*, Übersicht über die häufigsten der für die richterliche Beweiswürdigung relevanten statistischen Fehlschlüsse, in: GVRZ 2018, S. 9, Gliederungspunkt IV.
188 BGH NJW 1989, 3161 f.

voneinander abhängig, wenn sich die Wahrscheinlichkeit, dass das eine Indiz vorliegt, abhängig davon verändert, ob das andere Indiz vorliegt.[189]

An einem Beispiel[190]: Nehmen wir an, ein Zeuge hätte eine Straftat beobachtet und bekundet, der Täter sei ein Mann gewesen und hätte eine sehr tiefe Stimme gehabt. Nehmen wir weiter an, 50 % der als Täter in Betracht kommenden Personen (z. B. die 1.000 Mitfahrer auf unserem schon bekannten Kreuzfahrtschiff) seien männlich, und 6 % dieser Personen (also 60 Personen) hätten eine sehr tiefe Stimme. Wie wird jetzt die Wahrscheinlichkeit berechnet, dass eine Person der Täter ist, wenn sie sowohl männlich ist als auch eine sehr tiefe Stimme hat? Man könnte auf die Idee kommen, dass sich die durchschnittliche Anzahl „passender" Personen auf dem Schiff (also Männer mit tiefer Stimme) errechnet, indem man die Gesamtzahl von 1.000 Personen mit 50 % ($\frac{1}{2}$) und 6 % ($\frac{3}{50}$) multipliziert:

$$1.000 \cdot \frac{1}{2} \cdot \frac{3}{50} = 1.000 \cdot \frac{3}{100} = 30.$$

Es wäre also mit etwa 30 Personen mit passenden Merkmalen an Bord zu rechnen, so dass – wenn keine weiteren Indizien hinzukommen – die Wahrscheinlichkeit für jede einzelne Person $\frac{1}{30}$ (oder etwa 3,33 %) betrüge. Richtig? Nein! Denn diese Rechnung setzt voraus, dass es gleich wahrscheinlich ist, dass eine Person eine tiefe Stimme hat, wenn sie ein Mann ist, als wenn sie eine Frau ist. Tatsächlich werden allerdings Männer sehr viel häufiger eine sehr tiefe Stimme haben als Frauen. Von den 60 Personen an Bord mit sehr tiefen Stimmen wären also realistischerweise nicht 30 männlich, sondern vielleicht 59. Die Wahrscheinlichkeit wäre durch die zuerst angestellte Rechnung massiv überschätzt worden, weil die Abhängigkeit der Indizien nicht beachtet wurde. Die Lösung liegt darin, abhängige Indizien zu einer Indizienfamilie zusammenzufassen und für die gesamte Indizienfamilie eine Gesamtwahrscheinlichkeit festzulegen – das müsste dann (wie hier) notfalls im Wege einer Schätzung erfolgen, indem man annimmt, dass etwa 59 von 1.000 Menschen über die Eigenschaft „männlich mit sehr tiefer Stimme" verfügen. Diese Indizienfamilie wird dann wie ein einziges Indiz behandelt – mit dieser Wahrscheinlichkeit kann man dann die weiteren Berechnungen anstellen, also (je nach Art der Indizien) die Wahrscheinlichkeit z. B. in das Bayes-Theorem oder in die Produktregel einsetzen.[191]

Insbesondere bei Schlüssen der formalen Logik, die sich nicht schon bei der ersten Betrachtung als für den Probanden offensichtlich gültig oder offensichtlich ungültig erweisen, sondern näherer Überlegung bedürfen, gibt es den Effekt glaubhaftigkeitsbasierter Urteilsneigung (**Belief-Bias-Effekt**): Menschen neigen dazu, logische Schlüsse als gültig zu beurteilen, wenn sie von der Schlussfolgerung überzeugt sind, auch wenn sich diese Folgerung nicht zwingend aus den Prämissen ergibt – gibt es eine Schlussfolgerung, die der eigenen Überzeugung entspricht, neigen wir zu positiv bestätigenden (konfirmatorischen) Tests.[192] Gibt es eine der eigenen Überzeugung widersprechende

---

189 *Hüttmann*, Übersicht über die häufigsten der für die richterliche Beweiswürdigung relevanten statistischen Fehlschlüsse, in: GVRZ 2018, S. 9, Gliederungspunkt II. 5.
190 Beispiel nach *Hüttmann*, Übersicht über die häufigsten der für die richterliche Beweiswürdigung relevanten statistischen Fehlschlüsse, in: GVRZ 2018, S. 9, Gliederungspunkt II. 5.
191 Vgl. *Hüttmann*, Übersicht über die häufigsten der für die richterliche Beweiswürdigung relevanten statistischen Fehlschlüsse, in: GVRZ 2018, S. 9, Gliederungspunkt II. 5.; *Bender/Nack/Treuer*, Tatsachenfeststellung vor Gericht, 4. Aufl. 2014, Rn. 611.
192 Siehe auch unten S. 57 zum Confirmation Bias.

Schlussfolgerung, fangen wir eher mit falsifizierenden Tests an.[193] So kann ein Richter Gefahr laufen, einem Sachverständigengutachten, das zu einem aus seiner Sicht „richtigen" Ergebnis führt, kritiklos zu folgen, auch wenn die Argumentation des Sachverständigen Schwachpunkte aufweist: Auch wenn das Ergebnis das Gericht überzeugt, ist es nicht von dem Erfordernis entbunden, sich mit der Plausibilität der Begründung auseinanderzusetzen.

e) Der „umgekehrte Fehler" oder Vertauschungsfehler (Inverse Fallacy)

101 Die Wahrscheinlichkeit, dass ein Indiz vorliegt, wenn die Haupttatsache gegeben ist, ist nahezu immer ungleich der Wahrscheinlichkeit, dass die Haupttatsache vorliegt, wenn das Indiz gegeben ist. (Ausnahmen bestehen dann, wenn die A-priori-Wahrscheinlichkeiten von Indiz und Haupttatsache identisch sind.[194]) Dementsprechend führt auch eine fehlerhafte Gleichsetzung (oder eine Verwechslung) der beiden Wahrscheinlichkeiten zu einem Fehlschluss, dem sogenannten „umgekehrten Fehler" oder **Vertauschungsfehler** („**Inverse Fallacy**"). Formal ausgedrückt, verwechselt derjenige, der diesem Fehler unterliegt, $P(I|H)$ und $P(H|I)$.[195] Der Fehler sei an einem Beispiel[196] verdeutlicht: Der American-Football-Spieler O. J. Simpson stand im Verdacht, seine Frau umgebracht zu haben. Es stellte sich heraus, dass er sie in der Vergangenheit bereits mehrfach geschlagen hatte. Ein Berater der Verteidigung war der Auffassung, dass nur sehr wenige Männer, die ihre Frau schlagen, diese auch umbringen. Das Indiz, dass Simpson seine Frau geschlagen hatte, dürfe also nicht als belastend gewertet werden. Trifft das zu? Das Argument lässt sich dahingehend umformulieren, dass es sehr selten sei, dass ein schlagender Mann seine Frau auch umbringe, so dass „Umbringen" nicht repräsentativ oder typisch für „Schlagen" sei. Genau hier liegt die Vertauschung: Entscheidend ist nicht, ob Umbringen typisch für Schlagen ist, sondern ob Schlagen typisch für Umbringen ist! P(Mann schlägt Frau|Mann tötet Frau) kann nicht gleichgesetzt werden mit P(Mann tötet Frau|Mann schlägt Frau).

102 Nehmen wir einmal an, dass jährlich eine von 10.000 Frauen *von irgendjemandem* umgebracht wird.[197] (Diese Zahlen sind frei erfunden und beruhen nicht auf deutschen Kriminalitätsstatistiken!) Nehmen wir weiter an, dass einer von 10.000 Männern, *die ihre Frau schlagen*, diese auch tötet. Was heißt das? Das heißt, wenn eine Frau, die von ihrem Mann geschlagen wurde, getötet wird, und wir uns vorstellen, dass sie zu einer Gruppe von 10.000 Frauen gehört hat, die von ihren Männern geschlagen wurden, würde statistisch in demselben Jahr noch etwa eine der restlichen 9.999 Frauen (von irgendjemandem!) umgebracht. Die Wahrscheinlichkeit, dass der konkrete schlagende Mann seine Frau umgebracht hätte, läge also bei Zugrundelegung der angenommenen Wahrscheinlichkeiten bei etwa 50 %.[198]

---

193 *Gerrig*, Psychologie, 21. Aufl. 2018, S. 335; vgl. schon *Janis/Frick*, The Relationship Between Attitudes toward Conclusions and Errors in Judging Logical Validity of Syllogisms, in: Journal of Experimental Psychology 33 (1943), S. 73.
194 *Hüttmann*, Übersicht über die häufigsten der für die richterliche Beweiswürdigung relevanten statistischen Fehlschlüsse, in: GVRZ 2018, S. 9, Gliederungspunkt II. 4.
195 *Hüttmann*, Übersicht über die häufigsten der für die richterliche Beweiswürdigung relevanten statistischen Fehlschlüsse, in: GVRZ 2018, S. 9, Gliederungspunkt II. 4.
196 Schilderung nach *Schweizer*, Kognitive Täuschungen vor Gericht, 2005, Rn. 412 ff.
197 *Gigerenzer*, Ecological Intelligence – An Adaption for Frequencies, in: Dellarosa Cummins/Allen (Hrsg.), The Evolution of Mind, 1998, S. 9, 19 f.
198 Möglicherweise liegt die Wahrscheinlichkeit doch zumindest etwas höher, denn die statistisch weitere getöte Frau könnte ja ebenfalls von einem schlagenden Ehemann umgebracht worden sein.

IV. Rückschaufehler (Hindsight Bias)

Die Frage, ob ein Indiz belastend oder entlastend wirkt, lässt sich anhand dreier Fragen beantworten:[199]
1. Wie häufig kommt das Indiz bei der Haupttatsache vor?
2. Wie häufig kommt das Indiz (auch) bei der Nicht-Haupttatsache vor?
3. Wo kommt das Indiz häufiger vor, bei der Gruppe „Haupttatsache" oder bei der Gruppe „Nicht-Haupttatsache"?

Übertragen auf den Simpson-Prozess bedeutet das:
1. Welcher Anteil der Ehefrauenmörder (Haupttatsache) hat zuvor seine Frau geschlagen?
2. Welcher Anteil der Ehemänner, die ihre Ehefrau nicht töten, schlägt seine Frau?
3. In welcher Gruppe schlägt ein größerer Anteil der Ehemänner seine Frauen, bei den Ehefrauenmördern oder bei den Nicht-Mördern?

Die ersten beiden Fragen lassen sich wohl nur schätzungsweise beantworten. Aber erst diese Schätzung ermöglicht die Beantwortung der letzten Frage, und erst daraus ergibt sich die Antwort auf die Frage, ob das Indiz belastend ist. Wenn z. B. 70 % der Ehefrauenmörder ihre Frau vorher geschlagen hätten, aber 5 % der Ehemänner, die ihre Frau nicht töten, wäre die Tatsache, dass Simpson seine Frau geschlagen hat, als belastendes Indiz zu werten. Das heißt: Zwar töten auch schlagende Männer ihre Frauen nur sehr selten. Aber nicht schlagende Männer töten ihre Frauen noch erheblich seltener, und genau deswegen kann die Tatsache, dass O. J. Simpson seine Frau geschlagen hatte, sehr wohl als belastendes Indiz betrachtet werden: Ermorden ist zwar nicht typisch für Schlagen, aber Schlagen ist typisch für Ermorden, und darauf kommt es an.

f) Empfehlungen

Welche Empfehlungen lassen sich aus dem Gesagten für den praktisch tätigen Juristen ableiten, um statistische Fehlschlüsse so weit wie möglich auszuschließen?

- Verwenden Sie anstelle von Prozentzahlen (0,01 %) natürliche Häufigkeiten (1 von 10.000 Frauen).
- Beachten Sie die A-priori-Wahrscheinlichkeiten.
- Bei bedingten Wahrscheinlichkeiten können Ihnen leicht Fehler unterlaufen; Sie können sie aber durch Anwendung des Bayes-Theorems oder – vielleicht praktisch weniger fehleranfällig – Verwendung eines Häufigkeitsbaums vermeiden.

IV. Rückschaufehler (Hindsight Bias)

Als Rückschaufehler (**Hindsight Bias**) bezeichnet man die Tatsache, dass das Wissen um den tatsächlichen Ausgang eines Geschehens ex post die Einschätzung seiner Vorhersehbarkeit ex ante verzerrt.[200] Menschen neigen dazu, systematisch zu überschätzen, inwieweit sie ein Ereignis hätten voraussehen können, nachdem sie erfahren ha-

---

199 *Bender/Nack/Treuer*, Tatsachenfeststellung vor Gericht, 4. Aufl. 2014, Rn. 568; *Geipel*, Handbuch der Beweiswürdigung, 3. Aufl. 2017, § 18 Rn. 50.
200 *Goeckenjan/Oeberst*, Aus Schaden wird man klug? Die Bedeutung des Rückschaufehlers (Hindsight Bias) für die Strafrechtsanwendung, in: R&P 34 (2016), S. 27; *Sommer*, Effektive Strafverteidigung, 3. Aufl. 2016, S. 171.

ben, dass es eingetreten ist.²⁰¹ Diese Gefahr besteht regelmäßig in Gerichtsverfahren, weil das Gericht normalerweise vor der Aufgabe steht, einen Sachverhalt ex post zu würdigen – zu einem Zeitpunkt, zu dem seine Folgen bekannt sind.²⁰² Ein Bereich, der anfällig für Rückschaufehler ist, ist die nachträgliche Beurteilung von risikobehafteten Entscheidungen, beispielsweise unternehmerischen Entscheidungen in Kapitalgesellschaften: Von vornherein wohnt manchen Entscheidungen ein gewisses Risiko inne, und wenn sich dieses Risiko dann realisiert hat, steht im Nachhinein schnell der Vorwurf im Raum, das Risiko sei unterschätzt worden. Im Bereich unternehmerischer Entscheidungen wird dieser Gefahr mit der sogenannten „Business Judgement Rule" Rechnung getragen.²⁰³ Nach § 93 Abs. 1 S. 2 AktG soll keine Pflichtverletzung vorliegen, wenn das Organmitglied bei einer unternehmerischen Entscheidung vernünftigerweise annehmen durfte, dass es auf der Grundlage angemessener Informationen zum Wohle der Gesellschaft handelt. Allerdings kann diese Einschränkung der Verantwortlichkeit die Gefahr eines Rückschaufehlers zulasten des Organmitglieds nicht völlig ausschließen, ist doch die ex ante zu treffende, aber ex post zu beurteilende Risiko- und Chancenprognose dafür relevant, ob das Organmitglied *vernünftigerweise* annehmen durfte, zum Wohle der Gesellschaft zu handeln.

108 Generell kann bei der Beurteilung von Sorgfaltspflichtverletzungen ein Gericht dem Rückschaufehler unterliegen. So wird ein Fahrlässigkeitsurteil durch ein Gericht zwar mit Ex-post-Wissen gefällt, das Gericht soll aber die Fahrlässigkeit aus einer Ex-ante-Perspektive beurteilen.²⁰⁴ Geht das ohne Weiteres? Die juristische Lehre ist da in der Theorie zuversichtlich (oder beschäftigt sich nicht allzu sehr mit den praktischen Problemen), für die Praxis stimmt die psychologische Forschung dagegen eher pessimistisch. So konfrontierten *Kamin* und *Rachlinski*²⁰⁵ ihre Probanden mit der Frage, ob eine Stadt, die eine Zugbrücke baut, einen Brückenwärter einstellen muss, weil bei Eis und Geröll ein Damm entstehen und zu einer Überflutung führen könnte, was allerdings sehr unwahrscheinlich sei. Ein Teil der Probandengruppe hatte das aus einer Ex-ante-Perspektive zu entscheiden (nämlich aus der Sicht des städtischen Planungsausschusses), ein anderer Teil aus einer Ex-post-Perspektive (aus Sicht eines Gerichts, das nach einer Überschwemmung über Schadensersatzansprüche zu entscheiden hatte). Dabei ging es für beide Gruppen um die Frage, ob mit den zur Zeit der Planung zur Verfügung stehenden Informationen, also aus einer Ex-ante-Perspektive, ein Brückenwärter hätte eingestellt werden müssen. Im Ergebnis entschied sich in der Voraussicht-Gruppe nur etwa ein Viertel der Probanden für die Einstellung des Brückenwärters, während in der Rückschau-Gruppe deutlich mehr als die Hälfte der Meinung war, dass die Einstellung des Brückenwärters angezeigt gewesen wäre.²⁰⁶ Probanden neigen da-

---

201 *Aronson/Wilson/Akert*, Sozialpsychologie, 8. Aufl. 2014, S. 27; *Fischhoff*, An Early History of Hindsight Research, in: Social Cognition 25 (2007), S. 10, 11 f.; *Nestler/Blank/Egloff*, Hindsight ≠ Hindsight: Experimentally Induced Dissociations Between Hindsight Components, in: Journal of Experimental Psychology: Learning, Memory, and Cognition 36 (2010), S. 1399.
202 *Goeckenjan/Oeberst*, Aus Schaden wird man klug? Die Bedeutung des Rückschaufehlers (Hindsight Bias) für die Strafrechtsanwendung, in: R&P 34 (2016), S. 27.
203 *Spindler*, in: Goette/Habersack, MünchKomm AktG, 4. Aufl. 2014, § 93 Rn. 36 f.
204 Vgl. für das Zivilrecht *Schaub*, in: Gsell/Krüger/Lorenz/Reymann, Beck-OGK BGB, Stand: 1.9.2018, § 276 Rn. 56; für das Strafrecht *Sternberg-Lieben/Schuster*, in: Schönke/Schröder, StGB, 29. Aufl. 2014, § 15 Rn. 185.
205 *Kamin/Rachlinski*, Ex Post ≠ Ex Ante: Determining Liability in Hindsight, in: Law and Human Behavior 19 (1995), S. 89 ff.
206 *Kamin/Rachlinski*, Ex Post ≠ Ex Ante: Determining Liability in Hindsight, in: Law and Human Behavior 19 (1995), S. 89, 98 f.

zu, in Konstellationen, in denen der Ausgang eines Sachverhalts bekannt ist, den mit diesem Ausgang konsistenten Informationen von vornherein eine besondere Relevanz beizumessen – bei demselben Sachverhalt hielt also eine Probandengruppe, der von einem Ausgang berichtet wurde, andere Informationen für von Anfang an besonders relevant als eine Gruppe, der von einem abweichenden Ausgang berichtet wurde.[207] Der Rückschaufehler lässt sich sowohl in einem sogenannten „hypothetischen Design" (die Einschätzung von Probanden, die den Ausgang kennen, wird mit der Einschätzung von Probanden ohne Ausgangskenntnis verglichen) als auch in einem „Gedächtnisdesign" (dieselben Probanden werden vor und nach Kenntnis des Ausgangs nach dessen Vorhersehbarkeit befragt) feststellen.[208] Teilweise wird der Rückschaufehler auch in drei verschiedene Urteilsverzerrungen unterteilt: die Verzerrung des Gedächtnisses hinsichtlich der eigenen früheren Einschätzung, die Verzerrung des Urteils über die Vorhersehbarkeit und die Verzerrung des Urteils über die Notwendigkeit eines Kausalverlaufs.[209]

Ein Richter, der dem Angeklagten bzw. der Partei des Zivilprozesses einen Fahrlässigkeitsvorwurf wegen Vorhersehbarkeit der Folge macht, sollte sich daher sehr genau fragen, ob er diese möglichen Folgen selbst vorhergesehen hätte, wenn er in der Situation des Betreffenden gewesen wäre und nichts von dem späteren Eintritt dieser Folgen gewusst hätte. Die bisherige Forschung zu Möglichkeiten, dem Rückschaufehler entgegenzuwirken, stimmt allerdings eher pessimistisch. So haben explizite Warnungen vor dem Rückschaufehler ihn nicht verhindern können; hinsichtlich anderer Strategien wie der expliziten Aufforderung an Probanden, auch alternative Geschehensabläufe zu bedenken, sind die Ergebnisse uneinheitlich.[210] Effektiv verhindern ließe sich der Rückschaufehler allenfalls, wenn man dem Entscheidenden die Informationen zum Geschehensausgang vorenthalten könnte. Zumindest de lege lata[211] ist das allerdings in Gerichts- und insbesondere Strafgerichtsverfahren nicht möglich und auch de lege ferenda[212] schwer vorstellbar.

V. Hofeffekt

Unter dem **Hofeffekt** (oder **Haloeffekt**) versteht man die Neigung, Eigenschaften, die faktisch voneinander unabhängig oder nur mäßig korreliert sind, fälschlicherweise als zusammenhängend wahrzunehmen.[213] Man neigt beispielsweise generell dazu, gutaussehenden Menschen auch in Bereichen, die nichts mit ihrem Äußeren zu tun haben, positive Eigenschaften zuzuschreiben (sogenanntes „**Was schön ist, ist gut**"-Stereotyp).[214] Vor Gericht besteht daher die Gefahr, dass attraktive Menschen aufgrund ihres

---

207 Vgl. *Fischhoff*, Hindsight ≠ Foresight: The Effect of Outcome Knowledge on Judgment under Uncertainty, in: Quality and Safety in Health Care 12 (2003), S. 304, 306 f.
208 *Goeckenjan/Oeberst*, Aus Schaden wird man klug? Die Bedeutung des Rückschaufehlers (Hindsight Bias) für die Strafrechtsanwendung, in: R&P 34 (2016), S. 27, 29: Sogar die Erinnerung an die eigene frühere Einschätzung der Wahrscheinlichkeit wird durch die Ausgangskenntnis verzerrt.
209 *Blank u. a.*, How many Hindsight Biases are there?, in: Cognition 106 (2008), S. 1408, 1410 ff.
210 Vgl. *Goeckenjan/Oeberst*, Aus Schaden wird man klug? Die Bedeutung des Rückschaufehlers (Hindsight Bias) für die Strafrechtsanwendung, in: R&P 34 (2016), S. 27, 31.
211 Lat.: nach geltendem Recht.
212 Lat.: nach zu schaffendem Recht.
213 *Schweizer*, Kognitive Täuschungen vor Gericht, 2005, Rn. 694. Aussprache in IPA: /ˈheɪləʊ/.
214 *Aronson/Wilson/Akert*, Sozialpsychologie, 8. Aufl. 2014, S. 362; *Ashmore/Longo*, Accuracy of Stereotypes: What Research on Physical Attractiveness Can Teach Us, in: Lee/Jussim/McCauley (Hrsg.), Stereotype Accuracy: Toward Appreciating Group Difference, Washington, DC 1995, S. 63, 68; *Fischer/Wiswede*, Grundlagen der Sozialpsychologie, 3. Aufl. 2009, S. 247.

Effer-Uhe

Aussehens (ungerechtfertigte) Vorteile erlangen. Allerdings ist dieses Stereotyp zumindest in Teilbereichen selbsterfüllend. So sind attraktive Menschen im Durchschnitt zumindest im Bereich der sozialen Interaktionsfähigkeiten leistungsstärker als der Bevölkerungsdurchschnitt, obwohl dieser Bereich nicht unmittelbar mit dem Aussehen zu tun hat: Denn tatsächlich entwickeln überdurchschnittlich attraktive Menschen häufiger gute soziale Interaktionsfähigkeiten;[215] eine denkbare, aber empirisch noch nicht hinreichend belegte[216] Erklärung könnte sein, dass sie von Jugend an viel soziale Aufmerksamkeit erhalten, die ihnen bei der Entwicklung ihrer sozialen Fertigkeiten hilft.[217] Die Annahme, dass aus hoher Attraktivität sonstige positive Eigenschaften folgen, wirkt also zumindest teilweise als selbsterfüllende Prophezeiung (**self-fulfilling prophecy**). Generell versteht man darunter eine Vorhersage über ein zukünftiges Verhalten oder Ereignis, die die Interaktionen auf Verhaltensebene so verändert, dass sie das Erwartete tatsächlich produzieren.[218] Beispielsweise kann die durch ein Strafurteil bewirkte Stigmatisierung einer Person als Straftäter das Potential haben, die Wahrscheinlichkeit späterer erneuter Straffälligkeit zu erhöhen. (Das gilt aber ebenso für die Erfahrung unzureichender Strafverfolgung.)

111 Verschiedene Untersuchungen US-amerikanischer Provenienz haben – allerdings für das dortige Jurysystem – gezeigt, dass die Attraktivität eines Angeklagten signifikanten Einfluss auf das Strafmaß haben kann, dass also gutaussehende Angeklagte vor Gericht milder behandelt wurden.[219] Die Zusammenhänge im Einzelnen sind allerdings noch nicht hinreichend geklärt. So gibt es durchaus auch Experimente, die nicht zu einem signifikanten Einfluss der physischen Attraktivität gelangten.[220] Teilweise wurden umgekehrte Effekte festgestellt, wenn die Probanden explizit gebeten wurden, ihren persönlichen Eindruck von der Attraktivität des Angeklagten außer Betracht zu lassen.[221] In einigen Studien traten Geschlechtereffekte auf,[222] vereinzelt hingen die Ergebnisse anscheinend davon ab, ob das Tatgeschehen selbst mit der Attraktivität des Täters zu tun hatte[223] oder besonders schwere Tatfolgen eingetreten waren.[224] *Schweizer*, der in einer Studie mit Schweizer Richtern keinen signifikanten Effekt nachweisen

---

215 *Reis u. a.*, in: Journal of Personality and Social Psychology 43 (1982), S. 979, 995 f.; *Feingold*, Psychological Bulletin 111 (1992), S. 304, 332 f.; *Meier u. a.*, Are Sociable People More Beautiful? A Zero-Acquaintance Analysis of Agreeableness, Extraversion, and Attractiveness, in: Journal of Research in Personality 44 (2010), S. 293, 294 f.
216 *Langlois u. a.*, Maxims or Myths of Beauty? A Meta-Analytic and Theoretical Review, in: Psychological Bulletin 126 (2000), S. 390, 404 f.
217 *Aronson/Wilson/Akert*, Sozialpsychologie, 8. Aufl. 2014, S. 362.
218 *Gerrig*, Psychologie, 21. Aufl. 2018, S. 641; *Merton*, Social Theory and Social Structure, Enlarged Edition 1968, S. 475 ff.; *Civelli*, Analysepsychologie, Teil 2, in: Kriminalistik 2010, S. 719, 721 f.
219 Z. B. *Efran*, The Effect of Physical Appearance on the Judgment of Guilt, Interpersonal Attraction, and Severity of Recommended Punishment in a Simulated Jury Task, in: Journal of Research in Personality 8 (1974), S. 45 ff.
220 Z. B. *Burke u. a.*, Effects of Victim's and Defendant's Physical Attractiveness on the Perception of Responsibility in an Ambiguous Domestic Violence Case, in: Journal of Familiy Violence 5 (1990), S. 199 ff.
221 *Friend/Vinson*, Leaning Over Backwards: Jurors' Responses to Defendants' Attractiveness, in: Journal of Communication 24 (1974), S. 124, 127.
222 Wobei der Hofeffekt teilweise bei Männern, teilweise bei Frauen stärker ausfiel, vgl. einerseits *Efran*, The Effect of Physical Appearance on the Judgment of Guilt, Interpersonal Attraction, and Severity of Recommended Punishment in a Simulated Jury Task, in: Journal of Research in Personality 8 (1974), S. 45, 50, andererseits *Wuensch/Castellow/Moore*, Effects of Defendant Attractiveness and Type of Crime on Juridic Judgment, in: Journal of Social Behavior and Personality 6 (1991), S. 713, 721 f.
223 *Sigall/Ostrove*, Beautiful but Dangerous: Effects of Offender Attractiveness and Nature of Crime on Juridic Judgment, in: Journal of Personality and Social Psychology 31 (1975), S. 410, 413.
224 *Piehl*, Integration of Information in the „Courts": Influence of Physical Attractiveness on Amount of Punishment for a Traffic Offender, in: Psychological Reports 41 (1977), S. 551 ff.

VI. Darstellungseffekt (Framing)

konnte, dabei aber auch Schwächen seines Untersuchungsdesigns einräumt, kommt zu dem Ergebnis, dass der Effekt von noch nicht vollständig durchschauten Besonderheiten der jeweiligen Sachverhalte und Versuchsumstände abhänge.[225] Möglicherweise gibt es insoweit auch kulturelle Unterschiede, zeigen sich doch in Studien aus den USA größere Effektstärken als in Europa.

VI. Darstellungseffekt (Framing)

Auch die bloße Art, wie etwas dargestellt wird, kann dessen Bewertung beeinflussen. So kann der Entscheidungsrahmen, auf dessen Grundlage eine Entscheidung getroffen wird, ganz massiv davon beeinflusst sein, wie das Entscheidungsproblem formuliert wird.[226] Generell sagt die sogenannte **Prospect Theory** voraus, dass Menschen risikoavers sind, wenn es um mögliche Gewinne geht, dagegen risikofreudiger, wenn es um Verluste geht:[227]

Angenommen, Sie müssten zwischen Option A (sicherer Gewinn in Höhe von 240 Euro) und Option B (25 %ige Chance, 1.000 Euro zu gewinnen, 75 %ige Chance, nichts zu gewinnen) entscheiden, dann würde eine deutliche Mehrheit von Ihnen vermutlich Option A (sicherer Gewinn i. H. v. 240 Euro) wählen, obwohl Sie im Durchschnitt mit der riskanten Wahl 250 Euro gewinnen würden. Sie würden also – trotz der etwas höheren Nutzenerwartung bei der riskanten Wahl – eine Abneigung gegenüber der riskanten Wahl zeigen. (In einem entsprechenden Experiment von *Tversky* und *Kahneman* wählten 84 % der Probanden den sicheren Gewinn.[228])

Angenommen, ich würde Sie stattdessen vor folgende Wahl stellen: Option A führt zu einem sicheren Verlust in Höhe von 750 Euro, Option B zu einer Chance von 75 %, 1.000 Euro zu verlieren, und einer Chance von 25 %, nichts zu verlieren, dann würde sich ein Großteil von Ihnen für die riskante Alternative entscheiden (bei *Tversky* und *Kahneman* waren das 87 %). Bei der Wahl zwischen Verlusten verhalten Sie sich also generell risikogeneigt.

Während in diesen Beispielen tatsächlich inhaltlich ein Unterschied zwischen den Alternativen bestand, kann auch schon die bloße Darstellung desselben Sachverhalts einmal als Gewinn, einmal als Verlust die Entscheidung für die eine oder die andere Alternative beeinflussen. So konfrontierten *Tversky* und *Kahneman*[229] Probanden mit dem Szenario, dass sich die USA auf den Ausbruch einer Krankheit vorbereiten, an der Schätzungen zufolge ohne Schutzmaßnahmen 600 Menschen sterben würden. Die Probanden wurden gefragt, welchen von zwei Plänen zur Bekämpfung der Krankheit sie wählen würden: Plan A, bei dessen Umsetzung 200 Personen gerettet würden, oder Plan B, bei dem mit einer Wahrscheinlichkeit von einem Drittel alle 600 Personen gerettet würden, aber mit einer Wahrscheinlichkeit von zwei Dritteln niemand gerettet würde. Hier entschied sich eine deutliche Mehrheit von 72 % für Plan A, also die Variante mit sicher feststehendem Ausgang. Einer anderen Probandengruppe wurden dieselben Pläne so vorgestellt, dass nicht die Gewinne, sondern die Verluste dargestellt

---

225 *Schweizer*, Kognitive Täuschungen vor Gericht, 2005, Rn. 735 f.
226 *Pfister/Jungermann/Fischer*, Die Psychologie der Entscheidung – Eine Einführung, 4. Aufl. 2017, S. 195.
227 *Schweizer*, Kognitive Täuschungen vor Gericht, 2005, Rn. 141 ff. Vgl. allgemein zur Prospect-Theory *Stocké*, Framing und Rationalität, 2002, S. 87 ff.
228 *Tversky/Kahneman*, The Framing of Decisions and the Psychology of Choice, in: Science, New Series 211 (1981), S. 453, 454.
229 *Tversky/Kahneman*, The Framing of Decisions and the Psychology of Choice, in: Science, New Series 211 (1981), S. 453.

wurden: Wenn Plan C umgesetzt wird, würden 400 Personen sterben, bei Plan D würde mit einer Wahrscheinlichkeit von einem Drittel niemand sterben, mit einer Wahrscheinlichkeit von zwei Dritteln dagegen 600 Menschen. Obwohl es sich hier gegenüber der anderen Darstellung der Pläne um exakt dieselben Zahlen handelte, entschieden sich in dieser Probandengruppe 78 % der Versuchspersonen für den riskanten Plan.

116 Zur Erklärung wird angeführt, dass für Menschen bei der Bewertung eines Vorgangs üblicherweise die Veränderung, gerechnet von einem bestimmten Referenzpunkt aus, entscheidend ist: Von diesem Referenzpunkt ausgehend erfolgt die Entscheidung, ob die Entwicklung als Gewinn oder Verlust wahrgenommen wird.[230] Referenzpunkt kann der jeweilige Ist-Zustand, der Status quo sein, er muss es aber nicht; so kann auch ein Soll-Zustand als Referenzpunkt gewählt werden: Der Anwalt, der sich einen bestimmten Jahresumsatz vorgenommen hat, wird ein Minus gegenüber diesem Ziel als Verlust kodieren, einen Mehrumsatz als Gewinn.[231] Im obigen Beispiel der Krankheitsbekämpfung wurde gegenüber der ersten Probandengruppe der Erfolg der Pläne als Gewinn dargestellt, Referenzpunkt war also das zu erwartende Ergebnis ohne Krankheitsbekämpfungsmaßnahmen. Referenzpunkt für die zweite Probandengruppe war dagegen der Status quo ohne die Krankheit, die Erfolge der Pläne stellten sich damit als Verringerung von Verlusten dar.

117 Generell besteht eine Abneigung gegen Verluste (**Loss Aversion/Verlustaversion**), da Verluste stärker wahrgenommen werden als korrespondierende Gewinne.[232] Geht es um Gewinne, ziehen daher also die meisten Menschen die risikolosere Variante vor, während bei Verlusten die riskante Wahl als vorzugswürdig erscheint.[233] In einem Zivilprozess stellt sich das Ergebnis des Verfahrens, legt man den Status quo zu Beginn des Verfahrens als Referenzpunkt zugrunde, für den Kläger als Gewinn dar (alles, was ihm zugesprochen wird, verbessert seine Lage gegenüber dem Status quo, sofern es nicht von seinem Anteil an den Prozesskosten aufgefressen wird), für den Beklagten dagegen als Verlust. Das spricht für die – empirisch bestätigte[234] – Annahme, dass Beklagte eher risikogeneigt sind, es also eher auf den Prozessausgang ankommen lassen, während Kläger eher bereit sind, sich für einen Vergleich zu entscheiden.[235]

118 Diese unterschiedliche Risikobereitschaft je nach Prozessrolle – die eine Partei muss einen Verlust befürchten, die andere hofft auf einen Gewinn – kann die Chancen auf eine gütliche Einigung erheblich erschweren. Objektiv besteht in vielen Fällen ein gewisser Spielraum, in dem sich beide Parteien mit einem Vergleich besser stehen. Das gilt insbesondere dann, wenn ansonsten zusätzliche Kosten (z. B. Gerichts- und Anwaltskosten für eine weitere Instanz, Sachverständigenkosten etc.) anfallen. (Allein im Hinblick auf die Prozesskosten lohnt sich ein Vergleich dagegen im Anwaltsprozess kaum: Denn einerseits sinken die Gerichtskosten, wenn kein streitiges Urteil gesprochen werden muss, gleichzeitig steigen aber durch die sogenannte Vergleichsgebühr die

---

230 *Schweizer*, Kognitive Täuschungen vor Gericht, 2005, Rn. 138.
231 *Schweizer*, Kognitive Täuschungen vor Gericht, 2005, Rn. 138.
232 *Schweizer*, Kognitive Täuschungen vor Gericht, 2005, Rn. 142 ff.; *Korobkin/Guthrie*, Psychological Barriers to Litigation Settlement: An Experimental Approach, in: Michigan Law Review 93 (1994), S. 107, 129 f.
233 *Schweizer*, Kognitive Täuschungen vor Gericht, 2005, Rn. 240.
234 *Korobkin/Guthrie*, Psychological Barriers to Litigation Settlement: An Experimental Approach, in: Michigan Law Review 93 (1994), S. 107, 109, 129, 164; *Rachlinski*, Gains, Losses and the Psychology of Litigation, in: Southern California Law Review 70 (1996), S. 113, 130, 160 f.
235 *Schweizer*, Kognitive Täuschungen vor Gericht, 2005, Rn. 241 ff.

VI. Darstellungseffekt (Framing)

Anwaltskosten, was sich bestenfalls in etwa ausgleicht; bis zu einem ziemlich hohen Streitwert sind sogar die Zusatzkosten höher als die Kostenersparnis durch den Vergleich. Hintergrund ist, dass es der Gesetzgeber des RVG für angezeigt hielt, diesen zusätzlichen finanziellen Anreiz für die Anwälte einzubauen, um die Vergleichsbereitschaft zu fördern.)

Immer dagegen lohnt sich eine gütliche Einigung zumindest in der Summe (beide Parteien haben zusammen mehr, wenn sie sich gütlich einigen, als wenn sie es zum Prozess kommen lassen), wenn dadurch Prozesskosten komplett vermieden werden können, wenn sie also bereits im Vorfeld eines möglichen Prozesses stattfindet. Dementsprechend sollten nur diejenigen Verfahren vor Gericht landen, in denen mindestens eine Seite ihre Erfolgsaussichten deutlich überschätzt. Wenn beide Seiten gleichgut schätzen würden, müssten den Klägern im Schnitt etwa 50 % der eingeklagten Summe zugesprochen werden. Tatsächlich gewinnen Kläger zumindest in der Schweiz in ungefähr $\frac{2}{3}$ der Fälle vollständig, hinzu kommt noch etwa $\frac{1}{6}$, in dem die Kläger zumindest teilweise obsiegen; nur in ca. $\frac{1}{6}$ wird die Klage komplett abgewiesen.[236] Damit liegt der durchschnittliche Gewinn der Klägerseite deutlich über 50 % der eingeklagten Beträge.

119

Natürlich muss man berücksichtigen, dass es in vielen dieser Fälle vorher Vergleichsverhandlungen gegeben hat, die gescheitert sind. Dann kann man als Gewinn des Klägers letztlich nur solche Verfahren einstufen, in denen der Kläger sich durch das Urteil besser stand als nach dem letzten Angebot des Beklagten: Referenzpunkt für den Kläger ist nicht der Status quo seines Vermögens ohne den Prozess, sondern seine Lage, die er bei Annahme des letzten außerprozessualen Angebots des Beklagten hätte erreichen können. Aber auch, wenn man das berücksichtigt, spricht einiges dafür, dass die Kläger immer noch im Durchschnitt mit dem Urteil besser fahren als mit einem Prozessvergleich in der Höhe, zu der der Beklagte bereit ist. (Selbstverständlich geht es hier nur um Durchschnittswerte, tatsächlich kann ein konkreter Vergleich auch sehr positiv für den Kläger ausfallen. Überdies ist es empirisch schwer zu ermitteln, wie sehr sich Kläger *durchschnittlich* mit einem Prozessvergleich oder einem Urteil gegenüber dem letzten außerprozessualen Angebot des Beklagten verbessern, denn das würde Einsicht in die kompletten Prozessakten, ggf. einschließlich nicht gerichtsaktenkundiger vorprozessualer Korrespondenz, voraussetzen.) In den USA kommt die Besonderheit hinzu, dass die Parteien ihre Anwälte selbst bezahlen müssen. Vielen Klägern geht im Lauf eines Prozesses finanziell die Luft aus. Daher ist es zumindest im amerikanischen System verständlich, dass die Kläger 80 % der Handelssachen gewinnen, denn der Kläger muss viel eigenes Geld einsetzen, bis er zu einem Urteil kommt, und das wird er meist nur tun, wenn er sehr überzeugt von seinen Erfolgsaussichten ist.[237]

120

Es bleibt, wenn auch mit gewissen Unsicherheiten hinsichtlich der Erhebung brauchbarer Daten behaftet, das Ergebnis, dass Kläger in Vergleichsverhandlungen eher zu nachgiebig sind und sich zu leicht auf einen Vergleich einlassen, während Beklagten häufiger zu einem Vergleich zu raten ist, als er in der Praxis tatsächlich geschlossen wird.[238] Es ist zu vermuten, dass die Beklagten in den Fällen, in denen es zu einem Ver-

121

---

236 *Schweizer*, Kognitive Täuschungen vor Gericht, 2005, Rn. 249.
237 *Gross/Syverud*, Getting to No: A Study of Settlement Negotiations and the Selection of Cases for Trial, in: Michigan Law Review 90 (1991), S. 319, 367 f., 379.
238 *Schweizer*, Kognitive Täuschungen vor Gericht, 2005, Rn. 249.

gleich kam, systematisch zu gut abschnitten, das ist aber schon mangels Einsicht in zufällig ausgewählte zu vergleichende Verfahren nicht sicher feststellbar.

122 Dafür sind verschiedene Gründe denkbar, z. B., dass viele Kläger den Gang zu den Gerichten scheuen und daher überhaupt nur Fälle vor Gericht bringen, in denen sie deutlich überdurchschnittliche Gewinnchancen sehen. Das allein kann aber noch nicht erklären, warum nicht auch in diesen Fällen ein Großteil der Beklagten eine ausreichend hohe Vergleichssumme angeboten hat; vielmehr dürfte hier die Einordnung als „Verlust" auf Seiten des Beklagten mit der Folge einer stärkeren Risikoaffinität zumindest eine Rolle spielen.

123 Eine andere Vorhersage der **Prospect Theory** besagt, dass sich Kläger ausnahmsweise risikogeneigt verhalten, wenn ihre Erfolgschance ohnehin recht gering ist. Generell kann man sagen, dass mittlere und hohe Wahrscheinlichkeiten (über 40 %) tendenziell unterschätzt werden, geringe Wahrscheinlichkeiten (unter 30 %) werden dagegen tendenziell überschätzt; bei 30-40 % haben wir ein einigermaßen gutes Empfinden für Wahrscheinlichkeiten.[239]

124 Diese Risikoaffinität auch im Bereich der Gewinne haben ebenfalls *Kahneman* und *Tversky*[240] untersucht. Sie fragten ihre Probanden, ob sie es vorzögen, 6.000 Dollar mit einer Wahrscheinlichkeit von 45 % zu gewinnen oder 3.000 Dollar mit einer Wahrscheinlichkeit von 90 %. Hier zog die Mehrheit der Probanden den fast sicheren kleinen Gewinn vor. Eine andere Gruppe von Probanden fragten sie, ob sie es vorzögen, mit einer Wahrscheinlichkeit von 1 ‰ 6.000 Dollar zu gewinnen oder mit einer Wahrscheinlichkeit von 2 ‰ 3.000 Dollar. Beide Varianten sollten eigentlich zu ähnlichen Ergebnissen führen. Denn in beiden Varianten wird die Gewinnchance in der einen Möglichkeit genau verdoppelt, während die Höhe des Gewinns halbiert wird. Tatsächlich wählten in der zweiten Variante mit den niedrigen Wahrscheinlichkeiten 73 % der Versuchspersonen die Möglichkeit mit der geringeren Wahrscheinlichkeit. Mit anderen Worten: Wenn ein großer Gewinn sehr unwahrscheinlich ist (beispielsweise beim Lotto), verhalten sich Menschen auch im Bereich der Gewinne risikogeneigt.

125 Ein zusätzliches Problem bei juristischen Entscheidungen über den Abschluss eines Vergleichsvertrags ist, dass die Wahrscheinlichkeiten nicht bekannt sind. Das ist in einer Lotterie anders: Beim Lotto stehen die Wahrscheinlichkeiten fest, werden aber überschätzt („Entscheidung unter Risiko"). Bei Gericht kann auch ein guter Anwalt – von Ausnahmefällen völlig klarer Sachverhalte abgesehen – in der Regel nicht genau abschätzen, wie hoch die Gewinnchancen stehen („Entscheidung unter Ungewissheit"). Generell neigen Rechtsanwälte aber dazu, ihre Chancen zu überschätzen,[241] wobei in komplizierteren Fällen mit einer stärkeren Chancenüberschätzung zu rechnen ist.[242]

---

239 *Schweizer*, Kognitive Täuschungen vor Gericht, 2005, Rn. 148.
240 *Kahneman/Tversky*, Prospect Theory: An Analysis of Decision under Risk, in: Econometria 47 (1979), S. 263, 267.
241 *Goodman-Delahunty u. a.*, Insightful oder Wishful: Lawyers' Ability to Predict Case Outcomes, in: Psychology, Public Policy, and Law 16 (2010), S. 133, 135 ff.
242 *Goodman-Delahunty u. a.*, Insightful oder Wishful: Lawyers' Ability to Predict Case Outcomes, in: Psychology, Public Policy, and Law 16 (2010), S. 133, 149.

VII. Bestätigungsfehler (Confirmation Bias)

Neben den hier genannten typischen Urteilsfehlern können auch die oben[243] im Abschnitt über die psychologische Forschung genannten Verzerrungen (**Biases**[244]) die richterliche Entscheidung negativ beeinflussen. Insbesondere der Bestätigungsfehler (**Confirmation Bias** oder **Affirmation Bias**) ist hier zu nennen. Darunter versteht man, dass Informationen, die für eine zumindest in Betracht gezogene oder gar für wahrscheinlich gehaltene Hypothese sprechen, besser wahrgenommen, stärker gewichtet und besser erinnert werden als Informationen, die den geprüften Hypothesen widersprechen.[245] Ein rein konfirmatorisches Hypothesentesten birgt so zumindest die Gefahr, dass sich ein bereits bestehender Verdacht selbst bestätigt.[246] Allerdings ist ein solches positives Testen nicht in jedem Fall schlechter als ein falsifizierendes Testen: Wenn die Anfangshypothese zutreffend war, kann eine falsifizierende Teststrategie im Einzelfall auch dazu führen, dass man eine richtige Hypothese aufgibt.[247] (Zugunsten des Angeklagten mag allerdings die Gefahr eines zu Unrecht erfolgenden Freispruchs eher hinnehmbar sein, wenn dadurch Fehlurteile zulasten von Angeklagten verringert werden.)

Schweizer[248] identifiziert drei mögliche Quellen für Bestätigungstendenzen, die das Urteil verzerren können: So könnten von vornherein eher solche Informationsquellen ausgewählt werden, von denen man bestätigende Informationen erwartet, es könnten mehrdeutige Informationen konsequent als bestätigend wahrgenommen werden und es könnten zwar bestätigende und widersprechende Informationen aufgenommen werden, die bestätigenden aber stärker gewichtet werden. Insbesondere dann, wenn die vorhandenen Informationen mit mehreren Theorien vereinbar sind (beispielsweise die Aussagen der Zeugen sowohl mit der Sachverhaltskonstruktion der Staatsanwaltschaft als auch mit einer alternativen Sachverhaltserzählung der Verteidigung), besteht eine Tendenz, dass die Entscheidung zugunsten der Hypothese ausfällt, von der der Richter von Anfang an ausgegangen ist.[249] Diese Tendenz kann zwar durch die Beweislastverteilung – im Strafrecht also in dubio pro reo – abgemildert werden, bleibt aber problematisch. Insbesondere dann, wenn eine Person ihrer Hypothese bereits stark zugeneigt ist, fallen Bestätigungstendenzen oft stärker aus – das lässt sich mit der Theorie der kognitiven Dissonanz erklären,[250] die bereits oben[251] ausführlicher besprochen wurde. Neben den bereits genannten Problemen, die Bestätigungstendenzen bei der Beweiswürdigung aufwerfen können, wenn der Richter bereits einer bestimmten Hypothese zuneigt, ergeben

---

[243] S. 15.
[244] Aussprache in IPA: /ˈbaɪəs/ (Singular) und /ˈbaɪəsɪz/ (Plural).
[245] *Schweizer*, Kognitive Täuschungen vor Gericht, 2005, Rn. 547; *Mendel u. a.*, Confirmation Bias: Why Psychiatrists Stick to Wrong Preliminary Diagnoses, in: Psychological Medicine 41 (2011), S. 2651.
[246] *Steller*, Falsche Geständnisse bei Kapitaldelikten: Praxis – Der Fall Pascal, in: Müller (Hrsg.), Festschrift für Ulrich Eisenberg zum 70. Geburtstag, 2009, S. 213, 217. In einer Untersuchung von *Mendel u. a.* (Confirmation Bias: Why Psychiatrists Stick to Wrong Preliminary Diagnoses, in: Psychological Medicine 41 (2011), S. 2651, 2655) änderten 73 % der Psychiater, die am Anfang einen falschen Verdacht geäußert hatten, ihre Diagnose, wenn sie falsifikatorisch testeten, aber nur 30 % der Psychiater, die konfirmatorisch testeten, schwenkten auf die zutreffende Diagnose um.
[247] *Mendel u. a.*, Confirmation Bias: Why Psychiatrists Stick to Wrong Preliminary Diagnoses, in: Psychological Medicine 41 (2011), S. 2651, 2657.
[248] *Schweizer*, Kognitive Täuschungen vor Gericht, 2005, Rn. 550.
[249] Vgl. *Koehler*, Explanation, Imagination, and Confidence in Judgment, in: Psychological Bulletin 110 (1991), S. 499, 510 f., 513.
[250] *Schweizer*, Kognitive Täuschungen vor Gericht, 2005, Rn. 558.
[251] S. 25.

sich Probleme auch schon bei der ersten juristischen Beurteilung eines Sachverhalts. So konnten *Cloyd* und *Spilker* zeigen, dass Steuerberater bei der Frage, ob ihr Mandant steuerlich als „Investor" oder als „Händler" zu qualifizieren ist, mehr Zeit für die Suche nach Urteilen aufwandten, die die vom Mandanten bevorzugte Sicht bestätigten, als nach widersprechenden Urteilen,[252] was zu einer Überschätzung der tatsächlichen juristischen Chancen führen könnte. Immerhin konnten sie aber auch belegen, dass die Suche nach bestätigenden Informationen bei Jurastudierenden (allerdings an amerikanischen Law Schools) weniger stark im Vordergrund stand als bei Accounting-Studierenden[253] – möglicherweise hat die problemorientierte Juristenausbildung mit der intensiven Suche nach abweichenden Auffassungen hier einen positiven Effekt.[254] Bei anderen Berufsgruppen (Psychiater) hat sich empirisch zeigen lassen, dass sie mit zunehmender beruflicher Erfahrung ihre Informationssuche weniger auf konfirmatorische Informationen konzentrieren.[255]

VIII. Kompromisseffekt

128 Der sogenannte Kompromisseffekt besagt, dass von drei zur Wahl stehenden Alternativen die mittlere Alternative in der Regel bevorzugt wird.[256] Nehmen wir an, Sie wollten von Köln nach Freiburg fahren. Sie haben die Wahl, mit dem ICE in der ersten Klasse zu fahren, was sicherlich bequem ist (Fahrtdauer 3 Stunden, viel Beinfreiheit), aber auch teuer (210 Euro). Alternativ können Sie denselben ICE in der 2. Klasse nehmen (Fahrtdauer ebenfalls 3 Stunden, aber wenig Beinfreiheit und das Risiko, in einem überfüllten Waggon zu sitzen, für 120 Euro). Als dritte Möglichkeit können Sie mit einem Fernreisebus fahren – das ist zwar weniger bequem (Fahrtdauer 7 Stunden mit Umsteigen in Frankfurt, wenig Beinfreiheit), aber dafür sehr viel günstiger (30 Euro). Hier muss der Reisende eine Präferenz treffen, ob ihm die Bequemlichkeit oder der Preis wichtiger ist, und vor allem: wieviel wichtiger ihm das eine als das andere ist. Die mittlere Alternative „ICE, 2. Klasse" bildet dann einen Kompromiss, der die beiden Punkte „Preis" und „Bequemlichkeit" kombiniert – sie wird überproportional häufig gewählt.

129 Dieser Effekt wurde in Untersuchungen festgestellt, bei denen Probandengruppen die Wahl zwischen drei von vier Alternativen hatten, die sich hinsichtlich bestimmter Merkmale hierarchisch ordnen ließen. In unserem Beispiel ließen sich die Fahrten nach Freiburg preislich ordnen – „Fernbus", „ICE 2. Klasse", „ICE 1. Klasse" – oder nach Bequemlichkeit – „ICE 1. Klasse", „ICE 2. Klasse", „Fernbus". Man könnte jetzt noch eine vierte Option hinzufügen, indem man neben den billigen „Fernbus" noch einen „Fernbus 1. Klasse" mit mehr Komfort, weniger Fahrzeit und Direktverbindung, aber einem Preis zwischen der 2. Klasse ICE und dem normalen Fernbus einfügt.

---

252 *Cloyd/Spilker*, The Influence of Client Preferences on Tax Professionals' Search for Judicial Precedents, Subsequent Judgments and Recommendations, in: The Accounting Review 74 (1999), S. 299, 308 ff.
253 *Cloyd/Spilker*, Confirmation Bias in Tax Information Search: A Comparison of Law Students and Accounting Students, in: Journal of the American Taxation Association 22 (2000), S. 60, 69.
254 Vgl. *Schweizer*, Kognitive Täuschungen vor Gericht, 2005, Rn. 565.
255 *Mendel u. a.*, Confirmation Bias: Why Psychiatrists Stick to Wrong Preliminary Diagnoses, in: Psychological Medicine 41 (2011), S. 2651, 2655.
256 *Schweizer*, Kognitive Täuschungen vor Gericht, 2005, Rn. 751.

VIII. Kompromisseffekt

	Bequemlichkeit	Preis
Fernbus, 2. Klasse	schlecht (Umsteigen, 7 Stunden Fahrtzeit, wenig Beinfreiheit)	30 Euro
Fernbus, 1. Klasse	mittel (kein Umsteigen, 6 Stunden Fahrtzeit, mittlere Beinfreiheit)	60 Euro
ICE, 2. Klasse	gut (kein Umsteigen, 3 Stunden Fahrtzeit, mittlere Beinfreiheit)	120 Euro
ICE, 1. Klasse	sehr gut (kein Umsteigen, 3 Stunden Fahrtzeit, viel Beinfreiheit)	210 Euro

Aufgrund des Kompromisseffekts ist davon auszugehen, dass eine Probandengruppe, die die Wahl zwischen den Alternativen „Fernbus 2. Klasse", „Fernbus 1. Klasse" und „ICE 2. Klasse" (also den drei billigsten Alternativen hat), häufiger die Variante „Fernbus 1. Klasse" (als mittlere dieser drei Alternativen) und seltener die Variante „ICE 2. Klasse" wählen wird als eine Probandengruppe, der die drei teuersten Varianten „Fernbus 1. Klasse", „ICE 2. Klasse" und „ICE 1. Klasse" zur Verfügung gestellt werden: Die mittlere Variante stellt sich jeweils als Kompromiss dar, wodurch sie an Attraktivität gewinnt. Dieser Effekt soll dann besonders stark ausfallen, wenn die Wahl hinterher gegenüber Dritten gerechtfertigt werden muss:[257] Wer sich für die teure Zugfahrt in der 1. Klasse entscheidet, muss sich möglicherweise hinterher von seinem Partner vorwerfen lassen, zu viel Wert auf Bequemlichkeit gelegt zu haben – die Wahl des Kompromisses lässt sich also als Kombination der beiden Dimensionen rechtfertigen.[258] Ein solcher Rechtfertigungszwang besteht auch bei juristischen Urteilen, so dass ein starker Kompromisseffekt in Betracht kommt, wenn sich Richter zwischen mehreren Alternativen entscheiden müssen.[259]

So konnte *Vidmar* feststellen, dass Probanden, die er in die Rolle von Geschworenen versetzt hat, überdurchschnittlich häufig die mittlere von drei Schuldspruch-Alternativen gewählt haben: Er instruierte sie, dass sie eine zu beurteilende Tat als

(1) „first-degree murder" (mindestens 25 Jahre Freiheitsstrafe),
(2) „second-degree murder" (5–20 Jahre Freiheitsstrafe) oder
(3) „manslaughter" (1–5 Jahre Freiheitsstrafe) werten oder
(4) den Angeklagten freisprechen konnten.

Dabei stellte er den unterschiedlichen Probandengruppen nur einen Teil der Alternativen zur Verfügung. Es stellte sich heraus, dass manslaughter bei der Wahl zwischen second-degree murder, manslaughter und Freispruch – wenn manslaughter also den Kompromiss zwischen den beiden Extremen darstellte – mehr als doppelt so häufig gewählt wurde, als wenn auch die Variante „first-degree murder" zur Verfügung stand.[260]

---

257 *Simonson*, Choice Based on Reason: The Case of Attraction and Compromise Effects, in: Journal of Consumer Research 16 (1989), S. 158, 162, 168, 171.
258 *Schweizer*, Kognitive Täuschungen vor Gericht, 2005, Rn. 753.
259 *Schweizer*, Kognitive Täuschungen vor Gericht, 2005, Rn. 753.
260 *Vidmar*, Effects of Decision Alternatives on the Verdicts and Social Perception of Simulated Jurors, in: Journal of Personality and Social Psychology 22 (1972), S. 211, 215.

§ 3 Urteilsverzerrungen, Urteilsheuristiken, Urteilsfehler

133   Auf die Tätigkeit eines deutschen Richters lässt sich die Untersuchung nicht ohne weiteres übertragen. So handelte es sich bei *Vidmars* Probanden um potentielle Geschworene, also juristische Laien. Jedoch konnte *Schweizer* zeigen, dass sich ein signifikanter Kompromisseffekt auch bei Richtern feststellen lässt.[261] Allerdings stellen sich nur wenige juristische Entscheidungen als Wahl zwischen drei klar abgegrenzten Alternativen dar. So ist die richterliche Strafzumessung zumindest im Wesentlichen als ein Kontinuum[262] ausgestaltet – der Richter hat nicht nur die Wahl zwischen den vom Staatsanwalt geforderten sechs Jahren Freiheitsstrafe, den vom Verteidiger beantragten vier Jahren Freiheitsstrafe und dem vom Angeklagten erbetenen Freispruch, sondern kann sich auch für fünf Jahre und acht Monate entscheiden. Mehrere Alternativen bestehen aber da, wo tatsächlich kein fließender Übergang denkbar ist. Wird im Zivilrecht vom Kläger eine Geldzahlung gefordert, dann hat der Richter auf einem Kontinuum zu befinden, indem er dem Kläger nicht nur die geforderten 1.000 Euro zusprechen kann, sondern z. B. auch 950 Euro. Fordert der Kläger dagegen Herausgabe einer Sache und hilfsweise die Vornahme einer anderen unvertretbaren Handlung, dann haben wir – nach dem Klageabweisungsantrag des Beklagten – eine Situation, in der tatsächlich drei voneinander abgegrenzte, nicht kontinuierlich ineinander übergehende Alternativen bestehen: Verurteilung nach dem Hauptantrag, Verurteilung nach dem Hilfsantrag und Klageabweisung. In einer solchen Situation erscheint es zumindest denkbar, dass die Wahrscheinlichkeit, mit dem Hauptantrag durchzudringen, durch den Hilfsantrag sinkt, dafür aber die Chance steigt, dass der Kläger überhaupt etwas erhält.[263] Man könnte einwenden, dass ein Richter die Beantwortung der Frage, ob bestimmte Anspruchsvoraussetzungen gegeben sind, nicht davon abhängig machen wird, ob noch irgendein Hilfsantrag gestellt ist. Zumindest bewusst wird wohl in der Tat kaum ein Richter seine Entscheidungen so treffen. Wenn allerdings der Hauptantrag von Anspruchsvoraussetzungen abhängt, deren Vorliegen man mit vertretbaren Argumenten sowohl bejahen als auch verneinen könnte, mag die Möglichkeit, dem Kläger zumindest im Wege des Hilfsantrags etwas zuzusprechen, die Entscheidung aber doch zumindest unbewusst beeinflussen können. So ist es denkbar, dass es dem Judiz des Richters widerspricht, dass der Kläger vollkommen leer ausgehen würde, wenn der Hauptantrag abgewiesen wird – das kann ihn bei unklarer Rechtslage möglicherweise dazu bewegen, ohne Hilfsantrag dem Hauptantrag eher stattzugeben als mit Hilfsantrag. Eine hinreichende empirische Überprüfung gerade in derartigen Konstellationen steht allerdings noch aus.

134   *Schweizer* weist daneben darauf hin, dass auch die Einführung neuer Kategorien durch den Gesetzgeber (in seinem schweizerischen Beispiel: einer lebenslänglichen Sicherungsverwahrung als Alternative neben der „normalen Sicherungsverwahrung", die endet, wenn der Verurteilte keine Gefahr für die Allgemeinheit mehr darstellt) „nicht nur die Fälle regelt, die in [die neue] Kategorie fallen, sondern auch das Verhältnis der bisherigen Kategorien verschiebt – ohne dass die formellen Abgrenzungskriterien verändert würden":[264] Die zusätzliche Möglichkeit, eine lebenslängliche Verwahrung anzuordnen,

---

261 *Schweizer*, Kognitive Täuschungen vor Gericht, 2005, Rn. 773 ff.
262 Ein vollständiges Kontinuum besteht aber selbstverständlich nicht – so gibt es relevante Sprünge z. B. beim Wechsel von der Geldstrafe zur Freiheitsstrafe, von der Geldstrafe bis 90 Tagessätze (die gemäß § 32 Abs. 2 Nr. 5 BZRG nicht in ein Führungszeugnis aufzunehmen ist) zur Geldstrafe über 90 Tagessätze und – praktisch besonders relevant – von der Freiheitsstrafe mit zur Freiheitsstrafe ohne Bewährung.
263 *Schweizer*, Kognitive Täuschungen vor Gericht, 2005, Rn. 759.
264 *Schweizer*, Kognitive Täuschungen vor Gericht, 2005, Rn. 784.

VIII. Kompromisseffekt

könnte die „ordentliche" Verwahrung als Kompromiss erscheinen lassen und die Häufigkeit ihrer Anordnung steigern.

§ 4 Wahrnehmen und Erinnern

135 Die Funktionsweise der menschlichen Wahrnehmung und des menschlichen Gedächtnisses ist für Juristen vor allem insoweit relevant, als sie in nahezu jedem juristischen Beruf zumindest gelegentlich in die Verlegenheit kommen, Zeugenaussagen beurteilen zu müssen. Eine korrekte Zeugenaussage aber setzt voraus, dass der Zeuge alle drei Stufen des Gedächtnisprozesses – (1) **Informationsaufnahme**, (2) **Speicherung** und (3) **Abruf** – erfolgreich durchlaufen hat.[265]

136 Nach der klassischen Auffassung der psychologischen Lernforschung ist das menschliche Gedächtnis unterteilt.[266] *William James* nahm 1890 an, es gebe einerseits das Primärgedächtnis, dessen gespeicherte Erinnerungen wir unmittelbar im Bewusstsein verfügbar hätten, und andererseits das Sekundärgedächtnis, aus dem wir uns Erinnerungen zunächst ins Bewusstsein rufen müssten.[267] Im 20. Jahrhundert kam eine stärker ausdifferenzierte Interpretation in Form des Mehrspeichermodells nach *Atkinson/Shiffrin* auf.[268] Mit dem Primärgedächtnis korrespondierte hier der sog. Kurzzeitspeicher, der nur phonetische Informationen verarbeite, ohne jedoch deren Semantik aufzunehmen. Die Speicher verstand man als „Behälter" von unterschiedlicher Kapazität, um zu erklären, weshalb Menschen nur relativ wenige Informationen kurzfristig behalten können, bevor sie zerfallen, sofern sie nicht in einer artikulatorischen Wiederholungsschleife frischgehalten werden.[269] Moderne Forschung zeigt jedoch, dass die Bedeutung beim kurzfristigen Behalten sehr wohl eine Rolle spielt.[270] *Baddeley/Hitch* schlugen als Modifikation ein Arbeitsgedächtnis mit zwei Kurzzeitspeichern vor, eins für verbale, eins für visuell-räumliche Inhalte.[271] Das Arbeitsgedächtnis ist nötig, um eine planvolle Handlung auszuführen und im Anschluss uns darüber bewusst zu sein, dass die Handlung erfolgreich abgeschlossen wurde. In der jüngeren Vergangenheit sind nunmehr prozessorientierte Gedächtnismodelle aufgekommen. *Cowan* vertritt einen Ansatz, der das Gedächtnis nicht mehr in mehrere Speicher unterteilt, sondern davon ausgeht, dass es sich bei dem vermeintlich separaten Arbeitsgedächtnis einfach um den jeweils durch Aufmerksamkeit aktivierten Teil des Langzeitgedächtnisses handelt.[272] Lässt die Aufmerksamkeit nach, wird die Information innerhalb von ca. 15 Sekunden wieder deaktiviert und ruht dann wieder als potentielle Information im Langzeitgedächtnis.[273]

---

265 *Aronson/Wilson/Akert*, Sozialpsychologie, 8. Aufl. 2014, S. 570.
266 *Engelkamp*, Mehrspeichermodelle: Unterscheidung von Kurz- und Langzeitgedächtnis, in: Hoffmann/Engelkamp (Hrsg.), Lern- und Gedächtnispsychologie, 2. Aufl. 2017, S. 119, 120.
267 *James*, The Principles of Psychology, 1890, hier zitiert nach dem Nachdruck 1981.
268 *Atkinson/Shiffrin*, Human memory: A Proposed System and Its Control Processes, in: Spence/Spence (Hrsg.), The Psychology of Learning and Motivation: Advances in Research and Rheory, 2. Band, 1986.
269 *Engelkamp*, Mehrspeichermodelle: Unterscheidung von Kurz- und Langzeitgedächtnis, in: Hoffmann/Engelkamp (Hrsg.), Lern- und Gedächtnispsychologie, 2. Aufl. 2017, S. 119, 120–122.
270 *Engelkamp*, Mehrspeichermodelle: Unterscheidung von Kurz- und Langzeitgedächtnis, in: Hoffmann/Engelkamp (Hrsg.), Lern- und Gedächtnispsychologie, 2. Aufl. 2017, S. 119, 123.
271 *Baddeley/Hitch*, Working Memory, in: Bower (Hrsg.), Recent Advances in Learning and Motivation, 8. Band, 1974.
272 *Cowan*, An Embedded-Processes Model of Working Memory, in: Miyake/Shah, Models of Working Memory: Mechanisms of Active Maintenance and Executive Control, 1999; *Engelkamp*, Mehrspeichermodelle: Unterscheidung von Kurz- und Langzeitgedächtnis, in: Hoffmann/Engelkamp (Hrsg.), Lern- und Gedächtnispsychologie, 2. Aufl. 2017, S. 119, 133.
273 *Engelkamp*, Mehrspeichermodelle: Unterscheidung von Kurz- und Langzeitgedächtnis, in: Hoffmann/Engelkamp (Hrsg.), Lern- und Gedächtnispsychologie, 2. Aufl. 2017, S. 119, 133.

I. Informationsaufnahme

Vor allem aber: Verabschieden Sie sich von der Idee, dass Ihr Gedächtnis eine Festplatte voller Speicherungen realer Geschehnisse ist. Was Sie tatsächlich im Kopf haben, sind sich ständig neukonstruierende Geschichten, in denen Sie selbst Protagonist, Drehbuchautor, Schnitttechniker und – vielleicht am wichtigsten – wohlwollender Erzähler sind.

137

I. Informationsaufnahme

Unsere Sinnesorgane werden in jeder einzelnen Sekunde mit einer unvorstellbar großen Menge an Informationen bombardiert, auch mit solchen, mit denen unser Wahrnehmungsapparat aus evolutionären Gründen gar nichts anzufangen weiß, wie elektromagnetische Felder und ultraviolette Strahlung. Informationen aus der letzteren Kategorie sind für unsere Wahrnehmung verloren. Doch der wahrnehmbare Rest ist vollkommen hinreichend, um uns komplett zu überfordern. Um all dieser Informationen Herr zu werden, ist das Gehirn gezwungen, radikal auszusortieren und einen Weg zu finden, Mehrdeutigkeiten und Unsicherheiten schnell zu klassifizieren. So ergibt sich die Tendenz menschlicher **Wahrnehmung**, Chaos und Unklarheit durch Selektion in eine eindeutige Information zu überführen.[274] Allein aufgrund dieses „Präzisierungsmechanismus" nehmen Menschen ihre Umwelt keineswegs immer akkurat so wahr, „wie sie tatsächlich ist". Überdies gehen eine Menge Informationen schlicht verloren, weil es unmöglich ist, zu jeder Zeit jedes Detail wahrzunehmen.

138

Die Sinnesorgane folgen bei der Wahrnehmung einer Reihe psychophysischer Gesetze. Sie reagieren empfindlicher auf Veränderungen der Umgebung als auf gleichbleibende Reize.[275] Die Gestaltpsychologie hat verschiedene **Gesetze der Wahrnehmungsorganisation** identifiziert:[276]

139

(1) Das Gesetz der Nähe: Einander am nächsten liegende Objekte werden leicht als Gruppe wahrgenommen.

(2) Das Gesetz der Ähnlichkeit: Die einander ähnlichsten Elemente werden als Gruppe wahrgenommen.

(3) Das Gesetz der guten Fortsetzung: Linien werden als durchgehend wahrgenommen, selbst wenn sie unterbrochen sind.

(4) Das Gesetz der Geschlossenheit: Man neigt dazu, kleine Lücken auszufüllen, um Objekte als Ganzes sehen zu können.

(5) Das Gesetz des gemeinsamen Schicksals: Menschen neigen dazu, Objekte als Gruppe zu sehen, die sich scheinbar in dieselbe Richtung bewegen.

In der Regel nimmt man von einem Objekt oder Ereignis mehr wahr, wenn man ihm mehr Aufmerksamkeit widmet; das kann zielgesteuert (bewusst) oder reizinduziert erfolgen.[277] Die Richterin, die eine Zeugenaussage zu würdigen hat, sollte sich daher immer fragen, warum der Zeuge etwas wahrgenommen hat. So richtet der typische

140

---

274 *Gerrig*, Psychologie, 21. Aufl. 2018, S. 174; *Geipel*, Handbuch der Beweiswürdigung, 3. Aufl. 2017, § 22 Rn. 13.
275 *Gerrig*, Psychologie, 21. Aufl. 2018, S. 132.
276 Vgl. zum Folgenden *Gerrig*, Psychologie, 21. Aufl. 2018, S. 160; *Wendt*, Allgemeine Psychologie – Wahrnehmung, 2014, S. 158–161; *Solso*, Kognitive Psychologie, 2005, S. 102–106; *Goldstein*, Wahrnehmungspsychologie, 9. Aufl. 2015, S. 102–105..
277 *Gerrig*, Psychologie, 21. Aufl. 2018, S. 158; *Solso*, Kognitive Psychologie, 2005, S. 79–96.

"Knallzeuge"[278], der einen Unfall akustisch wahrgenommen hat, aufgrund dieses akustischen Reizes seine Aufmerksamkeit auf den Unfall. Es besteht dann für die Richterin die Gefahr, dass der Zeuge dies nicht offenlegt, sondern – oft ohne, dass ihm das selbst klar ist – ergänzt, wie es sich wohl zugetragen haben muss. Das kann so weit gehen, dass er tatsächlich daran glaubt, den Unfallablauf wahrgenommen zu haben, obwohl er tatsächlich erst nach dem Unfall seine Aufmerksamkeit auf das Geschehen gerichtet hat. Informationen, die ein Zeuge erwartet, werden von ihm erheblich leichter wahrgenommen als Unerwartetes;[279] es ist daher nicht ungewöhnlich, wenn entscheidende Einzelheiten einer Straftat von Zeugen nicht bemerkt werden.[280] Gleichzeitig erregen allerdings ungewöhnliche Bestandteile einer Szene eher Aufmerksamkeit.[281]

141 Es konnte gezeigt werden, dass Untersuchungsteilnehmer, die eine Unterhaltung beobachteten, derjenigen Person, die sie am besten sehen konnten, auch den größten Einfluss auf die Unterhaltung beimaßen (sogenannte **Wahrnehmungssalienz**).[282] Bei auf Video aufgenommenen Polizeiverhören mit einem Geständnis des Beschuldigten bewerteten Probanden das Geständnis als weniger „erzwungen", wenn die Kameraeinstellung allein auf den Beschuldigten gerichtet war; die Wahrnehmungssalienz ließ also den Beschuldigten „schuldiger" erscheinen.[283] Auch bei einer Zeugenvernehmung, die nach § 58a Abs. 1 StPO auf Video aufgezeichnet wird, dürfte es zu einer sachgerechten Würdigung sinnvoll sein, auf einen gleichwertigen Kamerafokus zu achten, der Vernehmungsperson und Zeuge gleichsam erfasst.[284]

142 Die Bedeutung der Aufmerksamkeit für die Wahrnehmung heißt aber nicht, dass generell erst Informationen wahrgenommen werden können, wenn man aus irgendeinem Grund seine Aufmerksamkeit auf sie richtet. Auch Informationen, die wegen anderweitiger **Aufmerksamkeitsfokussierung** nicht ins Bewusstsein gelangen, werden zumindest zu einem gewissen Ausmaß verarbeitet; bei hinreichend auffälligen Eigenschaften der nicht beachteten Information (Beispiele: Lautstärke des Unfalls beim Knallzeugen; Nennung des eigenen Namens, sogenanntes Cocktailparty-Phänomen) kann diese Information ins Zentrum der Aufmerksamkeit rücken.[285]

143 Auch wenn Informationen wahrgenommen werden, heißt das – zumindest bei komplexeren sozialen Ereignissen – nicht, dass sie in objektiver, unvoreingenommener Weise beobachtet werden; die Beobachter enkodieren das Geschehen vielmehr selektiv im Hinblick auf das, was sie zu sehen erwarten oder was sie sehen wollen.[286] So beurteil-

---

278 *Heubrock/Donzelmann*, Psychologie der Vernehmung – Empfehlungen zur Beschuldigten-, Zeugen- und Opferzeugen-Vernehmung, 2010, S. 112–113.
279 *Aronson/Wilson/Akert*, Sozialpsychologie, S. 571.
280 *Aronson/Wilson/Akert*, Sozialpsychologie, S. 572.
281 *Gerrig*, Psychologie, 21. Aufl. 2018, S. 286.
282 *Goldstein*, Wahrnehmungspsychologie, 9. Aufl. 2015, S. 130; *Fischer/Wiswede*, Grundlagen der Sozialpsychologie, 3. Aufl. 2009, S. 225, 421–423; *Aronson/Wilson/Akert*, Sozialpsychologie, S. 121; *Taylor/Fiske*, Point of View and Perceptions of Causality, in: Journal of Personality and Social Psychology 32 (1975), S. 439, 445; *Solso*, Kognitive Psychologie, 2005, S. 143.
283 *Aronson/Wilson/Akert*, Sozialpsychologie, S. 123; *Lassiter*, Psychological Science and Sound Public Policy: Video Recording of Custodial Interrogations, in: American Psychologist 65 (2010), Nr. 8, S. 768-779 (770). Es handelt sich um ein Beispiel für einen sogenannten *„fundamentalen Attributionsfehler"*, dazu näher unten S. 143.
284 Grundsätzlich kritisch zu Video-Aufzeichnungen einer Vernehmung nach § 58a StPO: *Jansen*, Zeuge und Aussagepsychologie, 2. Aufl. 2012, Rn. 169.
285 *Gerrig/Zimbardo*, Psychologie, 18. Aufl. 2008, S. 143; *Wendt*, Allgemeine Psychologie – Wahrnehmung, 2014, S. 274–275.
286 *Gerrig*, Psychologie, 21. Aufl. 2018, S. 649; *Aronson/Wilson/Akert*, Sozialpsychologie, S. 18; *Goldstein*, Wahrnehmungspsychologie, 9. Aufl. 2015, S. 135–136.

ten bei einer Untersuchung von *Hastorf* und *Cantril* die Fans gegnerischer Mannschaften die Anzahl der von jeder Mannschaft begangenen Fouls völlig unterschiedlich.[287] Ebenso beeinflusst eine Vorinformation die Erwartung eines juristischen Lesers, wenn er eine Akte liest. So wird der Richter möglicherweise zu ganz anderen Schlüssen kommen als die Verteidigerin, auch wenn sich beide um eine möglichst objektive Bewertung der Akte bemühen. Sowohl die Erwartungen als auch der Kontext beeinflussen die Hypothesen über das, was wahrzunehmen ist, diese Hypothese wiederum beeinflusst die Wahrnehmung.[288] Wenn beispielsweise eine Polizistin zu einer Situation gerufen wird, kann das, was sie erwartet, ihre Interpretation dessen, was geschieht, und damit letztendlich ihre spätere Zeugenaussage beeinflussen. Das lässt sich zwar nicht vermeiden; aber der Richter sollte sich dieser Möglichkeit zumindest bewusst sein.

Eine verzerrte Wahrnehmung kann auch auf dem Bedürfnis der meisten Menschen beruhen, ein hohes Selbstwertgefühl aufrechtzuerhalten: Aufgrund des starken Bedürfnisses, sich selbst als gut, kompetent und anständig wahrzunehmen, nehmen Menschen die Welt oft verzerrt wahr, wenn eine realistische Betrachtung das Selbstwertgefühl beeinträchtigen würde.[289] Diese Verzerrung erschwert es, aus den eigenen Erfahrungen zu lernen.[290]

144

Die Verarbeitung sensorischer Daten durch das menschliche Gehirn ist auf zweierlei Arten möglich: Zum einen gibt es die sogenannte **Bottom-up-Verarbeitung**, also eine datengesteuerte Verarbeitung mit den wahrgenommenen Daten als Ausgangspunkt. Bei einer **Top-down-Verarbeitung** handelt es sich demgegenüber um eine konzept- oder hypothesengesteuerte Verarbeitung, bei der die Verarbeitung auf der Grundlage bekannter Informationen erfolgt. Dabei beeinflussen bereits dem Gedächtnis vorliegende Konzepte also die Interpretation sensorischer Daten.[291] Letzteres ist beispielsweise bei der sogenannten **Phonemergänzung** der Fall, wenn ein akustisches Signal (Sprache) nur lückenhaft wahrgenommen, aber unbewusst mit der wahrscheinlichsten Möglichkeit ergänzt wird.[292]

145

Die Auswahl dessen, was wahrgenommen, gespeichert und erinnert wird, kann aber auch automatisch und unbewusst ablaufen. Generell unterscheidet man **automatisches Denken**, das unbewusst,[293] unwillkürlich, unabsichtlich und mühelos abläuft, vom **kontrollierten Denken**; in der Praxis ist beides oft miteinander verwoben.[294]

146

Der Mensch benutzt **Schemata**, also mentale Strukturen, die unser Wissen über die Welt ordnen und die beeinflussen, welche Informationen wir wahrnehmen, über wel-

147

---

287 *Hastorf/Cantril*, They Saw a Game: A Case Study, in: The Journal of Abnormal Psychology 49 (1954), S. 129 ff.
288 *Gerrig*, Psychologie, 21. Aufl. 2018, S. 173.
289 *Fischer/Wiswede*, Grundlagen der Sozialpsychologie, 3. Aufl. 2009, S. 405–406; *Aronson/Wilson/Akert*, Sozialpsychologie, S. 15.
290 *Goldstein*, Wahrnehmungspsychologie, 9. Aufl. 2015, S. 9, 145; *Aronson/Wilson/Akert*, Sozialpsychologie, S. 15.
291 *Wendt*, Allgemeine Psychologie – Wahrnehmung, 2014, S. 177; *Gerrig*, Psychologie, 21. Aufl. 2018, S. 171–172; *Solso*, Kognitive Psychologie, 2005, S. 109–110
292 *Wendt*, Allgemeine Psychologie – Wahrnehmung, 2014, S. 175–176; *Goldstein*, Wahrnehmungspsychologie, 9. Aufl. 2015, S. 321; *Gerrig*, Psychologie, 21. Aufl. 2018, S. 173; *Warren*, Perceptual Restoration of Missing Speech Sounds, in: Science, New Series, 167 (1970), S. 392.
293 Achtung: unbewusst, *nicht* „unter"bewusst!
294 *Aronson/Wilson/Akert*, Sozialpsychologie, S. 63-64.

che wir nachdenken und welche wir erinnern.[295] Je vieldeutiger eine Situation ist, umso eher greifen Menschen zu deren Bewertung auf Schemata zurück.[296] Dieselbe Situation kann, wie schon erwähnt, je nach den Vorinformationen deutlich anders bewertet werden.[297] Bei der Würdigung von Zeugenaussagen sollte sich eine Richterin daher die Frage stellen, inwieweit die Schilderung auf eigenem Erleben oder eventuell nur auf der Ergänzung durch Schemata beruht. So wird z. B. ein Polizist eine Prügelei zwischen einem Mann und einer Frau anders wahrnehmen, wenn er zu einem Einsatz wegen häuslicher Gewalt gerufen wurde, als wenn ihm eine randalierende Frau angekündigt worden ist – in einem späteren Verfahren kann das die Zeugenaussage des Polizisten über das Beobachtete beeinflussen. Ein Gericht sollte sich generell bei der Würdigung von Zeugenaussagen die Frage stellen, inwieweit die Schilderungen auf eigenem Erleben der Zeugen oder möglicherweise auch teilweise auf einer Ergänzung des Beobachteten aufgrund eines Schemas beruhen.

148 Inwieweit ein Schema genutzt wird, kann von der Zugänglichkeit des Schemas in der konkreten Situation abhängen; in Betracht kommen dauerhafte Zugänglichkeit infolge früherer Erfahrungen, Zugänglichkeit wegen des Zusammenhangs mit einem aktuellen Ziel und Zugänglichkeit aufgrund des gerade Erlebten.[298] Den Prozess, bei dem kürzlich gemachte Erfahrungen die Zugänglichkeit eines Schemas, eines Persönlichkeitsmerkmals oder eines Begriffs erhöhen, bezeichnet man als **Priming**.[299] Gedanken müssen sowohl zugänglich als auch anwendbar sein, um als Primes wirksam zu werden.[300]

149 Schemata eines Menschen können sich gerade durch die Art seines Umgangs mit anderen Menschen bewahrheiten (**selbsterfüllende Prophezeiungen**): Die Erwartung im Hinblick auf eine andere Person beeinflusst dann das eigene Verhalten, was die andere Person wiederum dazu bringen kann, sich im Einklang mit den ursprünglichen Erwartungen zu verhalten.[301] Es handelt sich um ein Beispiel für automatisches Denken.[302] So kann sich beispielsweise die Kenntnis der Vornoten eines Kandidaten in einer mündlichen Examensprüfung durch die Prüfer für schwächere Kandidaten als zusätzliches Hindernis erweisen. Ist der Prüfer bemüht, sich auf die Prüfung zu konzentrieren und sich ein korrektes Bild zu machen, lassen sich selbst erfüllende Prophezeiungen allerdings eher vermeiden.[303]

---

295 *Fischer/Wiswede*, Grundlagen der Sozialpsychologie, 3. Aufl. 2009, S. 209–214; *Aronson/Wilson/Akert*, Sozialpsychologie, S. 64; *Bartlett*, Remembering: A Study in Experimental and Social Psychology, Cambridge 1932, S. 208 ff.
296 *Aronson/Wilson/Akert*, Sozialpsychologie, S. 66; *Fischer/Wiswede*, Grundlagen der Sozialpsychologie, 3. Aufl. 2009, S. 211.
297 *Aronson/Wilson/Akert*, Sozialpsychologie, S. 66; *Kelley*, The Warm-cold Variable in First Impressions of Persons, in: Journal of Personality", 18 (1950), S. 431, 434 ff.
298 *Aronson/Wilson/Akert*, Sozialpsychologie, S. 67.
299 *Pastötter/Oberauer/Bäuml*, in: Kiesel/Spada, (Hrsg.) Lehrbuch Allgemeine Psychologie, 4. Aufl. 2018, S. 121, 170–172; *Fischer/Wiswede*, Grundlagen der Sozialpsychologie, 3. Aufl. 2009, S. 145, 163, 226; *Solso*, Kognitive Psychologie, 2005, S. 113–115; *Aronson/Wilson/Akert*, Sozialpsychologie, S. 67.
300 *Aronson/Wilson/Akert*, Sozialpsychologie, S. 69.
301 *Aronson/Wilson/Akert*, Sozialpsychologie, S. 69; *Fischer/Wiswede*, Grundlagen der Sozialpsychologie, 3. Aufl. 2009, S. 247.
302 *Aronson/Wilson/Akert*, Sozialpsychologie, S. 71; *Chen/Bargh*, Nonconscious Behavioral Confirmation Processes: The Self-Fulfilling Consequences of Automatic Stereotype Activation, in: Journal of Experimental and Social Psychology 33 (1997), S. 541, 545 ff.
303 *Aronson/Wilson/Akert*, Sozialpsychologie, S. 73; *Biesanz u. a.*, When Accuracy-Motivated Perceivers Fail: Limited Attentional Resources and the Reemerging Self-Fulfilling Prophecy, in: Personality and Social Psychology Bulletin 27 (2001), S. 621, 627.

II. Speicherung von Informationen

Viele Menschen nutzen Metaphern zu Geist und Körper, um Mehrdeutigkeit zu verringern; so bewerteten Probanden mit heißem Kaffee in der Tasse die Freundlichkeit eines Fremden signifikant höher als Teilnehmer mit einer Tasse Eiskaffee.[304] Allem Anschein nach hat die Temperatur die Metapher „warm = freundlich" bzw. „kalt = unfreundlich" aktiviert.[305]

150

Wenn kein passendes Schema vorhanden ist oder mehrere in Betracht kommen, verwenden wir zur sozialen Kognition oft **„Urteilsheuristiken"**, mentale Abkürzungen, die benutzt werden, um schnell und effizient soziale Urteile (nicht Urteile im juristischen Sinn der Gerichtsentscheidung, sondern im Sinne der Beurteilung) zu fällen,[306] die aber auch zu Fehlurteilen führen können.[307] Dieser Thematik haben wir bereits ein gesondertes Kapitel gewidmet.[308]

151

Auch kulturelle Prägungen können die Wahrnehmung beeinflussen. Menschen, die in westlichen Kulturen aufgewachsen sind, neigen zu einem **analytischen Denkstil**, konzentrieren sich also auf die Eigenschaften der Objekte und vernachlässigen tendenziell den Umgebungskontext, während Menschen aus ostasiatischen Kulturen zu einem **holistischen Denkstil** neigen, Objekte also stärker zueinander in Beziehung setzen.[309]

152

II. Speicherung von Informationen

Das menschliche Gedächtnis speichert bei jeder einzelnen Fixation[310] keine sehr präzisen Details ab.[311] Ein möglicher Grund dafür ist, dass die Außenwelt regelmäßig eine stabile Quelle von Informationen darstellt, jederzeit ohne weiteres verfügbare Informationen daher auch nicht abgespeichert werden müssen.[312]

153

Das **Bewusstsein** schränkt ein, was wir wahrnehmen und worauf wir unsere Aufmerksamkeit richten. Es hilft uns also, einen Großteil der Informationen auszublenden, die für unsere unmittelbaren Ziele und Erwartungen irrelevant sind.[313] Es ermöglicht uns daneben aber auch, selektiv Informationen zu speichern, die wir analysieren und interpretieren wollen und für die Zukunft für relevant halten.[314] Es ermöglicht außerdem eine Planung für die Zukunft unter Abwägung von Alternativen.[315]

154

Nach der **Theorie der Verarbeitungstiefe** wird eine Information umso wahrscheinlicher enkodiert (gespeichert), je tiefer sie verarbeitet wurde, je mehr Analyse, Interpretation,

155

---

304 *Aronson/Wilson/Akert*, Sozialpsychologie, S. 73-74.; *Williams/Bargh*, Experiencing Physical Warmth Promotes Interpersonal Warmth, in: Science, New Series, 322 (2008), S. 606, 607.
305 *Aronson/Wilson/Akert*, Sozialpsychologie, S. 74; *Williams/Bargh*, Experiencing Physical Warmth Promotes Interpersonal Warmth, in: Science, New Series, 322 (2008), S. 606, 607.
306 *Aronson/Wilson/Akert*, Sozialpsychologie, S. 75; vgl. *Gigerenzer*, Why Heuristics Work, in: Perspectives on Psychological Science, 3 (2008), S. 20 ff.
307 *Fischer/Wiswede*, Grundlagen der Sozialpsychologie, 3. Aufl. 2009, S. 227–229; *Aronson/Wilson/Akert*, Sozialpsychologie, S. 75.
308 Siehe oben S. 29 ff.
309 *Aronson/Wilson/Akert*, Sozialpsychologie, S. 84; *Varnum u. a.*, The Origin of Cultural Differences in Cognition: The Social Orientation Hypothesis, in: Current Directions in Psychological Science 19 (2010), S. 9, 10.
310 Also bei jedem kurzzeitigen Verweilen des Auges an einem bestimmten Punkt.
311 *Gerrig*, Psychologie, 21. Aufl. 2018, S. 160; vgl. *Simons/Ambinder*, Change Blindness: Theory and Consequences, in: Current Directions in Psychological Science 14 (2005), S. 44, 46–47.
312 *Gerrig/Zimbardo*, Psychologie, 18. Aufl. 2008, S. 145; *O'Regan*, Solving the „Real" Mysteries of Visual Perception: The World as an Outside Memory, in: Canadian Journal of Psychology 46 (1992), S. 461, 463 f.
313 *Solso*, Kognitive Psychologie, 2005, S. 142, 149–150; *Gerrig*, Psychologie, 21. Aufl. 2018, S. 184.
314 *Gerrig*, Psychologie, 21. Aufl. 2018, S. 185.
315 *Gerrig*, Psychologie, 21. Aufl. 2018, S. 185.

Vergleich und Elaboration die Verarbeitung umfasst.[316] Einprägsamer ist eine Information dann, wenn sie zu einem Schema in Widerspruch steht.[317]

156 Gedächtnisinhalte können zueinander in **Interferenz** stehen und so die Erinnerung erschweren.[318] Dies kann auf zwei Arten eintreten: Informationen, die in der Vergangenheit erworben wurden, machen es schwieriger, Informationen zu behalten, die erst danach aufgenommen wurden (**proaktive Interferenz**). Umgekehrt können aber auch neue Informationen das Behalten früher erworbener Informationen behindern (**retroaktive Interferenz**).[319] Gedächtnisinhalte können also sozusagen miteinander „konkurrieren", bspw. wenn man versucht, zwei einander ähnliche Sprachen wie Italienisch und Spanisch parallel zu erlernen.

III. Abruf von Informationen

157 Informationen können leichter oder schwerer abrufbar sein, wobei viele Aspekte eine Rolle spielen:

158 Der Abruf episodischer Gedächtnisinhalte, die individuelle, spezifische Ereignisse betreffen, erfordert Hinweisreize, die etwas über den Zeitpunkt und Inhalt des gesuchten Ereignisses aussagen.[320] Generell sind Gedächtnisinhalte am leichtesten abzurufen, wenn der Kontext des Abrufs mit dem Kontext der Enkodierung möglichst übereinstimmt, die Umstände der Enkodierung also zu den Umständen des Abrufs passen.[321] Zur Erinnerung ist es also hilfreich, möglichst viele Hinweisreize zu generieren, um den Originalkontext wieder herzustellen.[322] So sollte bei der Zeugenvernehmung im Strafprozess eine Zurückweisung einer Frage als ungeeignet oder nicht zur Sache gehörend im Sinne des § 241 Abs. 2 StPO schon dann ausscheiden, wenn die Frage darauf abzielt, der Erinnerung durch Hinweisreize auf den Originalkontext auf die Sprünge zu helfen.

159 Aus einer Liste gelernter Informationen sind die ersten (**Primacy-Effekt**) und die letzten (**Recency-Effekt**) besonders gut abrufbar, weil bei diesen die Unterscheidbarkeit von anderen Informationen besonders groß ist.[323] Eine Polizeibeamtin, die regelmäßig Unfälle aufnimmt, wird sich also besonders gut an die letzten Unfälle und z. B. an die ersten nach der Rückkehr aus einem längeren Urlaub erinnern.

160 Ist eine direkte Erinnerung an einen Informationsbestandteil nicht möglich, versucht man oft, diesen auf der Grundlage einer allgemeinen Form gespeicherten Wissens zu rekonstruieren.[324] Für Zeugenvernehmungen ist das misslich, wenn es dem Richter nicht gelingt, erinnertes von rekonstruiertem „Wissen" zu unterscheiden. Ebenfalls problematisch für die Zeugenvernehmung ist, dass Zeugen die Geschichten, die sie

---

316 *Gerrig*, Psychologie, 21. Aufl. 2018, S. 273.
317 *Solso*, Kognitive Psychologie, 2005, S. 142–143; *Gerrig*, Psychologie, 21. Aufl. 2018, S. 286; *Lampinen u. a.*, Recollections of Things Schematic: Room Schemas Revisited, in: Journal of Experimental Psychology 27 (2001), S. 1211, 1219.
318 *Wendler/Hoffmann*, Technik und Taktik der Befragung, 2. Aufl. 2015, Rn. 180.
319 *Gerrig*, Psychologie, 21. Aufl. 2018, S. 277.
320 *Gerrig*, Psychologie, 21. Aufl. 2018, S. 265; *Solso*, Kognitive Psychologie, 2005, S. 229–233.
321 *Pastötter/Oberauer/Bäuml*, in: Kiesel/Spada, (Hrsg.) Lehrbuch Allgemeine Psychologie, 4. Aufl. 2018, S. 121, 145–159; *Gerrig/Zimbardo*, Psychologie, 18. Aufl. 2008, S. 267.
322 *Pastötter/Oberauer/Bäuml*, in: Kiesel/Spada, (Hrsg.) Lehrbuch Allgemeine Psychologie, 4. Aufl. 2018, S. 121, 152–153; *Gerrig/Zimbardo*, Psychologie, 18. Aufl. 2008, S. 256.
323 *Fischer/Wiswede*, Grundlagen der Sozialpsychologie, 3. Aufl. 2009, S. 250–251, 369–370; *Solso*, Kognitive Psychologie, 2005, S. 217–219; *Gerrig*, Psychologie, 21. Aufl. 2018, S. 271.
324 *Gerrig*, Psychologie, 21. Aufl. 2018, S. 287.

nacherzählen, unwissentlich oft stark verändern; Verzerrungen kommen auf drei Arten vor: Die Geschichte wird nivelliert (vereinfacht), akzentuiert (bestimmte Details werden hervorgehoben und überbetont) oder assimiliert (Details werden verändert, um eine bessere Übereinstimmung mit dem eigenen Hintergrund und Wissen zu erzielen).[325]

IV. Exkurs: Wiedererkennen von Personen

Besondere Probleme stellen sich, wenn es darum geht, dass eine Zeugin eine Person wiedererkennen soll. Ein unsachgemäßes Vorgehen bei der Personenidentifizierung kann insbesondere deshalb zu schwerwiegenden Folgen führen, weil eine Personenidentifizierung nicht rückgängig gemacht und durch eine neue Identifizierung ersetzt werden kann. Fehler im Identifizierungsverfahren sind somit üblicherweise irreparabel. Wenn beispielsweise aufgrund einer unsachgemäß durchgeführten Lichtbildvorlage fälschlicherweise der spätere Angeklagte identifiziert worden ist, hilft es nichts, den Angeklagten in der Hauptverhandlung noch einmal identifizieren zu lassen – in der Regel wird die Zeugin den Angeklagten jetzt erst recht wiedererkennen, das muss aber nicht mehr auf ihrer ursprünglichen Erinnerung beruhen, sondern kann auch an ihrer Erinnerung an das schon bei der Wahllichtbildvorlage identifizierte Foto liegen.[326] (Dasselbe Problem kann auch auftreten, wenn die Presse Fahndungsfotos des Täters veröffentlicht und die Zeugin diese Bilder vor einer Gegenüberstellung zu Gesicht bekommen hat.) In der Regel wird ein Zeuge, der einmal eine Person als Täter identifiziert hat, in der Folge hinsichtlich der Korrektheit seiner Identifizierung noch sicherer und tritt infolgedessen in weiteren Vernehmungen und vor Gericht zunehmend überzeugter und überzeugender auf. Generell rückt ein Zeuge, der einmal eine bestimmte Person als Täter identifiziert hat, davon aufgrund einer öffentlichen Selbstfestlegung nur schwer wieder ab.[327] Wenn Sie als Richter, Staatsanwältin oder Verteidiger mit einer Personenidentifizierung zu tun haben, müssen Sie sich immer darüber im Klaren sein, dass die Umstände der *ersten* Wiedererkennung entscheidend sind, nicht die Umstände der letzten Wiedererkennung vor Gericht selbst.[328] Sie müssen also bei einer im Ermittlungsverfahren durchgeführten Wahllichtbildvorlage prüfen, ob diese sachgerecht durchgeführt worden ist. (Wenn allerdings der Zeuge, der den Täter bislang nur im Rahmen einer Lichtbildvorlage erkannt hatte, bei der persönlichen Konfrontation mit dem Wiedererkannten unsicher wird, ist das auch dann ein Anlass, die Wiedererkennung kritisch zu hinterfragen, wenn der Zeuge bei der Lichtbildvorlage seiner Sache noch sehr sicher war.[329])

Bei einer Gegenüberstellung oder Wahllichtbildvorlage wählen Zeugen oft denjenigen aus, der dem Täter am ähnlichsten ist, auch wenn diese Ähnlichkeit nicht besonders groß ist.[330] Ein solcher Vergleich wird erschwert, wenn bei einer Wahllichtbildvorlage die Bilder nacheinander gezeigt werden (sukzessive oder sequentielle Wahllichtbildvor-

---

325 *Gerrig*, Psychologie, 21. Aufl. 2018, S. 287.
326 *Bender/Nack/Treuer*, Tatsachenfeststellung vor Gericht, 4. Aufl. 2014, Rn. 1356; *Sporer*, Personenidentifizierung, in: Volbert/Steller (Hrsg.), Handbuch der Rechtspsychologie, 2008, S. 387, 393; *Wendler/Hoffmann*, Technik und Taktik der Befragung, 2. Aufl. 2015, Rn. 180.
327 *Sporer*, Personenidentifizierung, in: Volbert/Steller (Hrsg.), Handbuch der Rechtspsychologie, 2008, S. 387, 393.
328 *Bender/Nack/Treuer*, Tatsachenfeststellung vor Gericht, 4. Aufl. 2014, Rn. 1362.
329 *Miebach*, Die freie Beweiswürdigung der Zeugenaussage in der neueren Rechtsprechung des BGH, in: NJW 2014, S. 233, 236.
330 *Aronson/Wilson/Akert*, Sozialpsychologie, 8. Aufl. 2014, S. 575.

lage) und der Zeuge nicht weiß, wie viele Bilder noch kommen.[331] Bei einer sequentiellen statt einer simultanen Wahllichtbildvorlage ist die Anzahl der Falschidentifizierungen signifikant geringer, gleichzeitig fällt aber auch die Anzahl richtiger Identifizierungen etwas geringer aus;[332] insgesamt erscheint die sequentielle Wahllichtbildvorlage vorzugswürdig.[333] Dem Zeugen sollte mitgeteilt werden, dass es nicht sicher ist, dass der Täter überhaupt auf einem der Bilder abgebildet ist, damit er nicht den Eindruck hat, er müsse zwingend eine der Personen wiedererkennen.[334] Weniger hilfreich ist es dagegen, dem Zeugen mitzuteilen, dass der Täter zwischenzeitlich sein Aussehen verändert haben könnte – das führt erfahrungsgemäß nicht zu besseren Wiedererkennensleistungen, wohl aber zu mehr Fehlidentifizierungen, weil es den Zeugen animiert, seinen Auswahlfokus weiter zu fassen.[335]

163   Wie sicher sich ein Augenzeuge subjektiv fühlt oder jedenfalls vorgibt zu sein, korreliert nur mäßig mit der Zuverlässigkeit seiner Aussage.[336] Stärker ist die Korrelation aber dann, wenn ein Gesicht besonders schnell wiedererkannt wurde.[337] Probanden, die eine Zielperson erfolgreich wiedererkannt hatten, beschrieben auf Nachfrage ihre Entscheidungsfindung eher als automatisch, während Probanden, die mit ihrer Identifizierung falsch lagen, eher von einem Prozess sprachen, bei dem sie Personen ausschlossen.[338] Bei einer Wahllichtbildvorlage empfiehlt es sich daher, immer auch festzuhalten, wie schnell der Zeuge eine Person identifiziert hat. Generell neigen jüngere Kinder zu einem erhöhten Anteil von Falschidentifizierungen.[339] Überdies ist ein „own-race bias" belegt, wonach man Angehörige einer anderen als der eigenen ethnischen Gruppe schlechter wiedererkennt;[340] auch ein „own-age bias" und ein „own-sex bias", wonach man Gesichter der eigenen Altersgruppe und des eigenen Geschlechts besser wiedererkenne, werden diskutiert.[341] Besonders schlecht erinnert man sich an Täter, die den Zeugen mit einer Waffe bedrohen, da der Zeuge seine ganze Aufmerksamkeit auf die Waffe anstelle des Tätergesichts legt („**Waffeneffekt**").[342] Allerdings gibt es durchaus Hinweise darauf, dass nicht nur die Bedrohung, sondern auch die bloße Un-

---

331 *Aronson/Wilson/Akert*, Sozialpsychologie, 8. Aufl. 2014, S. 575; *Lindsay/Wells*, Improving eyewitness identifications from lineups: Simultaneous versus sequential lineup presentation, in: Journal of Applied Psychology 70 (1985), S. 556, 562.
332 *Sporer*, Personenidentifizierung, in: Volbert/Steller (Hrsg.), Handbuch der Rechtspsychologie, 2008, S. 387, 394.
333 *Sporer*, Personenidentifizierung, in: Volbert/Steller (Hrsg.), Handbuch der Rechtspsychologie, 2008, S. 387, 394.
334 *Aronson/Wilson/Akert*, Sozialpsychologie, 8. Aufl. 2014, S. 575.
335 *Bender/Nack/Treuer*, Tatsachenfeststellung vor Gericht, 4. Aufl. 2014, Rn. 1384.
336 *Aronson/Wilson/Akert*, Sozialpsychologie, 8. Aufl. 2014, S. 576; *Douglass/Pavletic*, Eyewitness Confidence Malleability, in: Cutler (Hrsg.), Conviction oft he Innocent: Lessons from Psychological Research, 2012, S. 150 f.
337 *Aronson/Wilson/Akert*, Sozialpsychologie, 8. Aufl. 2014, S. 577–578.; *Dunning/Perretta*, Automaticity and Eyewitness Accuracy: A 10- to 12-Second Rule for Distinguishing Accurate from Inaccurate Positive Identifications, in: Journal of Applied Psychology 87 (2002), S. 951, 959.
338 *Dunning/Perretta*, Automaticity and Eyewitness Accuracy: A 10- to 12-Second Rule for Distinguishing Accurate from Inaccurate Positive Identifications, in: Journal of Applied Psychology 87 (2002), S. 951, 960–961.
339 *Sporer*, Personenidentifizierung, in: Volbert/Steller (Hrsg.), Handbuch der Rechtspsychologie, 2008, S. 387, 388–389.
340 *Sporer*, Personenidentifizierung, in: Volbert/Steller (Hrsg.), Handbuch der Rechtspsychologie, 2008, S. 387, 389–390.
341 *Sporer*, Personenidentifizierung, in: Volbert/Steller (Hrsg.), Handbuch der Rechtspsychologie, 2008, S. 387, 390; *ders.*, in: Psychology, Public Policy and Law 7 (2001), S. 36, 79, 84.
342 *Sporer*, Personenidentifizierung, in: Volbert/Steller (Hrsg.), Handbuch der Rechtspsychologie, 2008, S. 387, 391.

gewöhnlichkeit eines Gegenstandes die Ablenkung begründet; so würde es vielen Menschen wahrscheinlich ebenfalls schwerfallen, einen Bankräuber zu beschreiben, der versucht hat, sie mit einem Sellerie zu bedrohen.[343] In einem Feldexperiment, bei dem Probanden kurzzeitig im Rahmen einer Wegbeschreibung mit der Zielperson interagierten, zeigte sich, dass schon im unmittelbaren Anschluss an die Begegnung die Trefferquote nur bei 70 % lag, nach zwei Stunden betrug sie nur noch 54 % und lag damit nur knapp über dem Zufall.[344] Auch bei Gegenüberstellungen und Lichtbildvorlagen ist die Fehlerquote – selbst bei sachgerechter Durchführung – bemerkenswert hoch. Überschätzen Sie daher ihren Nutzen im Rahmen der Beweiswürdigung nicht![345]

Eine weitere mögliche Fehlerquelle bei Wahllichtbildvorlagen ist die Auswahl der Bilder. Die abgebildeten Personen müssen vergleichbar sein – also alle zu den Beschreibungen der gesuchten Person passen[346] –, aber auch die Bilder selbst miteinander. Wenn z. B. von den vorgelegten Lichtbildern sieben aus einer Datei kommen und einen dunklen Hintergrund aufweisen, während der aktuelle Verdächtige vor einem hellen Hintergrund fotografiert worden ist, kann schon der unterschiedliche Hintergrund den Zeugen zu der Vermutung bringen, dass auf diesem Bild wohl der Verdächtige abgebildet sei. Damit diese Aspekte im Rahmen eines Strafverfahrens überprüfbar sind, müssen die Vergleichsbilder aktenkundig gemacht werden (vgl. Nr. 18 Abs. 2, 3 RiStBV).

164

Empfehlenswert erscheint es, die Lichtbilder, die dem Zeugen vorgelegt werden sollen, zunächst mehreren unbeteiligten Personen mit der Aufforderung vorzulegen, die Person zu nennen, die ihnen am auffälligsten erscheint. Kommt es hier zu Übereinstimmungen, wird also ein Bild besonders oft als auffällig angesehen, sollte dieses Bild ausgetauscht werden. In einem Experiment von *Lindsay/Wells*[347] wurde mit zwei Probandengruppen eine Wahllichtbildvorlage durchgeführt. Bei beiden Gruppen wurde das Bild des Täters, den die Probanden vorher gesehen hatten, ausgetauscht – einmal durch ein unauffälliges Bild, das den Alternativpersonen ähnlich sah, einmal durch ein Bild, das sich deutlich von den Alternativpersonen unterschied. Die auffällige Ersatzperson wurde fast zweieinhalbmal so häufig als Täter identifiziert wie die unauffällige Ersatzperson.

165

Unter Umständen können auch unbeabsichtigte Hinweise des Beamten, der die Lichtbildvorlage durchführt, den Zeugen dazu bringen, eine bestimmte Antwort als gewollt anzusehen.[348] Daher ist es sinnvoll, die Wahllichtbildvorlage durch einen nicht direkt mit dem Fall befassten Beamten durchführen zu lassen, der selbst nicht weiß, bei welchem der Fotos es sich um den Verdächtigen handelt. (Bei einer Gegenüberstellung in natura ist das allerdings schwer zu gewährleisten, wenn – wie aus praktischen Grün-

166

---

343 Vgl. *Mitchell/Livosky/Mather*, The weapon focus effect revisited: The role of novelty, in: Legal and Criminal Psychology 1998, S. 287 ff.
344 *Sporer*, Personenidentifizierung, in: Volbert/Steller (Hrsg.), Handbuch der Rechtspsychologie, 2008, S. 387, 391–392.
345 Vgl. *Bender/Nack/Treuer*, Tatsachenfeststellung vor Gericht, 4. Aufl. 2014, Rn. 1370, die von Fehlerquoten von 44 % bei sequenziellen Gegenüberstellungen und 72 % bei simultanen Gegenüberstellungen berichten.
346 *Aronson/Wilson/Akert*, Sozialpsychologie, 8. Aufl. 2014, S. 575. Keinen Sinn hat es z. B., in einer Lichtbildvorlage, wenn ein dunkelhaariger Täter gesucht wird, dem Zeugen Bilder vorzulegen, auf denen die Hälfte blonde Personen darstellen. Auch wenn das recht absurd klingt, kommt es doch in der Praxis gelegentlich vor.
347 *Lindsay/Wells*, Improving eyewitness identifications from lineups: Simultaneous versus sequential lineup presentation, in: Journal of Applied Psychology 70 (1985), S. 556, 559–561.
348 *Aronson/Wilson/Akert*, Sozialpsychologie, 8. Aufl. 2014, S. 575.

den häufig – die anderen gegenübergestellten Personen Polizeibeamte sind, die naturgemäß auch ein nicht mit dem Fall befasster anderer Beamter in der Regel kennt.)

167 Steigern lässt sich der Beweiswert von Personenwiedererkennungen durch sogenannte multiple Gegenüberstellungen,[349] die aufgrund des mit ihnen verbundenen Aufwands aber wohl praktisch nicht bei Alltagskriminalität in Betracht kommen, sondern nur bei Ermittlungsverfahren wegen schwerwiegenderer Delikte. Bei einer solchen multiplen Gegenüberstellung werden dem Zeugen nacheinander unterschiedliche Aspekte einer Person präsentiert, z. B. zunächst nur das Gesicht, dann nur die Stimme, dann nur der Gang – erkennt der Zeuge bei diesen unterschiedlichen Teilaspekten jeweils dieselbe Person wieder, spricht das für eine erhöhte Wahrscheinlichkeit, dass die Identifizierung zuverlässig ist.

168 Phantombilder anzufertigen hilft oft eher nicht weiter.[350] Man sollte sorgsam abwägen, ob in einem konkreten Strafverfahren der mögliche Nutzen der Anfertigung eines Phantombildes den zu befürchtenden Schaden überwiegt, weil z. B. ansonsten überhaupt keine brauchbaren Ermittlungsansätze zu erkennen sind, um einen unbekannten Täter zu finden. Zum einen ist die so erreichte Ähnlichkeit mit dem Täter meist eher gering, zum anderen erinnern sich Zeugen, die eine Beschreibung für ein Phantombild abgegeben haben, später schlechter an das wirkliche Aussehen des Täters.[351] Der Versuch, ein Bild von einem Gesicht in Worte zu fassen, kann die Erinnerung beeinträchtigen (sog. **„verbal overshadowing"**), es empfiehlt sich also auch nicht, Zeugen möglichst schnell eine genauere Beschreibung des Verdächtigen schriftlich festhalten zu lassen.[352] Das verbale Gedächtnis steht zum visuellen Gedächtnis anscheinend in einem allenfalls sehr schwachem Zusammenhang.[353] Wird ein Phantombild angefertigt oder soll der Täter verbal beschrieben werden soll, empfiehlt sich eine klare Zweiteilung der Personenbeschreibung in Bericht (ungestörte Schilderung des Zeugen) und Verhör (gezielte Nachfragen).[354] Diese Zweiteilung ist generell sinnvoll und auch vom Gesetz für Vernehmungen vorgesehen, vgl. z. B. § 69 Abs. 1, 2 StPO, wonach der Zeuge zunächst im Zusammenhang berichten soll, bevor man dann in einem weiteren Schritt weitere Fragen stellt, falls nötig. Generell kann man sagen, dass der freie Bericht mehr Details liefert, die Sie dann bei der Würdigung der Zeugenaussage berücksichtigen können. Ganz ähnlich ist es auch bei der Beschreibung einer Person: Im freien Bericht kann der Zeuge manchmal besondere Merkmale nennen, die Sie im Verhör nicht abgefragt hätten. Das Verhör erbringt zwar oft eine detailliertere Beschreibung; es ist aber aufgrund der Vorgaben durch die Fragen auch fehleranfälliger.[355]

169 Sehr fehleranfällig ist erfahrungsgemäß die Beschreibung der Größe und der Kleidung. Insbesondere an Farben erinnern sich Zeugen besonders schlecht;[356] dabei tendieren sie in der Regel zum Normalen. Viele Zeugen überschätzen z. B. die Größe einer besonders kleinen Person, aber unterschätzen die einer besonders großen. Das liegt auch daran, dass Zeugen dazu neigen, mangelnde eigene Erinnerung durch Schlussfolgerun-

---

349 *Bender/Nack/Treuer*, Tatsachenfeststellung vor Gericht, 4. Aufl. 2014, Rn. 1303.
350 *Aronson/Wilson/Akert*, Sozialpsychologie, 8. Aufl. 2014, S. 575.
351 *Aronson/Wilson/Akert*, Sozialpsychologie, 8. Aufl. 2014, S. 575; *Wells/Hasel*, Facial Composite Production by Eyewitnesses, in: Current Directions in Psychological Science 16 (2007), S. 6, 9.
352 *Aronson/Wilson/Akert*, Sozialpsychologie, 8. Aufl. 2014, S. 577–578.
353 Vgl. *Sporer*, Personenidentifizierung, in: Volbert/Steller (Hrsg.), Handbuch der Rechtspsychologie, 2008, S. 387, 391.
354 *Bender/Nack/Treuer*, Tatsachenfeststellung vor Gericht, 4. Aufl. 2014, Rn. 1342.
355 *Bender/Nack/Treuer*, Tatsachenfeststellung vor Gericht, 4. Aufl. 2014, Rn. 1342.
356 *Bender/Nack/Treuer*, Tatsachenfeststellung vor Gericht, 4. Aufl. 2014, Rn. 1346.

gen zu ersetzen („Ausfüllungsneigung"):[357] Wenn man keine nähere Erinnerung an die Größe hat, liegt es nahe, dass der Täter wohl eine durchschnittliche Größe gehabt haben dürfte.

Je näher die Körpergröße des Täters an der Größe des Zeugen liegt, desto besser kann die Größe geschätzt werden. (Wenn Sie z. B. 1,65 m groß sind, haben Sie ein recht gutes Auge dafür, ob jemand anders eher 1,70 ist oder 1,60. Ob er aber 1,80 oder 1,90 ist, werden Sie deutlich weniger gut einschätzen können (sog. **„own-size"-Effekt**).

V. Suggestion und Pseudoerinnerung

Sie wissen aus den vorangegangenen Ausführungen bereits, dass Wahrnehmung und Erinnerung fehleranfällig sind. Darüber hinaus sind Gedächtnisinhalte durch suggestive Einflüsse veränderlich. Suggestion ist nicht grundsätzlich negativ-manipulierend zu verstehen; so bauen eine Reihe von Entspannungstechniken auf Selbstsuggestion auf. Im forensischen Kontext können suggestive Einflüsse jedoch Falschinformationseffekte und Pseudoerinnerungen induzieren und damit schwerwiegende Konsequenzen für den Ausgang eines Prozesses haben.[358]

Die Aussage einer Zeugin, die eigentlich auf einem tatsächlich stattgefundenen Erlebnis basiert, kann sich verändern, wenn ihr nachträglich spezifische und bis zu einem gewissen Grad auch unspezifische Falschinformationen präsentiert werden.[359] Bereits irreführende Fragen (z. B. durch eine Vernehmungsperson) können die Erinnerung verfälschen.[360] Dies wiesen die Forscher *Loftus/Miller/Burns* in einem klassischen Experiment nach, in dem Probanden einen Verkehrsunfall auf einer Diaserie beobachteten. Die Hälfte sah am Straßenrand ein Stoppschild, die andere ein Vorfahrt-gewähren-Schild. Bei der anschließenden Befragung wurde jeweils die Hälfte jeder Gruppe beiläufig durch eine irreführende Frage mit einer Falschinformation über ein Schild, das der Proband gerade nicht gesehen hatte, konfrontiert. Die so manipulierten Probanden machten später signifikant mehr Fehler bei einem Wiedererkennungstest in Bezug darauf, welches Schild sie angeblich gesehen hatten.[361] Das bedeutet, die Versuchspersonen konnten nicht zwischen tatsächlich gesehener und suggerierter Information unterscheiden.[362] Selbst eine unspezifische Information kann diesen Effekt auslösen: So fiel eine Geschwindigkeitsschätzung der Probanden deutlich höher aus, wenn bei der Frage die Formulierung „when [the cars] smashed into each other" statt „when [the cars] hit each other" verwendet wurde.[363] Gedächtnisinhalte von Augenzeugen sind also störanfällig gegenüber Verzerrungen durch später hinzugekommene Informationen und sogar – wie im Beispiel – die konkrete Formulierung von Fragen.[364]

---

357 *Bender/Nack/Treuer*, Tatsachenfeststellung vor Gericht, 4. Aufl. 2014, Rn. 1345
358 *Volbert*, Suggestion, in: Volbert/Steller (Hrsg.), Handbuch der Rechtspsychologie, 2008, S. 331, 331; *Bayen*, Gedächtnis, Irrtum und Vernehmung, in: Hermanutz/Litzcke (Hrsg.), Vernehmung in Theorie und Praxis, 2. Aufl. 2009, S. 86, 90–96; *Pastötter/Oberauer/Bäuml*, in: Kiesel/Spada, (Hrsg.) Lehrbuch Allgemeine Psychologie, 4. Aufl. 2018, S. 121, 159–162.
359 *Volbert*, Suggestion, in: Volbert/Steller (Hrsg.), Handbuch der Rechtspsychologie, 2008, S. 331, 331–332.
360 *Aronson/Wilson/Akert*, Sozialpsychologie, 8. Aufl. 2014, S. 573; *Loftus*, Eyewitness Testimony, 1979, S. 112.
361 *Loftus/Miller/Burns*, Semantic Integration of Verbal Information into a Visual Memory, in: Journal of Experimental Psychology 4 (1978), S. 19, 20 ff.; *Aronson/Wilson/Akert*, Sozialpsychologie, S. 574.
362 *Volbert*, Suggestion, in: Volbert/Steller (Hrsg.), Handbuch der Rechtspsychologie, 2008, S. 331, 332.
363 *Loftus/Palmer*, Reconstruction of Automobile Destruction: An Example of the Interaction Between Language and Memory, in: Journal of Verbal Learning and Verbal Behavior 13 (1974), S. 585, 586–587.; *Gerrig*, Psychologie, 21. Aufl. 2018, S. 290.
364 *Aronson/Wilson/Akert*, Sozialpsychologie, 8. Aufl. 2014, S. 573; *Loftus*, Eyewitness Testimony, 1979, S. 54 f.

§ 4 Wahrnehmen und Erinnern

173 Pseudoerinnerungen sind eine besonders schwere Form eines Falschinformationseffektes. Ihnen liegt überhaupt kein Ereignis in dieser Form zugrunde, dennoch kann man Menschen dazu bringen, Aussagen darüber zu machen, als hätten sie eine erlebnisbasierte Erinnerung über den fiktiven Vorfall. Subjektiv liegt eine Erinnerung vor, weshalb eine derart beeinflusste Person subjektiv wahrheitsgemäß antwortet, doch ist es eben eine Pseudoerinnerung.[365] Im Extremfall kann dies so weit gehen, dass ein Unschuldiger am Ende selbst an seine Schuld glaubt.[366] In den zahlreichen Studien zu diesem Phänomen übernahmen Kinder die suggerierten Inhalte in 20–80 % der Fälle, Erwachsene in 15–25 %, in einzelnen Studien jedoch auch bis zu 65 %.[367]

174 Wie kommt dies zustande? Gedächtnisverzerrungen können dann auftreten, wenn Menschen konstruktive Prozesse zur Reproduktion von Gedächtnisinhalten einsetzen.[368] Dass Erinnerungen an Ereignisse, die überhaupt nicht stattgefunden hatten, durch Suggestion hervorgerufen werden können, ruft in Vorlesungen bei Juristen üblicherweise ungläubiges Staunen hervor. Die Beispiele dafür sind aber mittlerweile sehr reichhaltig.

175 Ein klassisches Experiment, in dem Pseudoerinnerungen induziert wurden, stammt von *Loftus* und *Pickrell*: Sie gaben erwachsenen Versuchspersonen kurze Beschreibungen von drei wahren (im Vorfeld anhand von sicheren Beweisen in Erfahrung gebrachten) und einem suggerierten Kindheitserlebnis, das sich angeblich im Alter von sechs Jahren zugetragen hatte. Demnach hätten sie sich in einem Einkaufszentrum verlaufen. Die Probanden wurden mehrfach befragt und aufgefordert, alles zu berichten, was ihnen über dieses „Erlebnis" in den Sinn komme, mit dem Erfolg, dass sechs der 24 Teilnehmer sich schließlich vollständig oder teilweise an das suggerierte „Erlebnis" „erinnerten".[369]

176 In einem anderen Experiment wurden die Teilnehmer gefragt, ob sie vor dem Alter von zehn Jahren einer ihrer Lieblings-Fernsehfiguren in einem Vergnügungspark die Hand geschüttelt hatten. Später las ein Teil der Probanden eine Disneyland-Werbung, mit der die Vorstellung eines Parkbesuchs heraufbeschworen wurde: „Kehren Sie in Ihre Kindheit zurück ... und erinnern Sie sich an die Figuren Ihrer Kindheit...". Dann beschrieb die Anzeige, wie die Besucher Bugs Bunny die Hand geben konnten. Nach der Lektüre der Anzeige erhöhte sich die Wahrscheinlichkeit, dass die Probanden von einer entsprechenden Kindheitserinnerung berichteten, erheblich (16 % der Anzeigenleser gegenüber 7 % der anderen Probanden); dass die Teilnehmer zufällig tatsächlich als Kind Bugs Bunny bei einem Disneylandbesuch die Hand gegeben hatten, war übrigens ausgeschlossen, da Bugs Bunny gar keine Disney-Figur ist.[370]

177 In ähnlicher Weise konfrontierten *Julia Shaw* und *Stephen Porter*[371] ihre im Schnitt 20jährigen Probanden mit tatsächlichen und vermeintlichen Vorkommnissen aus ihrer

---

365 *Volbert*, Suggestion, in: Volbert/Steller (Hrsg.), Handbuch der Rechtspsychologie, 2008, S. 331, 332.
366 *Aronson/Wilson/Akert*, Sozialpsychologie, 8. Aufl. 2014, S. 584; *Kassin u. a.*, Police-Induced Confessions: Risk Factors and Recommendations, in: Law and Human Behavior 34 (2010), S. 3 ff.
367 *Lindsay u. a.*, True Photographs and False Memories, in: Psychological Science 15 (2004), S. 149–154.
368 *Gerrig*, Psychologie, 21. Aufl. 2018, S. 286; *Bergman/Roediger*, Can Bartlett's Repeated Reproduction Experiments be Replicated?, in: Memory & Cognition 27 (1999), S. 937 ff.
369 *Loftus/Pickrell*, The Formation of False Memories, in: Psychiatric Annals 25 (1995), S. 720–725.
370 *Braun u. a.*, Make my Memory: How Advertising Can Change our Memories of the Past, in: Psychology & Marketing 19 (2002), S. 1, 14; dazu *Gerrig/Zimbardo*, Psychologie, 18. Aufl. 2008, S. 263–264.
371 *Shaw/Porter*, Constructing Rich False Memories of Committing Crime, in: Psychological Science 26 (2015), S. 291, 292 ff.

V. Suggestion und Pseudoerinnerung

Jugend, über die sie vorher die Eltern der Probanden befragt hatten. Während die Probanden sich bei einer ersten Befragung zwar an das wahre Ereignis erinnern konnten, erinnerten sie sich nicht an das nur vorgetäuschte Ereignis, zu dem der Interviewer noch nähere Angaben wie z. B. das vermeintliche Alter zur Zeit des Ereignisses machte. In der Folgezeit wurden dann zwei weitere Interviews mit den Probanden durchgeführt, und ein großer Teil von ihnen behauptete nun, sich bei den weiteren Interviews zunehmend detaillierter auch an das Ereignis zu erinnern, das faktisch gar nicht stattgefunden hatte: Etwa drei Viertel der Probanden entwickelten tatsächlich falsche Erinnerungen (hinsichtlich einer vermeintlich von ihnen begangenen Straftat 70 %; bei der Vergleichsgruppe hinsichtlich strafrechtlich nicht relevanter Erinnerungen wie eines Hundebisses sogar fast 80 %). 44 von 60 Probanden konnten sich an zehn oder mehr Details „erinnern", obwohl das Ereignis nie stattgefunden hatte.

178 Falsche Erinnerungen durch Suggestion entstehen nicht im luftleeren Raum. Vorausgesetzt ist zunächst eine gewisse Empfänglichkeit für Suggestion als Ausgleich für einen spezifischen Mangel auf einer der folgenden Ebenen:
- affektiv: Liebe, Vertrauen, Sicherheit, Selbstwertgefühl;
- kognitiv: Erinnerung, Wissen, logisches Denken, Verständnis;
- strukturell: ungenügende Klarheit der Situation.[372]

179 In der Forensik fußt ein solcher Mangel sehr häufig auf fehlendem oder fragmentarischem Wissen der Auskunftsperson.[373] Ein weiterer zentraler Nährboden in der Vernehmungspraxis für suggestive Einflüsse, der die Empfänglichkeit erhöht, liegt in unbestätigten Vorannahmen der Vernehmungsperson. Gerade bei mutmaßlichem sexuellem Missbrauch von Minderjährigen stehen zu Beginn des Verdachts in der Regel unspezifische Verhaltensauffälligkeiten, die einseitiger Interpretation unterworfen werden. Geht dann ein Vernehmer a priori bereits fest davon aus, dass das fragliche Ereignis mit Sicherheit tatsächlich stattgefunden habe, so wählt er gegenüber dem Kind Formulierungen, die von Anfang an suggestiv in diese Richtung wirken.[374] Hinzu treten autosuggestive Prozesse, teilweise von außen in Gang gebracht, die ihren Ursprung oftmals in allgemein schlechtem psychischen Befinden haben. Die betroffene Person sucht nach einer Erklärung für ihre Verfassung und wendet sich externalen vermeintlichen Gründen zu.[375] Begünstigend wirkt eine dominante Stellung der vermeintlichen Erklärung als aktuelles Thema in der öffentlichen Diskussion.[376]

180 Leider kann der Auslöser der Autosuggestion auch ein unsachgemäß geführtes psychotherapeutisches Gespräch sein.[377] Es kann passieren, dass Therapeuten, die an die Existenz verdrängter Erinnerungen glauben, diese „Erinnerungen" überhaupt erst durch ihre eigenen Nachfragen begründen. Die angenommene fachliche Expertise der Therapeutin verstärkt bei der Klientin den Eindruck, dass etwas Gravierendes hinter ihren Beschwerden stecken müsse, wenn sich die Fachperson so dafür interessiert. *Anke Kirsch* befragte 88 Psychotherapeuten über ihre Einstellungen zu vermeintlich wiederentdeckten Erinnerungen im Rahmen ihrer Praxistätigkeit und stellte fest, dass

---

372 *Gheorghiu*, The Development of Research in Suggestibility: Critical Considerations, in: Gheorghiu u. a. (Hrsg.), Suggestion and Suggestibility, 1989, S. 3, 3–55.
373 *Volbert*, Suggestion, in: Volbert/Steller (Hrsg.), Handbuch der Rechtspsychologie, 2008, S. 331, 332.
374 *Volbert*, Suggestion, in: Volbert/Steller (Hrsg.), Handbuch der Rechtspsychologie, 2008, S. 331, 332.
375 *Volbert*, Suggestion, in: Volbert/Steller (Hrsg.), Handbuch der Rechtspsychologie, 2008, S. 331, 332–333.
376 *Volbert*, Beurteilung von Aussagen über Traumata, 1. Aufl. 2004, S. 116–117.
377 *Volbert*, Suggestion, in: Volbert/Steller (Hrsg.), Handbuch der Rechtspsychologie, 2008, S. 331, 332.

45 % überwiegend oder völlig überzeugt waren, dass irgendeine, und zwar vermutlich sexuelle, traumatische Erfahrung mit Sicherheit vorliege, wenn der Klient von solchen mentalen Bildern berichtete. Sogar 70 % stimmten zu, man könne davon ausgehen, dass das Beschriebene vielleicht nicht in allen Details stimme, es aber mindestens einen übergriffigen oder gewalttätigen Hintergrund gebe.[378] Es gibt also Anhaltspunkte dafür, dass – jedenfalls zur Zeit der Befragung um die Jahrtausendwende – eine kritische Auseinandersetzung mit therapieinduzierten Pseudoerinnerungen bei den Praktikern noch nicht hinreichend stattgefunden hat.[379]

181 Besonders hohes Suggestionspotential im therapeutischen Setting haben Hypnosetechniken, in denen die Klientin aufgefordert wird, sich eine Situation vorzustellen und sich dann so zu verhalten, als sei sie real. Ebenfalls in diese Kategorie zählen therapeutengesteuerte Traumdeutungen, Erzeugung lebhafter mentaler Bilder durch Visualisierungstechniken sowie suggestive Fragen in Kombination mit neutralen (!) Fotos aus der Zeit des mutmaßlichen Ereignisses.[380]

182 Laut *Hyman/Kleinknecht* vollzieht sich die Übernahme eines suggerierten Inhaltes in eine Pseudoerinnerung üblicherweise in einem Dreischritt:
1. Plausibilitätsbeurteilung,
2. Konstruktion eines mentalen Bildes,
3. Quellenverwechslungsfehler.[381]

183 Sofern es dem Beeinflussten nicht plausibel erscheint, dass das Suggerierte tatsächlich passiert sein könnte, wird der Inhalt jedenfalls nicht in der präsentierten Form übernommen. Sobald allerdings eine gewisse Ungewissheit darüber besteht, steigt die Wahrscheinlichkeit bereits, bspw. dann, wenn das behauptete Ereignis schon einige Zeit zurückliegen soll.[382]

184 Sobald der suggerierte Inhalt die Plausibilitätsmarke überschritten hat, beginnt die betroffene Person unweigerlich damit, künstlich ein mentales Bild zu konstruieren. Dies ist der zweite Schritt zur Übernahme einer Pseudoerinnerung. Es ist anzunehmen, dass jede Form des aktiven Nachdenkens über das fragliche Ereignis hierfür förderlich ist.[383]

185 Schlussendlich ist es im dritten Schritt allerdings auch erforderlich, dass die Person das mentale Bild für eine Erinnerung hält, was selbstverständlich nicht der Fall ist, solange sie sich darüber im Klaren ist, dass es sich um ein Produkt ihrer Phantasie handelt. Diese Erkenntnis kann der Person jedoch verlorengehen. Schon allein durch Zeitablauf wird die Quelle einer Information eher vergessen als die Information selbst.[384] Doch auch bloße Unsicherheit über den Ursprung eines mentalen Bildes kann genügen, um

---

378 *Kirsch*, Trauma und Wirklichkeit, 2001; *Loftus/Ketcham*, The Myth of Repressed Memory, 1. Aufl. 1994; auch in deutscher Übersetzung, *Loftus/Ketcham*, Die therapierte Erinnerung, 1995.
379 *Volbert*, Beurteilung von Aussagen über Traumata, 1. Aufl. 2004, S. 119–121.
380 *Volbert*, Beurteilung von Aussagen über Traumata, 1. Aufl. 2004, S. 117–121.
381 *Hyman, Jr./Kleinknecht*, False Childhood Memories: Research, Theory, and Applications, in: Williams/Banyard (Hrsg.), Trauma and Memory, 1999, S. 175, 175–188.
382 *Volbert*, Beurteilung von Aussagen über Traumata, 1. Aufl. 2004, S. 112–113.
383 *Volbert*, Beurteilung von Aussagen über Traumata, 1. Aufl. 2004, S. 114.
384 *Volbert*, Beurteilung von Aussagen über Traumata, 1. Aufl. 2004, S. 114; *Hyman, Jr./Loftus*, Errors in Autobiographical Memory, in: Clinical Psychology Review 18 (1998), S. 933–947.

V. Suggestion und Pseudoerinnerung

den Quellenverwechslungsfehler auszulösen,[385] insbesondere, wenn die unsichere Person durch andere in der Annahme bestärkt wird, es handle sich um eine erlebnisbasierte Erinnerung.[386] Je mehr der Betroffene darüber nachdenkt, umso wahrscheinlicher wird es, dass das mentale Bild an Details gewinnt und zunehmend real erscheint.[387]

Möglicherweise erscheint es Ihnen überraschend, dass die Quelle einer Information überhaupt vergessen werden könnte. Bedenken Sie, das menschliche Gedächtnis ist plastisch und verändert sich bei jedem Abruf. Tagtäglich scheitern Menschen an der **Quellendiskrimination**, also der Feststellung, aus welcher Quelle eine Erinnerung stammt. Es ist aber selten ein gravierendes Problem, denn gerade, was die eigene Biographie angeht, rekonstruieren wir unsere Erinnerungen aus zahlreichen Quellen, ohne dass wir uns immer an die Originalquelle erinnern könnten oder müssten; vieles, was wir über unsere Kindheit zu wissen glauben, stammt aus Erzählungen unserer Familienangehörigen oder ist aus Fotos zusammengereimt. Informationen können auch schlicht dadurch erneut abgerufen werden, indem man sich lediglich an das letzte Mal erinnert, als man die Information jemand anderem mitgeteilt hat, mithin also basierend auf einer Nacherzählung, die vom Sprecher selbst stammt („Erinnerung an die Erinnerung").[388] Unser Gedächtnis neigt zudem dazu, mehrere Vorfälle von relativ hoher Ähnlichkeit in der Erinnerung zu einem einzigen Vorgang zusammenzuziehen („Verschmelzung").[389] Irreführende Fragen erschweren die Quellendiskrimination.[390] So kann eine Frage ein Vorstellungsbild auslösen, an das man sich bei einer späteren Vernehmung erinnert, ohne aber noch zu wissen, dass es ursprünglich durch eine Frage ausgelöst wurde. Es ist von daher möglich, Menschen dazu zu bringen, zu glauben, sie hätten Dinge getan, die sie nur in ihrer Vorstellung ausgeführt hatten.[391] Ähnlich kann ein Angeklagter einer Zeugin deshalb bekannt vorkommen, weil sie ihn auf einem Bild in der Zeitung gesehen hat.[392] Fehlinformationen haben dann den größten Einfluss, wenn die Quelle der Fehlinformation derjenigen des ursprünglichen Ereignisses ähnelt; je unterschiedlicher die Quellen sind, desto stärker ist die Distinktionsfähigkeit zwischen diesen ausgeprägt.[393]

In einer Untersuchung wurde den Teilnehmern zunächst eine Diashow von einem Diebstahl vorgeführt, unterlegt mit einer Frauenstimme, die die Ereignisse beschrieb. Dann erfolgte eine erneute Beschreibung, diesmal ohne optische Unterstützung und versehen mit Falschinformationen. Selbst, wenn die Untersuchungsleiter die Probanden vor Falschinformationen warnten, machten diese später oft Angaben im Sinne der Falschinformationen anstatt der ursprünglichen Gedächtnisinhalte. Die Probanden

---

385 *Johnson/Hashtroudi/Lindsay*, Source Monitoring, in: Psychogical Bulletin 114 (1993), S. 3–28; *Bayen*, Gedächtnis, Irrtum und Vernehmung, in: Hermanutz/Litzcke (Hrsg.), Vernehmung in Theorie und Praxis, 2. Aufl. 2009, S. 86, 90.
386 *Volbert*, Beurteilung von Aussagen über Traumata, 1. Aufl. 2004, S. 114.
387 *Volbert*, Beurteilung von Aussagen über Traumata, 1. Aufl. 2004, S. 114.
388 *Geipel*, Handbuch der Beweiswürdigung, 3. Aufl. 2017, § 23 Rn. 42.
389 *Geipel*, Handbuch der Beweiswürdigung, 3. Aufl. 2017, § 23 Rn. 21–34.
390 *Aronson/Wilson/Akert*, Sozialpsychologie, S. 574–575.
391 *Gerrig*, Psychologie, 21. Aufl. 2018, S. 292; *Thomas/Loftus*, Creating Bizarre False Memories through Imagination, in: Memory & Cognition 30 (2002), S. 423, 429.
392 *Aronson/Wilson/Akert*, Sozialpsychologie, S. 574.
393 *Gerrig/Zimbardo*, Psychologie, 18. Aufl. 2008, S. 266; *Lindsay u. a.*, Eyewitness suggestibility and source similarity: Intrusions of details from one event into memory reports of another event, in: Journal of Memory and Language 50 (2004), S. 96, 108 ff. (allerdings einschränkend dahingehend, dass dieser Effekt von Kontextvariablen abhängt, z. B. davon, ob der Kontext einen Zusammenhang zwischen den beiden Quellen nahelegt).

konnten also nicht zwischen den verschiedenen Quellen ihrer Erinnerung unterscheiden.[394]

188 Durch den oben beschriebenen Dreischritt kann es also geschehen, dass eine vage Vorstellung zur Pseudoerinnerung wird. Genau das ist das Risiko bei der Therapiekontamination der Aussage eines tatsächlichen oder vermeintlichen Verbrechensopfers: Die betroffene Person hat ein Bild von einem Verbrechen im Kopf, aber es kann im Nachhinein nicht mehr sicher festgestellt werden, ob sie sich daran erinnert, was sie selbst erlebt hat, oder daran, was sie sich vorgestellt hat, nachdem sie suggestiv zu dem mutmaßlichen Erlebnis befragt wurde. Das kann so weit gehen, dass das vermeintliche Opfer selbst bei schwerwiegenden Tatvorwürfen irgendwann selbst daran glaubt, etwas sei geschehen, was tatsächlich nie vorgefallen ist. Dasselbe kann auch im Rahmen eines Strafverfahrens zum Problem werden, wenn eine Aussageperson mehrfach aussagt, z. B. einmal vor der Polizei, dann Monate später vor dem Amtsgericht und noch einmal Monate später in zweiter Instanz: „Wenn frühere Aussagen über einen Sachverhalt bereits gemacht worden sind, besteht die Möglichkeit, dass jemand sich mehr an die Aussage erinnert als an die Wahrnehmung selbst."[395]

189 § 406g StPO sieht seit 2017 vor, dass der Verletzte im Strafverfahren sich eines psychosozialen Prozessbegleiters bedienen kann. Zwar ist es nicht Aufgabe dieses Prozessbegleiters, mit dem Verletzten das Erlebte aufzuarbeiten, vielmehr sollte das Tatgeschehen möglichst nicht Gesprächsthema zwischen dem Prozessbegleiter und dem Betroffenen sein, da derartige Gespräche zu einer Beeinflussung des Zeugen und zu einer Beeinträchtigung seiner Aussage führen können (vgl. § 2 Abs. 2 S. 2 PsychPbG). Trotzdem lässt sich die Gefahr, dass ein solcher Prozessbegleiter den Betroffenen zumindest unbewusst in seiner Aussage beeinflusst, kaum sicher ausschließen.[396] Diese Möglichkeit sollte vom Gericht, wenn ein psychosozialer Prozessbegleiter in ein Verfahren involviert ist, berücksichtigt werden. Gegebenenfalls sollte es auch den Zeugen dahingehend befragen, inwieweit er mit dem Prozessbegleiter über das Tatgeschehen gesprochen hat, um festzustellen, ob die Gefahr einer Beeinträchtigung der Zeugenaussage gegeben ist, und das bei der Aussagewürdigung berücksichtigen zu können.

190 Das Problem der Pseudoerinnerung wird auch unter dem Begriff der „**verdrängten Erinnerungen**" diskutiert. Aus dieser Denkrichtung besteht, wie die Bezeichnung schon andeutet, allerdings die Annahme, es handle sich um erlebnisbasierte Gedächtnisinhalte, die plötzlich wieder entdeckt werden können. Aufgrund des Risikos der Quellenverwechslung ist hier Skepsis angebracht, da die Quelle, z. B. bei einem plötzlich „erinnerten" Missbrauch in der Kindheit nicht zwingend tatsächliches Erleben gewesen sein muss.[397] Inwieweit es überhaupt denkbar ist, dass es nach Jahren wiedererlangte, zuverlässige Erinnerungen geben kann, ist umstritten. Das Problem ist, dass sich in den wenigsten dieser Fälle überprüfen lässt, ob die Erinnerung tatsächlich wirklichkeitsba-

---

394 *Lindsay*, Misleading Suggestions Can Impair Eyewitnesses' Ability to Remember Event Details, in: Journal of Experimental Psychology – Learning, Memory, and Cognition 16 (1990), S. 1077, 1081–1082.; *Gerrig*, Psychologie, 21. Aufl. 2018, S. 292.
395 *Dettenborn/Fröhlich/Szweczyk*, Forensische Psychologie – Lehrbuch der gerichtlichen Psychologie für Juristen, Kriminalisten, Psychologen, Pädagogen und Medizinern, 1989, S. 66.
396 *Neuhaus*, Die psychosoziale Prozessbegleitung nach dem 3. ORRG: Ein verhängnisvoller Irrweg, in: StV 2017, S. 55, 55.
397 *Gerrig*, Psychologie, 21. Aufl. 2018, S. 614; vgl. *Wells/Loftus*, Eyewitness Memory for People and Events, in: Goldstein (Hrsg.), Handbook of Psychology: Forensic Psychology, Bd. 11, 2003, S. 149, 153.

V. Suggestion und Pseudoerinnerung

siert ist.[398] Plötzliche Erinnerungen an tatsächliche Ereignisse erscheinen zwar möglich,[399] allerdings kommt es ebenso vor, dass Menschen von der Echtheit eines traumatischen Ereignisses überzeugt sind, das objektiv nie stattgefunden hat.[400] Das gilt insbesondere, wenn ein anderer suggeriert, das Ereignis habe stattgefunden; die Suggestion früheren Missbrauchs kann also durchaus falschen Erinnerungen den Weg bereiten.[401] Grundsätzlich kann man zwei Gruppen wiederentdeckter Erinnerungen voneinander unterscheiden. In der einen Gruppe erinnern sich Personen unerwartet an ein Ereignis, an das sie jahrelang nicht gedacht haben, was z. B. durch einen traumaspezifischen Auslöser wie einen bestimmten Geruch zustande kommen kann. In dieser Gruppe kommt es üblicherweise nicht zu suggestiven Einflüssen, so dass die wiederentdeckte Erinnerung nicht per se unglaubhaft sein muss. Viel problematischer ist die zweite Gruppe, bei der Personen davon ausgehen, dass sie ein traumatisches Ereignis erlebt haben müssen. Beispielsweise kommt es vor, dass jemand seine aktuellen psychischen Probleme nicht anders erklären kann als damit, dass er in seiner Kindheit ein traumatisierendes Erlebnis gehabt haben muss. Wenn dann bewusst Erinnerungsbemühungen unternommen werden, ggf. unter Zuhilfenahme von Therapeuten, ist es gut denkbar, dass gerade diese Erinnerungsbemühungen die vermeintlichen Erinnerungen erst auslösen.

Welche katastrophalen Folgen solche Suggestionen zeitigen können, sei anhand der sogenannten Wormser Missbrauchsprozesse[402] beispielhaft veranschaulicht. Dabei handelt es sich um insgesamt drei Strafverfahren vor dem Landgericht Mainz gegen eine Gruppe von insgesamt 25 Angeklagten aus der Wormser Gegend, die in den Jahren 1994 bis 1997 stattfanden. Ausgangspunkt war ein Scheidungsverfahren zwischen einem Elternpaar, bei dem die Mutter den Verdacht hatte, dass der Vater die gemeinsamen Kinder sexuell missbraucht hatte. Die Großmutter der Kinder wandte sich zunächst an das Jugendamt, das sie an den Verein Wildwasser e. V. weiterverwies. Dort wurden die Kinder von einer Mitarbeiterin befragt, die dabei beispielsweise im Rahmen suggestiver Fragen Antworten vorgab. Nach einer gewissen Anzahl an Befragungen war sie davon überzeugt, dass es tatsächlich zu Missbrauchsfällen gekommen war, und zwar nicht nur an den beiden direkt betroffenen Kindern, sondern an insgesamt 16 Kindern im Rahmen eines vermeintlichen Kinderpornorings. Die anderen Kinder sagten in Befragungen mit den gleichen Suggestionen ähnlich aus, so dass es dann zum Prozess kam.

Burkhard Schade, der als Gutachter an einem der drei Verfahren beteiligt war, schildert ausführlich die Prozesse, die zu den Falschbeschuldigungen geführt haben.[403] So seien die Befragungen der Kinder von der Bemühung bestimmt gewesen, die Hypothe-

---

398 *Aronson/Wilson/Akert*, Sozialpsychologie, S. 580; *Loftus/Garry/Hayne*, Repressed and recovered memory, in Borgida/Fiske, Beyond common sense: Psychological science in the courtroom, 2008, S. 177, 188 ff.
399 *Aronson/Wilson/Akert*, Sozialpsychologie, S. 580, Schooler, Seeking the Core: The Issues and Evidence Surrounding Recovered Accounts of Sexual Trauma, in: Williams/Banyard (Hrsg.), Trauma and Memory, 1999, S. 203, 204–205.
400 *Aronson/Wilson/Akert*, Sozialpsychologie, S. 580.
401 *Aronson/Wilson/Akert*, Sozialpsychologie, S. 580; *Loftus/Garry/Hayne*, Repressed and recovered memory, in: Borgida/Fiske, Beyond common sense: Psychological science in the courtroom, 2008, S. 177, 188 ff.
402 Vgl. dazu ausführlich *Schade*, Der Zeitraum von der Erstaussage bis zur Hauptverhandlung als psychologischer Prozess. Folgerungen für die Glaubwürdigkeitsbegutachtung am Beispiel der Wormser Prozesse über sexuellen Kindesmissbrauch, in: StV 2000, S. 165 ff.
403 *Schade*, Der Zeitraum von der Erstaussage bis zur Hauptverhandlung als psychologischer Prozess. Folgerungen für die Glaubwürdigkeitsbegutachtung am Beispiel der Wormser Prozesse über sexuellen Kindesmissbrauch, in: StV 2000, S. 165 ff.

se zu bestätigen, dass tatsächlich ein Missbrauch stattgefunden habe; generell sei davon ausgegangen worden, dass jede Aussage eines Kindes über einen sexuellen Missbrauch auch eine entsprechende Erlebnisgrundlage gehabt habe, und dass ein Kind, das einen Missbrauch verneint oder sagt, dass es nicht wisse oder dass es sich nicht erinnern könne, unter dem Druck eines Schweigegebots des Täters stehe und daher so lange weiter zu befragen sei, bis es sein Geheimnis preisgebe.[404] Fragen seien bei „unbefriedigenden Antworten" bis zu fünfmal in einer einzigen Sequenz wiederholt worden, manche Kinder seien insgesamt 35mal befragt worden.[405] Den Kindern seien negative Stereotype über ihre Eltern systematisch vermittelt worden, indem man ihnen mitgeteilt habe, ihre Eltern seien im Gefängnis, weil sie etwas Böses getan haben – und dies, obwohl aus der Forschung bekannt sei, dass Wahrnehmungen und Aussagen über eine Person, auf die sich ein Stereotyp beziehe, sich inhaltlich dem Stereotyp anpassten.[406] Überdies wurden Aussagen der Kinder, in denen sie Missbrauchserfahrungen schilderten, mit emotionaler Zuwendung und Anteilnahme belohnt – und das in einer Situation, die sich aufgrund der Trennung von den Eltern durch eine psychische Destabilisierung und eine intensive Suche nach Zuwendung und Geborgenheit im neuen sozialen Umfeld auszeichnete. Dies habe die Empfänglichkeit der Kinder für suggestive Beeinflussungen erhöht.[407]

193 Die Entwicklung der Aussagen der Kinder über die verschiedenen Befragungen hinweg verdeutlicht *Schade*[408] am Beispiel eines Achtjährigen, der bei den ersten drei Aussagen noch behauptet hatte, keinen Missbrauch erlebt zu haben oder sich nicht zu erinnern; nachdem er die Information erhalten hatte, dass über die Missbrauchsszenen ein Film gedreht worden sei, habe er in der vierten Aussagesituation gefordert, dass man ihm den Film zeige, damit die Erinnerungen wiederkämen. In der fünften Aussagesituation habe der Junge bestürzt auf die Mitteilung reagiert, der Film sei im Ausland verkauft worden. In der sechsten Aussage habe er schließlich angekündigt, alles aufzuschreiben, was die Eltern getan hätten, und nachgefragt, ob ihn im Gerichtssaal jemand vor seinem Vater schütze. Gegen Ende des langen Befragungszeitraums hätten sich die Aussagen der verschiedenen Kinder durch eine „auffallende Tendenz zu einer qualitativen und quantitativen Erweiterung der bisherigen Aussagen" ausgezeichnet, es seien viele neue Einzelheiten, weitere Täter und Opfer genannt worden.[409]

194 Es stellte sich heraus, dass manche der Anschuldigungen schon deshalb nicht zutreffen konnten, weil die vermeintlichen Täter sich zum Zeitpunkt der Tat bereits in Untersu-

---

404 *Schade*, Der Zeitraum von der Erstaussage bis zur Hauptverhandlung als psychologischer Prozess. Folgerungen für die Glaubwürdigkeitsbegutachtung am Beispiel der Wormser Prozesse über sexuellen Kindesmissbrauch, in: StV 2000, S. 165, 166.
405 *Schade*, Der Zeitraum von der Erstaussage bis zur Hauptverhandlung als psychologischer Prozess. Folgerungen für die Glaubwürdigkeitsbegutachtung am Beispiel der Wormser Prozesse über sexuellen Kindesmissbrauch, in: StV 2000, S. 165, 167.
406 *Schade*, Der Zeitraum von der Erstaussage bis zur Hauptverhandlung als psychologischer Prozess. Folgerungen für die Glaubwürdigkeitsbegutachtung am Beispiel der Wormser Prozesse über sexuellen Kindesmissbrauch, in: StV 2000, S. 165, 167.
407 *Schade*, Der Zeitraum von der Erstaussage bis zur Hauptverhandlung als psychologischer Prozess. Folgerungen für die Glaubwürdigkeitsbegutachtung am Beispiel der Wormser Prozesse über sexuellen Kindesmissbrauch, in: StV 2000, S. 165, 167–168.
408 *Schade*, Der Zeitraum von der Erstaussage bis zur Hauptverhandlung als psychologischer Prozess. Folgerungen für die Glaubwürdigkeitsbegutachtung am Beispiel der Wormser Prozesse über sexuellen Kindesmissbrauch, in: StV 2000, S. 165, 168.
409 *Schade*, Der Zeitraum von der Erstaussage bis zur Hauptverhandlung als psychologischer Prozess. Folgerungen für die Glaubwürdigkeitsbegutachtung am Beispiel der Wormser Prozesse über sexuellen Kindesmissbrauch, in: StV 2000, S. 165, 168–169.

V. Suggestion und Pseudoerinnerung

chungshaft befanden, oder dass vermeintlich gemeinsam missbrauchte Kinder sich überhaupt nicht begegnet sein konnten. Die Art und Weise, wie es zu den Aussagen der Kinder kam, wurde vom psychologischen Sachverständigen *Max Steller* völlig zerpflückt. Das Gericht sprach alle Angeklagten frei (abgesehen von einer, die in der Untersuchungshaft verstorben war), und zwar nicht aus Mangel an Beweisen, sondern wegen erwiesener Unschuld. Der Verein Wildwasser e. V. trennte sich von der Mitarbeiterin, die auch nach dem Urteil der festen Überzeugung war, richtig gehandelt zu haben. Manche der betroffenen Kinder glauben dagegen nach wie vor, dass ihre Eltern sie missbraucht hätten; entsprechend sind ganze Familien zerbrochen.[410]

Hans E. Lorenz, damals Vorsitzender Richter in zwei der drei Prozesse, die zum Freispruch der Angeklagten führten, geht davon aus, dass die Selbstüberschätzung einzelner Zeugen, die die Ergebnisse ihrer „Aufdeckungsarbeit" an die Ermittlungsbehörden weitergegeben haben, Selbstzweifel an ihrer Kompetenz nicht zugelassen hätte.[411] Die Idee, dass die Kinder möglicherweise gar nicht missbraucht worden sein könnten, sei bei vielen überhaupt nicht aufgekommen.[412] Verschiedene Personen, die in die Aufdeckung eingebunden waren, bestätigten und verstärkten sich gegenseitig in ihrer Einschätzung.[413] Manche der vorläufigen Gutachten von Sachverständigen, auf die sich die Staatsanwaltschaft bei ihrer Überzeugungsbildung stützte, wurden noch vor der eigentlichen Exploration der kindlichen Zeugen erstattet und basierten auf der Annahme, dass der Missbrauch ärztlich sicher festgestellt worden sei, so dass der Frage, ob die Kinder überhaupt missbraucht worden seien, keinerlei Bedeutung mehr beigemessen wurde, vielmehr sei es nur noch um die Aufdeckung der Täter und Umstände des Missbrauchs gegangen.[414] Dabei hatte beispielsweise ein Arzt ein Kind, das er als „zweifelsfrei missbraucht" bezeichnet hatte, überhaupt nicht untersucht, sondern seine Schlussfolgerung allein auf die Weigerung des Kindes, sich untersuchen zu lassen, gestützt.[415] Als problematisch schätzt *Lorenz* die Ermittlungsarbeit durch Ungelernte ein, ein Problem, dem *Leppert* mit dem Vorschlag begegnet, dass *de lege ferenda* bei Auftauchen eines Missbrauchsverdachts ein auf Jugendschutz spezialisierter Richter das Kind als erster befragen und die Vernehmung auf Video aufgezeichnet werden solle, so dass mit dem Richter ein Zeuge auch schon der Erstbefragung zur Verfügung stehe.[416] Hätten schon die Sachbearbeiter bei der Staatsanwaltschaft über ein solides psychologisches Wissen verfügt, wäre den Angeklagten der Wormser Prozesse (und ihren Familien) vermutlich vieles erspart geblieben.

Sowohl die privaten als auch staatlichen Ermittler zeigten Prozesse kognitiver Dissonanz. So schildert *Schade*, dass die gesellschaftliche Akzeptanz, auch ungewöhnliche Beschuldigungen im Zusammenhang mit sexuellen Missbrauchsvorwürfen von vornherein für wahrscheinlich zu halten, und die hohe Bereitschaft zur Übernahme einer Beschützerrolle gegenüber den Kindern zu einer Überzeugung von der Gewissheit der vermuteten Ereignisse geführt habe, die dann eine ergebnisoffene, neutrale Prüfung ei-

---

410 Vgl. zu den Folgen *Lorenz*, Lehren und Konsequenzen aus den Wormser Missbrauchsprozessen, in: DRiZ 1999, S. 253.
411 *Lorenz*, Lehren und Konsequenzen aus den Wormser Missbrauchsprozessen, in: DRiZ 1999, S. 253.
412 *Lorenz*, Lehren und Konsequenzen aus den Wormser Missbrauchsprozessen, in: DRiZ 1999, S. 253.
413 *Lorenz*, Lehren und Konsequenzen aus den Wormser Missbrauchsprozessen, in: DRiZ 1999, S. 253.
414 *Lorenz*, Lehren und Konsequenzen aus den Wormser Missbrauchsprozessen, in: DRiZ 1999, S. 253–254.
415 *Lorenz*, Lehren und Konsequenzen aus den Wormser Missbrauchsprozessen, in: DRiZ 1999, S. 254.
416 *Leppert*, Der Sündenbock, in: Message – Internationale Zeitschrift für Journalismus 2009, http://www.message-online.com/archiv/message-2-2009/leseproben/der-suendenbock (Datum des letzten Abrufs: 28.12.2018).

nes Verdachts unter Berücksichtigung auch von Alternativhypothesen verhindert habe. Vorgefasste Meinungen und Überzeugungen hätten dazu geführt, dass nur noch nach Beweisen und Bestätigungen gesucht worden sei, während die Stichhaltigkeit widersprechender Informationen geleugnet wurde. Im Ergebnis bestätigte sich dann – wenig überraschend – die vorgefasste Meinung: „Waren [die Kinder] distanziert, wurde dies als Zeichen für sexuellen Missbrauch gewertet; waren sie eher distanzlos, wurde dies auch als Zeichen für sexuellen Missbrauch gewertet."[417]

197 Verfälschte Erinnerungen ergeben sich aber nicht nur durch Suggestionsprozesse wie die soeben geschilderten. Beispielsweise werden generell negative Erlebnisse besser erinnert als positive Erlebnisse, was zu einer teilweise verfälschten Erinnerung führt.[418] Näheres hierzu erfahren Sie im Abschnitt zur sachgerechten Zeugenvernehmung.[419]

---

[417] *Lorenz*, Lehren und Konsequenzen aus den Wormser Missbrauchsprozessen, in: DRiZ 1999, S. 253, 255.
[418] *Gerrig/Zimbardo*, Psychologie, 18. Aufl. 2008, S. 314; *Kruger u. a.*, Counterfactual Thinking and the First Instinct Fallacy, in: Journal of Personality and Social Psychology 88 (2005), S. 725, 731–732.
[419] Vgl. sogleich S. 83 ff.

§ 5 Zeugenvernehmung und Beweiswürdigung

I. Grundlagen

1. Wozu sich mit Aussagewürdigung und Zeugenvernehmung beschäftigen?

Warum trifft man sich vor Gericht? Juristische Prozesse finden statt, um einen Konflikt zwischen den Parteien zu lösen oder einen staatlichen Strafanspruch geltend zu machen, gegen den sich der Beschuldigte zur Wehr setzen will. Dahinter stehen meist (mindestens) zwei Versionen einer oft genug emotional aufgeladenen Geschichte voller schillernder Details, von denen das Gericht Kenntnis nehmen muss, um sich der Wahrheit so weit wie möglich zu nähern und zu einem gerechten Urteil zu kommen. Also fragt das Gericht nach. Parteivernehmung oder Vernehmung des Angeklagten und Zeugenbeweis gehören zum Tagesgeschäft in der Justiz. Die ZPO widmet ihnen jeweils einen ganzen Titel; daneben kann Beweis durch Augenschein, Sachverständige und Urkunden erhoben werden. Doch im Kern bleibt der Prozess ein menschengeleitetes Verfahren mit all seinen psychologischen Fallstricken. Jeder Beteiligte hat andere Interessen, sich auf eine bestimmte Art zu präsentieren und bestimmte Teile der Geschichte mehr zu betonen als andere, und selbst, wer fest überzeugt ist, „die Wahrheit" zu sagen, kann sich irren oder etwas vergessen haben und somit trotzdem eine unzutreffende Aussage machen. Das Ausmaß dieses Dilemmas kann man kaum überschätzen: Die Möglichkeiten, wie eine Aussage unrichtig werden kann, sind gewaltig und für den Einsteiger regelrecht schockierend.

198

Damit das Gericht aber über einen Sachverhalt befindet, der im Idealfall korrekt wiedergibt, was objektiv vorgefallen ist, muss es die Zeugen jedenfalls so vernehmen, dass es die Behauptungen der Parteien verständig würdigen kann. Worauf es dabei ankommt, damit das gelingt, zeigt dieses Kapitel auf.

199

2. Terminologie und grundlegende Konzepte

Die wichtigsten Grundbegriffe dieses umfangreichen Kapitels lassen sich vor die Klammer ziehen, um damit zugleich einen Kontext für alles Weitere aufzuzeigen. Wenn Sie sich vertieft mit einem in diesem Kapitel thematisierten Aspekt beschäftigen möchten, verweisen wir Sie gern u. a. auf das ausführliche Standardwerk von *Bender/Nack/Treuer*,[420] die auf die meisten hier besprochenen Punkte näher eingehen.

200

a) Glaubhaftigkeit einer Aussage

Das Gericht würdigt stets die **Glaub*haftigkeit*** jeder einzelnen *Aussage*. Was es im Regelfall nicht tut, ist, die **Glaub*würdigkeit*** einer *Person* zu beurteilen. Es geht gerade nicht darum, Kopfnoten zu verteilen oder den Leumund des Aussagenden als Ausgangspunkt in die Frage einzubeziehen, wie sich der wahre Sachverhalt darstellt. Reichlich antiquiert, aber in seiner Überspitztheit noch illustrativ ist der Merksatz von *Undeutsch*, den er in seinen Veranstaltungen zur Rechtspsychologie anzuführen pflegte: „Auch eine Dirne kann die Wahrheit sagen."[421] Es leuchtet ebenso ein, dass ein gu-

201

---

420 Bender/Nack/Treuer, Tatsachenfeststellung vor Gericht, 4. Aufl. 2014.
421 Prof. Dr. *Udo Undeutsch* lehrte Jahrzehnte über seine Emeritierung hinaus mit ungebrochener Ausdauer bis kurz vor seinem Tod 2013 im Alter von 95 Jahren Rechtspsychologie und Diagnostik an der Universität zu Köln und nahm weiterhin mündliche Prüfungen ab, auch für die Autorin dieses Kapitels. Zudem leitete er als Sachverständiger für verkehrs- und rechtspsychologische Fragen die Obergutachterstelle in Köln.

ter Ruf oder eine sozial hochangesehene oder populäre Tätigkeit wie die einer Kinderärztin, eines beliebten Schauspielers oder einer verdienstreichen Regierungsrätin kein Garant für eine objektiv wahre Aussage sein kann. Für das Gericht kommt es einzig darauf an, ob die konkrete Aussage glaubhaft ist. Eine Formulierung wie „der Zeuge arbeitet seit 30 Jahren als Beamter; es ist daher davon auszugehen, dass er die Wahrheit sagt", die man in den 50er Jahren tatsächlich noch in (schlechten) Urteilen vereinzelt finden konnte, wäre also – selbstverständlich – völlig verfehlt.

b) Beweislastverteilung in der Ausgangshypothese

202 Ausgangspunkt für die Frage, ob man eine Zeugenaussage – in einem bestimmten Punkt oder auch insgesamt – für zutreffend hält, ist zunächst die Beweislastverteilung.[422] Nach der Beweislastverteilung richtet sich, was die jeweils belastete Partei in einem Prozess beweisen muss, um ihren Anspruch erfolgreich geltend machen zu können.

203 Im Strafprozess gilt die Beweislastverteilung in dubio pro reo[423]. Das Gericht muss also positiv zu der Überzeugung gelangen, dass ein Belastungszeuge die Wahrheit sagt. Daher muss bei einem Belastungszeugen das Gericht zunächst einmal davon ausgehen, dass der Zeuge die Unwahrheit sagt, und erst dann, wenn diese Annahme nicht mehr mit den Fakten vereinbar ist, darf das Gericht diese Ausgangshypothese oder Nullhypothese aufgeben und das Gegenteil für erwiesen halten, dass also der Zeuge die Wahrheit sagt. (Bei einem *Ent*lastungszeugen hätte umgekehrt das Gericht zunächst einmal davon auszugehen, dass die Aussage der Wahrheit entspricht, und erst wenn diese Hypothese widerlegt ist, kann es zu einer Verurteilung des Angeklagten kommen.[424])

204 Beim Beispiel des *B*elastungszeugen bleibend: Wie muss das Gericht nun konkret vorgehen, um sich positiv von der Wahrheit dieser Aussage zu überzeugen? Dazu muss es hinreichend sicher die Möglichkeit ausgeräumt haben, dass die Aussage anders entstanden sein könnte als durch zutreffende Wiedergabe eigener, objektiv wahrheitsgemäßer Erinnerungen. Das Gericht muss Alternativhypothesen darüber aufstellen, wie es zu der Aussage gekommen sein könnte, und erst wenn nur noch eine Alternative übrig und alle anderen Hypothesen widerlegt sind, kann das Gericht eine eindeutige Entscheidung treffen, die sich nicht nur auf die Beweislastverteilung stützt. Vereinfacht gesagt, kann es in der Regel drei Möglichkeiten geben, wie eine Aussage entstanden sein kann:

1. aufgrund zutreffender Wiedergabe eigener, zutreffender Wahrnehmungen,
2. aufgrund von Lügen des Zeugen,
3. aufgrund Irrtums des Zeugen.

c) Lügen und Irrtümer

205 Die grundlegende Einteilung der Gründe, weswegen Aussagen falsch sein können, besteht in der Unterscheidung zwischen Lügen und Irrtümern. Eine wahre Aussage ist

---

Sich selbst bezeichnete *Undeutsch* als den Psychologen mit der längsten Berufserfahrung der Welt, womit er wohl Recht hatte.
422 Im Einzelnen str., näher dazu *Effer-Uhe*, Die Parteivernehmung, 2015, S. 118–122.
423 Lat. „im Zweifel für den Angeklagten".
424 Vgl. ausführlich *Effer-Uhe*, Zur Möglichkeit der Übertragung der „Nullhypothese" bei der Beweiswürdigung aus dem Strafverfahren auf das Zivilverfahren, in: Broemel/Krell/Muthorst/Prütting (Hrsg.), Prozessrecht in nationaler, europäischer und globaler Perspektive, 2017, S. 59 ff.

eine zutreffende Wiedergabe eigener, zutreffender Wahrnehmungen. Eine Lüge ist eine absichtliche Unwahrheit, ein Irrtum dagegen unabsichtliche Unwahrheit. Ein Irrtum kann daher in vielen Fällen auch etwas blumiger als redliche Lüge umschrieben werden, da der Aussagende sich nicht im Klaren darüber ist, falsche Angaben zu machen, sondern vielmehr selbst von deren Richtigkeit überzeugt ist. Zugunsten einer unmissverständlichen Terminologie ist es jedoch vorzugswürdig, beim Irrtumsbegriff zu bleiben.

Der Irrtum ist das größere Problem für die Justiz, denn der Irrende *kann* trotz guten Willens nicht die Wahrheit sagen. Anders als den Lügner kann man ihn auch nicht dazu motivieren oder ihn geschickt entlarven, vielmehr ist die Vernehmungsperson gefragt, alle möglichen Irrtumsquellen in Betracht zu ziehen und bei der Bewertung zu berücksichtigen.[425]

206

Ein Irrtum kann sich aus zahlreichen Quellen ergeben:[426]

207

- Wahrnehmen (Wahrnehmungsfähigkeit),
- Speichern (Wahrnehmungsbereitschaft),
- Erinnern,
- Wiedergeben,
- Verstehen.

Für Lügen gibt es viele Gründe. Ein tatsächlicher Täter lügt, um nicht bestraft zu werden. Aber auch Zeugen haben oft eine Motivation, unrichtig auszusagen. Die **Motivationsanalyse** gehört daher stets zur Aussagewürdigung dazu. Sie dient dazu, motivationale Tendenzen ausfindig zu machen, die sich verfälschend auf die Aussage ausgewirkt haben könnten.[427] Für eine konkrete intendierte Handlung – für uns hier interessierend: eine Aussage – gibt die Motivationsanalyse bis zu einem gewissen Grad zwangsläufig erst eine nachträgliche Erklärung.[428]

208

Bei der Suche nach der Motivation einer Auskunftsperson gilt es, auf eine unzutreffende Alltagstheorie achtzugeben: Der Satz „Menschen lügen nicht ohne Grund" ist zwar grundsätzlich richtig; Einschränkungen bestehen aber bei bestimmten Persönlichkeitsstörungen wie z. B. dem Borderline-Syndrom. Außerdem sind keineswegs immer besonders schwerwiegende Gründe vonnöten. So kann schon schlichte Sympathie oder Antipathie für den Angeklagten ausreichen, damit ein Zeuge seine Darstellung in die eine oder andere Richtung übertreibt und färbt.[429]

209

Trotz sorgfältiger Motivationssuche besteht immer auch die Möglichkeit, dass eine Motivation zur Falschaussage unentdeckt bleibt.[430] Oft kann es auch einfach zu Missverständnissen kommen, die nur durch Zufall aufgedeckt werden – oder eben nicht. Ein Beispiel: Ein Zeuge wurde vor dem Amtsgericht in einem Zivilprozess gefragt, ob

210

---

425 *Bender/Nack/Treuer*, Tatsachenfeststellung vor Gericht, 4. Aufl. 2014, Rn. 1.
426 *Bender/Nack/Treuer*, Tatsachenfeststellung vor Gericht, 4. Aufl. 2014, Rn. 3; *Wendler/Hoffmann*, Technik und Taktik der Befragung, 2. Aufl. 2015, Rn. 170; *Bayen*, Gedächtnis, Irrtum und Vernehmung, in: Hermanutz/Litzcke (Hrsg.), Vernehmung in Theorie und Praxis, 2. Aufl. 2009, S. 86, 87–90.
427 *Greuel* u. a., Glaubhaftigkeit der Zeugenaussage, 1998, S. 169; *Geipel*, Handbuch der Beweiswürdigung, 3. Aufl. 2017, § 17 Rn. 81–84; *Wendler/Hoffmann*, Technik und Taktik der Befragung, 2. Aufl. 2015, Rn. 106; *Litzcke/Hermanutz*, Vernehmung und Glaubhaftigkeit – Grundbegriffe, in: Hermanutz/Litzcke (Hrsg.), Vernehmung in Theorie und Praxis, 2. Aufl. 2009, S. 17, 30.
428 *Greuel* u. a., Glaubhaftigkeit der Zeugenaussage, 1998, S. 170.
429 *Bender/Nack/Treuer*, Tatsachenfeststellung vor Gericht, 4. Aufl. 2014, Rn. 246; 249.
430 *Bender/Nack/Treuer*, Tatsachenfeststellung vor Gericht, 4. Aufl. 2014, Rn. 253.

er zur Beklagten irgendwelche näheren Beziehungen habe. Der Zeuge verneinte das. Daraufhin fragte der Anwalt der Beklagten irritiert nach, dass der Zeuge und die Beklagte sich doch parallel vor dem Familienrecht um Unterhalt für das gemeinsame Kind stritten. Der Zeuge räumte das ohne weiteres ein. Aber eine „Beziehung" habe es nicht gegeben – es sei ja nur ein „One-Night-Stand" gewesen.

211 Auch wenn Sie eine bestimmte Motivation für eine Falschaussage ausfindig machen können, heißt das nur, dass die Aussage vorsichtig zu würdigen ist, aber keineswegs, dass der Zeuge auch tatsächlich gelogen hat.[431] Hierzu ein Ausschnitt aus der Beifahrerrechtsprechung: Wenn in einem Verkehrsunfallprozess der Beifahrer des Unfallfahrers dessen Version vom Unfallhergang bestätigte, wurde dem in der Vergangenheit von einzelnen Instanzgerichten ohne nähere Würdigung der Einzelfallumstände jeder Beweiswert abgesprochen. Der BGH hat darauf reagiert und klargestellt, dass es keinen Automatismus gebe, wonach ein nahestehender Zeuge lüge. Auch die Aussage des Beifahrers muss also im Einzelfall gewürdigt werden.[432] Allgemein kann man sagen: Je stärker die Motivationslage für die Möglichkeit der Lüge spricht, umso eindeutiger sollten die Ergebnisse der Beweisaufnahme im übrigen (z. B. weitere Zeugen) und der Analyse des Aussageinhalts sein, damit man sich trotzdem von der Wahrheit der Aussagen überzeugen kann. Umgekehrt kann die herausragende Qualität einer Aussage die durch eine möglicherweise zur Falschaussage verführend wirkende Motivation hervorgerufenen Zweifel wieder beruhigen.[433]

212 Es gibt eine ganze Reihe von typischen Konstellationen, in denen Auskunftspersonen motiviert sind, zu lügen:

- Eine Aussage dient einer mehr oder weniger nahestehenden Person, und sie schädigt keine natürliche Person direkt, sondern allenfalls eine anonyme Institution (Beispiel: Versicherungsbetrug).[434]
- Der Zeuge steht unter dem Einfluss anderer Personen, möglicherweise besteht ein Abhängigkeitsverhältnis.[435] Typischer Spezialfall: Der Angestellte sagt zugunsten seiner Firma aus. (In solchen Konstellationen sollte zuerst der Chef angehört werden und erst später die Angestellten. Denn wenn die Angestellten erst einmal zugunsten der Firma gelogen haben, wird sich der Chef schwer damit tun, ihnen in den Rücken zu fallen.)[436]
- Der Zeuge und eine Partei sind befreundet oder der Zeuge ist zumindest hilfsbereit gestimmt.[437]
- Der Zeuge gehört zur selben Gruppe wie eine Partei. (Typisch: Sportunfälle. Meist werden Angehörige derselben Mannschaft ähnlich aussagen. Anderes Beispiel: Kneipenschlägerei zwischen zwei Gruppen.)[438]

---

431 *Bender/Nack/Treuer*, Tatsachenfeststellung vor Gericht, 4. Aufl. 2014, Rn. 255–265; *Wendler/Hoffmann*, Technik und Taktik der Befragung, 2. Aufl. 2015, Rn. 107.
432 BGH NJW-RR 1988, 281.
433 *Greuel* u. a., Glaubhaftigkeit der Zeugenaussage, 1998, S. 169.
434 *Bender/Nack/Treuer*, Tatsachenfeststellung vor Gericht, 4. Aufl. 2014, Rn. 260.
435 *Arntzen/Michaelis-Arntzen*, Psychologie der Zeugenaussage, 4. Aufl. 2007, S. 97–98.
436 *Bender/Nack/Treuer*, Tatsachenfeststellung vor Gericht, 4. Aufl. 2014, Rn. 261–262.
437 *Bender/Nack/Treuer*, Tatsachenfeststellung vor Gericht, 4. Aufl. 2014, Rn. 263–264; *Ludewig/Baumer/Tavor*, Einführung in die Aussagepsychologie, in: Ludewig/Baumer/Tavor (Hrsg.), Aussagepsychologie für die Rechtspraxis, 2017, S. 17, 82; *Wendler/Hoffmann*, Technik und Taktik der Befragung, 2. Aufl. 2015, Rn. 109.
438 *Bender/Nack/Treuer*, Tatsachenfeststellung vor Gericht, 4. Aufl. 2014, Rn. 267–269; *Arntzen/Michaelis-Arntzen*, Psychologie der Zeugenaussage, 4. Aufl. 2007, S. 96–97.

II. Aussagewürdigung

- Dem Zeugen ist die wahre Aussage peinlich, ggf. fürchtet er Rufschädigung. (Beispiel: Der Zeuge müsste über einen Bordellbesuch berichten oder einen sonstigen einvernehmlichen, aber von den Angehörigen missbilligten Sexualkontakt einräumen.)[439]
- Der Zeuge hat bereits vorher falsche Angaben gemacht und hat jetzt das Gefühl, nicht mehr zurückzukönnen.[440]
- Der Zeuge hat ein übersteigertes Geltungsbedürfnis.[441] Dies kann sich auch etwas milder als Wunsch nach Aufmerksamkeit, Zuwendung und Mitgefühl äußern,[442] u. U. auch Suche nach Schutz.[443]
- Der Zeuge will Rache üben. (Achtung: Dieses Motiv führt häufiger zu Übertreibungen als zu frei erfundenen Belastungen, und es darf nicht vorschnell angenommen werden.)[444]
- Die Aussageperson hat eine sexualisierte Erwartungshaltung bei Aussagen über Grenzfälle angeblicher Sexualdelikte, die zufällige körperliche Berührungen betreffen. (Wichtig: Plausibilität der Altersstufe und Persönlichkeit des Zeugen berücksichtigen!)[445]
- Der Zeuge vermutet, die Aussage werde unerwünschte unmittelbare oder mittelbare Konsequenzen haben, diese können persönlicher oder wirtschaftlicher Natur sein, möglicherweise besteht aus seiner Sicht sogar eine Notsituation wie eine drohende Heimeinweisung, wenn eine Aussage gegen nahe Verwandte erforderlich wäre.[446]

Diese Liste ist keinesfalls abschließend, aber sie stellt ein breites Spektrum dar, das Sie im Hinterkopf behalten sollten, wenn Sie nach einer Motivation für eine Falschaussage suchen. Beachten Sie auch: Monokausalität ist selten. Die Motivation kann sich aus einer ganzen Reihe von Motiven und situativen Anreizen zusammensetzen.[447]

213

II. Aussagewürdigung

Vor allem bei Gericht sind Juristen bei der Beweiserhebung regelmäßig gefragt, Partei- oder Zeugenaussagen zu würdigen, letztendlich um zu prüfen, ob bestimmte Tatbestandsvoraussetzungen erfüllt sind oder nicht. Die Aussagewürdigung erfolgt in zwei Schritten: Einerseits muss die Aussage selbst analysiert werden, andererseits muss man die Aussagekompetenz des Zeugen berücksichtigen. Denn: Die Tatsache, dass eine qualitativ hochwertige Aussage vorliegt, bedeutet nicht zwingend, dass sie auch wahr

214

---

439 *Bender/Nack/Treuer*, Tatsachenfeststellung vor Gericht, 4. Aufl. 2014, Rn. 270–274; *Ludewig/Baumer/Tavor*, Einführung in die Aussagepsychologie, in: Ludewig/Baumer/Tavor (Hrsg.), Aussagepsychologie für die Rechtspraxis, 2017, S. 17, 82.
440 *Bender/Nack/Treuer*, Tatsachenfeststellung vor Gericht, 4. Aufl. 2014, Rn. 272.
441 *Arntzen/Michaelis-Arntzen*, Psychologie der Zeugenaussage, 4. Aufl. 2007, S. 93.
442 *Ludewig/Baumer/Tavor*, Einführung in die Aussagepsychologie, in: Ludewig/Baumer/Tavor (Hrsg.), Aussagepsychologie für die Rechtspraxis, 2017, S. 17, 82.
443 *Ludewig/Baumer/Tavor*, Einführung in die Aussagepsychologie, in: Ludewig/Baumer/Tavor (Hrsg.), Aussagepsychologie für die Rechtspraxis, 2017, S. 17, 82.
444 *Arntzen/Michaelis-Arntzen*, Psychologie der Zeugenaussage, 4. Aufl. 2007, S. 94; *Bender/Nack/Treuer*, Tatsachenfeststellung vor Gericht, 4. Aufl. 2014, Rn. 280–281; *Ludewig/Baumer/Tavor*, Einführung in die Aussagepsychologie, in: Ludewig/Baumer/Tavor (Hrsg.), Aussagepsychologie für die Rechtspraxis, 2017, S. 17, 82; *Wendler/Hoffmann*, Technik und Taktik der Befragung, 2. Aufl. 2015, Rn. 108.
445 *Arntzen/Michaelis-Arntzen*, Psychologie der Zeugenaussage, 4. Aufl. 2007, S. 95–96.
446 *Bender/Nack/Treuer*, Tatsachenfeststellung vor Gericht, 4. Aufl. 2014, Rn. 275–279; *Arntzen/Michaelis-Arntzen*, Psychologie der Zeugenaussage, 4. Aufl. 2007, S. 96.
447 *Greuel* u. a., Glaubhaftigkeit der Zeugenaussage, 1998, S. 172.

ist. Je nach Kompetenz des Zeugen ist stets zu berücksichtigen, ob eine Person mit diesen Fähigkeiten in der Lage wäre, eine Aussage wie die getätigte aus eigener Kraft zu erfinden und durchzuhalten. Details hierzu sogleich.

1. Aussagetüchtigkeit

215 Bevor eine Aussage sinnvoll daraufhin analysiert werden kann, ob sie erlebnisbasiert ist oder nicht, gibt es eine Vorfrage: Kann die Auskunftsperson überhaupt eine zuverlässige Aussage machen?[448] Diesen Aspekt bezeichnet man als **Aussagetüchtigkeit**, also die Fähigkeit einer Person, einen spezifischen Sachverhalt wahrzunehmen, diesen in der zwischen dem Geschehen und der Befragung liegenden Zeit im Gedächtnis zu bewahren, das Ereignis angemessen abzurufen, die Geschehnisse in einer Befragungssituation verbal wiederzugeben und Erlebtes von anders generierten Vorstellungen zu unterscheiden.[449] Aussagetüchtigkeit besteht demnach aus einer Interaktion von Fähigkeiten, der Aufgabe und der Erhebungssituation, die innerhalb einer Person zu verschiedenen Sachverhalten variieren kann.[450] Die relevanten Grundvoraussetzungen sind:

- adäquate Situationswahrnehmung,
- Speicherung über einen längeren Zeitraum,
- angemessenes Quellenmonitoring (Klarheit darüber, aus welchem Kontext eine Erinnerung stammt) sowie
- weitgehend selbständiger Abruf.[451]

216 Die forensische Befragungssituation erfordert zusätzlich die Fähigkeit, eine für Dritte nachvollziehbare Schilderung zu produzieren, zusammengesetzt aus:

- sprachlichem Ausdrucksvermögen,
- Vorhandensein von persönlichen Kontrollmöglichkeiten gegenüber Suggestiveinflüssen sowie
- Beherrschung relevanter kommunikativer Kompetenzen.[452]

217 Zwar ist nicht ganz klar, wie hoch die Aussagegüte potentiell sein muss, damit man eine Auskunftsperson als aussagetüchtig bezeichnen kann, völlige Fehlerfreiheit kann man jedoch schon aufgrund der gewöhnlichen Vergessens- und Veränderungsprozesse des menschlichen Gedächtnisses nicht erwarten. Vielmehr muss eine untere Mindestschwelle überschritten werden, d. h. der Zeuge muss eine Aussage machen können, die in zentralen Aspekten mit dem Ursprungsereignis korrespondiert.[453]

218 Die Aussagetüchtigkeit kann entwicklungspsychologisch oder psychopathologisch bedingt beeinträchtigt sein. Ab dem Alter von 2–3 Jahren können Kinder bereits Ereig-

---

448 *Volbert/Lau*, Aussagetüchtigkeit, in: Volbert/Steller (Hrsg.), Handbuch der Rechtspsychologie, 2008, S. 289, 289; *Litzcke/Hermanutz*, Vernehmung und Glaubhaftigkeit – Grundbegriffe, in: Hermanutz/Litzcke (Hrsg.), Vernehmung in Theorie und Praxis, 2. Aufl. 2009, S. 17, 28.
449 *Greuel* u. a., Glaubhaftigkeit der Zeugenaussage, 1998, S. 79.
450 *Volbert/Lau*, Aussagetüchtigkeit, in: Volbert/Steller (Hrsg.), Handbuch der Rechtspsychologie, 2008, S. 289, 289.
451 *Volbert/Lau*, Aussagetüchtigkeit, in: Volbert/Steller (Hrsg.), Handbuch der Rechtspsychologie, 2008, S. 289, 290.
452 *Volbert/Lau*, Aussagetüchtigkeit, in: Volbert/Steller (Hrsg.), Handbuch der Rechtspsychologie, 2008, S. 289, 289.
453 *Volbert/Lau*, Aussagetüchtigkeit, in: Volbert/Steller (Hrsg.), Handbuch der Rechtspsychologie, 2008, S. 289, 290.

nisse wahrnehmen und in vielen Fällen lange im Gedächtnis speichern, haben aber in der Regel noch erhebliche Schwierigkeiten beim selbständigen Informationsabruf und neigen zur Quellenverwechslung. Sofern sicher feststeht, dass das zu beschreibende Ereignis tatsächlich stattgefunden hat, können allerdings Hinweisreize zur Aussage verhelfen, ohne damit das Problem der Pseudoerinnerungen durch Suggestion hervorzurufen.[454] Meist mangelt es auch noch am sprachlichen Ausdrucksvermögen; die Aussagen von Kindern unter 4 Jahren fallen oft fragmentarisch aus. Aussagetüchtigkeit ist meist erst ab Vollendung des 4. Lebensjahres gegeben und muss im Einzelfall festgestellt werden.[455]

Während psychisch gesunde Erwachsene grundsätzlich aussagetüchtig sind, können psychopathologische Auffälligkeiten und psychische Störungen dazu führen, dass der Zeuge in der Aussagetüchtigkeit beeinträchtigt ist (was nicht gleichbedeutend mit einer Aufhebung der Aussagetüchtigkeit ist). Die Qualität einer solchen Aussage kann vermindert sein, wenn der Zeuge sich nicht an das Erlebnis erinnern oder es nicht wiedergeben kann; umgekehrt kann es zur Behauptung von nichtstattgefundenen Erlebnissen kommen.[456] Ein wichtiger Aspekt hierbei ist, diagnostisch feststellen zu lassen, wie es um die Aussagetüchtigkeit zu den aussagerelevanten Zeitpunkten, also zur Tatzeit und zur Befragung, bestellt ist.[457]

2. Inhaltsorientierte Aussageanalyse anhand der Realitätskriterien

Ist ein Zeuge aussagetüchtig, geht es an die Frage der Glaubhaftigkeitsbeurteilung. Hierfür ist das Instrument der Wahl die inhaltsorientierte Aussageanalyse.[458] Die Aussageanalyse untersucht anhand der *Undeutsch*-Hypothese eine bestimmte Aussage auf ihre inhaltliche Güte mithilfe der sog. Realitätskriterien.[459] Die wichtigsten dieser Kriterien waren bereits im 19. Jahrhundert bekannt;[460] der konkrete Umgang mit Zeugen hat sich seitdem jedoch in vielen Punkte gewandelt, zumal sich die Justiz bis ins 20. Jahrhundert hinein oftmals trotzdem noch hauptsächlich mit dem Leumund des Zeugen als Person, also dessen vermeintlicher Glaub*würdigkeit*, beschäftigte.[461]

Die *Undeutsch*-Hypothese besagt im Original: „Aussagen über selbsterlebte faktische Begebenheiten müssen sich von Äußerungen über nicht selbsterlebte Vorgänge unterscheiden durch Unmittelbarkeit, Farbigkeit und Lebendigkeit, sachliche Richtigkeit und psychologische Stimmigkeit, Folgerichtigkeit und Abfolge, Wirklichkeitsnähe, Konkretheit, Detailreichtum, Originalität und – entsprechend der Konkretheit jedes Vorfalles und der individuellen Erlebnisweise eines jeden Beteiligten – individuelles Gepräge. Wer etwas erzählt, was er nicht selbst in der Realität erlebt hat, spricht dann

---

454 *Volbert/Lau*, Aussagetüchtigkeit, in: Volbert/Steller (Hrsg.), Handbuch der Rechtspsychologie, 2008, S. 289, 291.
455 *Volbert/Lau*, Aussagetüchtigkeit, in: Volbert/Steller (Hrsg.), Handbuch der Rechtspsychologie, 2008, S. 289, 292.
456 *Volbert/Lau*, Aussagetüchtigkeit, in: Volbert/Steller (Hrsg.), Handbuch der Rechtspsychologie, 2008, S. 289, 293.
457 *Volbert/Lau*, Aussagetüchtigkeit, in: Volbert/Steller (Hrsg.), Handbuch der Rechtspsychologie, 2008, S. 289, 293–294.
458 Synonym: merkmals- oder auch glaubhaftigkeitsorientierte Aussageanalyse.
459 Synonym: Realitäts-, Real-, Glaubhaftigkeits- oder Qualitätskennzeichen, -kriterien oder -merkmale.
460 Näheres dazu in *Bender/Nack/Treuer*, Tatsachenfeststellung vor Gericht, 4. Aufl. 2014, Rn. 313.
461 *Niehaus*, Merkmalsorientierte Inhaltsanalyse, in: Volbert/Steller (Hrsg.), Handbuch der Rechtspsychologie, 2008, S. 311, 311.

unvermeidlich ‚wie der Blinde von den Farben'."[462] Also kurzgefasst: Aussagen über tatsächlich Erlebtes unterscheiden sich in ihrer Qualität von Aussagen über Nichterlebtes.

222 Die Realitätskriterien decken genau diese theoretisch angenommenen Unterschiede auf, indem sie Hinweise dafür geben, dass die fragliche Aussage tatsächlich der Wahrheit entspricht.[463] (Dies trifft sich mit der Denkrichtung der klassischen Situationen vor Gericht. Sie erinnern sich: Im Sinne der Nullhypothese muss das Gericht bei Anhörung eines Belastungszeugen grundsätzlich davon ausgehen, dass die Aussage falsch ist, und darf diese Annahme erst dann verwerfen, wenn es sich positiv davon überzeugen konnte, dass die Aussage vielmehr wahr ist.)

223 Aussageanalyse ist ganz und gar nicht trivial. Viele Menschen schreiben sich selbst ein schlafwandlerisches Gespür dafür zu, Lügen auf Anhieb zu erkennen. Hohe Erwartungen hegen viele auch an die „Lügendetektions"-Fähigkeiten von Psychologen oder nehmen an, dass es umgekehrt ein paar wenige besondere Kennzeichen gibt, auf die man nur checklistenartig zu achten hat, um eine Lüge zu erkennen. Film und Fernsehen tun ihr Übriges, um diese Mythen zu verbreiten. Tatsächlich aber erfordert Aussageanalyse ein feines Gespür und informierte Aufmerksamkeit für eine Vielzahl von Kriterien, die nicht summarisch gegeneinandergehalten werden können. Spektakuläre Enthüllungen eines Lügners im Stile von Sherlock Holmes oder Columbo sind daher auch und gerade bei gut geschulten Vernehmungspersonen nicht zu erwarten.

a) Exkurs: Körperliche Merkmale, insbesondere der irreführend sogenannte Lügendetektor

224 Sie finden nach wie vor manche Richter, die – mindestens unbewusst – die Vermeidung von Blickkontakt, nervöse Handbewegungen und Stottern als Hinweis auf eine mögliche Lüge betrachten und aufgrund solcher Zeichen an der Glaubhaftigkeit einer Aussage zweifeln würden. Allerdings führt dieser Ansatz nicht weiter: Zum einen haben Untersuchungen gezeigt, dass die interindividuellen Unterschiede so groß sind, dass sich keine generellen Aussagen treffen lassen.[464] So kann der gerichtserfahrene Zeuge auch bei einer Lüge viel ruhiger wirken als ein Zeuge, der erstmals vor Gericht auftreten muss und aufgrund dieser Situation besonders aufgeregt ist. Noch viel schlimmer: Es hat sich gezeigt, dass gerade diejenigen Auffälligkeiten, die nach richterlichen Alltagstheorien typisch für Lügen sind, bei Lügnern sogar seltener auftreten.[465] (Der Lügner wird sich z. B. eher bewusst darauf konzentrieren, den Blick nicht abzuwenden.) Überdies ließen solche körperlichen Auffälligkeiten – wenn sie denn überhaupt nähere Hinweise erlauben würden – ohnehin höchstens den Schluss auf eine Lüge zu, nicht aber die Unterscheidung zwischen Wahrheit und bloßem Irrtum. Der körpersprachliche Ansatz führt also nicht weiter.

---

462 *Undeutsch*, Forensische Psychologie, 1967, S. 125–126.
463 *Adler*, Rechtsfragen bei Glaubhaftigkeitseinschätzungen – Aussageanalyse und Polygraphentest, in: Hermanutz/Litzcke (Hrsg.), Vernehmung in Theorie und Praxis, 2. Aufl. 2009, S. 55, 59–60.
464 *Bender/Nack/Treuer*, Tatsachenfeststellung vor Gericht, 4. Aufl. 2014, Rn. 225; *Geipel*, Handbuch der Beweiswürdigung, 3. Aufl. 2017, § 25 Rn. 59–79; *Wendler/Hoffmann*, Technik und Taktik der Befragung, 2. Aufl. 2015, Rn. 121–122; *Litzcke/Klossek*, Glaubhaftigkeitsattribution – Wahrheits- und Lügenstereotype, in: Hermanutz/Litzcke (Hrsg.), Vernehmung in Theorie und Praxis, 2. Aufl. 2009, S. 199, 200–212.
465 *Bender/Nack/Treuer*, Tatsachenfeststellung vor Gericht, 4. Aufl. 2014, Rn. 226.

II. Aussagewürdigung

Die meisten Juristen stehen dem Einsatz des **Polygraphen,** der umgangssprachlich als „Lügendetektor" bezeichnet wird, ablehnend gegenüber.[466] Zumindest einige dieser Ansichten beruhen allerdings auf mangelnden Informationen über die Wirkungsweise des Geräts und die Möglichkeiten und Grenzen seiner Nutzbarmachung. Nach wie vor die praktisch maßgebliche Entscheidung ist ein Urteil des BGH aus dem Jahr 1998[467]. Dort hatte er den Einsatz des Polygraphen im Strafverfahren mit der Begründung abgelehnt, dass es sich um ein „völlig ungeeignetes Beweismittel" im Sinne des § 244 Abs. 3 S. 2, 4. Alt. StPO handele.[468] Wenn man allerdings die Begründung dieser Entscheidung, die oftmals verkürzt wiedergegeben wird, liest, zeigt sich, dass der BGH keineswegs annimmt, dass keinerlei valide Ergebnisse mit Hilfe des Polygraphen erzielt werden können – nur gerade im Zeitpunkt der Hauptverhandlung sei ein Einsatz nicht mehr möglich. Im Ermittlungsverfahren hat der BGH den Einsatz des Polygraphen dagegen nicht explizit ausgeschlossen, und seine Begründung ist auch nicht ohne weiteres auf das Ermittlungsverfahren übertragbar.

225

Entgegen verbreiteter Vorurteile ermöglicht ein Polygraph („Mehrkanalschreiber") keineswegs eine direkte Beurteilung, ob eine Aussage gelogen ist oder nicht. Er dient vielmehr nur der Aufzeichnung bestimmter körperlicher Reaktionen im Verlauf der Kommunikation mit dem Untersucher, in der Regel einem Psychologen, der besonders geschult im Umgang mit dem Polygraphen ist. Von der Hautoberfläche werden bestimmte Parameter abgeleitet, z. B. werden Veränderungen der elektronischen Hautleitfähigkeit (die sogenannte hautgalvanische Reaktion) aufgezeichnet, daneben andere Biosignale wie ein Elektrokardiogramm, die Blutdruckentwicklung oder die Atmungsaktivität.[469] Die Aussage wird dann nicht automatisch durch das Gerät beurteilt, sondern durch den Sachverständigen, dem die aufgezeichneten körperlichen Reaktionen eine Hilfestellung geben können; eine vollständige Ersetzung der inhaltlichen Analyse soll natürlich nicht stattfinden.

226

Dem Einsatz des Polygraphen liegt die experimentell belegte und weitgehend unbestrittene Annahme zugrunde, dass physiologische Veränderungen Folgen psychischer Prozesse sind, also objektive Indikatoren subjektiver Vorgänge darstellen können.[470] Besonders der Hautwiderstand verändert sich bei psychischer Aktivität aufgrund verstärkter Tätigkeit der Schweißdrüsen.[471] Wie stark die jeweilige körperliche Reaktion ausfällt, hängt mit der subjektiven Bedeutsamkeit eines Reizes für das Individuum zusammen – die Messwerte spiegeln also die unterschiedliche innere Anspannung als Reaktion auf äußere Reize wider.[472] Es lässt sich also durch die körperlichen Reaktionen nicht direkt zeigen, ob eine Aussage wahr oder gelogen ist, die Untersuchung stellt

227

---

[466] Die folgenden Ausführungen basieren im Wesentlichen auf *Effer-Uhe,* Einsatzmöglichkeiten des Polygraphen – der irreführend sogenannte „Lügendetektor", in: MLR 2013, S. 99 ff.
[467] BGH, NJW 1999, S. 657 ff.
[468] BGH, NJW 1999, S. 657, 659 f.
[469] *Steller/Dahle,* Grundlagen, Methoden und Anwendungsprobleme psychophysiologischer Aussage- und Täterschaftsbeurteilung („Polygraphie", „Lügendetektion"), in: Praxis der Rechtspsychologie 9 (Sonderheft), 1999, S. 127, 129 f. Oftmals wird allein die Hautleitfähigkeit bewertet, vgl. *Honts/Amato,* Countermeasures, in: Kleiner (Hrsg.), Handbook of Polygraph Testing, 2002, S. 251, 252.
[470] *Steller,* Psychophysiologische Aussagebeurteilung, in: Volbert/ders., Handbuch der Rechtspsychologie, 2008, S. 364, 366.
[471] *Schüssler,* Polygraphie im deutschen Strafverfahren, 2002, S. 21–22.
[472] *Schoreit,* Einsatz von Polygraphen und Glaubhaftigkeits-Gutachten psychologischer Sachverständiger im Strafprozeß, in: StV 2004, S. 284.

vielmehr nur eine „psychophysiologische Bedeutsamkeitsdiagnostik" dar:[473] Auch eine wahre Aussage kann also durchaus zu starken körperlichen Reaktionen führen, die mit Hilfe des Polygraphen festgestellt werden können, wenn sie mit einer starken inneren Anspannung verbunden ist. Eine körperliche Reaktion kann sowohl auf der Angst des wahren Täters vor Entdeckung als auch auf der Angst eines Unschuldigen vor irrtümlicher Zuschreibung der Täterschaft beruhen.[474] Die Veränderungen körperlicher Reaktionen nach Vergleichsreizen liefern für sich genommen noch keine relevanten Ergebnisse, sondern müssen im Anschluss noch psychologisch interpretiert werden; man kann die polygraphiegestützte Glaubhaftigkeitsuntersuchung also als eine Art erweitertes Glaubhaftigkeitsgutachten begreifen, bei dem *auch* körperliche Reaktionen gemessen und berücksichtigt werden.[475]

228   Die deutsche höchstrichterliche Rechtsprechung hat die Nutzung polygraphischer Untersuchungen im Strafverfahren schon im Jahr 1954 abgelehnt: Durch die Aufzeichnung unbewusster Vorgänge werde der Angeklagte zum bloßen Objekt des Verfahrens gemacht, das sei mit dem Schutz der Menschenwürde unvereinbar.[476] Zumindest für die strafgerichtliche Praxis war damit bis 1998 das letzte Wort gesprochen, auch wenn diese Rechtsprechung in der Literatur teilweise kritisch aufgenommen wurde. So kritisierte beispielsweise *Schwabe* schon im Jahr 1979, es sei nicht nachzuvollziehen, einem Angeklagten unter Verweis auf die Menschenwürdegarantie einen möglichen Entlastungsbeweis vorzuenthalten und ihn stattdessen – trotz seiner Einwilligung in die Untersuchung – sozusagen „vorbeugend" zu einer langen Freiheitsstrafe zu verurteilen.[477] Mittlerweile wird verbreitet angenommen, zur Menschenwürde gehöre auch die grundsätzliche Freiheit, über sich selbst zu verfügen, so dass zumindest ein einverständlicher Test die Menschenwürde nicht verletzen könne.[478] Auch die vermeintliche Gefahr, dass die freie richterliche Beweiswürdigung durch ein polygraphiegestütztes Gutachten beeinträchtigt werden könnte, weil sich der Richter faktisch nicht über dessen Ergebnisse hinwegsetzen könne, steht einer Nutzung des Polygraphen nicht entgegen: Auch entgegen einem entlastenden polygraphiegestützten Gutachten bleibt eine Verurteilung aufgrund anderer, belastender Beweismittel durchaus denkbar, wenn sich auch der Begründungsaufwand erhöht.[479]

229   Der BGH ist im Jahr 1998 – fast ein halbes Jahrhundert nach seiner ersten Polygraphie-Entscheidung – zu Recht von seiner ursprünglichen Rechtsprechung abgerückt:[480] Er stellt einleitend fest, dass kein Eingriff in die Entschließungsfreiheit des Angeklagten vorliegen könne, wenn dieser selbst den Antrag auf die polygraphische Untersuchung gestellt habe. Auch mache die bloße Aufzeichnung unbewusster Körpervorgänge den Angeklagten entgegen der älteren Rechtsprechung noch nicht zum bloßen Objekt des

---

473 *Steller*, Psychophysiologische Aussagebeurteilung, in: Volbert/ders., Handbuch der Rechtspsychologie, 2008, S. 364, 366.
474 *Steller*, Psychophysiologische Aussagebeurteilung, in: Volbert/ders., Handbuch der Rechtspsychologie, 2008, S. 364, 366.
475 *Artkämper*, Anm. zu BGH Urt. v. 17.12.1998 – Az. 1 StR 156/89 – Zulässigkeit eines Polygraphen, in: NJ 1999, S. 153, 154.
476 BGHSt 5, 332; ähnlich noch LG Düsseldorf, StV 1998, S. 647.
477 *Schwabe*, NJW 1979, S. 576, 578.
478 Vgl. *Ameluug*, Zur Zulässigkeit des Einsatzes von Lügendetektoren im Strafverfahren, in: JR 1999, 382, 383 f. sowie die Diskussion um Peep-Show (BVerwGE 64, 274) und Zwergenweitwurf (VG Neustadt/Weinstraße, NVwZ 1998, 98 ff.), z. B. *Bautze*, Die Menschenwürde als Ware, in: Jura 2011, 647 ff. m.w.N.
479 *Putzke*, Untersuchung mittels eines Polygraphen (Lügendetektor) als ungeeignetes Beweismittel, in: ZJS 2011, S. 557, 562.
480 BGH, NJW 1999, S. 657.

II. Aussagewürdigung

Verfahrens – dies schon deshalb, weil der Angeklagte mitwirken müsse, da ohne seine manipulationsfreie Mitwirkung brauchbare Ergebnisse nicht zu erzielen seien. Wenn das Gericht ohne weiteres willentlich nicht beeinflussbare Vorgänge wie Erröten, die es ohne technische Hilfsmittel wahrnehmen kann, verwerten darf, gibt es keine Bedenken an der Verwertbarkeit körperlicher Reaktionen, die mittels technischer Hilfsmittel festgestellt worden sind. (Dass körperliche Reaktionen, die vom Richter beobachtet werden, verwertet werden dürfen, ändert allerdings nichts daran, dass sie – wie bereits ausgeführt[481] – in der Regel keinen Schluss auf die Glaubhaftigkeit einer Zeugenaussage erlauben.) Zwar kann man dem entgegenhalten, dass die verschiedenen Reaktionen nicht vergleichbar sind, weil der Polygraph eine sehr viel genauere und umfangreichere Informationssammlung und -auswertung erlaube.[482] Es ist aber im Ergebnis kaum nachvollziehbar, die richterliche Wahrnehmung von Unruhe, Erröten, Stottern oder Schwitzen als verwertbare Beobachtung zu behandeln, obwohl diese Reaktionen vom Richter nur ungenau wahrzunehmen sind und darüber hinaus im Regelfall gerade keine zuverlässigen Rückschlüsse auf die Glaubhaftigkeit erlauben, wenn gleichzeitig eine sehr viel genauere Feststellung physiologischer Vorgänge abgelehnt wird: Immerhin ist die Befürchtung falsch-positiver Ergebnisse bei einer richterlichen Befragung sehr viel stärker als bei einem sachkundig durchgeführten Polygraphentest.[483]

Im Ergebnis sieht der BGH den Polygraphieeinsatz – entgegen der früheren Rechtsprechung[484] – auch nicht als verbotene Vernehmungsmethode im Sinne des § 136a StPO an. Trotzdem bleibt er aber dabei, dass ein auf sachverständige Untersuchung unter Einsatz eines Polygraphen gerichteter Beweisantrag abgelehnt werden könne, weil es sich zumindest um ein völlig ungeeignetes Beweismittel im Sinne des § 244 Abs. 3 S. 2 StPO handle. Dabei unterscheidet er in der Begründung zwischen den beiden möglichen Testverfahren, dem Tatwissens- und dem Kontrollfragentest: 230

Der **Kontrollfragentest** basiert auf einem Vergleich der Reaktionsstärke bei der Verneinung einer tatbezogenen Frage mit der Stärke der Reaktion auf eine nicht tatbezogene, aber gleichwohl belastende Frage.[485] Die Vergleichsfragen müssen in einem ausführlichen Vortest-Interview mit den Probanden erarbeitet werden; eine Standardisierung ist immerhin in Ansätzen möglich, da die Formulierung der Vergleichsfragen bestimmten festgeschriebenen Regeln folgt, die vorhandenen Listen für einzelne Deliktstypen entnommen werden können.[486] Als entscheidend wird angesehen, dass der Proband während des Tests nicht sicher sein darf, die Frage *wahrheitsgemäß* zu verneinen, was die Anpassung der Fragen an den Einzelfall im Vortestinterview erfordert.[487] Üblich ist es, dem Probanden eine Serie von zehn Fragen zu stellen, die mehrmals wiederholt werden kann; eine solche Serie beginnt mit einleitenden Pufferfragen, danach folgen abwech- 231

---

481 Vgl. dazu oben S. 90.
482 So *Frister*, Der Lügendetektor – Zulässiger Sachbeweis oder unzulässige Vernehmungsmethode?, in: ZStW 106 (1994), S. 303, 325.
483 *Putzke/Scheinfeld/Klein/Undeutsch*, Polygraphische Untersuchungen im Strafprozess, in: ZStW 121 (2009), S. 607, 634.
484 BGHSt 5, 332, 336.
485 *Steller*, Psychophysiologische Aussagebeurteilung, in: Volbert/ders., Handbuch der Rechtspsychologie, 2008, S. 364, 368.
486 *Steller*, Psychophysiologische Aussagebeurteilung, in: Volbert/ders., Handbuch der Rechtspsychologie, 2008, S. 364; *Dettenborn*, Anmerkungen zum Polygrafie-Beschluss des BGH für das Zivilverfahren, in: FPR 2003, S. 559, 563.
487 Vgl. ausführlich zum Ablauf der Untersuchung einschließlich des Vortest-Interviews *Undeutsch/Klein*, Wissenschaftliches Gutachten zum Beweiswert physiopsychologischer Untersuchungen, in: Praxis der Rechtspsychologie 9 (Sonderheft), 1999, S. 45, 62 ff.

selnd tatbezogene Fragen und nichttatbezogene Kontrollfragen.[488] Wenn es beispielsweise um einen Autodiebstahl geht, könnte eine relevante Frage lauten „Haben Sie am 20. August 2018 einen schwarzen BMW gestohlen?" Als irrelevante Frage kommt z. B. in Betracht „Ist Ihr Nachname Müller?", als Kontrollfrage dagegen „Haben Sie vor Ihrem 19. Lebensjahr jemals etwas unrechtmäßig entwendet?" Der Kontrollfragentest geht davon aus, dass für den Unschuldigen die tatbezogene Frage nicht so bedeutend sei wie die Kontrollfrage, so dass der Polygraph bei der Kontrollfrage die größten Ausschläge verzeichnen wird; für den Schuldigen dagegen sollte die tatbezogene Frage relevanter sein und damit zu einer stärkeren körperlichen Reaktion führen.[489]

232 Am Kontrollfragentest hat der BGH in seiner Entscheidung aus dem Jahr 1998[490] – nach Einholung mehrerer Sachverständigengutachten – bemängelt, dass er auch in Fachkreisen nicht allgemein und zweifelsfrei als zuverlässig eingestuft werde: Nach vorliegenden Validitätsstudien komme ihm keinerlei Beweiswert zu, er gebe dem Untersucher nur eine intuitive Gewissheit, was eine gerichtliche Kontrolle erschwere; die theoretischen Grundannahmen seien nicht belegt. Darüber hinaus sei eine stärkere Erregung bei den tatbezogenen Fragen auch bei Unschuldigen denkbar. Außerdem könne trotz des Vorgesprächs nicht immer zutreffend eingeschätzt werden, wie hoch die Bedeutung der Kontrollfragen für den Probanden ist: Wenn man zu belastende Kontrollfragen wähle, könnten deren Ergebnisse auch beim Schuldigen stärker ausfallen als bei den Tatfragen, wähle man dagegen zu unbedeutende Kontrollfragen, so führe das stets zu einer erhöhten Reaktion auf die tatbezogenen Fragen.

233 Besonders kritisch sieht der BGH, dass eine Kontrolle der Validität der Ergebnisse kaum möglich sei: Bei Feldstudien an echten Kriminalfällen existiere nämlich kein externes Kriterium für die Schuld der Angeklagten. Wenn beispielsweise nur Fälle untersucht werden, bei denen ein hinreichend sicherer Prüfmaßstab wie z. B. ein späteres Geständnis existiert, führe das zu einer Verzerrung der Testergebnisse, weil eben unsichere Fälle ausgeschlossen würden.[491] Seine Rechtsprechung aus dem Jahr 1998 hat der BGH im Jahr 2010 unter bloßem Verweis auf das frühere Urteil bestätigt.[492] Dieses Vorgehen ist zumindest problematisch: Dass im Jahr 1998 keine ausreichenden Validitätsstudien vorlagen, führt ja nicht zwingend zu dem Ergebnis, dass das 12 Jahre später immer noch so ist – konsequenterweise hätte man also ein erneutes Sachverstän-

---

488 *Steller*, Psychophysiologische Aussagebeurteilung, in: Volbert/ders., Handbuch der Rechtspsychologie, 2008, S. 364, 369.
489 Vgl. *Steller*, Psychophysiologische Aussagebeurteilung, in: Volbert/ders., Handbuch der Rechtspsychologie, 2008, S. 364, 369.
490 BGH, NJW 1999, S. 657, 659 ff.
491 Vgl. auch *Ben-Shakar*, A Critical Review of the Control Questions Test (CQT), in: Kleiner (Hrsg.), Handbook of Polygraph Testing, 2002, S. 103, 115 f., demzufolge Voraussetzung für eine tragfähige Validitätsstudie unter anderem wäre, dass ein sicheres Kriterium für Schuld des Probanden existiert, und dass außerdem die Untersuchungsbedingungen denjenigen einer echten polygraphiegestützten Glaubhaftigkeitsuntersuchung, insbesondere auch im Hinblick auf die drohenden Konsequenzen (Verurteilung), vergleichbar sind, was kaum gleichzeitig zu erreichen sei. Selbst ein späteres Geständnis könne noch zu verzerrten Ergebnissen führen, da es denkbar sei, dass nach einem positiven Polygraphentestergebnis die Bemühungen der Ermittler um ein Geständnis stärker ausfielen.
492 BGH, StV 2011, 518.

digengutachten zur Validität einholen müssen.[493] Zwischenzeitlich erschienene neue Validitätsstudien[494] blieben so unberücksichtigt.

Mit Hilfe des **Tatwissentests** soll dagegen festgestellt werden, ob der Proband über bestimmte Informationen verfügt, die nur der Täter besitzen kann: Überprüft wird, ob er auf die Erwähnung solcher Details eine physiologische „Orientierungsreaktion" zeigt.[495] Entscheidend sind nicht emotionale Begleitreaktionen wie die moralische Einstellung zur Lüge, vielmehr geht es um die Feststellung erlebnisbasierter Wissensspuren.[496] Üblicherweise werden dem Probanden Fragen zum Tatablauf gestellt, zu denen dann mehrere Antwortmöglichkeiten (meist sechs) vorgegeben werden. Von diesen Antwortmöglichkeiten entspricht eine dem ermittelten Tatablauf, so dass davon auszugehen ist, dass sie für den Täter eine besondere Bedeutsamkeit besitzt. Eine Frage könnte beispielsweise lauten: „Wo befand sich der Gegenstand, der gestohlen wurde? War er a) in dem Schrank, b) auf dem Bücherregal, c) in dem Aktenbock, d) auf der Fensterbank, e) in der Schublade, f) in dem Ablagekasten?"[497] Da auf den ersten dargebotenen Reiz oftmals unabhängig von der besonderen Bedeutsamkeit für die konkrete Person verstärkt reagiert wird, befindet sich die zutreffende Antwort unter den Möglichkeiten b) bis f). Bei einer einzigen Frage besteht demnach eine Wahrscheinlichkeit von höchstens 1:5, dass eine erhöhte Reaktion gerade bei der „richtigen" Antwort auf bloßem Zufall beruht. Bei zwei Fragen besteht schon nur noch eine Wahrscheinlichkeit von ($\frac{1}{5} \cdot \frac{1}{5} =$) $\frac{1}{25}$. Mit zunehmender Anzahl der Fragen nimmt also die Verlässlichkeit des Tests schnell zu, solange jeweils bei der zutreffenden Antwort ein Ausschlag erfolgt. Das lässt bei ausreichend vielen Veränderungen gerade bei der für den Täter relevanten Antwort den Schluss auf das Vorhandensein von Täterwissen zu. Allerdings muss man ausschließen, dass der Proband das Täterwissen aus anderen Quellen, z. B. aus der Presse oder aus einer früheren Akteneinsicht, hat. Auch muss man sicherstellen, dass nicht gerade derjenige, der den Test durchführt, unabsichtlich Hinweise darauf gibt, welches die „zutreffende" Antwort ist. Hilfreich wäre insofern, den Test durch jemanden durchführen zu lassen, der die Fragen und Antworten nicht selbst erarbeitet hat und die richtigen Antworten nicht kennt.

Der Tatwissentest setzt eine unerwartete Konfrontation des Probanden mit tatbezogenen Fragen oder Antworten voraus, die ihm bis dahin nicht vorgehalten wurden:[498] Hat sich z. B. im Fragebeispiel von eben das Objekt auf der Fensterbank befunden, dann hat diese Information für einen Unschuldigen nur solange keine besondere Relevanz, wie er nicht weiß, dass der Gegenstand tatsächlich auf der Fensterbank lag. Wenn er von der Lage des Gegenstandes aber gar nichts weiß, dann haben die relevan-

---

493 Kritisch zur Entscheidung des BGH auch *Putzke*, Untersuchung mittels eines Polygraphen (Lügendetektor) als ungeeignetes Beweismittel, in: ZJS 2011, S. 557 ff.
494 Vgl. zum Überblick über einschlägige Validitätsstudien *Raskin/Kircher*, Validity of Polygraph Techniques and Decision Methods, in: Raskin/Honts/Kircher (Hrsg.), Credibility Assessment – Scientific Research and Applications, 2014, S. 63 ff.
495 *Schoreit*, Einsatz von Polygraphen und Glaubhaftigkeits-Gutachten psychologischer Sachverständiger im Strafprozeß, in: StV 2004, S. 284.
496 *Dahle*, Hat der sogenannte „Lügendetektor" nach veränderter Rechtslage in Deutschland eine Zukunft? Versuch einer psychologischen Standortbestimmung, in: Psychologische Rundschau 54 (2003), S. 103, 107.
497 Beispiel nach *Steller*, Psychophysiologische Aussagebeurteilung, in: Volbert/ders., Handbuch der Rechtspsychologie, 2008, S. 364, 367.
498 *Schoreit*, Einsatz von Polygraphen und Glaubhaftigkeits-Gutachten psychologischer Sachverständiger im Strafprozeß, in: StV 2004, S. 284.

ten Antworten keine besondere Signalqualität, so dass nicht mit einer verstärkten Reaktion zu rechnen ist.

236 Den Tatwissentest hält der BGH nur deshalb für ein *in der Hauptverhandlung (!)* völlig ungeeignetes Beweismittel, weil er voraussetzt, dass die Tatdetails, die als Antwort vorgeschlagen werden, den unschuldigen Probanden nicht bekannt sind: Sobald der Angeklagte von den Ermittlungsergebnissen Kenntnis hat – und die habe er in der Hauptverhandlung schon aufgrund der Anklageschrift –, könne der Tatwissentest nicht mehr durchgeführt werden.[499] Diese zutreffende Argumentation des BGH spricht allerdings nicht gegen die Nutzung des Tatwissentests im Rahmen des Ermittlungsverfahrens, solange es noch eine ausreichend große Anzahl relevanter Informationen gibt, die dem unschuldig Beschuldigten nicht bekannt sein können.[500] Solange der Beschuldigte noch nicht über seine Anwältin Akteneinsicht genommen hat, wird sich in der Regel eine ausreichende Anzahl relevanter Informationen finden lassen, die einem unschuldig Beschuldigten nicht bekannt sind.

237 Hinsichtlich der hohen Validität des Tatwissentests besteht allgemeine Einigkeit. Falsch-positive Ergebnisse kämen hier bei korrektem Untersuchungsaufbau praktisch nicht vor.[501] Zwar würden umgekehrt nur etwa 80–90 % der Täter sicher identifiziert, da man nie sicher gehen könne, dass ein Täter eine bestimmte Beobachtung hinsichtlich der Tatumstände auch tatsächlich gemacht habe, zumindest bei einem belastenden Ergebnis sei der Tatwissentest aber zuverlässig.[502]

238 Ein Problem beim Einsatz von Polygraphentests könnten Gegenmaßnahmen des Probanden sein, der bewusst versucht, seine Hautleitfähigkeit zu bestimmten Zeitpunkten zu erhöhen, indem er sich z. B. auf die Zunge beißt oder mit dem Zeh kräftig gegen den Boden drückt. Es gibt empirische Hinweise darauf, dass über die Wirkungsweise des Polygraphen informierte Probanden zumindest dann, wenn ihnen vorher die Gelegenheit zur Übung mit einem Polygraphen gegeben wurde, in der Lage sind, signifikant höhere Falsch-Negativ-Raten herbeizuführen.[503] Allerdings gibt es dazu nur recht wenig Forschung, die sich im Wesentlichen mit dem Kontrollfragentest beschäftigt. Es erscheint zumindest denkbar, dass es beim Tatwissentest auch für einen entsprechend geschulten Probanden schwieriger ist, die Ergebnisse gezielt zu manipulieren, da es für ihn nicht vorhersehbar ist, wann eine zutreffende und wann eine falsche Antwort dargeboten werden wird.

b) Inhaltsbezogene Realitätskriterien

239 Um eine Aussage an sich auf ihre Glaubhaftigkeit hin zu analysieren, gibt es eine ganze Reihe von Kriterien, die auf subjektive Wahrheit hindeuten. Man beachte: Es ist immer noch möglich, dass die Aussageperson sich irrt, also unwissentlich die Unwahrheit sagt.

240 Der Inhalt der Aussage gibt bis zu einem gewissen Grad Aufschluss darüber, ob sie auf einer Erinnerung über ein Erlebnis beruht, das die Zeugin in dieser Form wahrgenom-

---

499 BGH, NJW 1999, S. 657, 662.
500 *Steller*, Psychophysiologische Aussagebeurteilung, in: Volbert/ders., Handbuch der Rechtspsychologie, 2008, S. 364, 373. Ausführlich *Effer-Uhe*, Einsatzmöglichkeiten des Polygraphen, in: MLR 2013, S. 99, 103–104.
501 *Fabian/Stadler*, Polygraphietest im Ermittlungsverfahren, in: Kriminalistik 2000, S. 607, 609.
502 *Fabian/Stadler*, Polygraphietest im Ermittlungsverfahren, in: Kriminalistik 2000, S. 607, 609–610.
503 *Honts/Amato*, Countermeasures, in: Kleiner (Hrsg.), Handbook of Polygraph Testing, 2002, S. 251, 255 ff.

men hat. Insgesamt werden sich in den meisten längeren Aussagen sowohl Realkennzeichen als auch Warnsignale finden. Das ist per se kein Problem. Aber damit man einer Aussage trotz bestehender Warnsignale Glauben schenken kann, müssen sich in ausreichender Anzahl Realkennzeichen finden lassen, die die Warnsignale ausgleichen. Allerdings gibt es keine bestimmte Anzahl an Realkennzeichen, die eine Aussage zwingend aufweisen muss. Bei besonders hoher Qualität der Realkennzeichen können durchaus auch einzelne Realkennzeichen dazu führen, dass Sie eine Aussage als erlebnisbasiert bewerten können. Generell sollten Sie aber die Schwelle für die Einschätzung einer Aussage als wahr nicht zu niedrig ansetzen. Als Faustregel – von der man aber im Einzelfall bei besonderen Gründen durchaus abweichen kann – schlägt die Literatur vor, dass für eine als wahr zu bewertende Aussage in der Regel mindestens drei gute Einzelkriterien vorliegen sollten. Auch die Einzelkriterien darf man nicht vorschnell bejahen; besonders das Detailkriterium wird oft zu Unrecht sehr leicht angenommen – man muss sich immer vor Augen halten, dass es kaum möglich ist, überhaupt eine Geschichte zu erzählen, ohne irgendetwas zu sagen.

aa) Kognitive Aspekte

Eine ausgedachte oder verfälschte Erinnerung zu schildern, ist anstrengend. Bei einer erfundenen Aussage kann die Auskunftsperson nicht auf ihre erlebnisbasierte Erinnerung zurückgreifen, sondern nur auf ihr Allgemeinwissen und kognitive Schemata, also ihre abstrakte Vorstellung davon, wie das behauptete Ereignis wohl abgelaufen sein könnte, und diese Erwägungen auf ihre Darstellung übertragen. Obendrein muss der Zeuge darauf achtgeben, „glaubwürdig" zu erscheinen.[504] Im Gegensatz dazu ist es relativ leicht, etwas nachzuerzählen, an das man sich tatsächlich erinnert, selbst wenn die Erinnerung etwas verblasst sein sollte.[505] Als Testfrage bietet sich an: „Ist es möglich, dass ein Zeuge – unter Berücksichtigung seiner kognitiven Fähigkeiten – eine Schilderung dieser spezifischen inhaltlichen Qualität ohne Erlebnisgrundlage erfinden könnte?"[506]

241

(i) Detailreichtum

Der **quantitative Detailreichtum** einer Aussage spricht für ihre subjektive Wahrheit,[507] doch es wäre vorschnell, eine Art pauschale Formel „Je mehr Details, desto wahrscheinlicher wahr" anzunehmen.[508] Wichtig ist, dass der Zeuge detailliert *zum Kerngeschehen* aussagt. Eine lange Erzählung über Randumstände, in der es aber zum eigentlich interessierenden Ereignis an Details fehlt, die – insbesondere auf Nachfrage – nicht ergänzt werden können, obwohl der Aussagende entsprechende Beobachtungen plausi-

242

---

504 *Ludewig/Baumer/Tavor*, Einführung in die Aussagepsychologie, in: Ludewig/Baumer/Tavor (Hrsg.), Aussagepsychologie für die Rechtspraxis, 2017, S. 17, 44.
505 *Wendler/Hoffmann*, Technik und Taktik der Befragung, 2. Aufl. 2015, Rn. 128.
506 *Ludewig/Baumer/Tavor*, Einführung in die Aussagepsychologie, in: Ludewig/Baumer/Tavor (Hrsg.), Aussagepsychologie für die Rechtspraxis, 2017, S. 17, 47.
507 *Steller/Köhnken*, Criteria-Based Statement Analysis, in: Raskin (Hrsg.), Psychological Methods in Criminal Investigation and Evidence, 1989, S. 217, 223; *Bender/Nack/Treuer*, Tatsachenfeststellung vor Gericht, 4. Aufl. 2014, Rn. 371–374; *Niehaus*, Merkmalsorientierte Inhaltsanalyse, in: Volbert/Steller (Hrsg.), Handbuch der Rechtspsychologie, 2008, S. 311, 313; *Ludewig/Baumer/Tavor*, Einführung in die Aussagepsychologie, in: Ludewig/Baumer/Tavor (Hrsg.), Aussagepsychologie für die Rechtspraxis, 2017, S. 17, 47; 49; *Wendler/Hoffmann*, Technik und Taktik der Befragung, 2. Aufl. 2015, Rn. 131.
508 *Geipel*, Handbuch der Beweiswürdigung, 3. Aufl. 2017, § 17 Rn. 34–60; § 26 Rn. 16.

blerweise gemacht hätte, ist ein Warnsignal.[509] Eine geeignete Nagelprobe ist die Streichmethode:[510] Streichen Sie aus einer Aussage sämtliche Details über das vom Kerngeschehen unabhängige Randgeschehen gedanklich weg. Sehr einfache Sachverhalte ausgenommen, sollte das wahrheitsgemäß geschilderte Kerngeschehen eine beliebig erweiterbare Fülle von Details bieten.

(ii) Gesprächswiedergabe

243 Zeugen zitieren oft Gespräche und Gesprächsketten, die mit dem Kerngeschehen zusammenhängen.[511] Eine detailreiche Schilderung bei deren Wiedergabe ist ein Zeichen von subjektiver Wahrheit, allerdings nur dann, wenn das Gespräch zum Kerngeschehen gehört, aber *nicht* das Beweisthema selbst (also weder die Haupttatsache noch eine zum Beweisthema gewordene Indiztatsache) betrifft.[512] Man bedenke, dass eine Aussageperson oft genug aus Eigennutz ein Interesse daran hat, ein angeblich belauschtes umfangreiches Geständnis oder ein Schuldanerkenntnis durch den Gegner „wiederzugeben", um die Behauptung glaubhafter wirken zu lassen. *Steller/Köhnken* wollen dieses Kriterium ohnehin nur gelten lassen, wenn wenigstens der Dialoganteil eines der Gesprächsteilnehmer praktisch wortwörtlich wiedergegeben wird, so als würde die Aussageperson den Dialog beinahe noch einmal durchsprechen.[513]

(iii) Mimik und Gestik

244 Für eine subjektiv wahre Aussage sprechen Berichte über **Mimik** und **Gestik** der Beteiligten, insbesondere, wenn es um nichtverbale Zeichen wie Zustimmung oder Ablehnung geht.[514]

(iv) Interaktionen

245 Abgesehen von Dialogen und dem isolierten Ausdruck einzelner Personen deutet es auf subjektive Wahrheit einer Aussage hin, wenn **Interaktionen** beschrieben werden, d. h. Handlungen und Handlungsketten (Aktionen und Reaktionen) ohne Mitteilungscharakter, die sich gegenseitig bedingen und aufeinander beziehen.[515]

---

509 *Bender/Nack/Treuer*, Tatsachenfeststellung vor Gericht, 4. Aufl. 2014, Rn. 371–372.
510 *Bender/Nack/Treuer*, Tatsachenfeststellung vor Gericht, 4. Aufl. 2014, Rn. 373–374.
511 *Ludewig/Baumer/Tavor*, Einführung in die Aussagepsychologie, in: Ludewig/Baumer/Tavor (Hrsg.), Aussagepsychologie für die Rechtspraxis, 2017, S. 17, 49; *Geipel*, Handbuch der Beweiswürdigung, 3. Aufl. 2017, § 26 Rn. 28.
512 *Bender/Nack/Treuer*, Tatsachenfeststellung vor Gericht, 4. Aufl. 2014, Rn. 375–376; *Niehaus*, Merkmalsorientierte Inhaltsanalyse, in: Volbert/Steller (Hrsg.), Handbuch der Rechtspsychologie, 2008, S. 311, 313.
513 *Steller/Köhnken*, Criteria-Based Statement Analysis, in: Raskin (Hrsg.), Psychological Methods in Criminal Investigation and Evidence, 1989, S. 217, 225.
514 *Bender/Nack/Treuer*, Tatsachenfeststellung vor Gericht, 4. Aufl. 2014, Rn. 377; *Wendler/Hoffmann*, Technik und Taktik der Befragung, 2. Aufl. 2015, Rn. 135; *Geipel*, Handbuch der Beweiswürdigung, 3. Aufl. 2017, § 26 Rn. 29.
515 *Bender/Nack/Treuer*, Tatsachenfeststellung vor Gericht, 4. Aufl. 2014, Rn. 378; *Niehaus*, Merkmalsorientierte Inhaltsanalyse, in: Volbert/Steller (Hrsg.), Handbuch der Rechtspsychologie, 2008, S. 311, 313; *Ludewig/Baumer/Tavor*, Einführung in die Aussagepsychologie, in: Ludewig/Baumer/Tavor (Hrsg.), Aussagepsychologie für die Rechtspraxis, 2017, S. 17, 49; *Steller/Köhnken*, Criteria-Based Statement Analysis, in: Raskin (Hrsg.), Psychological Methods in Criminal Investigation and Evidence, 1989, S. 217, 224; *Geipel*, Handbuch der Beweiswürdigung, 3. Aufl. 2017, § 26 Rn. 27.

(v) Komplikationen

Für subjektive Wahrheit sprechen Beschreibungen von **Komplikationen**, die den Handlungsablauf im Kerngeschehen gestört haben, insbesondere bei sich verwickelnden Handlungsketten.[516] Dies können unvorhergesehe Schwierigkeiten, Missgeschicke, vergebliche Bemühungen, wiederholte Versuche und enttäuschte Erwartungen sein,[517] denkbar sind auch Störungen durch Dritte.[518] Komplikationsschilderungen haben hohen Beweiswert, da es für Lügner einen hohen kognitiven Aufwand ohne „Nutzen" bedeutet, sich solche Passagen stringent auszudenken, daher wäre es ein schwerer Fehler, einen zu vernehmenden Zeugen in der Annahme zu unterbrechen, ein solcher Teil der Aussage sei unwesentlich.[519] Umgekehrt ist aber natürlich das Fehlen von Komplikationsschilderungen noch kein Warnsignal – möglicherweise gab es ja gar keine.

246

(vi) Deliktstypik

Manche Vorgänge sind gemäß empirisch-kriminologischen Erkenntnissen sehr typisch für bestimmte Delikte, ohne dass dies der Allgemeinbevölkerung bekannt wäre. Beschreibt eine Aussageperson solche Aspekte, spricht dies für eine wahrheitsgemäße Aussage.[520] Bei diesem Kriterium ist es wichtig, zu berücksichtigen, dass die Aussageperson Einzelinformationen aus den Medien oder dem Internet in Erfahrung gebracht haben kann. Der Beweiswert steigt daher zum einen mit dem Detaillierungsgrad und zum anderen bei Verflechtung mit bereits bewiesenen Tatsachen.[521] Insgesamt benötigt auch die Vernehmungsperson selbst ausgedehnte Kenntnisse über Kriminologie, Kriminalpsychologie und -soziologie, nicht zuletzt im Bereich der Sexualdelikte und Sexualpsychologie, um eine Aussage unter dem Aspekt der Deliktypik einschätzen zu können. Es zeigt sich immer wieder, dass es im Sexuellen keinen „Normalmaßstab" gibt oder ein Täter sich zwingend „rational" verhält, um seine Entdeckung zu vermeiden.[522] Bei Sexualdelikten, die sich über einen längeren Zeitraum wiederholt ereignen, ist zu erwarten, dass die geschlechtliche Beziehung in einer progressiven Dynamik verläuft und mitunter einen gewissen Vorlauf bis zur eigentlichen ersten Tat hat. Unter-

247

---

516 *Bender/Nack/Treuer*, Tatsachenfeststellung vor Gericht, 4. Aufl. 2014, Rn. 379–382; *Niehaus*, Merkmalsorientierte Inhaltsanalyse, in: Volbert/Steller (Hrsg.), Handbuch der Rechtspsychologie, 2008, S. 311, 313; *Steller/Köhnken*, Criteria-Based Statement Analysis, in: Raskin (Hrsg.), Psychological Methods in Criminal Investigation and Evidence, 1989, S. 217, 225–226; *Undeutsch*, Forensische Psychologie, 1967, S. 153; *Geipel*, Handbuch der Beweiswürdigung, 3. Aufl. 2017, § 26 Rn. 32.
517 *Ludewig/Baumer/Tavor*, Einführung in die Aussagepsychologie, in: Ludewig/Baumer/Tavor (Hrsg.), Aussagepsychologie für die Rechtspraxis, 2017, S. 17, 49; *Geipel*, Handbuch der Beweiswürdigung, 3. Aufl. 2017, § 26 Rn. 33.
518 *Bender/Nack/Treuer*, Tatsachenfeststellung vor Gericht, 4. Aufl. 2014, Rn. 380.
519 *Bender/Nack/Treuer*, Tatsachenfeststellung vor Gericht, 4. Aufl. 2014, Rn. 380–381.
520 *Arntzen/Michaelis-Arntzen*, Psychologie der Zeugenaussage, 4. Aufl. 2007, S. 123; *Bender/Nack/Treuer*, Tatsachenfeststellung vor Gericht, 4. Aufl. 2014, Rn. 383–387; *Niehaus*, Merkmalsorientierte Inhaltsanalyse, in: Volbert/Steller (Hrsg.), Handbuch der Rechtspsychologie, 2008, S. 311, 313; *Ludewig/Baumer/Tavor*, Einführung in die Aussagepsychologie, in: Ludewig/Baumer/Tavor (Hrsg.), Aussagepsychologie für die Rechtspraxis, 2017, S. 17, 50; *Steller/Köhnken*, Criteria-Based Statement Analysis, in: Raskin (Hrsg.), Psychological Methods in Criminal Investigation and Evidence, 1989, S. 217, 230–231; *Wendler/Hoffmann*, Technik und Taktik der Befragung, 2. Aufl. 2015, Rn. 137; *Geipel*, Handbuch der Beweiswürdigung, 3. Aufl. 2017, § 26 Rn. 34.
521 *Bender/Nack/Treuer*, Tatsachenfeststellung vor Gericht, 4. Aufl. 2014, Rn. 384; *Ahrens*, Der Beweis im Zivilprozess, 2015, Kap. 31 Rn. 71. Siehe unten S. 108.
522 *Undeutsch*, Forensische Psychologie, 1967, S. 134–135.

brechungen durch Vorkommnisse oder Veränderungen in den Lebensverhältnissen kommen häufig vor.[523]

248 Ein allgemeines Beispiel für dieses Realkennzeichen: Ein Zeuge berichtet über einen Drogenschmuggel, den er beobachtet hat. Dabei habe er sich gewundert, als er vor dem Flughafen sah, wie der Angeklagte noch seinen Koffer desinfiziert habe. Das habe er sich nicht erklären können. – Hier handelt es sich um ein deliktstypisches Verhalten, um Drogenspürhunde zu verwirren, das aber nicht allgemein bekannt ist. Wenn davon auszugehen ist, dass es auch dem Zeugen nicht bekannt war, dass ein Abreiben der Koffer mit bestimmten Chemikalien im Drogenschmuggel vorkommt, spricht das sehr dafür, dass er diese Beobachtung tatsächlich gemacht hat. Der Zeuge hätte ansonsten keinen Grund, etwas Derartiges zu erfinden.

(vii) Nebensächlichkeiten

249 Lügner tätigen ihre Aussagen bevorzugt zielstrebig und auf die aus ihrer Sicht wesentlichen Aspekte hin reduziert. Demgegenüber finden sich in der Schilderung über eine subjektiv wahre Begebenheit zahlreiche **Nebensächlichkeiten**, die für sich genommen keine Rolle für die rechtliche Qualifizierung im Kerngeschehen spielen, wohl aber zusammen mit den rechtsrelevanten Ereignissen sinnvoll erscheinen.[524]

(viii) Raum-zeitliche Verhältnisse

250 Die Wahrhaftigkeit einer Aussage kann mit der Methode des „**Reality Monitoring**" geprüft werden.[525] Vergleichbar mit der *Undeutsch*-Hypothese liegt ihr die Annahme zugrunde, dass Erinnerungen an Wahrnehmungen tatsächlich stattgefundener Ereignisse bei ihrer Wiedergabe qualitativ anders ausfallen als erfundene Schilderungen, nämlich voller Sinneswahrnehmungen, Angaben über räumliche Anordnungen von Gegenständen oder Personen und Details über die zeitliche Reihenfolge und Dauer.[526]

(ix) Individualität/Originalität

251 Positiv für die Glaubhaftigkeit einer Aussage ist, wenn sie einen individuellen, unverwechselbaren Charakter mit überzeugendem Realitätsgehalt hat. Es bedürfte „überflüssiger" kognitiver Kapazitäten für Lügner, sich ausgefallene Einzelheiten und plastische Formulierungen auszudenken, gerade wenn diese Nebensächlichkeiten betreffen, die keinen unmittelbaren Bezug zum relevanten Geschehen haben.[527] Individuell ge-

---

523 *Undeutsch*, Forensische Psychologie, 1967, S. 149.
524 *Bender/Nack/Treuer*, Tatsachenfeststellung vor Gericht, 4. Aufl. 2014, Rn. 388–389; *Niehaus*, Merkmalsorientierte Inhaltsanalyse, in: Volbert/Steller (Hrsg.), Handbuch der Rechtspsychologie, 2008, S. 311, 313; *Ludewig/Baumer/Tavor*, Einführung in die Aussagepsychologie, in: Ludewig/Baumer/Tavor (Hrsg.), Aussagepsychologie für die Rechtspraxis, 2017, S. 17, 50; *Steller/Köhnken*, Criteria-Based Statement Analysis, in: Raskin (Hrsg.), Psychological Methods in Criminal Investigation and Evidence, 1989, S. 217, 224; 226; *Undeutsch*, Forensische Psychologie, 1967, S. 135.
525 *Johnson/Raye*, Reality Monitoring, in: Psychological Review 99 (1981), S. 67–85; *Bender/Nack/Treuer*, Tatsachenfeststellung vor Gericht, 4. Aufl. 2014, Rn. 390–393.
526 *Bender/Nack/Treuer*, Tatsachenfeststellung vor Gericht, 4. Aufl. 2014, Rn. 390–393; *Ludewig/Baumer/Tavor*, Einführung in die Aussagepsychologie, in: Ludewig/Baumer/Tavor (Hrsg.), Aussagepsychologie für die Rechtspraxis, 2017, S. 17, 49.
527 *Bender/Nack/Treuer*, Tatsachenfeststellung vor Gericht, 4. Aufl. 2014, Rn. 396–398; *Undeutsch*, Forensische Psychologie, 1967, S. 138; *Steller/Köhnken*, Criteria-Based Statement Analysis, in: Raskin (Hrsg.), Psychological Methods in Criminal Investigation and Evidence, 1989, S. 217, 226; *Geipel*, Handbuch der Beweiswürdigung, 3. Aufl. 2017, § 26 Rn. 75–84.

färbte Aussagen enthalten ausgefallene Einzelheiten, die ihnen einen besonderen Klang geben und zur Persönlichkeit der Aussageperson passen, ihre Erfahrungen, Werte oder Interessen wiederspiegeln oder auch schlichtweg aufzeigen, welchen Aspekten sie Aufmerksamkeit geschenkt hat.[528]

(x) Gefühle

Es gibt zahlreiche Möglichkeiten für eine Aussageperson, über Gefühle zu berichten, die Anhaltspunkte für die Glaubhaftigkeit der Aussage geben. Schildert der Zeuge nur einfache und naheliegende Emotionen, ist das allein noch kein positiver Beleg. Interessant sind dagegen originelle und auch zwiespältige Gefühle. In der Realität erleben Menschen über eine bestimmte Situation hinweg oft zahlreiche, auch widersprüchliche Gefühle, die sich mitunter auch motorisch und physiologisch zeigen. Wer diese differenziert schildern kann, greift mit erhöhter Wahrscheinlichkeit auf eine subjektiv wahre Erinnerung zurück.[529] 252

In diesem Kontext kann auch der gefühlsmäßige Nachklang hilfreich sein. Für den Realitätsgehalt spricht, wenn die Aussage mit einer nachvollziehbaren Gefühlsbeteiligung getätigt wird, ohne übersteigert und undifferenziert zu wirken.[530] Die Intensität eines solchen Nachklanges schwankt interindividuell stark, deshalb ist es angezeigt, sich zu vergewissern, ob der Ausdruck im konkreten Fall stimmig zum sonstigen Gefühlsausdruck des Zeugen erscheint. 253

Allerdings können Lügner Gefühlsschilderungen auch gezielt einsetzen. Ein Warnsignal ist daher, wenn die Zeugin durch Gefühlsschilderung der Faktenbeschreibung ausweicht. Ein weiteres Zeichen für erfundene Gefühle kann sein, wenn diese auffällig zielgerichtet zur Stützung des Beweisthemas beschrieben werden.[531] Ein Unterfall hiervon ist „Stimmungsmache": Der Zeuge weist demonstrativ auf seine mitleidsvollen oder ehrenhaften Gefühle hin, die ihn davon abgehalten hätten, schon früher mit „der Wahrheit" herauszurücken, oder umgekehrt ihn nun moralisch zur „wahren" Aussage verpflichteten.[532] 254

Über die eigenen psychischen Vorgänge hinaus enthalten Aussagen mitunter Schilderungen der (äußerlich beobachteten oder vermuteten) emotionalen Vorgänge anderer Beteiligter des Kerngeschehens. Solche Äußerungen sprechen für den Realitätsgehalt.[533] 255

---

528 *Undeutsch*, Forensische Psychologie, 1967, S. 138; *Geipel*, Handbuch der Beweiswürdigung, 3. Aufl. 2017, § 26 Rn. 35; *Wendler/Hoffmann*, Technik und Taktik der Befragung, 2. Aufl. 2015, Rn. 137.
529 *Bender/Nack/Treuer*, Tatsachenfeststellung vor Gericht, 4. Aufl. 2014, Rn. 399–401; *Niehaus*, Merkmalsorientierte Inhaltsanalyse, in: Volbert/Steller (Hrsg.), Handbuch der Rechtspsychologie, 2008, S. 311, 313; *Ludewig/Baumer/Tavor*, Einführung in die Aussagepsychologie, in: Ludewig/Baumer/Tavor (Hrsg.), Aussagepsychologie für die Rechtspraxis, 2017, S. 17, 50; *Steller/Köhnken*, Criteria-Based Statement Analysis, in: Raskin (Hrsg.), Psychological Methods in Criminal Investigation and Evidence, 1989, S. 217, 227–228; *Undeutsch*, Forensische Psychologie, 1967, S. 143; *Wendler/Hoffmann*, Technik und Taktik der Befragung, 2. Aufl. 2015, Rn. 141.
530 *Bender/Nack/Treuer*, Tatsachenfeststellung vor Gericht, 4. Aufl. 2014, Rn. 402–404; *Wendler/Hoffmann*, Technik und Taktik der Befragung, 2. Aufl. 2015, Rn. 142.
531 *Geipel*, Handbuch der Beweiswürdigung, 3. Aufl. 2017, § 17 Rn. 114–116; § 26 Rn. 37–38.
532 *Bender/Nack/Treuer*, Tatsachenfeststellung vor Gericht, 4. Aufl. 2014, Rn. 401; *Geipel*, Handbuch der Beweiswürdigung, 3. Aufl. 2017, § 26 Rn. 39.
533 *Ludewig/Baumer/Tavor*, Einführung in die Aussagepsychologie, in: Ludewig/Baumer/Tavor (Hrsg.), Aussagepsychologie für die Rechtspraxis, 2017, S. 17, 50; *Niehaus*, Merkmalsorientierte Inhaltsanalyse, in: Volbert/Steller (Hrsg.), Handbuch der Rechtspsychologie, 2008, S. 311, 313; *Steller/Köhnken*, Criteria-Ba-

(xi) Assoziationen

256 Selbst ohne emotionale Komponente kann es sein, dass eine Zeugin berichtet, zum Zeitpunkt des relevanten Ereignisses sich an ein anderes Vorkommnis erinnert gefühlt zu haben oder etwas damit gedanklich verbunden zu haben. Die Erinnerung an eine **Assoziation** ist ein Realkennzeichen.[534] Davon zu unterscheiden ist eine spontane Assoziation, die erst bei der Aussage auftritt. Verräterisch dafür kann ein demonstratives Hervorheben sein.[535]

(xii) Unverstandenes

257 Nicht alles, was Zeugen beobachten, können sie richtig einordnen. Sie sehen bestimmte Handlungen und können sie auch sachgerecht beschreiben, verstehen jedoch offenbar deren tatsächliche Hintergründe nach wie vor nicht.[536] Dies gilt besonders für minderjährige Opfer von Sexualdelikten, ist aber keinesfalls auf diese Gruppe beschränkt. Auch erwachsene und gebildete Zeugen stellen Fehlinterpretationen beispielsweise über die bereits oben erwähnten Delikttypika an und zeigen dabei mitunter Verwunderung über das vermeintlich auffällige Verhalten der Beteiligten. So spricht es sehr für die Erlebnisbasiertheit einer Aussage, wenn darin Vorgänge beschrieben werden, die sich außerhalb der Planungskapazität oder des Verständnishorizontes der Aussageperson bewegen.[537]

(xiii) Mehrdeutigkeit

258 Manche Handlungen und Dialoge, die eine Aussageperson schildert, sind situativ mehrdeutig bzw. beschreiben ein Missverständnis, das erst unter den konkreten Umständen zustandekommen konnte.[538] Zum Beispiel kann ein lauter Seufzer oder eine ausgestreckte Hand je nach Umstand ganz Unterschiedliches bedeuten und deshalb den Kommunikationsempfänger zunächst zu einer Reaktion verleiten, die der Sender nicht intendiert hatte. Sich solche Details auszudenken, ist kognitiv herausfordernd. Ein Lügner würde eher nicht auf die Idee kommen, sich ein situativ bedingtes Missverständnis frei auszudenken.

(xiv) Logische Konsistenz

259 In der Gesamtschau sollte die Aussage zum Kerngeschehen in sich schlüssig, also **logisch konsistent** erscheinen. Alle zentralen Elemente müssen in Konkretheit, Deutlichkeit und Anschaulichkeit zum Kerngeschehen passen und folgerichtig, also sowohl in-

---

sed Statement Analysis, in: Raskin (Hrsg.), Psychological Methods in Criminal Investigation and Evidence, 1989, S. 217, 228; *Undeutsch*, Forensische Psychologie, 1967, S. 143.
534 *Steller/Köhnken*, Criteria-Based Statement Analysis, in: Raskin (Hrsg.), Psychological Methods in Criminal Investigation and Evidence, 1989, S. 217, 227.
535 *Bender/Nack/Treuer*, Tatsachenfeststellung vor Gericht, 4. Aufl. 2014, Rn. 405.
536 *Steller/Köhnken*, Criteria-Based Statement Analysis, in: Raskin (Hrsg.), Psychological Methods in Criminal Investigation and Evidence, 1989, S. 217, 227; *Bender/Nack/Treuer*, Tatsachenfeststellung vor Gericht, 4. Aufl. 2014, Rn. 406–407; *Niehaus*, Merkmalsorientierte Inhaltsanalyse, in: Volbert/Steller (Hrsg.), Handbuch der Rechtspsychologie, 2008, S. 311, 313; *Ludewig/Baumer/Tavor*, Einführung in die Aussagepsychologie, in: Ludewig/Baumer/Tavor (Hrsg.), Aussagepsychologie für die Rechtspraxis, 2017, S. 17, 50; *Geipel*, Handbuch der Beweiswürdigung, 3. Aufl. 2017, § 26 Rn. 47–58.
537 *Undeutsch*, Forensische Psychologie, 1967, S. 141.
538 *Bender/Nack/Treuer*, Tatsachenfeststellung vor Gericht, 4. Aufl. 2014, Rn. 408; *Geipel*, Handbuch der Beweiswürdigung, 3. Aufl. 2017, § 26 Rn. 59.

II. Aussagewürdigung

nerlich als auch äußerlich widerspruchslos sein.[539] Allerdings ist einschränkend zu sagen, dass logische Konsistenz per se auch bei erlogenen Aussagen zu erwarten ist, weswegen es vor allem dann hilfreich zur Beurteilung der Glaubhaftigkeit ist, wenn der geschilderte Sachverhalt so kompliziert oder umfangreich ist, so dass es für die Auskunftsperson äußerst schwierig wäre, die Logik in einer ausgedachten Erzählung – insbesondere auch bei für sie überraschenden Nachfragen – durchzuhalten.[540]

bb) Strategische Selbstdarstellung

Eine Aussageperson, die absichtlich lügt, hat ein Interesse daran, dies möglichst unauffällig zu tun. Es ist daher günstig, sich strategisch selbst so darzustellen, dass die Aussage möglichst wie eine wahrheitsgemäße wirkt. Eine passende Testfrage in diesem Komplex ist daher: „Würde ein absichtlich falschaussagender Zeuge, der sich selbst in ein positives Licht rücken will, Inhalte der beschriebenen Art in seine Aussage aufnehmen?"[541] 260

Sich selbst als kompetent und moralisch makellos darzustellen, kann eine Lügnerin dadurch erreichen, dass sie es vermeidet, Unsicherheiten und Erinnerungslücken einzuräumen oder ihre Aussage spontan zu korrigieren; Selbstbelastungen oder Einwände gegen die Glaubwürdigkeit der eigenen Person wird sie nicht zulassen.[542] Weiterhin wird sie den Beschuldigten abwerten, um als glaubwürdigere Informationsquelle dazustehen, also konsequenterweise auf entlastende Details über den anderen verzichten.[543] Schließlich ist es in ihrem Interesse, keine unnötige Angriffsfläche für Zweifel an der erlogenen Aussage zu bieten.[544] 261

Zeugen, die solche Aspekte in der eigenen Aussage zulassen, verfolgen wahrscheinlich keine solche Selbstdarstellungsstrategie. Allerdings ist es selbstverständlich nicht ausgeschlossen, dass auch ein Lügner auf eine solche Strategie verzichtet. 262

(i) Selbstbelastung

Aussagepersonen waren oft aktiver Teil des fraglichen Geschehens. Ihre eigenen Beiträge können sie dabei je nach Fall durchaus unvorteilhaft aussehen lassen, sei es, weil ihnen etwas Naheliegendes nicht eingefallen ist, ihr Verhalten peinliche Motive offenlegt oder sie ihre rechtliche Position durch Zugestehen von anderweitig nicht nachweisbaren Aktionen schwächen würden. Es spricht grds. für den Wahrheitswillen des Aussagenden, wenn er sich dennoch ernsthaft selbst belastet oder negativ darstellt, möglichst 263

---

539 *Steller/Köhnken*, Criteria-Based Statement Analysis, in: Raskin (Hrsg.), Psychological Methods in Criminal Investigation and Evidence, 1989, S. 217, 222; *Ludwig/Baumer/Tavor*, Einführung in die Aussagepsychologie, in: Ludwig/Baumer/Tavor (Hrsg.), Aussagepsychologie für die Rechtspraxis, 2017, S. 17, 49; *Niehaus*, Merkmalsorientierte Inhaltsanalyse, in: Volbert/Steller (Hrsg.), Handbuch der Rechtspsychologie, 2008, S. 311, 313; *Undeutsch*, Forensische Psychologie, 1967, S. 138; *Wendler/Hoffmann*, Technik und Taktik der Befragung, 2. Aufl. 2015, Rn. 147.
540 *Geipel*, Handbuch der Beweiswürdigung, 3. Aufl. 2017, § 17 Rn. 61–66.
541 *Ludwig/Baumer/Tavor*, Einführung in die Aussagepsychologie, in: Ludwig/Baumer/Tavor (Hrsg.), Aussagepsychologie für die Rechtspraxis, 2017, S. 17, 47.
542 *Niehaus*, Merkmalsorientierte Inhaltsanalyse, in: Volbert/Steller (Hrsg.), Handbuch der Rechtspsychologie, 2008, S. 311, 314; *Bender/Nack/Treuer*, Tatsachenfeststellung vor Gericht, 4. Aufl. 2014, Rn. 459–460.
543 *Niehaus*, Merkmalsorientierte Inhaltsanalyse, in: Volbert/Steller (Hrsg.), Handbuch der Rechtspsychologie, 2008, S. 311, 315.
544 *Niehaus*, Merkmalsorientierte Inhaltsanalyse, in: Volbert/Steller (Hrsg.), Handbuch der Rechtspsychologie, 2008, S. 311, 315.

ohne auf Schutzbehauptungen zurückzufallen.⁵⁴⁵ Prüfen Sie bei diesem Kriterium stets, ob die Aussageperson ein Motiv für eine falsche Selbstbelastung hat: Verdeckung eines anderen Ereignisses, Deckung einer anderen Person oder ein sonstiger Wunsch, die Sachaufklärung zu erschweren.⁵⁴⁶

264 Lügner greifen allerdings unter Umständen doch zur Selbstbelastung, um ihre Aussage glaubhafter erscheinen zu lassen, deshalb sollte sie nur als Realitätskriterium herangezogen werden, wenn die Selbstbelastung ausreichend schwerwiegend ist.⁵⁴⁷

(ii) Entlastung des „Gegners"

265 Bedeutsam entlastende Aussageanteile einer Belastungszeugin sprechen für den Realitätsgehalt einer ansonsten belastenden Aussage.⁵⁴⁸ U. U. kann die Aussageperson den Beschuldigten sogar in Schutz nehmen.⁵⁴⁹ Als Variante kann der Aussagende auf eine naheliegende Mehrbelastung verzichten, deren Falschheit ihm nicht ohne weiteres nachweisbar wäre.⁵⁵⁰ Man spricht hierbei auch von der Widerlegung der Rachehypothese.⁵⁵¹ Beachten Sie allerdings den Verfahrensstand. Intelligente Lügner haben kein Interesse daran, die Glaubhaftigkeit ihrer Aussage aufs Spiel zu setzen, indem sie von einer relativen milden Version in einem späteren Stadium abrücken.⁵⁵²

c) Strukturelle Realitätskriterien

266 Viele Realitätskriterien beziehen sich auf den strukturellen Aufbau der zu untersuchenden Aussage. Hierbei geht es vorrangig darum, zu erkennen, ob es scheinbar unerklärliche Brüche in der Gesamtheit der Aussage gibt. Sie können ein Hinweis auf künstlich eingeschobene Teile sein. Für die Effektivität Ihrer juristischen Arbeit enthält dieser Teil zahlreiche nützliche Aspekte. Wenn Sie der Struktur einer Aussage gezielte Aufmerksamkeit schenken, können Sie ohne Extraaufwand eine ganze Menge zusätzlich erfahren.

---

545 *Bender/Nack/Treuer*, Tatsachenfeststellung vor Gericht, 4. Aufl. 2014, Rn. 415; *Niehaus*, Merkmalsorientierte Inhaltsanalyse, in: Volbert/Steller (Hrsg.), Handbuch der Rechtspsychologie, 2008, S. 311, 313; *Ludewig/Baumer/Tavor*, Einführung in die Aussagepsychologie, in: Ludewig/Baumer/Tavor (Hrsg.), Aussagepsychologie für die Rechtspraxis, 2017, S. 17, 51; *Steller/Köhnken*, Criteria-Based Statement Analysis, in: Raskin (Hrsg.), Psychological Methods in Criminal Investigation and Evidence, 1989, S. 217, 229–230; *Undeutsch*, Forensische Psychologie, 1967, S. 153; *Wendler/Hoffmann*, Technik und Taktik der Befragung, 2. Aufl. 2015, Rn. 113.
546 *Bender/Nack/Treuer*, Tatsachenfeststellung vor Gericht, 4. Aufl. 2014, Rn. 416.
547 *Bender/Nack/Treuer*, Tatsachenfeststellung vor Gericht, 4. Aufl. 2014, Rn. 417; *Undeutsch*, Forensische Psychologie, 1967, S. 153; *Steller/Köhnken*, Criteria-Based Statement Analysis, in: Raskin (Hrsg.), Psychological Methods in Criminal Investigation and Evidence, 1989, S. 217, 230; *Geipel*, Handbuch der Beweiswürdigung, 3. Aufl. 2017, § 25 Rn. 12.
548 *Bender/Nack/Treuer*, Tatsachenfeststellung vor Gericht, 4. Aufl. 2014, Rn. 418; *Niehaus*, Merkmalsorientierte Inhaltsanalyse, in: Volbert/Steller (Hrsg.), Handbuch der Rechtspsychologie, 2008, S. 311, 313; *Ludewig/Baumer/Tavor*, Einführung in die Aussagepsychologie, in: Ludewig/Baumer/Tavor (Hrsg.), Aussagepsychologie für die Rechtspraxis, 2017, S. 17, 51.
549 *Niehaus*, Merkmalsorientierte Inhaltsanalyse, in: Volbert/Steller (Hrsg.), Handbuch der Rechtspsychologie, 2008, S. 311, 313; *Wendler/Hoffmann*, Technik und Taktik der Befragung, 2. Aufl. 2015, Rn. 118; *Geipel*, Handbuch der Beweiswürdigung, 3. Aufl. 2017, § 25 Rn. 15.
550 *Bender/Nack/Treuer*, Tatsachenfeststellung vor Gericht, 4. Aufl. 2014, Rn. 422–423; *Geipel*, Handbuch der Beweiswürdigung, 3. Aufl. 2017, § 17 Rn. 85–113.
551 *Bender/Nack/Treuer*, Tatsachenfeststellung vor Gericht, 4. Aufl. 2014, Rn. 422–423; *Geipel*, Handbuch der Beweiswürdigung, 3. Aufl. 2017, § 25 Rn. 13.
552 *Bender/Nack/Treuer*, Tatsachenfeststellung vor Gericht, 4. Aufl. 2014, Rn. 423.

II. Aussagewürdigung

Während in Weiterbildungen für Richter **Strukturbrüche** oftmals sehr prominent behandelt und als wichtiges Kriterium herausgestellt werden, behandelt die psychologische Literatur sie erheblich seltener. So werden Strukturbrüche in den Auflistungen der Realkennzeichen regelmäßig nicht eigens aufgeführt,[553] was daher rühren könnte, dass zwar Strukturbrüche ein Warnsignal sein können, umgekehrt aber nicht eine gleichförmige Struktur schon per se ein Realkennzeichen ist – die Konzentration der Darstellung in psychologischen Beiträgen auf Realkennzeichen verstellt so etwas den Blick auf Merkmale, die nur als Warnsignal Relevanz haben, ohne eine positive Entsprechung auf der Seite der Realkennzeichen zu haben. Trotz dieser Unterrepräsentanz in den Darstellungen spielen strukturelle Kriterien innerhalb der einzelnen Realkennzeichen aber auch aus psychologischer Sicht (oft unter Stichworten wie „kontextuelle Einbettung" und „Nebensächliches"[554] oder „Qualitäts-Strukturvergleich"[555]) eine Rolle. Auch in juristischen Publikationen wird gelegentlich darauf hingewiesen, dass Strukturbrüche als Signal auch nicht überschätzt werden sollten und eine sorgsame Würdigung erforderlich ist, ob ein Strukturbruch an dieser Stelle nicht auch zufällig bei einer wahren Aussage aufgetreten sein könnte.[556]

267

aa) Strukturgleichheit

Im Grundsatz ist zu erwarten, dass die Struktur innerhalb einer Aussage unter verschiedenen Gesichtspunkten von Anfang bis Ende gleich bleibt, sie also ein Strukturgleichgewicht aufweist.[557] Dies betrifft die inhaltlichen Aspekte, die Sie bereits oben kennengelernt haben, Sprache (Fluss, Satzbau, Ausdruck) sowie den Übergang zwischen Unerheblichem und dem rechtsrelevanten Tatbestand, über den gestritten wird.[558] Auch Strukturbrüche hinsichtlich nichtverbaler Merkmale können ein – allerdings schwaches – Indiz für eine unwahre Aussage darstellen,[559] wenn z. B. der Zeuge sich im Kernbereich bemüht, der Vernehmungsperson konsequent in die Augen zu blicken, während er bei der Aussage über das Randgeschehen häufiger den Blick schweifen lässt. (Generell gibt aber – entgegen einem verbreiteten Stereotyp – die Häufigkeit des Augenkontakts für sich genommen keinen Hinweis auf eine Lüge![560])

268

Bei einem lügenden Zeugen wäre tendenziell eine höhere Aussagequalität mit größerer Detailtiefe im Kerngeschehen zu erwarten, da er auf das Kerngeschehen mehr Aufwand gerichtet hat als auf aus seiner Sicht Nebensächliches.[561] Aber auch umgekehrt kann es vorkommen, dass gerade im Kernbereich auffallend wenig Details berichtet werden, während der Zeuge zu Randbereichen detailreich erzählen kann – auch dieser Strukturbruch ist als Warnsignal zu werten, kann er doch dadurch zustande kommen,

269

---

553 Vgl. z. B. *Ludewig/Baumer/Tavor*, Einführung in die Aussagepsychologie, in: Ludewig/Baumer/Tavor (Hrsg.), Aussagepsychologie für die Rechtspraxis, S. 17, 49-51.
554 Vgl. *Niehaus*, Merkmalsorientierte Inhaltsanalyse, in: Volbert/Steller (Hrsg.), Handbuch der Rechtspsychologie, 2008, S. 311, 314.
555 *Ludewig/Baumer/Tavor*, Einführung in die Aussagepsychologie, in: Ludewig/Baumer/Tavor (Hrsg.), Aussagepsychologie für die Rechtspraxis, S. 17, 68.
556 *Geipel*, Handbuch der Beweiswürdigung, 3. Aufl. 2017, § 25 Rn. 59.
557 *Bender/Nack/Treuer*, Tatsachenfeststellung vor Gericht, 4. Aufl. 2014, Rn. 411; *Wendler/Hoffmann*, Technik und Taktik der Befragung, 2. Aufl. 2015, Rn. 144.
558 *Bender/Nack/Treuer*, Tatsachenfeststellung vor Gericht, 4. Aufl. 2014, Rn. 409.
559 *Geipel*, Handbuch der Beweiswürdigung, 3. Aufl. 2017, § 25 Rn. 72.
560 *Geipel*, Handbuch der Beweiswürdigung, 3. Aufl. 2017, § 25 Rn. 66; *Habschick*, Erfolgreich vernehmen, 4. Aufl. 2016, S. 449.
561 *Ludewig/Baumer/Tavor*, Einführung in die Aussagepsychologie, in: Ludewig/Baumer/Tavor (Hrsg.), Aussagepsychologie für die Rechtspraxis, S. 17, 66.

dass der Zeuge hinsichtlich des Randgeschehens aus seinen Erinnerungen schöpfen kann und nur der Kernbereich erlogen ist.[562] Ein illustratives Beispiel für einen Strukturbruch zwischen Kern- und Randbereich ist ein plötzlicher Wechsel vom Dialekt ins Hochdeutsche bei einer eingeübten Passage. Nichtverbale Zeichen wie Tempo, Lautstärke, Gestik und Mimik sollten ebenfalls gleichmäßig ausfallen, sofern es keine andere Erklärung für starke Veränderungen innerhalb der Aussage gibt.[563] Aussagen über eine andere Person enthalten in der Regel für den Betroffenen sowohl günstige als auch ungünstige Teile. Die Aussageperson sollte sich an die dazugehörigen Umstände gleich gut erinnern können, vergleichbar detailliert berichten und ähnlich gefühlsmäßig beteiligt sein, jedenfalls soweit es der Sachverhalt nahelegt.[564] Unerklärliche Wechsel zwischen äußerst präzisen Schilderungen und Totalamnesie, je nachdem, wem die jeweiligen Fakten zugute kämen, sollten Sie stutzig machen.[565]

270 Liegen Ihnen bereits Aussagen von einer Zeugin vor, die erwiesenermaßen wahr oder eben gelogen waren, mögen diese auch einem anderen Verfahren entstammen, so können Sie diese Passagen als Muster zum Abgleich nutzen. Berücksichtigen Sie aber, dass schriftliche Protokolle einer Zeugenvernehmung längst nicht immer die tatsächliche Struktur völlig akkurat wiedergeben. Ein verfahrensübergreifender Strukturvergleich kann unter besonderen Umständen auch zur Überführung eines lügenden Zeugen dienen, nämlich, wenn sich herausstellt, dass er praktisch identische Behauptungen über einen völlig anderen Fall getätigt hat.[566]

bb) Tempo

271 Subjektiv wahre Aussagen über das Kerngeschehen trägt eine Aussageperson üblicherweise prompt und unter gleichbleibendem hohem Tempo vor, das auch dann beständig bleibt, wenn sie aufgefordert wird, weitere Details nachzuschieben.[567] Ein paar Details kann auch ein lügender Zeuge möglicherweise noch nachlegen, recht bald wird aber das flüssige Tempo zusammen mit der Detailqualität nicht mehr durchzuhalten sein, wenn die Schilderung nicht auf einem wirklichen Erlebnis beruht.[568] Sollte nur das Kerngeschehen im Gegensatz zum Randgeschehen erlogen sein, ist es ein Warnsignal, wenn der Zeuge auf einmal auffallend zögert, ohne dass dies mit einer besonders anspruchsvollen Frage zu erklären wäre.[569] Dabei können Verzögerungen in beide Richtungen auftreten: So ist es bei einer gut einstudierten Geschichte denkbar, dass gerade der erdachte Teil flüssiger und ohne Sprechverzögerungen erzählt wird, umgekehrt müssen bei einer erlogenen Geschichte zusätzliche Details, die nicht einstudiert sind, sorgsam überlegt sein und können das Tempo drosseln.[570]

---

562 Vgl. *Ludewig/Baumer/Tavor*, Einführung in die Aussagepsychologie, in: Ludewig/Baumer/Tavor (Hrsg.), Aussagepsychologie für die Rechtspraxis, S. 17, 68–69; *Geipel*, Handbuch der Beweiswürdigung, 3. Aufl. 2017, § 17 Rn. 133; § 26 Rn. 203–213.
563 *Bender/Nack/Treuer*, Tatsachenfeststellung vor Gericht, 4. Aufl. 2014, Rn. 410.
564 *Wendler/Hoffmann*, Technik und Taktik der Befragung, 2. Aufl. 2015, Rn. 144. *Bender/Nack/Treuer*, Tatsachenfeststellung vor Gericht, 4. Aufl. 2014, Rn. 409.
565 *Bender/Nack/Treuer*, Tatsachenfeststellung vor Gericht, 4. Aufl. 2014, Rn. 411.
566 *Steller/Köhnken*, Criteria-Based Statement Analysis, in: Raskin (Hrsg.), Psychological Methods in Criminal Investigation and Evidence, 1989, S. 217, 222–223; *Bender/Nack/Treuer*, Tatsachenfeststellung vor Gericht, 4. Aufl. 2014, Rn. 409.
567 *Bender/Nack/Treuer*, Tatsachenfeststellung vor Gericht, 4. Aufl. 2014, Rn. 424.
568 *Bender/Nack/Treuer*, Tatsachenfeststellung vor Gericht, 4. Aufl. 2014, Rn. 425; *Geipel*, Handbuch der Beweiswürdigung, 3. Aufl. 2017, § 26 Rn. 60.
569 *Bender/Nack/Treuer*, Tatsachenfeststellung vor Gericht, 4. Aufl. 2014, Rn. 426.
570 *Geipel*, Handbuch der Beweiswürdigung, 3. Aufl. 2017, § 25 Rn. 59.

cc) Nichtsteuerungskriterium

Anders als Lügner, die sich auf ihre vorbereitete Aussage konzentrieren müssen, zeigen Aussagende, die subjektiv wahrheitsgemäß berichten, häufig eine gewisse **fehlende Steuerung** in ihrer Schilderung, sofern der freie Bericht nicht unterbrochen wird.[571] Eine ungezwungene Wiedergabe auch von nicht unmittelbar zusammenhängenden Bruchstücken einer Erinnerung kann für den Wahrheitsgehalt der Aussage sprechen, denn die ungeordnete, nichtchronologische Erzählung ist bei einer Geschichte ohne Erlebnishintergrund erheblich schwieriger.[572] Gerade weil das Nichtsteuerungskriterium ein wichtiges Realkennzeichen ist, wäre eine richterliche Aufforderung an den Zeugen, doch bitte alles „der Reihe nach" zu schildern, ein schwerer Fehler.[573] Zeugen stellen ihre Sichtweise oft spontan dar, sie erfolgt impulsiv und assoziativ, dabei wirkt sie bisweilen ungeordnet oder unstrukturiert, geschieht also nicht unbedingt unter Einhaltung der Chronologie.[574] Allerdings sollte die logische Konsistenz dabei nicht verlorengehen. Auch spontane Korrekturen sowie das Eingestehen von Erinnerungslücken bei Nebensächlichem gehören hierzu.[575]

272

Umgekehrt ist eine gesteuerte Aussage allerdings *kein* Warnsignal. Viele erwachsene Zeugen tätigen ihre Aussage geordnet und systematisch, ohne dass dies Grund zur Besorgnis über den Realitätsgehalt wäre.[576]

273

Bisweilen schildern Aussagepersonen den Verlauf der Ereignisse geradezu rückwärts aufgerollt. Diese sog. Umkehrung oder auch **Inversion** ist ein Spezialfall des Nichtsteuerungskriteriums.[577] Grund hierfür ist, dass der Anknüpfungspunkt, von dem die Zeugin ausgeht, sich ihr besonders gut eingeprägt hat oder ihr wichtig erscheint, ohne dass dies für Außenstehende sofort ersichtlich wäre.[578]

274

dd) Homogenität

Für die Realitätsbasiertheit einer Aussage spricht, wenn sich verschiedene Teile der Aussage wechselseitig bestätigen, also nichts Wesentliches unerklärlich bleibt.[579] Die verschiedenen Anknüpfungspunkte, die den Geschehensablauf definieren, sollten psychologisch stimmig zueinander sein.[580] Erweisen sich gerade auch weit auseinanderliegende Aussageteile als homogen zueinander, ist dies noch höher zu bewerten, da es für

275

---

571 *Bender/Nack/Treuer*, Tatsachenfeststellung vor Gericht, 4. Aufl. 2014, Rn. 428; *Wendler/Hoffmann*, Technik und Taktik der Befragung, 2. Aufl. 2015, Rn. 145–146; *Geipel*, Handbuch der Beweiswürdigung, 3. Aufl. 2017, § 26 Rn. 118.
572 *Wendler/Hoffmann*, Technik und Taktik der Befragung, 2. Aufl. 2015, Rn. 145.
573 *Wendler/Hoffmann*, Technik und Taktik der Befragung, 2. Aufl. 2015, Rn. 146.
574 *Bender/Nack/Treuer*, Tatsachenfeststellung vor Gericht, 4. Aufl. 2014, Rn. 429–431; *Ludewig/Baumer/Tavor*, Einführung in die Aussagepsychologie, in: Ludewig/Baumer/Tavor (Hrsg.), Aussagepsychologie für die Rechtspraxis, 2017, S. 17, 49; *Niehaus*, Merkmalsorientierte Inhaltsanalyse, in: Volbert/Steller (Hrsg.), Handbuch der Rechtspsychologie, 2008, S. 311, 313.
575 *Bender/Nack/Treuer*, Tatsachenfeststellung vor Gericht, 4. Aufl. 2014, Rn. 430; *Steller/Köhnken*, Criteria-Based Statement Analysis, in: Raskin (Hrsg.), Psychological Methods in Criminal Investigation and Evidence, 1989, S. 217, 228–229.
576 *Wendler/Hoffmann*, Technik und Taktik der Befragung, 2. Aufl. 2015, Rn. 146; *Bender/Nack/Treuer*, Tatsachenfeststellung vor Gericht, 4. Aufl. 2014, Rn. 432.
577 *Bender/Nack/Treuer*, Tatsachenfeststellung vor Gericht, 4. Aufl. 2014, Rn. 433–434.
578 *Bender/Nack/Treuer*, Tatsachenfeststellung vor Gericht, 4. Aufl. 2014, Rn. 434.
579 *Bender/Nack/Treuer*, Tatsachenfeststellung vor Gericht, 4. Aufl. 2014, Rn. 435–436; *Geipel*, Handbuch der Beweiswürdigung, 3. Aufl. 2017, § 26 Rn. 116, 128.
580 *Bender/Nack/Treuer*, Tatsachenfeststellung vor Gericht, 4. Aufl. 2014, Rn. 437.

Lügner weder naheliegend noch leicht zu bewerkstelligen ist, solche Zusammenhänge zu erfinden.[581]

ee) Verflechtung

276 Die **Verflechtung** der Handlungsschilderung mit bereits bewiesenen oder zwar noch unbewiesenen, aber überprüfbaren Tatsachen, vor allem, wenn es veränderliche äußere Umstände betrifft, spricht für den Wahrheitsgehalt.[582] Dies kann auch bis in die Gegenwart spürbare Folgen der Handlungen einschließen.[583]

ff) Konstanz und Inkonstanz

277 Oft nehmen Aussagepersonen über die verschiedenen Verfahrensstadien und ggf. Instanzen hinweg mehrfach Stellung zum streitigen Geschehen. Wie ist damit umzugehen, wenn sich Teile der Aussagen voneinander unterscheiden? Es ist zu undifferenziert, anzunehmen, dass Aussagen derselben Person durch möglichst vollständige **Konstanz** an Glaubhaftigkeit gewinnen; dies könnte auch auf einer gut einstudierten Lüge basieren. Varianz zwischen Aussagen zum selben Geschehen ist unter verschiedenen Aspekten in unterschiedlichem Maße zu erwarten.[584] An und für sich sind Lücken und Ergänzungen schon deshalb nicht verwunderlich, da niemand stets sämtliche Details im Kopf hat und wiedergeben kann.[585] Spontane Präzisierungen und Ergänzungen sind durchaus normal.[586] Es kommt also darauf an, unterscheiden zu können, was an einer subjektiv wahrheitsgemäßen Aussage typischerweise konstant bleibt und was variabel sein darf.[587] Liegen mehrere Aussagen von derselben Person vor, kann man sie daher einer **Konstanzanalyse** unterwerfen.

278 Eine subjektiv wahre Aussage sollte konstant bleiben hinsichtlich des Geschehens, das aus der Sicht der Aussageperson das Kerngeschehen darstellt, ihrer eigenen Rolle im Geschehen, der Benennung beteiligter Personen, des Tatortes, der Fortbewegungsart, unmittelbar handlungsrelevanter Gegenstände sowie der ungefähren lokalen Lichtverhältnisse.[588]

279 Inkonstanz kann dagegen auftreten in Schilderungen zum Nebengeschehen, zur Datierung, zeitlichen Handlungsreihenfolgen und -häufigkeiten, zu den Angaben über nicht am Kerngeschehen beteiligte Personen, zu Schätzungsangaben, körperlichen Positions-

---

581 *Bender/Nack/Treuer*, Tatsachenfeststellung vor Gericht, 4. Aufl. 2014, Rn. 438.
582 *Bender/Nack/Treuer*, Tatsachenfeststellung vor Gericht, 4. Aufl. 2014, Rn. 440–443; *Niehaus*, Merkmalsorientierte Inhaltsanalyse, in: Volbert/Steller (Hrsg.), Handbuch der Rechtspsychologie, 2008, S. 311, 313; *Wendler/Hoffmann*, Technik und Taktik der Befragung, 2. Aufl. 2015, Rn. 143; *Geipel*, Handbuch der Beweiswürdigung, 3. Aufl. 2017, § 26 Rn. 85–94; *Ahrens*, Der Beweis im Zivilprozess, 2015, Kap. 31 Rn. 71.
583 *Niehaus*, Merkmalsorientierte Inhaltsanalyse, in: Volbert/Steller (Hrsg.), Handbuch der Rechtspsychologie, 2008, S. 311, 313.
584 *Bender/Nack/Treuer*, Tatsachenfeststellung vor Gericht, 4. Aufl. 2014, Rn. 444–446; *Niehaus*, Merkmalsorientierte Inhaltsanalyse, in: Volbert/Steller (Hrsg.), Handbuch der Rechtspsychologie, 2008, S. 311, 313; *Litzcke/Hermanutz*, Vernehmung und Glaubhaftigkeit – Grundbegriffe, in: Hermanutz/Litzcke (Hrsg.), Vernehmung in Theorie und Praxis, 2. Aufl. 2009, S. 17, 27; *Geipel*, Handbuch der Beweiswürdigung, 3. Aufl. 2017, § 26 Rn. 159.
585 *Bender/Nack/Treuer*, Tatsachenfeststellung vor Gericht, 4. Aufl. 2014, Rn. 450.
586 *Bender/Nack/Treuer*, Tatsachenfeststellung vor Gericht, 4. Aufl. 2014, Rn. 454, 459; *Niehaus*, Merkmalsorientierte Inhaltsanalyse, in: Volbert/Steller (Hrsg.), Handbuch der Rechtspsychologie, 2008, S. 311, 313.
587 *Undeutsch*, Forensische Psychologie, 1967, S. 154.
588 *Bender/Nack/Treuer*, Tatsachenfeststellung vor Gericht, 4. Aufl. 2014, Rn. 447; *Wendler/Hoffmann*, Technik und Taktik der Befragung, 2. Aufl. 2015, Rn. 148–151; *Geipel*, Handbuch der Beweiswürdigung, 3. Aufl. 2017, § 17 Rn. 69–73; § 26 Rn. 130.

II. Aussagewürdigung

wechseln, unangenehmen Empfindungen wie Schmerzen sowie dem Sinngehalt von Gesprächen.[589]

Die Konstanzanalyse ist kein absolut verlässliches Mittel, um den Realitätsgehalt festzustellen, doch stellen auffällige Widersprüche und Veränderungen in eigentlich als konstant zu erwartenden Aussageteilen sehr wohl ein Warnsignal dar.[590]

gg) Wechselseitige Ergänzung durch mehrere Personen

Über Ergänzungen im Binnenbereich hinaus können mehrere Aussagepersonen sich wechselseitig ergänzen, indem sie Aspekte vortragen, die logisch zueinander ins Gesamtbild passen.[591] Vorsicht: Wenn mehrere Zeugen so gut wie identische Angaben sogar im Nebengeschehen machen und auf Nachfrage keine Ergänzungen liefern können, kann es sich auch um ein äußerst gut einstudiertes Komplott handeln.[592]

hh) Isomorphiekriterium

Ein Zeichen für die Realitätsbasiertheit der Aussage ist schließlich auch, wenn die Struktur einer Aussage der Struktur einer anderen Aussage derselben Person entspricht. Die Aussagen, die dabei zum Strukturvergleich herangezogen werden, können sogar aus unterschiedlichen Verfahren stammen.[593]

3. Kompetenzanalyse

Selbst wenn die Inhaltsanalyse der Aussage eine bestimmte Qualität zuweist, können Sie allein daraus noch nicht direkt auf den subjektiven Wahrheitsgehalt rückschließen. Sie müssen sie außerdem ins Verhältnis zur Kompetenz und Erfahrung der Aussageperson setzen:[594] Könnte *diese* Aussageperson *diese* Aussage in ihrer konkreten Gestalt machen, wenn ihr Inhalt *nicht* erlebnisbasiert wäre? Umgekehrt: Könnte diese Aussageperson nach ihren persönlichen Fähigkeiten und Kenntnissen diese Aussage erlogen haben?[595]

Die Kompetenz des Aussagenden setzt sich einerseits zusammen aus dessen allgemeiner intellektuellen und sprachlichen Kompetenz (einschließlich des Erinnerungsvermögens) und andererseits seinem Wissensstand und seinen Kenntnissen speziell in Bezug auf das Aussagethema.[596] Die **Kompetenzanalyse** konzentriert sich also ganz auf die Person des Zeugen. Sie fragt danach, ob der Zeuge die Fähigkeit hat, eine Aussage wie die getätigte aus eigener Kraft zu erfinden und durchzuhalten. So kann dieselbe Aussage bei einem intellektuell sehr einfach gestrickten Zeugen das Gericht überzeugen, weil es der

---

589 *Bender/Nack/Treuer*, Tatsachenfeststellung vor Gericht, 4. Aufl. 2014, Rn. 448; *Geipel*, Handbuch der Beweiswürdigung, 3. Aufl. 2017, § 17 Rn. 37–38; 74.
590 *Bender/Nack/Treuer*, Tatsachenfeststellung vor Gericht, 4. Aufl. 2014, Rn. 449.
591 *Bender/Nack/Treuer*, Tatsachenfeststellung vor Gericht, 4. Aufl. 2014, Rn. 461.
592 *Bender/Nack/Treuer*, Tatsachenfeststellung vor Gericht, 4. Aufl. 2014, Rn. 462; *Geipel*, Handbuch der Beweiswürdigung, 3. Aufl. 2017, § 26 Rn. 168.
593 *Geipel*, Handbuch der Beweiswürdigung, 3. Aufl. 2017, § 26 Rn. 117.
594 Dazu eine Leitsatzentscheidung des BGH vom 30.7.1999, vgl. BGHSt 45, 164; *Litzcke/Hermanutz*, Vernehmung und Glaubhaftigkeit – Grundbegriffe, in: Hermanutz/Litzcke (Hrsg.), Vernehmung in Theorie und Praxis, 2. Aufl. 2009, S. 17, 28; *Jansen*, Zeuge und Aussagepsychologie, 2. Aufl. 2012, Rn. 381–383.
595 *Bender/Nack/Treuer*, Tatsachenfeststellung vor Gericht, 4. Aufl. 2014, Rn. 289.
596 *Ludewig/Baumer/Tavor*, Einführung in die Aussagepsychologie, in: Ludewig/Baumer/Tavor (Hrsg.), Aussagepsychologie für die Rechtspraxis, S. 17, 57; *Bender/Nack/Treuer*, Tatsachenfeststellung vor Gericht, 4. Aufl. 2014, Rn. 290.

Ansicht ist, der Zeuge hätte diese Aussage nicht erfinden können, während es bei einem fähigeren Zeugen zu dem Ergebnis gekommen wäre, dass die Aussage zu dürftig ist, um von ihrer Wahrheit auszugehen.

285 Wenn die Kompetenzanalyse ergibt, dass die Aussageperson durchaus in dieser Qualität lügen *könnte*, kann die inhaltsorientierte Aussageanalyse die Realitätsbasiertheit der Aussage nicht mehr mit Gewissheit feststellen.[597] Sie gilt dann als ergebnislos. Das bedeutet lediglich, dass sich nicht nachweisen lässt, dass die Aussage wahr ist. Keinesfalls folgt daraus, dass sie tatsächlich zwingend gelogen ist. – Ergibt die Analyse, dass die Zeugin nicht in der Lage gewesen wäre, die Aussage zu erfinden, heißt dies, dass die Aussage jedenfalls nicht subjektiv unwahr ist. Sie könnte aber aus anderen Gründen unrichtig sein, vor allem aufgrund von Irrtümern.[598]

286 Im Rahmen der Kompetenzanalyse müssen Sie auch die Frage berücksichtigen, ob es denkbar oder gar naheliegend ist, dass ein Zeuge im Vorfeld seiner Aussage trainiert wurde, um eine Lüge glaubhaft aussehen zu lassen. Ein solches Training ist grundsätzlich möglich und wirksam.[599] Besteht der Verdacht auf ein Aussagetraining oder ist es sogar erwiesen, kann eine unter inhaltsanalytischen Gesichtspunkten glaubhafte Aussage nicht mehr sicher als wahr eingestuft werden.

4. Exkurs: Falsche Geständnisse

287 Es kommt vor, dass Auskunftspersonen etwas gestehen, das sie tatsächlich nicht getan haben. Es gibt freiwillige, funktionalisierte und internalisierte **falsche Geständnisse**.

288 Ein freiwilliges falsches Geständnis, das also ohne externen Druck abgelegt wird, kann verschiedenste Gründe haben. Bspw. versucht der „Geständige" damit Schuldgefühle über eine tatsächliche oder phantasierte Straftat in der Vergangenheit abzubauen. Eine andere Möglichkeit ist, dass derjenige weitergehenden Ermittlungen wegen eines schweren Verbrechens zuvorkommen will, um davon abzulenken. Manchmal steht pathologische Geltungssucht dahinter oder die Unfähigkeit, zwischen Wirklichkeit und Phantasie zu unterscheiden. Denkbar ist auch, dass ein Beschuldigter keine Möglichkeit sieht, seine Unschuld zu beweisen, und durch das Geständnis zumindest versucht, eine milde Strafe zu erwirken. In einigen Fällen versucht der Aussagende, damit ein peinliches, aber nicht strafbares Vorkommnis zu verheimlichen.[600]

289 Funktionalisierte falsche Geständnisse entstehen, wenn der tatverdächtige Aussagende aufgrund sozialen Einflusses einwilligt, ein Geständnis über einen Vorgang abzulegen, von dem ihm bewusst ist, dass er es nicht getan hat, um dafür im Gegenzug einen Vorteil wie kurzfristige Entlassung aus der Untersuchungshaft zu erlangen. Hierbei übersieht derjenige oft die möglichen langfristigen Folgen der späteren Verurteilung durch das falsche Geständnis.[601] Diese Form von falschen Geständnissen tritt insbesondere bei Menschen auf, die einer geistigen Einschränkung unterliegen.

290 Schließlich kann es dazu kommen, dass die Überzeugung eines anderen, in diesem Fall des Ermittlers, von der Aussageperson internalisiert und akzeptiert wird. Unzulässige Vernehmungsmethoden wie Übermüdung und Suggestion können Pseudoerinnerungen

---

597 *Bender/Nack/Treuer*, Tatsachenfeststellung vor Gericht, 4. Aufl. 2014, Rn. 485.
598 *Bender/Nack/Treuer*, Tatsachenfeststellung vor Gericht, 4. Aufl. 2014, Rn. 486.
599 *Bender/Nack/Treuer*, Tatsachenfeststellung vor Gericht, 4. Aufl. 2014, Rn. 367.
600 *Milne/Bull*, Psychologie der Vernehmung, 2003, S. 116–117.
601 *Milne/Bull*, Psychologie der Vernehmung, 2003, S. 117.

und letztendlich ein falsches Geständnis auslösen. Aufgrund ihres beeinträchtigten Zustandes und des starken sozialen Einflusses durch die Ermittler beginnt die betroffene Person, ihren eigenen Erinnerungen zu misstrauen und geht dazu über, aus externen Quellen zu rekonstruieren, was hier die – faktisch unzutreffenden – Behauptungen des Vernehmenden sind.[602]

III. Zeugenvernehmung

Vernehmungen dienen zur Sachverhaltsaufklärung: möglichst umfassend und unter Vermeidung von Verfahrensfehlern. Um überhaupt eine gerichtsverwertbare Aussage zu erhalten, ist es erforderlich, Aussagepersonen sachgerecht zu vernehmen. Das Ziel einer Vernehmung ist, die objektive Wahrheit herauszufinden.[603] Objektiv wahr ist eine Aussage, wenn sie nicht gelogen und auch nicht durch Irrtum oder Suggestion verfälscht ist.[604] Herauszufinden ist also, „wie es wirklich war".[605] 291

1. Gestaltung der Vernehmung

Um das Vernehmungsziel zu erreichen, müssen Sie die Vernehmung strategisch gestalten. Je besser Sie vorbereitet sind, desto flexibler können Sie auf die mannigfaltigen Situationen reagieren, die Ihnen im Gespräch mit Zeugen begegnen können.[606] Dies ist schon deshalb wichtig, weil Sie im Vorfeld oft noch nicht wissen können, welche Besonderheiten und Motive im konkreten Verfahren eine Rolle spielen werden. 292

Vernehmungen sind kommunikationspsychologisch betrachtet ein ungewöhnliches Ereignis für die Auskunftsperson, das seitens der Polizei und des Gerichts stark institutionalisiert ist und asymmetrisch abläuft – einer fragt, der andere hat zu antworten.[607] Umso wichtiger ist es, dass die Vernehmungsperson sich kompetent in der Verfolgung des Vernehmungsziels verhält. Kommunikative und interaktive Fertigkeiten sind zu komplex, um sie sich allein über „learning by doing" oder „Lernen am Modell eines erfahrenen Kollegen" anzueignen, vielmehr ist es erforderlich, sich mit den empirischen Erkenntnissen auseinanderzusetzen, die dazu existieren, und sich fachlich fundierte Vernehmungsstandards zu eigen zu machen.[608] 293

Im Rahmen einer Vernehmung treten typische Risiken für die Wahrheitsfindung auf. Bedenken Sie, dass Sie eine inhaltsorientierte Glaubhaftigkeitsanalyse nur dann durchführen können, wenn Ihnen eine ausreichend lange, analysefähige Aussage vorliegt, die Sie zudem sinnvoll mit einer Basisrate[609] – einem sicher wahren Aussageteil – verglei- 294

---

602 *Milne/Bull*, Psychologie der Vernehmung, 2003, S. 117–118.
603 *Bender/Nack/Treuer*, Tatsachenfeststellung vor Gericht, 4. Aufl. 2014, Rn. 688–689; *Brockmann*, Vernehmungstechnicken, in: Stein (Hrgs.) Grundlagen der Polizeipsychologie, 2. Aufl. 2003, S. 167, 167; *Mohrbach*, Methoden der Ermittlungsvernehmung, in: Deckers/Köhnken (Hrgs.) Die Erhebung und Bewertung von Zeugenaussagen im Strafprozess, 2. Aufl. 2014, S. 348, 349.
604 *Bender/Nack/Treuer*, Tatsachenfeststellung vor Gericht, 4. Aufl. 2014, Rn. 691.
605 *Bender/Nack/Treuer*, Tatsachenfeststellung vor Gericht, 4. Aufl. 2014, Rn. 689.
606 *Brockmann*, Vernehmungstechniken, in: Stein (Hrsg.), Grundlagen der Polizeipsychologie, 2. Aufl. 2003, S. 167, 176–177.
607 *Greuel*, Zeugenvernehmung, in: Volbert/Steller (Hrsg.), Handbuch der Rechtspsychologie, 2008, S. 221, 223.
608 *Brockmann*, Beschuldigtenvernehmung, in: Volbert/Steller (Hrsg.), Handbuch der Rechtspsychologie, 2008, S. 244, 245; 249. Eine geeignete Anleitung bietet bspw. *Milne/Bull*, Investigative Interviewing: Psychology and Practice, 1999, auch in deutscher Übersetzung: *Milne/Bull*, Psychologie der Vernehmung, 2003.
609 Gelegentlich auch engl. *baseline*.

chen können.⁶¹⁰ Außerdem sollte die Aussage eine Kompetenzanalyse ermöglichen, also Rückschlüsse auf die Komperenz des Zeugen zulassen. Besondere Gefahren für einen wahrheitswilligen Zeugen stellen das Suggestionspotential des Vernehmers sowie Selbstbestätigungseffekte dar.⁶¹¹ Alles, was Ihnen die Vernehmung erleichtert, indem es Ihre Ressourcen sinnvoll bündelt und den Umgang mit dem Zeugen professionalisiert, ohne Sie in Nachlässigkeit abgleiten zu lassen, ist begrüßenswert. Auch Beweismittel können und sollen im Rahmen einer Vernehmung strategisch Einsatz finden. Diese Möglichkeit besteht allerdings vor Gericht meist nicht mehr, wenn die Aussageperson bereits Kenntnis davon hat. Dennoch kann ein Wissensvorsprung in ähnlicher Weise verwendet werden.⁶¹²

a) Vernehmungsvorbereitung

295 Eine gute Vorbereitung entlastet Sie in der akuten Vernehmungssituation enorm und erlaubt Ihnen, Ihre mentalen Kapazitäten gezielter für aktuelles Vorgehen einzusetzen.⁶¹³

296 Die Akte sollten Sie, egal, welche Rolle Sie in einem Verfahren einnehmen, intensiv studiert und aufbereitet haben, so dass Ihnen der Inhalt detailgetreu und einschließlich aller Anlagen und Parteibehauptungen in all ihren Widersprüchlichkeiten präsent ist.⁶¹⁴ Nützlich ist ein sog. Zeugenblatt, ebenso anwendbar auf jede anzuhörende Partei oder Angeklagten mit Namen, Adresse, Beruf, Alter etc., das jederzeit ein kurzes Überfliegen des Beweisthemas und der persönlichen Besonderheiten erlaubt.⁶¹⁵ Zeugenblätter sind am besten verfahrenschronologisch geordnet und können je nach Geschmack ebenso elektronisch geführt werden.

297 Als Richterin gestalten Sie die Rahmenbedingungen bereits bei der Ladung.⁶¹⁶ Die Reihenfolge der zu hörenden Personen kann unterschiedlich gegliedert werden: nach Tatkomplexen, gebündelt nach Aussagepersonen, nach „Lagern" oder nach Gewicht der Zeugenaussage für das Gesamtverfahren. Die Entscheidung kann u. a. dann wichtig werden, wenn ein Komplott droht. Wichtig zu bedenken für die Frage der Reihenfolge ist auch eine ggf. erforderliche Mehrfachladung, bspw. wenn die Aussageperson bei mehreren Tatkomplexen anwesend war.⁶¹⁷ Überwiegend von hoher Bedeutung und als Gebot der Rücksichtnahme gilt, bei der Zeitplanung überlange Wartezeiten zu vermeiden und die individuellen Anreisemöglichkeiten einzubeziehen; je nach Wegstrecke

---

610 *Bender/Nack/Treuer*, Tatsachenfeststellung vor Gericht, 4. Aufl. 2014, Rn. 693–696; *Litzcke/Hermanutz*, Vernehmung und Glaubhaftigkeit – Grundbegriffe, in: Hermanutz/Litzcke (Hrsg.), Vernehmung in Theorie und Praxis, 2. Aufl. 2009, S. 17, 32; *Litzcke/Hermanutz*, Warnsignale, in: Hermanutz/Litzcke (Hrsg.), Vernehmung in Theorie und Praxis, 2. Aufl. 2009, S. 168, 174–175.
611 *Bender/Nack/Treuer*, Tatsachenfeststellung vor Gericht, 4. Aufl. 2014, Rn. 711; 720.
612 *Brockmann*, Vernehmungstechniken, in: Stein (Hrsg.), Grundlagen der Polizeipsychologie, 2. Aufl. 2003, S. 167, 176–177; *Bender/Nack/Treuer*, Tatsachenfeststellung vor Gericht, 4. Aufl. 2014, Rn. 707.
613 *Staake*, Die Gestaltung der Vernehmung einer Auskunftsperson in der Hauptverhandlung durch den Tatrichter, in: Deckers/Köhnken (Hrsg.), Die Erhebung von Zeugenaussagen im Strafprozess, 2007, S. 213, 213–214; *Bender/Nack/Treuer*, Tatsachenfeststellung vor Gericht, 4. Aufl. 2014, Rn. 741; vgl. Auch *Arntzen*, Vernehmungspsychologie, 3. Aufl. 2008, S. 7.
614 *Bender/Nack/Treuer*, Tatsachenfeststellung vor Gericht, 4. Aufl. 2014, Rn. 742–743.
615 *Bender/Nack/Treuer*, Tatsachenfeststellung vor Gericht, 4. Aufl. 2014, Rn. 746.
616 *Adler*, Rechtsfragen bei Vernehmungen in Strafsachen, in: Hermanutz/Litzcke (Hrsg.), Vernehmung in Theorie und Praxis, 2. Aufl. 2009, S. 33, 43–49.
617 *Bender/Nack/Treuer*, Tatsachenfeststellung vor Gericht, 4. Aufl. 2014, Rn. 747–748.

zwingt ein Termin am frühen Morgen oder Abend den Betroffenen schnell zu einer Nacht im Hotel.[618]

Da in vielen Verfahren Unterlagen, Urkunden und mitunter auch Kalender mit relevanten Termineintragungen als Beweismittel eine Rolle spielen, fordern Sie alle Zeugen eindeutig und nach Möglichkeit mehrfach auf, sie bis zum Termin zu beschaffen und mitzubringen, damit das Gericht nach Bedarf Einsicht nehmen kann.[619]

b) Verhalten der Vernehmungsperson

Eine effektive Vernehmung hängt zu einem erheblichen Anteil von Ihrem Verhalten als Vernehmungsperson ab.

Die Rolle des Richters erfordert aktive **Kontaktsuche** zur Auskunftsperson, die Ihnen gegenüber schon aufgrund Ihrer beruflichen und damit auch gesellschaftlichen Stellung in aller Regel Distanz empfindet. Ein solches Distanzgefühl wirkt sich empirisch messbar hemmend auf die Aussagequalität aus, daher ist es Ihre professionelle Aufgabe, dieses Gefühl aktiv abzubauen, indem Sie einen vertrauensfördernden Ton anschlagen und sich durch zugewandte Körperhaltung und adäquate Sprache an die Auskunftsperson anpassen.[620] Die Vernehmungssituation umfasst die gesamte Interaktion mit der Zeugin ab dem ersten Blick.[621] Möglicherweise sorgen Sie sich gerade bei einer sprachlichen Anpassung darum, nicht mehr ausreichend ernstgenommen zu werden. Gemeint ist jedoch nicht, die Aussageperson sprachlich zu imitieren, sondern innerhalb der Wortschatzspanne, die Sie selbst jeden Tag situativ unterschiedlich einsetzen, sich für die Variante zu entscheiden, die den meisten Erfolg verspricht, beiden Seiten einen flüssigen und verständlichen Dialog zu bescheren. Wer nur kompliziert sprechen kann, zeigt vor allem mangelnde Flexibilität im eigenen Denken. Die sprachliche Anpassung wird in vielen Fällen zumindest eine zusätzliche Umschreibung der Fachworte bedeuten.[622] Seien Sie sich dafür nicht zu schade; Ihr Ziel ist nicht mehr, einen stirnrunzelnden Examensprüfer mit Ihrem Fachvokabular darauf aufmerksam zu machen, dass Sie die juristische Fachsprache genau beherrschen, sondern das Vernehmungsziel zu erreichen, also die Feststellung der objektiven Wahrheit, und die bekommen Sie nur, wenn Sie Fragen stellen, die der Zeuge beantworten kann und will.

Vorsicht vor zu viel Routine: Während Sie sich mit wachsender Berufserfahrung an die Vernehmungssituation gewöhnen, sind Auskunftspersonen in vielen Fällen zum ersten Mal bei Gericht oder sitzen (oft genug ungewollt) beim Anwalt, dem sie nun erklären sollen, was eigentlich los war. Sich dies tagtäglich in Erinnerung zu rufen, ermöglicht Ihnen dauerhaft, Verständnis für die Situation der Auskunftsperson aufzubringen und

---

618 *Staake*, Die Gestaltung der Vernehmung einer Auskunftsperson in der Hauptverhandlung durch den Tatrichter, in: Deckers/Köhnken (Hrsg.), Die Erhebung von Zeugenaussagen im Strafprozess, 2007, S. 213, 214; *Bender/Nack/Treuer*, Tatsachenfeststellung vor Gericht, 4. Aufl. 2014, Rn. 749; *Wendler/Hoffmann*, Technik und Taktik der Befragung, 2. Aufl. 2015, Rn. 28; *Wendler*, Die Vernehmung der Auskunftsperson in der Hauptverhandlung aus richterlicher Sicht, in: Deckers/Köhnken (Hrsg.), Die Erhebung von Zeugenaussagen im Strafprozess, 2007, S. 188, 191 f.
619 *Bender/Nack/Treuer*, Tatsachenfeststellung vor Gericht, 4. Aufl. 2014, Rn. 750.
620 *Bender/Nack/Treuer*, Tatsachenfeststellung vor Gericht, 4. Aufl. 2014, Rn. 751–755; *Milne/Bull*, Psychologie der Vernehmung, 2003, S. 75–78; *Heubrock/Donzelmann*, Psychologie der Vernehmung – Empfehlungen zur Beschuldigten-, Zeugen- und Opferzeugen-Vernehmung, 2010, S. 40–46.
621 *Greuel*, Zeugenvernehmung, in: Volbert/Steller (Hrsg.), Handbuch der Rechtspsychologie, 2008, S. 221, 226.
622 *Wendler/Hoffmann*, Technik und Taktik der Befragung, 2. Aufl. 2015, Rn. 79; 81–82; *Milne/Bull*, Psychologie der Vernehmung, 2003, S. 34–35.

302 sie als Individuum zu behandeln, mit entsprechend positiven Effekten auf ihre Auskunftsbereitschaft.[623]

302 Stress und Zeitdruck beeinträchtigen Ihre Möglichkeiten, das Vernehmungsziel zu erreichen.[624] Sitzen Zeugen lange über ihren anberaumten Termin hinaus immer noch auf dem Flur, sorgt das erstens für Ärger und eröffnet ihnen zweitens ggf. Möglichkeiten, sich untereinander über den Fall auszutauschen und damit ihre Erinnerung zu verfälschen.

303 Auch wenn Sie noch nicht wissen, wie sich der Zeuge verhalten wird: Geben Sie einen kleinen Vertrauensvorschuss in Form von zurückhaltender Freundlichkeit.[625] Demonstrative Überlegenheit, Ironie und witzige Bemerkungen auf Kosten der Auskunftsperson sind unprofessionell und können Sie schnell das Vernehmungsziel kosten.[626] Erlauben Sie dem Zeugen, weitestmöglich das Gesicht zu wahren, wenn er sich offensichtlich irrt, ein Fremdwort falsch gebraucht oder etwas Peinliches schildern muss. Indem Sie neutral darüber hinweggehen, zeigen Sie, dass es „keine große Sache ist", an der sich der Zeuge lang aufzuhalten braucht. Moralisierungen und Vorwürfe werden als Angriffe verstanden und hemmen die weitere Aussage.[627]

304 Die Ihnen gegenübersitzende Aussageperson bemerkt, ob Sie echtes Interesse an der Aussage haben, und wird ihr Bemühen darum entsprechend steigern oder senken. Interesse sollten Sie haben – und auch zeigen. Dafür ist es wichtig, dass Sie zuhören *wollen*. Tun Sie längere Ausführungen nicht vorschnell als nicht zum Beweisthema gehörig ab, es besteht die Chance auf Umgebungs- und Hintergrundinformationen, die Ihnen ermöglichen, die Aussagequalität einzuschätzen. Als Richtschnur, um Ihr eigenes Redebedürfnis zu kontrollieren, bietet sich an, Ihren eigenen Redeanteil im Verhör bei höchstens etwa 30 % im Verhältnis zur Zeugin zu halten. Je mehr Sie zuhören, desto mehr erfahren Sie.[628] **Aktives Zuhören** bedeutet, dass Sie Teilnahme an der Aussage zeigen, allerdings, ohne voreilig zuzustimmen oder abzulehnen.[629] Bewertungen dieser Art müssen zurückgehalten werden, da ansonsten der Pygmalioneffekt auftreten kann, d. h. die Auskunftsperson beginnt den Erwartungen der Vernehmerin entsprechend zu antworten, um ihr gewissermaßen einen Gefallen zu tun.[630] Dem können Sie entgegen-

---

623 *Bender/Nack/Treuer*, Tatsachenfeststellung vor Gericht, 4. Aufl. 2014, Rn. 755.
624 *Bender/Nack/Treuer*, Tatsachenfeststellung vor Gericht, 4. Aufl. 2014, Rn. 772–776.
625 *Wendler/Hoffmann*, Technik und Taktik der Befragung, 2. Aufl. 2015, Rn. 30.
626 *Bender/Nack/Treuer*, Tatsachenfeststellung vor Gericht, 4. Aufl. 2014, Rn. 756–759.
627 *Bender/Nack/Treuer*, Tatsachenfeststellung vor Gericht, 4. Aufl. 2014, Rn. 760.
628 *Bender/Nack/Treuer*, Tatsachenfeststellung vor Gericht, 4. Aufl. 2014, Rn. 761–762.
629 *Wendler*, Vernehmungslehre, in: Römermann/Paulus (Hrsg.), Schlüsselqualifikationen für Jurastudium, Examen und Beruf, 2003, S. 298, 312–313.
630 *Bender/Nack/Treuer*, Tatsachenfeststellung vor Gericht, 4. Aufl. 2014, Rn. 763–764; *Geipel*, Handbuch der Beweiswürdigung, 3. Aufl. 2017, § 22 Rn. 67. Pygmalion ist ein frustrierter Bildhauer aus der griechischen Mythologie, der eine realistische Elfenbeinstatue erschafft und sich in sie verliebt, weil sie ihm wie die ideale Frau erscheint. Er betet zur Liebesgöttin Venus, seine künftige Frau möge genauso sein wie die Statue, woraufhin sie sich schließlich in einen lebendigen Menschen verwandelt, also Pygmalion zum Gefallen. *My Fair Lady* basiert auf dieser Geschichte. Eng verwandt damit ist das Versuchsleiterartefakt, auch als Rosenthal-Effekt bekannt, wonach in einem Verhaltensexperiment die Erwartungen und Einstellungen der Versuchsleiterin die Verhaltensmessung in Richtung einer selbsterfüllenden Prophezeiung beeinflussen. *Robert Rosenthal* und *K. L. Fode* gaben Studentengruppen jeweils einige Ratten mit der Aufgabe, sie darin zu trainieren, durch ein Labyrinth zu laufen, behaupteten allerdings gegenüber der einen Hälfte, die Ratten seien besonders intelligent, gegenüber der anderen, sie seien besonders dumm. Obwohl die Ratten aus ein und derselben Population stammten und nichts von den Erwartungen ihrer Trainer wussten, schnitten die „intelligenten" Ratten am Ende besser ab, vgl. *Rosenthal/Fode*, The Effect of Experimenter Bias on the Performance of the Albino Rat, in: Behavioral Science 1963, S. 183–189.

III. Zeugenvernehmung

wirken, indem Sie dem Zeugen gegenüber dessen Expertenstatus hervorheben, betonen, dass an die Vernehmungsperson gerichtete Nachfragen und Korrekturen jederzeit erlaubt sind und es in Ordnung ist, eine Frage nicht beantworten zu können.[631]

Von beeinflussenden Bewertungen zu unterscheiden ist lobendes Anerkennen. Wenn sich ein Zeuge selbstkritisch, wenn nötig auch gegen die eigenen Interessen oder Interessen von ihm nahestehenden Personen bemüht, seine Erinnerung korrekt widerzugeben, können Sie durch gezieltes Verstärken dieses Verhaltens den Zeugen motivieren, diesen Pfad weiterzuverfolgen.[632] Zeugen, die in einem Gewissenskonflikt zwischen Wahrheitswillen und bspw. Loyalitätsgefühlen feststecken und deshalb zu Beginn noch schwanken, „wieviel" Wahrheit sie preisgeben wollen, können durch ein solches Lob dazu bewegt werden, subjektiv wahrheitsgemäß auszusagen.[633]   305

Gelegentlich fühlen sich Auskunftspersonen besser verstanden und öffnen sich, wenn Sie Ihrerseits sich ein wenig persönlich öffnen und (wahrheitsbasiert) erwähnen, dass Sie eine vergleichbare Situation erlebt und ähnliche Gefühle empfunden haben, womit Sie Einfühlungsvermögen zeigen.[634] Aber Vorsicht: Legen Sie der Zeugin nichts in den Mund! Es wäre ein grober fachlicher Schnitzer, ungeprüft vorauszusetzen, dass die Zeugin eine vergleichbare Situation genauso eingeschätzt hat, wie Sie es möglicherweise einmal selbst getan haben. Versichern Sie sich erst, ob eine Überschneidung wirklich vorliegt, damit Ihre „Version" nicht die der Zeugin überschreibt und damit die Aussage verfälscht.   306

In Praktikeranleitungen findet sich des Öfteren der Hinweis, es gebe Aussagepersonen, bei denen Einfühlsamkeit als kooperatives Mittel versage, weil Rücksichtnahme als Schwäche und Anbiedern verstanden werde, weswegen man sich den erforderlichen Respekt durch die nötige Härte verschaffen müsse, üblicherweise im Zusammenhang mit einem Hinweis auf einen Migrationshintergrund.[635] Inwieweit dieses Vorgehen den erwünschten Erfolg erzielt, ist allerdings – soweit ersichtlich – empirisch nicht belegt.   307

Um in der Vernehmerrolle erfolgreich den Verfahrensablauf zu führen, kommt es auch ganz allgemein deutlich mehr auf Ihre sachliche Kompetenz und Persönlichkeit als auf Ihre formale Autorität an.[636] Es kommt vor, dass in der Verhandlung Unruhe aufkommt. Dann empfiehlt sich nicht, gegen Lärm anzureden oder gar anzuschreien, Sie sind in diesem Moment nur noch eine Stimme unter vielen. Effektvoller ist es, stattdessen auf einmal viel leiser, aber deutlich schärfer zu sprechen. Wer das geeignete Stimmvolumen mit sich bringt, kann ausnahmsweise alternativ sehr laut Ruhe einfordern und nach Eintritt des gewünschten Erfolges danach betont leise inhaltlich weitersprechen, um Aufmerksamkeit zu erzwingen. Zeigen Sie dabei keinen Ärger über die Störung, sondern gehen Sie darüber professionell hinweg. Wenn trotzdem keine Ruhe einkehrt, ordnen Sie sofort eine Verhandlungspause an, ebenfalls, ohne dies hinterher noch einmal zu thematisieren.[637] Ein ähnlicher Umgang bietet sich mit Auskunftspersonen an, die Sie zu provozieren versuchen. Hierauf einzugehen, verstärkt dieses Verhalten meist nur. Wenn nötig, legen Sie auch in diesem Fall eine Sitzungspause ein und   308

---

631 *Greuel*, Zeugenvernehmung, in: Volbert/Steller (Hrsg.), Handbuch der Rechtspsychologie, 2008, S. 221, 227.
632 *Bender/Nack/Treuer*, Tatsachenfeststellung vor Gericht, 4. Aufl. 2014, Rn. 767.
633 *Bender/Nack/Treuer*, Tatsachenfeststellung vor Gericht, 4. Aufl. 2014, Rn. 768.
634 *Bender/Nack/Treuer*, Tatsachenfeststellung vor Gericht, 4. Aufl. 2014, Rn. 769–770.
635 So auch bei *Bender/Nack/Treuer*, Tatsachenfeststellung vor Gericht, 4. Aufl. 2014, Rn. 777.
636 *Bender/Nack/Treuer*, Tatsachenfeststellung vor Gericht, 4. Aufl. 2014, Rn. 796.
637 *Bender/Nack/Treuer*, Tatsachenfeststellung vor Gericht, 4. Aufl. 2014, Rn. 778–780.

gehen im weiteren Verlauf schlicht darüber hinweg; wenn dies allerdings nicht zu einer Beruhigung führt, fragen Sie nach, aus welchem Grund sich die Person aggressiv verhält. Hilft auch das nicht, greifen Sie erst dann zu prozessualen Mitteln.[638] In der Vernehmerrolle geht es nicht darum, die Anwesenden im Gerichtssaal zu erziehen oder zu therapieren, sondern ausschließlich darum, sie zu einer vollständigen und subjektiv wahrheitsgemäßen Aussage zu veranlassen.[639] Anders als in einer psychologischen Aufarbeitung eines Vorfalls geht es nicht darum, die Emotionalität der Aussage zu explorieren und zu verstärken, weshalb es auch nicht angezeigt ist, zu sehr darauf einzugehen, wenn eine Auskunftsperson zu weinen beginnt.[640]

309 Damit die Kommunikation mit einer Zeugin funktioniert, müssen Sie sehr darauf achten, sich verständlich auszudrücken.[641] Das bedeutet: kurze Sätze mit maximal einem Nebensatz, so wenig Fachsprache wie möglich, Aktiv- statt Passivsätze. Menschen mit geringer Bildung bzw. ohne Schulabschluss sind gerade in Strafverfahren überrepräsentiert. Auch Kinder sind von komplexen Sätzen schnell überfordert. Dieses Vorgehen gilt auch für das von der Auskunftsperson zu genehmigende Vernehmungs- oder Sitzungsprotokoll; vielen Menschen fällt es ausgesprochen schwer, einzuräumen, dass sie einen Text nicht wirklich verstehen, und genehmigen trotzdem.[642] Dem vorzubeugen, ist Teil Ihrer Aufgabe. Beachten Sie auch: Nicht jeder verfügt über ein ausreichend präzises Ausdrucksvermögen, um das Wahrgenommene unmissverständlich in Worte zu fassen.[643] „Nie", „immer" und „alle" bedeutet oft genug „mit Ausnahmen", „manchmal" und „einige". Abhilfe schaffen Sie mit regelmäßigen verständnisorientierten Rückfragen. Anstatt bloß exakt zu wiederholen, geben Sie die Aussage in anderen Worten wieder (Paraphrasierung), wobei Sie auf das angenommene Vorstellungsbild der Zeugin eingehen.[644] Dadurch bekommt die Zeugin die Gelegenheit, dieses Vorstellungsbild zu korrigieren, und wird implizit darin bestärkt, dass Sie tatsächlich zuhören.

310 Ein und dieselbe Sache sollte die ganze Zeit über mit demselben Wort bezeichnet werden. Versteht ein Zeuge ein Synonym nicht, geht er sonst womöglich von einer zweiten, anderen Sache aus und begreift den Zusammenhang nicht mehr.[645] Wählen Sie gebräuchliche Bezeichnungen, vermeiden Sie abstrakte Begriffe.[646] Bezeichnungen wie Beklagter, Streitverkündeter oder Aufrechnungsgegner hören viele Menschen, die bei Gericht erscheinen, zum ersten Mal und durchschauen nicht unbedingt, wer gemeint ist. Verwenden Sie daher lieber die Namen,[647] die Parteibezeichnung können Sie bei Bedarf zusätzlich damit kombinieren.

311 Schließlich sollten Sie während der Vernehmung noch ein Auge auf die Reaktionen der Nebenbeteiligten und des Publikums haben. Möglicherweise zeigt sich dort, dass diese Personen außerhalb der vorgesehenen Reihenfolge etwas beizusteuern haben. Vorsicht aber im Zivilprozess: Aufgrund des Beibringungsgrundsatzes und der Gefahr einer

---

638 *Bender/Nack/Treuer*, Tatsachenfeststellung vor Gericht, 4. Aufl. 2014, Rn. 796–807.
639 *Bender/Nack/Treuer*, Tatsachenfeststellung vor Gericht, 4. Aufl. 2014, Rn. 778–780.
640 *Bender/Nack/Treuer*, Tatsachenfeststellung vor Gericht, 4. Aufl. 2014, Rn. 796–807.
641 Vgl. *Arntzen*, Vernehmungspsychologie, 3. Aufl. 2008, S. 22–25.
642 *Bender/Nack/Treuer*, Tatsachenfeststellung vor Gericht, 4. Aufl. 2014, Rn. 781–783.
643 *Bender/Nack/Treuer*, Tatsachenfeststellung vor Gericht, 4. Aufl. 2014, Rn. 784–786.
644 *Bender/Nack/Treuer*, Tatsachenfeststellung vor Gericht, 4. Aufl. 2014, Rn. 787–790.
645 *Bender/Nack/Treuer*, Tatsachenfeststellung vor Gericht, 4. Aufl. 2014, Rn. 792.
646 *Bender/Nack/Treuer*, Tatsachenfeststellung vor Gericht, 4. Aufl. 2014, Rn. 791; 793–794.
647 *Bender/Nack/Treuer*, Tatsachenfeststellung vor Gericht, 4. Aufl. 2014, Rn. 794; *Wendler/Hoffmann*, Technik und Taktik der Befragung, 2. Aufl. 2015, Rn. 64.

III. Zeugenvernehmung

möglichen Befangenheit ist es problematisch, Unbeteiligte ohne Rückfrage bei den Parteien zu Wort kommen zu lassen; eine Zeugenvernehmung ist im Zivilprozess nicht von Amts wegen möglich.[648]

c) Hinführung zum Beweisthema

Bevor die eigentliche Vernehmung zur Sache, also dem Beweisthema, beginnen kann, ist eine dreiphasige Überleitung erforderlich. 312

Um einen **Rapport** zwischen Ihnen als Vernehmerin und der Zeugin aufzubauen, erlauben Sie ihr, sich in die ungewohnte Situation einzufinden, indem Sie ca. 3 Minuten zum „Warmwerden" veranschlagen. Dies geschieht, wenn die Auskunftsperson den Raum betritt. Sprechen Sie die Aussageperson mit Namen an, signalisieren Sie ihr, wohin sie sich setzen soll, und zeigen Sie Interesse daran, gleich ihre Aussage zu hören. Sie etablieren sich damit sofort als Bezugs- und Respektsperson.[649] Diese Form von Beziehungsaufbau hat einen unmittelbar messbaren positiven Effekt auf die spätere Aussagequalität, sowohl was die Anzahl der Details als auch ihre Präzision angeht.[650] 313

Als nächstes erfolgt die **Belehrung**.[651] Jede Auskunftsperson muss sorgfältig und einzeln belehrt werden. Appellieren Sie an das Verantwortungsbewusstsein des Zeugen, indem Sie herausstellen, dass die Aussage entscheidend für den Ausgang des Verfahrens sein kann. Wer noch unentschlossen ist, wie er aussagen will, lässt sich hierdurch möglicherweise spontan zur Wahrheit motivieren, andere macht eine eindringliche Belehrung zumindest etwas nervöser, was sich in der Körpersprache niederschlagen und so zusätzliche Hinweise geben kann.[652] 314

„Entschuldigen" Sie sich nicht dafür, die Zeugin belehren zu müssen, und leiern Sie die Belehrung auch nicht als Routineversatzstück herunter – Sie drücken damit eine Distanzierung zu einem integralen Verfahrensbestandteil aus und untergraben damit Ihre eigentliche Intention, nämlich, dass die Zeugin die Aussagesituation ernstnehmen möge.[653] Wenn nötig, gehen Sie auch auf das Selbstschutzbedürfnis der Zeugin ein, indem Sie ihr konkret ankündigen, dass ihr Strafe für eine Falschaussage droht, natürlich ohne hierbei eine übertriebene Kulisse der Angst aufzubauen.[654] 315

Die Überleitung endet mit der **Vernehmung zur Person**. Durch eine gelungene Überleitung zum Beweisthema erlangen Sie einen ersten Eindruck von der Aussageperson einschließlich ihrer mentalen Fähigkeiten und ihres gewohnten Sprachgebrauchs.[655] 316

---

648 *Bender/Nack/Treuer*, Tatsachenfeststellung vor Gericht, 4. Aufl. 2014, Rn. 810–811.
649 *Wendler/Hoffmann*, Technik und Taktik der Befragung, 2. Aufl. 2015, Rn. 30; 36–37; *Wendler*, Die Vernehmung der Auskunftsperson in der Hauptverhandlung aus richterlicher Sicht, in: Deckers/Köhnken (Hrsg.), Die Erhebung von Zeugenaussagen im Strafprozess, 2007, S. 188, 192.
650 *Bender/Nack/Treuer*, Tatsachenfeststellung vor Gericht, 4. Aufl. 2014, Rn. 819–823; *Krix/Sauerland*, Wie lassen sich Zeugenaussagen verbessern?, in: Praxis der Rechtspsychologie 23 (2013), S. 136–150.
651 *Adler*, Rechtsfragen bei Vernehmungen in Strafsachen, in: Hermanutz/Litzcke (Hrsg.), Vernehmung in Theorie und Praxis, 2. Aufl. 2009, S. 33, 43–49.
652 *Bender/Nack/Treuer*, Tatsachenfeststellung vor Gericht, 4. Aufl. 2014, Rn. 825; *Wendler/Hoffmann*, Technik und Taktik der Befragung, 2. Aufl. 2015, Rn. 31.
653 *Bender/Nack/Treuer*, Tatsachenfeststellung vor Gericht, 4. Aufl. 2014, Rn. 826.
654 *Bender/Nack/Treuer*, Tatsachenfeststellung vor Gericht, 4. Aufl. 2014, Rn. 828.
655 *Bender/Nack/Treuer*, Tatsachenfeststellung vor Gericht, 4. Aufl. 2014, Rn. 834.

d) Vernehmung zur Sache

317 In § 69 Abs. 1 StPO und § 396 Abs. 1 ZPO schreibt das Prozessrecht vor, dass die Vernehmung strukturell in Bericht und Verhör (in dieser Reihenfolge) unterteilt ist. Andere Verfahrensordnungen (§ 118 Abs. 1 S. 1 SGG, § 82 FGO, § 98 VwGO, § 46 Abs. 2 S. 1 ArbGG) verweisen darauf.

aa) Der Bericht

318 Das zentrale Erkenntnismittel zur Tatsachenfeststellung ist der freie **Bericht** durch die Aussageperson. Richtig angewendet, ist hier die Gefahr von unabsichtlicher Suggestion noch am geringsten. Der Bericht muss zuerst erfolgen, ansonsten versagen die Mittel der inhaltsorientierten Glaubhaftigkeitsanalyse weitgehend.[656] Eine Aussage, deren Glaubhaftigkeit nicht sicher festgestellt werden kann, hilft Ihnen bei der Wahrheitsfindung nicht weiter, beansprucht dafür aber Ihre Ressourcen und stiftet im schlimmsten Fall Verwirrung darüber, welche Tatsachen als bewiesen gelten können.

319 Charakteristisch für den Bericht ist die freie Rede der Auskunftsperson mit so wenig Unterbrechungen wie möglich.[657] Fällt der spontane Bericht zu knapp aus, fordern Sie die Zeugin dazu auf, einen konkret bezeichneten Teil der Aussage ausführlicher darzustellen.[658] Klären Sie zunächst durch eine sog. Filterfrage, ob und warum die Zeugin überhaupt etwas zu dem relevanten Thema sagen kann, und eröffnen den Bericht dann durch offene Fragen.[659] *Bender/Nack/Treuer* schlagen vor, so einzuleiten: „Es geht um XYZ; zunächst interessiert mich: Warum können Sie dazu etwas sagen?"[660] Auf diesem Wege lassen sich Aussagen herausfiltern, die lediglich auf Erzählungen von anderen beruhen, wenn die Auskunftsperson gar nicht aus eigener unmittelbarer Anschauung berichten kann. Mithilfe von sorgfältig ausgewählten offenen Fragen im Anschluss lässt sich das Suggestionsrisiko weiterhin gering halten. Konkretere Fragen, die Ihnen während des Zuhörens einfallen, notieren Sie sich und stellen sie erst im Anschluss.

320 Vorteile der freien Schilderung sind,
- dass sie tendenziell umfangreichere Aussagen liefert,
- dass sie zusammenhängende Aussagen liefert, innerhalb derer Strukturbrüche besser zu erkennen sind,
- dass Wohlwollen oder Nichtwohlwollen gegenüber Prozessbeteiligten eher erkennbar wird und
- dass der Bericht durch seine Lücken Anhaltspunkte für die weitere Strukturierung des Verhörs liefert.

321 Durch Ihre Körpersprache und verbale Signale machen Sie als Vernehmungsperson deutlich, dass Sie zuhören, bspw. durch ein angemessen regelmäßiges, neutral gehalte-

---

656 *Bender/Nack/Treuer*, Tatsachenfeststellung vor Gericht, 4. Aufl. 2014, Rn. 838.
657 *Adler*, Rechtsfragen bei Vernehmungen in Strafsachen, in: Hermanutz/Litzcke (Hrsg.), Vernehmung in Theorie und Praxis, 2. Aufl. 2009, S. 33, 50; *Geipel*, Handbuch der Beweiswürdigung, 3. Aufl. 2017, § 17 Rn. 12.
658 *Bender/Nack/Treuer*, Tatsachenfeststellung vor Gericht, 4. Aufl. 2014, Rn. 838; 840.
659 *Staake*, Die Gestaltung der Vernehmung einer Auskunftsperson in der Hauptverhandlung durch den Tatrichter, in: Deckers/Köhnken (Hrsg.), Die Erhebung von Zeugenaussagen im Strafprozess, 2007, S. 213, 218; *Bender/Nack/Treuer*, Tatsachenfeststellung vor Gericht, 4. Aufl. 2014, Rn. 841. Vgl. im Einzelnen den Abschnitt zu Fragetypen unten S. 122 ff.
660 *Bender/Nack/Treuer*, Tatsachenfeststellung vor Gericht, 4. Aufl. 2014, Rn. 841.

nes „Mhm".⁶⁶¹ Neutralität ist wichtig, da sonst wiederum der Pygmalioneffekt droht. Ein „Ach, das ist ja höchst interessant" könnte den Zeugen dazu bringen, gerade diesen Punkt, der offensichtlich dem Vernehmenden Freude bereitet, näher auszuschmücken, umgekehrt könnte ein vorwurfsvoller Unterton die Aussagefreudigkeit des Zeugen einschränken.⁶⁶²

Sollte sich zeigen, dass eine Zeugin Schwierigkeiten hat, einen längeren Bericht frei abzugeben, kann man durch sog. Anstoßfragen⁶⁶³ vorsichtig helfen, dabei aber Fragen stellen, die möglichst wenig inhaltliche Vorgaben enthalten. („Hat Tante Agnes Sie im Anschluss noch bedroht?" ist aufgrund des Suggestionspotentials dieser Frage ganz erheblich schlechter geeignet als ein bloßes „War da noch etwas mit einem Verwandten?")

bb) Das Verhör

Der Zweck des **Verhörs** im Anschluss an den Bericht ist, inhaltlich noch fehlende Details zu ergänzen und die Lücken zu schließen, die fehlen, um eine inhaltsorientierte Glaubhaftigkeitsanalyse durchführen zu können.⁶⁶⁴ Die Aufforderung, diese Lücken zu füllen, führt notwendigerweise dazu, dass das Verhör sehr viel mehr Phantasieprodukte enthält als der Bericht, da der Zeuge bemüht ist, so plausibel wie möglich stimmige Antworten zu geben, auch wenn er sich faktisch nicht exakt oder auch überhaupt nicht erinnert.⁶⁶⁵ In dieser Situation besteht die Gefahr eines Pygmalioneffektes.⁶⁶⁶ Auch wenn der Zeuge nicht explizit weiß, was Sie erwarten, so können wertende Reaktionen und allzu richtungsweisende Fragen dennoch dazu führen, dass er Ihre Vorannahmen entgegen der Wahrheitsbasiertheit zu bestätigen beginnt. Eine weitere Gefahr ist die Verschmelzung, also eine Aussage über eine in Wahrheit nur ähnliche Begebenheit oder darüber, wie der Zeuge sich vorstellt, dass das Ereignis üblicherweise abliefe. Selbst unabsichtlich kann dies geschehen, dann spricht man von Quellenverwechslung,⁶⁶⁷ wenn der Zeuge etwas beschreibt, was nicht seinem eigenen episodischen Gedächtnis entstammt, sondern ihm aus anderen Quellen bekannt ist.⁶⁶⁸

Nicht nur die Richterin kann diese Störungen auslösen, **suggestive Zwischenfragen** und Unterbrechungen können auch durch andere Verfahrensbeteiligte und sonstige Anwesende auftreten und das Verhörkonzept bspw. durch Preisgabe von strategisch zurückgehaltenen Informationen zerstören.⁶⁶⁹ Als Richterin ist es Ihre Aufgabe, Störungen komplett zu unterbinden und Zwischenfragen auf den Abschluss Ihres Verhörs

---

661 *Wendler*, Vernehmungslehre, in: Römermann/Paulus (Hrsg.), Schlüsselqualifikationen für Jurastudium, Examen und Beruf, 2003, S. 298, 312.
662 *Wendler/Hoffmann*, Technik und Taktik der Befragung, 2. Aufl. 2015, Rn. 39–42.
663 Vgl. im Einzelnen den Abschnitt zu Fragetypen unten S. 122 ff.
664 *Bender/Nack/Treuer*, Tatsachenfeststellung vor Gericht, 4. Aufl. 2014, Rn. 861; *Adler*, Rechtsfragen bei Vernehmungen in Strafsachen, in: Hermanutz/Litzcke (Hrsg.), Vernehmung in Theorie und Praxis, 2. Aufl. 2009, S. 33, 50.
665 *Bender/Nack/Treuer*, Tatsachenfeststellung vor Gericht, 4. Aufl. 2014, Rn. 862–863.
666 *Geipel*, Handbuch der Beweiswürdigung, 3. Aufl. 2017, § 22 Rn. 67. Vgl. oben S. 113 ff.
667 Siehe dazu schon oben S. 77.
668 *Bender/Nack/Treuer*, Tatsachenfeststellung vor Gericht, 4. Aufl. 2014, Rn. 864.
669 *Bender/Nack/Treuer*, Tatsachenfeststellung vor Gericht, 4. Aufl. 2014, Rn. 865; *Wendler/Hoffmann*, Technik und Taktik der Befragung, 2. Aufl. 2015, Rn. 38.

zu verschieben;[670] zu diesem Zeitpunkt spielen Suggestiveinflüsse von außen dann ohnehin – jedenfalls für die Vernehmung in dieser Instanz – keine Rolle mehr.[671]

325 Ein besonderes Problem stellt das sog. **Inkadenzphänomen** („Gedächtnisverschluss") dar: Keinem Zeugen stehen immer alle Erinnerungen zur Verfügung.[672] Deshalb können Fragen im Verhör dazu dienen, sich auch an jene Details zu erinnern, an die sich die Auskunftsperson im Zeitpunkt des Berichts nicht von sich aus erinnert hat. Wenn der Zeuge in der Lage ist, auf Nachfrage eine Aussage zu erweitern, ist das tendenziell ein Realitätskriterium, während es ungewöhnlich wäre, würden einer Auskunftsperson bei erneuter Befragung keine Erweiterungen mehr einfallen. Besteht der Verdacht auf einen solchen Gedächtnisverschluss bei einzelnen Fragen, kann es sinnvoll sein, diese Fragen zu einem späteren Zeitpunkt im Verhör noch einmal zu wiederholen.[673]

326 Vermeiden sollte man den sog. „**Othello-Fehler**". Darunter versteht man, dass offen gezeigte Verdächtigung durch den Vernehmenden zu Reaktionen des Zeugen führen kann, die wiederum vom Vernehmenden als Bestätigung des Verdachts einer Lüge interpretiert werden.[674] Es handelt sich also um einen Fall einer selbsterfüllenden Prophezeiung.

f) Gute Fragetechnik

327 Vernehmungen leben von ausgefeilter **Fragetechnik** als Teil der beruflichen Fertigkeiten. Relevant sind dabei die Fragequalität, die erfragten Inhalte sowie eine geschickte Fragetaktik.

aa) Fragequalität

328 Eine qualitativ gute Frage ist für alle Beteiligten verständlich, betrifft nur einen einzigen Punkt aus dem Verhandlungsgegenstand, verfolgt ein bestimmtes Ziel, verlangt eine bestimmte Antwort und verhindert Raten und Unklarheiten.[675]

329 Wenn eine Zeugin nicht versteht und daher nicht antwortet, formulieren Sie einfacher und fassen den Gegenstand der Frage enger, ohne ungeduldig zu werden.[676] Es ist wichtig, nicht das Gefühl zu vermitteln, dass die Zeugin alles wissen und beantworten können *muss*; ganz im Gegenteil müssen Sie verdeutlichen, dass Fragen, die die Zeugin nicht beantworten kann, auch nicht beantwortet werden sollen – eine solche Antwort wäre mit hoher Wahrscheinlichkeit ein Phantasieprodukt und der Wahrheitsfindung undienlich.[677]

---

670 *Wendler/Hoffmann*, Technik und Taktik der Befragung, 2. Aufl. 2015, Rn. 44–47.
671 *Bender/Nack/Treuer*, Tatsachenfeststellung vor Gericht, 4. Aufl. 2014, Rn. 866–867.
672 *Arntzen/Michaelis-Arntzen*, Psychologie der Zeugenaussage, 5. Aufl. 201, S. 63; *Geipel*, Handbuch der Beweiswürdigung, 3. Aufl. 2017, § 17 Rn. 112.
673 *Arntzen/Michaelis-Arntzen*, Psychologie der Zeugenaussage, 5. Aufl. 201, S. 63; *Bender/Nack/Treuer*, Tatsachenfeststellung vor Gericht, 4. Aufl. 2014, Rn. 869–871.
674 *Bender/Nack/Treuer*, Tatsachenfeststellung vor Gericht, 4. Aufl. 2014, Rn. 874–875; *Geipel*, Handbuch der Beweiswürdigung, 3. Aufl. 2017, § 26 Rn. 296.
675 *Bender/Nack/Treuer*, Tatsachenfeststellung vor Gericht, 4. Aufl. 2014, Rn. 883.
676 *Bender/Nack/Treuer*, Tatsachenfeststellung vor Gericht, 4. Aufl. 2014, Rn. 884.
677 *Bender/Nack/Treuer*, Tatsachenfeststellung vor Gericht, 4. Aufl. 2014, Rn. 885–886.

bb) Frageinhalt

Der Inhalt der Frage darf keine Assoziationen wecken; es droht Suggestiveinfluss, insbesondere wenn die Frage eine emotionale Wertung enthält.[678] Ungünstig sind auch Fragen mit einfachen oder sogar doppelten Verneinungen.[679] Aus juristischen Fachbüchern und sonstigen bildungssprachlichen Quellen sind Sie solche Negativ-Konstruktionen sehr wahrscheinlich gewohnt, sie gehören jedoch mehr der Schriftsprache an, vermindern generell die Verständlichkeit und verwirren daher viele Menschen beim Zuhören. Bewegen Sie sich inhaltlich schrittweise vom Groben ins Konkrete und Detaillierte (Verengung).[680] Jede Ihrer Fragen sollte personenbezogen sein und zunächst nur unbestimmte Artikel enthalten. Ein Beispiel: „Haben Sie einen Regenschirm gesehen?" ist besser als „War dort ein Regenschirm?", geschweige denn: „War dort der Regenschirm?" (was dessen Existenz bereits wie eine Tatsache behandelt, die möglicherweise noch fraglich ist).[681]

330

Stellen Sie immer nur eine Frage.[682] Die Auskunftsperson könnte sonst überfordert sein, außerdem gibt man ihr damit die Möglichkeit, selektiv zu antworten. Im Eifer des Gefechts kann es umgekehrt auch Ihnen als Vernehmer passieren, dass Ihnen nicht sofort auffällt, dass nicht alles Erfragte mitgeteilt wurde.[683] Der Frageinhalt muss eindeutig, einfach und direkt formuliert sein.[684] Manche Inhalte sind dem Zeugen möglicherweise peinlich, bspw. wenn ein Ereignis mit Sexualbezug geschildert werden muss. Wenn Sie selbst herumdrucksen, machen Sie es doppelt peinlich und der Zeuge schämt sich dann für Ihr eigenes Unbehagen mit. Hier ist Ihre Professionalität gefragt. Behandeln Sie schambesetzte Themen genauso neutral wie andere. Gerade im Bereich der Sexualität gibt es nichts, was es nicht gibt, es ist daher sinnvoll, unabhängig vom konkret zur Befragung stehenden Vorgang eine unaufgeregte und abgeklärte Haltung zu bewahren. Schauen Sie dem Zeugen fest in die Augen und stellen Sie Ihre Fragen, ohne sich dafür vorbeugend zu entschuldigen.[685] Benennen Sie alles beim Namen, verwenden Sie keine verschleiernden Euphemismen oder abstrakte Fachsprache, mit der Sie emotional ausweichen.[686] Die Peinlichkeit wird damit nicht vermieden, sondern vielmehr unterstreicht man damit, dass überhaupt eine Peinlichkeit vorliegt, die übertüncht werden muss. Stellen Sie sich wie immer auf die sprachlichen Fähigkeiten des Zeugen ein.

331

Zu unterscheiden ist davon jedoch eine milde Ausdrucksweise in der Fragestellung im Allgemeinen, die Provokation und Unterstellungen vermeidet; generell kann eine aggressive Atmosphäre die Auskunftsfreude des Zeugen bremsen.[687] Ein prägnantes Beispiel nach *Bender/Nack/Treuer*: „Sie haben also Frau Meier über den Ölverbrauch des

332

---

678 *Bender/Nack/Treuer*, Tatsachenfeststellung vor Gericht, 4. Aufl. 2014, Rn. 888; *Adler*, Rechtsfragen bei Vernehmungen in Strafsachen, in: Hermanutz/Litzcke (Hrsg.), Vernehmung in Theorie und Praxis, 2. Aufl. 2009, S. 33, 51.
679 *Bender/Nack/Treuer*, Tatsachenfeststellung vor Gericht, 4. Aufl. 2014, Rn. 891; 895.
680 *Greuel*, Zeugenvernehmung, in: Volbert/Steller (Hrsg.), Handbuch der Rechtspsychologie, 2008, S. 221, 225; *Bender/Nack/Treuer*, Tatsachenfeststellung vor Gericht, 4. Aufl. 2014, Rn. 887.
681 *Bender/Nack/Treuer*, Tatsachenfeststellung vor Gericht, 4. Aufl. 2014, Rn. 892.
682 *Arntzen*, Vernehmungspsychologie, 3. Aufl. 2008, S. 25.
683 *Bender/Nack/Treuer*, Tatsachenfeststellung vor Gericht, 4. Aufl. 2014, Rn. 893.
684 *Arntzen*, Vernehmungspsychologie, 3. Aufl. 2008, S. 22–24; *Bender/Nack/Treuer*, Tatsachenfeststellung vor Gericht, 4. Aufl. 2014, Rn. 894–895.
685 *Bender/Nack/Treuer*, Tatsachenfeststellung vor Gericht, 4. Aufl. 2014, Rn. 896.
686 *Wendler/Hoffmann*, Technik und Taktik der Befragung, 2. Aufl. 2015, Rn. 83.
687 *Arntzen*, Vernehmungspsychologie, 3. Aufl. 2008, S. 12–13

Fahrzeugs angelogen?" im Vergleich zu „Sie haben also den Ölverbrauch niedriger angegeben, als er in der letzten Zeit vor dem Verkauf im Durchschnitt war?".[688] Die zweite Version ist emotional leichter zu bejahen als die erste, weil die Etikettierung als Lügner Dissonanz[689] im Zeugen auslöst, der – wie jeder andere Mensch auch – darum bemüht ist, ein positives Selbstbild zu bewahren. Attackiert die Vernehmungsperson dieses Selbstbild, zu Recht oder nicht, ist es sehr wahrscheinlich, dass der Zeuge dagegen Widerstand leisten wird. Es ist ratsam, der Aussageperson soweit wie möglich eine „Brücke zur Wahrheit" zur bauen.[690]

333 Von der vorangegangenen Regel gibt es eine Ausnahme: In der Schlussphase einer Vernehmung kann eine gezielte Provokation vor allem gegenüber einem Belastungszeugen angezeigt sein, wenn alle freundlicheren Mittel vollständig darin versagt haben, einen Zeugen vom Lügen oder beharrlichen Verschweigen abzubringen.[691]

334 Schließlich kann der Inhalt einer Frage dazu dienen, eine emotional aufgeladene Situation aufzulösen. Gerät eine Aussageperson zu sehr in Erregung, sei es Trauer, Verzweiflung oder Wut, kann eine gezielte Ablenkungsfrage angezeigt sein, mit der auf ein emotional neutrales Thema übergeleitet wird. Es ist damit zu rechnen, dass die Person sich schnell beruhigt. Geht man dagegen auf die dominante Emotion ein, rückt sie dadurch erst recht ins Bewusstsein. Gelingt die Beruhigung dennoch nicht, ordnen Sie eine Sitzungspause an.[692]

cc) Fragetaktik

335 Als Vernehmerin gehen Sie taktisch vor. Der Zeuge sollte nicht beurteilen können, was Sie bereits wissen, da es sonst für ihn leicht ist, sich selbst darauf einzustellen und nur das einzuräumen, was ohnehin bereits bekannt ist, und sonst nichts. Stattdessen sollten Sie Ihnen vorliegende Informationen immer erst dann offen ins Verfahren einfließen lassen, wenn sich der Zeuge bereits soweit festgelegt hat, dass eine direkte Konfrontation mit einem Beweis die Widersprüchlichkeit der Behauptung zutage fördert.[693] Begründen Sie Ihre Fragen nicht, auch wenn sie ohne Einbettung aus Sicht Dritter ungewöhnlich oder kontextlos erscheinen und es damit scheinbar zu großen Themenumschwüngen kommt. Eine Erläuterung oder gar Rechtfertigung gäbe dem Zeugen Aufschluss darüber, was Sie schon wissen, und untergräbt Ihre tonangebende Rolle als Leiterin des Verfahrens.[694]

g) Fragetypen

336 Fragen lassen sich ihrer Funktion und Wirkung nach in unterschiedliche Typen klassifizieren. Die für den juristischen Kontext wichtigsten möchten wir Ihnen kurz vorstellen. Für eine vertiefte Erläuterung mit zahlreichen Beispielen verweisen wir auf die Darstellung in *Bender/Nack/Treuer*.[695]

---

688 *Bender/Nack/Treuer*, Tatsachenfeststellung vor Gericht, 4. Aufl. 2014, Rn. 897.
689 Siehe oben S. 25.
690 *Bender/Nack/Treuer*, Tatsachenfeststellung vor Gericht, 4. Aufl. 2014, Rn. 900.
691 *Bender/Nack/Treuer*, Tatsachenfeststellung vor Gericht, 4. Aufl. 2014, Rn. 900.
692 *Bender/Nack/Treuer*, Tatsachenfeststellung vor Gericht, 4. Aufl. 2014, Rn. 904.
693 *Bender/Nack/Treuer*, Tatsachenfeststellung vor Gericht, 4. Aufl. 2014, Rn. 908–909.
694 *Bender/Nack/Treuer*, Tatsachenfeststellung vor Gericht, 4. Aufl. 2014, Rn. 910.
695 *Bender/Nack/Treuer*, Tatsachenfeststellung vor Gericht, 4. Aufl. 2014, Rn. 911–966.

III. Zeugenvernehmung

aa) Die Filterfrage

Die **Filterfrage** klärt zu Beginn einer Vernehmung, ob die Auskunftsperson überhaupt etwas zum Beweisthema beitragen kann, also *eigene* Wahrnehmungen gemacht und den fraglichen Vorgang ohne Unterbrechungen beobachtet hat.[696] Dies gilt auch für polizeiliche Sachbearbeiter. Möglicherweise hat derjenige lediglich das Protokoll auf Basis der Angaben eines Kollegen angefertigt.

337

Vergewissern Sie sich, ob der Zeuge ein wahrnehmungsminderndes Handicap hat oder zumindest zu der relevanten Zeit hatte: Liegt eine solche Schwäche vor, ist es angezeigt, zu fragen, ob an dem Tag eine Sehhilfe getragen wurde, das Hörgerät eingeschaltet war und ob der Zeuge unter Alkohol- und/oder Drogeneinfluss stand.[697] Gerade Seh- und Hörschwächen sind für Außenstehende nicht immer offensichtlich erkennbar. Altersunabhängig(!) kaschieren manche Betroffene ihre Schwächen jahrelang und sind gewohnt, sie zu überspielen und ungefragt erst gar nicht zu erwähnen.[698] Verschaffen Sie sich daher gleich zu Beginn im Rahmen der Filterfragen Klarheit darüber, welche Wahrnehmungseinschränkungen vorlagen.

338

bb) Offene Fragen

Offene Fragen sind nützlich und haben den Vorteil, keinen allzu großen Suggestionseinfluss auf den Zeugen auszuüben, da sie die Richtung der Antworten nicht speziell einschränken. Sie eröffnen der Auskunftsperson die Möglichkeit, sich umfangreich und frei zu äußern. Meist handelt es sich um W-Fragen: wer, was, wann, wohin, wieviel, woran, worin, womit, weshalb, wozu, wodurch, warum, welche, wie, etc.[699]

339

---

696 *Staake*, Die Gestaltung der Vernehmung einer Auskunftsperson in der Hauptverhandlung durch den Tatrichter, in: Deckers/Köhnken (Hrsg.), Die Erhebung von Zeugenaussagen im Strafprozess, 2007, S. 213, 218.

697 *Bender/Nack/Treuer*, Tatsachenfeststellung vor Gericht, 4. Aufl. 2014, Rn. 912–913; *Wendler/Hoffmann*, Technik und Taktik der Befragung, 2. Aufl. 2015, Rn. 169–170. Denken Sie bei Sehschwächen nicht nur an Kurz- oder Weitsichtigkeit. Blindheit gibt es in vielen Abstufungen, die je nach Ausprägungsgrad eine Person zu einem Schwerbehindertenausweis berechtigen, obwohl die Person sich trotzdem aus Sicht Dritter relativ frei bewegt und am Alltag teilnimmt. Manche Betroffene erkennen zwar keine Details, aber Hell-Dunkel-Kontraste, was ihnen ermöglicht, trotzdem in die sozial angemessene Richtung zu schauen, wenn sie mit anderen in Kontakt treten. Und: Sehschwächen treten bei Jung und Alt auf. Das Gleiche gilt für Hörschwächen. Vollkommene Gehörlosigkeit ist recht selten im Vergleich zu mangelnder Wahrnehmung von nur bestimmten Frequenzbereichen. Schwerhörigkeit bedeutet in aller Regel vor allem, dass alltagsrelevante Frequenzen wie der Bereich menschlicher Stimmen und Umgebungsgeräusche schlecht oder verändert wahrgenommen werden, nicht aber unbedingt, dass der Betroffene alles „zu leise" hört.

698 Hierzu eine kleine Anekdote, die der Verfasserin mündlich zugetragen wurde: Ein älterer Mann fuhr in einem Freizeitlokal mit einem großen Wagen vor. Bei Tisch ließ er sich die Speisekarte von der Kellnerin vorlesen und ging später auffällig unkoordiniert mit seinem Essen um. Als es ans Bezahlen ging, drückte er der Kellnerin das Portemonnaie in die Hand und forderte sie auf, den richtigen Betrag einfach zu entnehmen, er könne die Scheine nicht so genau unterscheiden. Im Anschluss ging er zurück zum Parkplatz und fuhr davon. Die Kellnerin notierte sich rechtzeitig das Nummernschild und alarmierte die Polizei, um den faktisch Blinden wortwörtlich aus dem Verkehr ziehen zu lassen. Der Mann mit Sicherheit schon lange fahruntüchtig, aber offensichtlich bislang nicht gewillt gewesen, den Führerschein abzugeben. Solche im Extremfall gemeingefährlichen Verhaltensweisen erklären sich aus einem Zusammenspiel von Stolz, Eitelkeit, Selbstüberschätzung und nicht zuletzt der Angst vor Autonomie- und Statusverlust.

699 *Wendler*, Vernehmungslehre, in: Römermann/Paulus (Hrsg.), Schlüsselqualifikationen für Jurastudium, Examen und Beruf, 2003, S. 298, 321; *Bender/Nack/Treuer*, Tatsachenfeststellung vor Gericht, 4. Aufl. 2014, Rn. 914; *Milne/Bull*, Psychologie der Vernehmung, 2003, S. 32–33.

cc) Geschlossene Fragetypen

340 **Geschlossene Fragen** sind insofern das Gegenstück zu offenen, als dass sie thematische Beschränkungen und Voraussetzungen vorgeben sowie nichtbenannte Alternativen bereits ausschließen.[700] Sie bergen meist ein hohes Suggestionspotential, daher sollten Sie sie bei einer Vernehmung tunlichst vermeiden, soweit es möglich ist.[701] Suggestion wirkt häufig subtil, leider auch ohne dass sich der Beeinflusser dessen bewusst ist. Beweiswert hat eine Antwort dann nur noch, wenn es sich um eine Überhangantwort handelt, also für die Antwortinhalte, die eindeutig über den Suggestivinhalt der Frage hinausgehen.[702] Um dies unterscheiden und entsprechend bewerten zu können, ist die möglichst lückenlose Protokollierung von Frage und Antwort unentbehrlich[703] – auch die Frage muss im Wortlaut oder mindestens ihrem kompletten Inhalt nach protokolliert sein, ein bloßes „auf Nachfrage:" genügt demgegenüber nicht.

dd) Testfragen

341 **Testfragen** dienen schließlich dazu, die Qualität der Aussage durch zusätzliche, über das eigentliche Beweisthema hinausgehende Informationen zu überprüfen.[704] Testfragen können verschiedenen Zwecken zugeordnet werden.

342 Wenn der allgemeine Verdacht besteht, dass die Aussageperson möglicherweise lügt, ist für die Bestimmung der Aussageglaubhaftigkeit die **Situations-** oder **Umgebungsfrage** die wichtigste aller Testfragen. Sie betrifft das Beweisthema gar nicht oder nur am Rande, sondern vielmehr jene angrenzenden Aspekte, die eine Zeugin beantworten können sollte, wenn sie eine subjektiv wahrheitsgemäße Aussage über ein wirklich erlebtes Ereignis macht.[705] Lügende Zeuginnen sind in der Regel sehr gut darauf vorbereitet, das Kerngeschehen zu schildern, übergehen jedoch aufgrund der hohen kognitiven Anforderungen an das Gedächtnis die randständigen Details.[706] Vermeintliche Nebensächlichkeiten wie die Witterung, Kleinigkeiten am Tatort, Kleidung, Gerüche, Geräusche und dergleichen, die einen detaillierten Kontext zum Beweisthema bilden, gehören zu den Informationen, die einer subjektiv wahrheitsgemäß aussagenden Person bis zu einem gewissen Grad im Gedächtnis geblieben wären, ohne dass sie sich besonders darauf konzentrieren müsste. Informationen dieser Art können dann für Situationsfragen verwendet werden, wenn sie dem Gericht entweder bereits bekannt sind oder man davon ausgehen kann, dass ihre Richtigkeit sich im weiteren Verfahren noch überprüfen lassen wird.[707] Beginnt der Zeuge nun, im Vergleich zum Kerngeschehen

---

700 *Milne/Bull*, Psychologie der Vernehmung, 2003, S. 33–34.
701 *Bender/Nack/Treuer*, Tatsachenfeststellung vor Gericht, 4. Aufl. 2014, Rn. 923; *Wendler/Hoffmann*, Technik und Taktik der Befragung, 2. Aufl. 2015, Rn. 61.
702 *Arntzen*, Vernehmungspsychologie, 3. Aufl. 2008, S. 35; *Bender/Nack/Treuer*, Tatsachenfeststellung vor Gericht, 4. Aufl. 2014, Rn. 929; *Wendler/Hoffmann*, Technik und Taktik der Befragung, 2. Aufl. 2015, Rn. 62.
703 *Bender/Nack/Treuer*, Tatsachenfeststellung vor Gericht, 4. Aufl. 2014, Rn. 930; *Wendler*, Vernehmungslehre, in: Römermann/Paulus (Hrsg.), Schlüsselqualifikationen für Jurastudium, Examen und Beruf, 2003, S. 298, 324.
704 *Wendler*, Vernehmungslehre, in: Römermann/Paulus (Hrsg.), Schlüsselqualifikationen für Jurastudium, Examen und Beruf, 2003, S. 298, 323; *Bender/Nack/Treuer*, Tatsachenfeststellung vor Gericht, 4. Aufl. 2014, Rn. 948; *Wendler/Hoffmann*, Technik und Taktik der Befragung, 2. Aufl. 2015, Rn. 63.
705 *Bender/Nack/Treuer*, Tatsachenfeststellung vor Gericht, 4. Aufl. 2014, Rn. 949; *Wendler/Hoffmann*, Technik und Taktik der Befragung, 2. Aufl. 2015, Rn. 54.
706 *Bender/Nack/Treuer*, Tatsachenfeststellung vor Gericht, 4. Aufl. 2014, Rn. 950.
707 *Bender/Nack/Treuer*, Tatsachenfeststellung vor Gericht, 4. Aufl. 2014, Rn. 952.

erst einmal länger nachzudenken, sollten Sie hellhörig werden – berücksichtigen Sie aber stets die Möglichkeit, dass sich der Zeuge schlichtweg nicht erinnert.[708]

Mit der **Themenwechselfrage** leitet der Richter abrupt zunächst auf ein neutraleres und dann wieder das Kernthema über, um beobachten zu können, ob sich Reaktionen der Auskunftsperson verändern, sie bspw. im Bereich des Kernthemas deutlich angespannter wirkt.[709] Dieses Vorgehen kann man mehrfach wiederholen, um sich zu vergewissern, dass die gezeigten Emotionen des Zeugen tatsächlich mit dem Thema variieren.[710]

343

Abschließend können Sie als Richter noch **pseudodiagnostische Fragen** stellen. Zwar sind Sie kein Psychologe, der eine diagnostische Testbatterie mit der Auskunftsperson durchgehen kann, doch in einem eingeschränkten Maße können Sie dennoch einige persönliche Eigenschaften anprüfen.[711] Sie befinden sich mit den folgenden Themen auf einem Terrain, das prinzipiell über standardisierte Verhaltensskalen, typischerweise in Form von Fragebögen, empirisch untersucht werden kann, es ist also durchaus zulässig, sich darüber Kenntnis verschaffen zu wollen. Beachten Sie jedoch, dass Ihnen während der Vernehmung nur begrenzte Erhebungsmöglichkeiten zur Verfügung stehen und die Möglichkeit besteht, dass die befragte Person die Testfragen durchschaut.

344

Fragen zu dem Gericht bereits zweifelsfrei bekannten Tatsachen, die auch die Auskunftsperson wissen muss, aber ihr sehr wahrscheinlich peinlich sind, können etwa Aufschluss über die Wahrheitswilligkeit geben.[712]

345

Manche Zeugen sind empfänglicher für Suggestion als andere; dies können Sie zumindest ein wenig testen, indem Sie eine falsche Information in eine Frage einbauen und beobachten, ob der Zeuge sie übernimmt oder korrigiert.[713] Beim Angeklagten sind Testfragen zur Beeinflussbarkeit wegen ihres täuschenden Charakters allerdings nicht statthaft![714]

346

Gelegentlich ist es angezeigt, sich einen Eindruck davon zu verschaffen, ob die Aussageperson bestimmten Vorurteilen anhängt. Dies können Sie anprüfen, indem Sie – nicht allzu plump – eine offene Frage stellen, die geeignet ist, ein passendes Vorurteil zu aktivieren.[715]

347

h) Spezialfall Komplott

Ein **Komplott** bezeichnet die gegenseitige Absprache mehrerer Personen, vor Gericht unrichtig auszusagen. Komplotte kommen häufig vor und können unter allen Verfahrensbeteiligten kreuz und quer auftreten.[716] Das Gericht muss ein Komplott nicht unbedingt stets positiv nachweisen, es genügt schon, wenn es die abgesprochene Aussage

348

---

708 *Bender/Nack/Treuer*, Tatsachenfeststellung vor Gericht, 4. Aufl. 2014, Rn. 954.
709 *Wendler*, Vernehmungslehre, in: Römermann/Paulus (Hrsg.), Schlüsselqualifikationen für Jurastudium, Examen und Beruf, 2003, S. 289, 323.
710 *Bender/Nack/Treuer*, Tatsachenfeststellung vor Gericht, 4. Aufl. 2014, Rn. 957.
711 *Bender/Nack/Treuer*, Tatsachenfeststellung vor Gericht, 4. Aufl. 2014, Rn. 958.
712 *Bender/Nack/Treuer*, Tatsachenfeststellung vor Gericht, 4. Aufl. 2014, Rn. 959.
713 *Bender/Nack/Treuer*, Tatsachenfeststellung vor Gericht, 4. Aufl. 2014, Rn. 961.
714 *Wendler*, Vernehmungslehre, in: Römermann/Paulus (Hrsg.), Schlüsselqualifikationen für Jurastudium, Examen und Beruf, 2003, S. 298, 323–324; *Bender/Nack/Treuer*, Tatsachenfeststellung vor Gericht, 4. Aufl. 2014, Rn. 962.
715 *Bender/Nack/Treuer*, Tatsachenfeststellung vor Gericht, 4. Aufl. 2014, Rn. 963.
716 *Bender/Nack/Treuer*, Tatsachenfeststellung vor Gericht, 4. Aufl. 2014, Rn. 967.

nicht glaubt, um dessen schädigende Wirkung für den Prozessausgang zu neutralisieren.[717]

349 Der erste Schritt zur Aufdeckung eines Komplotts ist, es als Möglichkeit in Betracht zu ziehen. Alle Personen, die sich möglicherweise untereinander abgesprochen haben könnten, müssen bis zum Abschluss der sehr sorgfältig geplanten Vernehmungen streng getrennt werden und intensiv mit Detail- und Situationsfragen einschließlich Vor- und Nachtatgeschehen befragt werden.[718] Auch mittelbarer Kontakt kann Informationen übertragen, die den Komplotteuren ermöglichen würden, sich aufeinander einzustellen.[719] Vorsicht vor unauffällig eingeschalteten Mobiltelefonen mit stehender Leitung oder Nachrichtenübertragung![720] Sofern eine vollständige räumliche Trennung der Aussagepersonen nicht gewährleistet werden kann, ist es besser, den ersten Zeugen im Raum zu halten, als ihm zu ermöglichen, schnell im Hinausgehen den nächsten über das Gesprochene zu informieren.[721] Toilettenpausen, vor allem wenn der Richter selbst austreten muss, eröffnen den Komplotteuren freien Austausch, wenn man niemanden instruiert, dies zu unterbinden.[722]

i) Besondere Vernehmungsmethoden

350 Wenn das Gericht eine detailliertere Aussage von einer grundsätzlich auskunftsbereiten Person benötigt, kann es sich des kognitiven Interviews oder der Mehrkanalmethode als besonderer Techniken bedienen.[723] Geht es spezifisch darum, die Glaubhaftigkeitsprüfung der Aussage unter mehr Zuglast zu bringen, so eignet sich das Zickzackverhör. Alle drei Methoden sollten erst nach dem freien Bericht angewendet werden.[724] Schließlich möchten wir Sie vor einer ungeeigneten Methode warnen.

aa) Das kognitive Interview

351 Die Methode des **kognitiven Interviews** geht auf das Forscherteam *Fisher/Geiselmann* zurück, die in den frühen 1980ern für das US-amerikanische Polizei- und Justizwesen Zeugenvernehmungen optimieren sollten. Anstatt sich mit fragwürdigen Hypnosetechniken zu beschäftigen, die damals wieder einmal in Mode waren, identifizierten sie auf Basis gedächtnispsychologischer Grundlagenforschung vier wirksame Erinnerungshilfen, die später ins Interviewformat überführt wurden.[725] Das kognitive Interview ist empirisch sehr gut belegt, es steigert die Erinnerungsleistung der Aussageperson im

---

717 *Bender/Nack/Treuer*, Tatsachenfeststellung vor Gericht, 4. Aufl. 2014, Rn. 968.
718 *Wendler*, Vernehmungslehre, in: Römermann/Paulus (Hrsg.), Schlüsselqualifikationen für Jurastudium, Examen und Beruf, 2003, S. 298, 328f, *Bender/Nack/Treuer*, Tatsachenfeststellung vor Gericht, 4. Aufl. 2014, Rn. 971.
719 *Bender/Nack/Treuer*, Tatsachenfeststellung vor Gericht, 4. Aufl. 2014, Rn. 979.
720 *Bender/Nack/Treuer*, Tatsachenfeststellung vor Gericht, 4. Aufl. 2014, Rn. 982.
721 *Bender/Nack/Treuer*, Tatsachenfeststellung vor Gericht, 4. Aufl. 2014, Rn. 983.
722 *Bender/Nack/Treuer*, Tatsachenfeststellung vor Gericht, 4. Aufl. 2014, Rn. 983.
723 *Bender/Nack/Treuer*, Tatsachenfeststellung vor Gericht, 4. Aufl. 2014, Rn. 1009.
724 *Bender/Nack/Treuer*, Tatsachenfeststellung vor Gericht, 4. Aufl. 2014, Rn. 1010.
725 *Köhnken/Kraus/Schemm*, Das Kognitive Interview, in: Volbert/Steller (Hrsg.), Handbuch der Rechtspsychologie, 2008, S. 232, 233; *Fisher* u. a., Enhancing enhanced eyewitness memory: Refining the cognitive interview, in: Journal of Police Science & Administration 15 (1987), S. 291–297; *Fisher*/Geiselman, R. Edward, Memory-enhancing Techniques for Investigative Interviewing, 1992; *Milne/Bull*, Psychologie der Vernehmung, 2003, S. 43; *Hermanutz/Litzcke*, Vernehmungsmethoden, in: Hermanutz/Litzcke (Hrsg.), Vernehmung in Theorie und Praxis, 2. Aufl. 2009, S. 116, 130–133.

III. Zeugenvernehmung

Schnitt um 41 %.[726] Das ist enorm. Kognitive Interviews sind wirksam, weil sie den Erinnerungsabruf des Zeugen unterstützen, indem sie sich eine Eigenschaft des menschlichen Gedächtnisses zunutze machen. Das episodische Gedächtnis ruft enkodierte, d. h. eingespeicherte Informationen vor allem dann leicht ab, wenn die Umstände wiederhergestellt werden, unter denen die Enkodierung stattgefunden hat.[727] Diese Eigenschaft wird als Enkodierungsspezifität bezeichnet. Je genauer die Enkodierungssituation nachgebildet werden kann, desto besser, da hierdurch besonders viele Assoziationsketten aktiviert werden;[728] jegliche Annäherungen nützen jedoch bereits. Die Umstände können den räumlichen Ort der ursprünglichen Wahrnehmung betreffen, ein erneutes Auftreten einer vergleichbaren emotionalen Lage oder auch Worte, die in der Situation gesprochen wurden.[729]

Die Durchführung eines kognitiven Interviews ist sowohl für die Vernehmerin als auch die Aussageperson sehr anspruchsvoll. Wird es nicht kunstgerecht ausgeführt, steigt die relative Rate der Falschinformationen; bei korrekter Durchführung geschieht dies allerdings nicht, bei gleichzeitig hohem Gewinn für die Detailreichhaltigkeit der Gesamtaussage.[730] Zusätzlich verbessern lässt sich die Wirksamkeit der Methode durch einige Parameter: Äußere Störungen wie Zwischenfragen sollten möglichst unterbleiben. Das Schließen der Augen verbessert die Erinnerungsleistung des Zeugen. Zudem ist es nützlich, dem Zeugen Ausstattung an die Hand zu geben, um zwischendurch Skizzen von räumlichen Verhältnissen zu machen.[731] Es ist sehr unwahrscheinlich, dass ein kognitives Interview nicht wenigstens ein paar zusätzliche Informationen hervorbringt, wenn das Geschehnis tatsächlich wie behauptet erlebt wurde.[732]

Die vollständige Struktur eines kognitiven Interviews beinhaltet vier Stufen:

(i) Das Zurückversetzen in den Wahrnehmungskontext

Falls eine Ortsbegehung zur Gelegenheit der Vernehmung erfolgen kann, ist dies ideal und sollte tatsächlich durchgeführt werden.[733] Oft ist es aber nicht möglich, den Ort

---

726 *Köhnken* u. a., The cognitive interview: A meta-analysis, in: Psychology, Crime & Law 5 (1999), S. 3–27: Nur drei von 42 Studien in der Metaanalyse fanden keinen Zuwachs korrekter Details, in allen anderen produzierten die Probanden dank kognitivem Interview 15–147 % mehr. Eine Verringerung der korrekten Details wurde nirgends beobachtet. Selbst 4–5jährige Kinder profitieren bereits vom kognitiven Interview, siehe *Holliday*, The Effect of a Prior Cognitive Interview on Children's Acceptance of Misinformation, in: Applied Cognitive Psychology 17 (2003), S. 443–458; *Holliday*, Reducing Misinformation Effects in Children with Cognitive Interviews: Dissociating Recollection and Familiarity, in: Child Development 74 (2003), S. 728–751; *Holliday/Albon*, Minimising Misinformation Effects in Young Children with Cognitive Interview Mnemonics, in: Applied Cognitive Psychology 18 (2004), S. 263–282.
727 *Tulving/Thomson*, Encoding specificity and retrieval processes in episodic memory, in: Psychological Review 80 (1973), S. 352–373; *Davies/Thomson* (Hrsg.), Memory in Context: Context in Memory, 1988; *Heubrock/Donzelmann*, Psychologie der Vernehmung – Empfehlungen zur Beschuldigten-, Zeugen- und Opferzeugen-Vernehmung, 2010, S. 48–49.
728 *Collins/Loftus*, A Spreading-Activation Theory of Semantic Processing, in: Psychological Review 82 (1975), S. 407–428.
729 *Bender/Nack/Treuer*, Tatsachenfeststellung vor Gericht, 4. Aufl. 2014, Rn. 1011; *Bower/Gilligan/Monteiro*, Selectivity of Learning Caused by Affective States, in: Journal of Experimental Psychology: General 110 (1981), S. 451–473. Dieses Phänomen ist der Grund, wieso manches frühere Lieblingslied aus der Playlist verschwinden muss, wenn es Sie beim Anhören zu sehr an eine verflossene Liebe erinnert. Die Autorin erinnert sich bspw. beim Duft von Kölnisch Wasser stets an ihre Patentante und deren frühere Wohnung in Münster.
730 *Bender/Nack/Treuer*, Tatsachenfeststellung vor Gericht, 4. Aufl. 2014, Rn. 1012.
731 *Bender/Nack/Treuer*, Tatsachenfeststellung vor Gericht, 4. Aufl. 2014, Rn. 1026.
732 *Bender/Nack/Treuer*, Tatsachenfeststellung vor Gericht, 4. Aufl. 2014, Rn. 1027.
733 *Bender/Nack/Treuer*, Tatsachenfeststellung vor Gericht, 4. Aufl. 2014, Rn. 1015.

der Geschehnisse räumlich aufzusuchen. Glücklicherweise kann dies gedanklich simuliert werden; funktionelle Untersuchungen am Gehirn haben gezeigt, dass das mentale „Durchspielen" einer Aktion diejenigen Areale aktiviert, die auch bei der echten Aktion aktiviert wären. Es ist daher äußerst sachdienlich, die Auskunftsperson aufzufordern, sich physisch und psychisch möglichst genau in den Wahrnehmungskontext zurückzuversetzen.[734] Beginnen Sie mit den äußeren Umständen: Wo hat es stattgefunden? Wie sah es dort aus? Welche Eigenschaften hatte der Raum? Welche anderen Personen waren vor Ort? Welche Gegenstände standen herum? Wie war das Wetter? Gab es Gerüche oder Geräusche?[735]

355 Fahren Sie fort mit dem Zustand der Aussageperson selbst und ihrem Verhalten: Wie war ihre körperliche Verfassung? Welches Ziel verfolgte sie zum Zeitpunkt der Geschehnisse? Woran hat sie währenddessen gedacht oder sich erinnert gefühlt? Welche Emotionen begleiteten den Vorgang? Wie hat sie auf das Ereignis reagiert? Hat sie im Anschluss anderen von ihrem Erlebnis berichtet?[736]

(ii) Die Ausführung sämtlicher Details

356 Nachdem nun der Wahrnehmungskontext soweit wie möglich wiederhergestellt ist, wird der Zeuge aufgefordert, den Ablauf des Ereignisses mit allen Details, an die er sich erinnert, zu schildern, ohne nach deren Wichtigkeit oder Vollständigkeit zu filtern.[737] Zugleich muss der Hinweis erfolgen, dass der Zeuge allerdings keine Ergänzungen vornehmen soll, um Erinnerungs- oder Wahrnehmungslücken zu füllen, sondern diese vielmehr offen benennen soll.[738]

(iii) Die Reihenfolgenvertauschung

357 Als nächstes ist die Aussageperson aufgefordert, die Ereignisse in einer anderen Reihenfolge zu schildern. Dies kann vom Ende rückwärts erfolgen, eine andere Möglichkeit ist, die Rückwärtserzählung zu einem signifikanten Zeitpunkt innerhalb des Ablaufs zu fordern.[739] Da diese Aufgabe erstens überraschend und zweitens ungewohnt ist, kann der Vernehmer die Zeugin unterstützen, indem er nach jedem Schritt fragt, was unmittelbar davor geschah. Die Reihenfolgenvertauschung führt dazu, dass die Zeugin sich deutlich mehr anstrengen muss und daher aktiver über das Ereignis nachdenkt, anstatt in eine routinierte Schilderung zu verfallen.[740]

---

[734] *Heubrock/Donzelmann*, Psychologie der Vernehmung – Empfehlungen zur Beschuldigten-, Zeugen- und Opferzeugen-Vernehmung, 2010, S. 49; *Milne/Bull*, Psychologie der Vernehmung, 2003, S. 45–46; *Hermanutz/Litzcke*, Vernehmungsmethoden, in: Hermanutz/Litzcke (Hrsg.), Vernehmung in Theorie und Praxis, 2. Aufl. 2009, S. 116, 133.
[735] *Bender/Nack/Treuer*, Tatsachenfeststellung vor Gericht, 4. Aufl. 2014, Rn. 1015.
[736] *Bender/Nack/Treuer*, Tatsachenfeststellung vor Gericht, 4. Aufl. 2014, Rn. 1016.
[737] *Milne/Bull*, Psychologie der Vernehmung, 2003, S. 44; *Hermanutz/Litzcke*, Vernehmungsmethoden, in: Hermanutz/Litzcke (Hrsg.), Vernehmung in Theorie und Praxis, 2. Aufl. 2009, S. 116, 134.
[738] *Bender/Nack/Treuer*, Tatsachenfeststellung vor Gericht, 4. Aufl. 2014, Rn. 1017.
[739] *Milne/Bull*, Psychologie der Vernehmung, 2003, S. 46; *Hermanutz/Litzcke*, Vernehmungsmethoden, in: Hermanutz/Litzcke (Hrsg.), Vernehmung in Theorie und Praxis, 2. Aufl. 2009, S. 116, 134–135; *Heubrock/Donzelmann*, Psychologie der Vernehmung – Empfehlungen zur Beschuldigten-, Zeugen- und Opferzeugen-Vernehmung, 2010, S. 53.
[740] *Bender/Nack/Treuer*, Tatsachenfeststellung vor Gericht, 4. Aufl. 2014, Rn. 1020.

III. Zeugenvernehmung

(iv) Der Perspektivenwechsel

Im vierten und anspruchsvollsten Schritt fordern Sie die Auskunftsperson auf, das Erlebnis aus Sicht einer anderen Person zu erzählen.[741] Dies könnte je nach Fall die Perspektive eines anderen Beteiligten oder einer unbeteiligten Person sein, die aber bestimmten Aspekten besondere Aufmerksamkeit geschenkt hätte. Der simulierte Blick von außen auf sich selbst ermöglicht einen frischen Blick auf die Erinnerung und fördert eine ganze Reihe zusätzlicher Details zutage.[742] Die letzten beiden Stufen des kognitiven Interviews können manche Zeugen überfordern, nichtsdestotrotz bleiben zumindest die ersten beiden Stufen auch bei diesen Zeugen hilfreich zur Gedächtnisunterstützung.

358

bb) Die Mehrkanalmethode

Die zweite Methode zur Steigerung des Detailreichtums, die sog. **Mehrkanalmethode**, bezieht insbesondere die Empfindungen der Zeugin mit ein. Diese Aspekte klären zwar den Sachverhalt nicht unbedingt näher auf, wirken aber wiederum als Abrufhilfen und bringen die Zeugin dazu, sich an weitere Assoziationen zu erinnern, die ihr sonst nicht mehr in den Sinn gekommen wären. Geeignete Fragen zielen dabei auf ihren persönlichen Eindruck vom Vorgang, ihre Gedanken dazu, die ausgelösten Gefühle sowie Aktionen und Gespräche, die sie als Reaktion auf das Ereignis getätigt hat.[743]

359

cc) Das Zickzackverhör

Beim **Zickzackverhör** wird der Zeuge mit allerlei thematisch unsortierten Fragen zum Geschehen konfrontiert.[744] Dies können Sie sehr leicht erreichen, indem Sie die Zwischenfragen, die Sie sich während des freien Berichts bereits für später notiert haben, in wild gemischter Reihenfolge zügig hintereinander stellen.[745] Grundsätzlich ist zu erwarten, dass jemand, der sich an ein tatsächliches Erlebnis erinnert, Fragen dazu auch dann noch beantworten kann, wenn diese zusammenhanglos auf ihn einprasseln. Natürlich gibt es Zeugen, die geistig nicht so beweglich sind oder auf Antwortdruck mit nachdenklichen Pausen reagieren, um auch ja nichts Falsches zu sagen; ein Lügner wird sich dagegen mit erhöhter Wahrscheinlichkeit bei einem solchen Vorgang in unerklärliche Widersprüche verstricken.[746]

360

---

741 *Heubrock/Donzelmann*, Psychologie der Vernehmung – Empfehlungen zur Beschuldigten-, Zeugen- und Opferzeugen-Vernehmung, 2010, S. 52.
742 *Bender/Nack/Treuer*, Tatsachenfeststellung vor Gericht, 4. Aufl. 2014, Rn. 1021–1022; *Anderson/Pichert*, Recall of previously unrecallable information following a shift in perspective, in: Journal of Verbal Learning and Verbal Behavior 17 (1978), S. 1–12; *Milne/Bull*, Psychologie der Vernehmung, 2003, S. 47; *Hermanutz/Litzcke*, Vernehmungsmethoden, in: Hermanutz/Litzcke (Hrsg.), Vernehmung in Theorie und Praxis, 2. Aufl. 2009, S. 116, 135–136..
743 *Bender/Nack/Treuer*, Tatsachenfeststellung vor Gericht, 4. Aufl. 2014, Rn. 1029.
744 *Wendler*, Vernehmungslehre, in: Römermann/Paulus (Hrsg.), Schlüsselqualifikationen für Jurastudium, Examen und Beruf, 2003, S. 298, 325
745 *Bender/Nack/Treuer*, Tatsachenfeststellung vor Gericht, 4. Aufl. 2014, Rn. 1032.
746 *Bender/Nack/Treuer*, Tatsachenfeststellung vor Gericht, 4. Aufl. 2014, Rn. 1030–1035; *Geipel*, Handbuch der Beweiswürdigung, 3. Aufl. 2017, § 33 Rn. 20–36.

dd) Die Reid-Technik

361 Insbesondere in Amerika wird im Umgang mit Beschuldigten oft die sogenannte **Reid-Technik**[747] empfohlen. Sie hat zum Ziel, die Aussageperson zu einem Geständnis zu bringen: Es soll der Widerstand des Beschuldigten und seines angenommenen Lügenkonstrukts gebrochen und sein vermeintlicher Wunsch zum Ablegen eines Geständnisses verstärkt werden.[748] Dabei werden auch Vernehmungstricks in Kauf genommen, die die Grenze zur Lüge überschreiten und mit deutschem Recht (§ 136a S. 1 StPO) unvereinbar wären, ebenso wie angsterzeugende oder manipulative Techniken. Letztlich geht es darum, den Beschuldigten davon zu überzeugen, dass ein Geständnis in seinem eigenen Interesse liege, wozu auch falsche Aussagen wie z. B. Täuschungen über die Beweislage, gelegentlich sogar über die berufliche Identität der Vernehmungsperson genutzt werden.[749] Dabei beginnt die Befragung in einer ersten Phase mit einer sogenannten „Vorbefragung" („Benehmens-Analyse-Interview"), in der durch harmlose und provozierende Fragen Anhaltspunkte dafür gesammelt werden sollen, ob die Aussageperson die Wahrheit sagt.[750] Bei Personen, die sich im Rahmen dieser Vorbefragung verdächtig verhalten, wird in der Folge davon ausgegangen, dass es sich bei ihnen um den Täter handelt, den man zum Geständnis bringen muss. In der zweiten Phase, der eigentlichen Vernehmung, steigert sich die Vernehmungsintensität.[751] So wird zunächst der Beschuldigte mit dem Tatvorwurf und ggf. auch der Behauptung, es gäbe Beweise, konfrontiert, wobei die Reaktion des Beschuldigten Hinweise darauf geben soll, ob er die Tat zu Recht abstreitet, es folgt ein Monolog der Vernehmungsperson, die die Tat verharmlost und so eine Brücke zum Geständnis bauen soll.[752] In einer späteren Phase der Vernehmung soll dem Verdächtigen eine Frage mit zwei Antwort-Alternativen gestellt werden, die beide die Tat eingestehen würden – einmal mit einer moralisch inakzeptablen Begründung, einmal mit einer moralisch entlastenden Begründung, die dem Verdächtigen das Geständnis erleichtern soll:[753] Dem Beschuldigten wird also die Möglichkeit geboten, mit der einen Variante des Geständnisses sein Gesicht zu wahren.[754]

362 Abgesehen von der rechtlichen Problematik der Vereinbarkeit einer solchen Befragungstechnik mit Vorgaben der StPO ist gegen eine derartige Herangehensweise einzuwenden, dass sie mit Erkenntnissen der psychologischen Forschung kaum in Einklang zu bringen ist. Die provozierende Art der Befragung kann auch bei unschuldigen Aussagepersonen zu Reaktionen führen, die als Hinweis für eine Täterschaft fehlgedeutet werden.[755] Auch kann die Herangehensweise aufgrund der festen Annahme, dass der Beschuldigte der Täter ist, der nur noch zum Geständnis gebracht werden muss, die Wahrnehmung von Gründen gegen eine Täterschaft durch die Vernehmungsperson er-

---

747 Vgl. *Inbau/Reid/Buckley*, Criminal interrogation and confessions, 3. Aufl. 1986. Aussprache in IPA: /riːd/.
748 *Habschick*, Erfolgreich vernehmen, 4. Aufl. 2016, S. 11; *Hermanutz/Litzcke*, Vernehmungsmethoden, in: Hermanutz/Litzcke (Hrsg.), Vernehmung in Theorie und Praxis, 2. Aufl. 2009, S. 116, 120.
749 *Habschick*, Erfolgreich vernehmen, 4. Aufl. 2016, S. 9.
750 *Kroll*, Wahre und falsche Geständnisse in Vernehmungen, 2012, S. 26.
751 Vgl. im Einzelnen zum Aufeinanderfolgen von 9 Stufen, auf die hier nicht im Detail eingegangen wird, *Habschick*, Erfolgreich vernehmen, 4. Aufl. 2016, S. 11 f.
752 *Kroll*, Reid-Methode, in: Das Behördenmagazin – Fachzeitschrift für Polizeibeamte und den öffentlichen Dienst 2/2016, S. 8, 9–10.
753 *Kroll*, Reid-Methode, in: Das Behördenmagazin – Fachzeitschrift für Polizeibeamte und den öffentlichen Dienst 2/2016, S. 8, 10.
754 *Habschick*, Erfolgreich vernehmen, 4. Aufl. 2016, S. 12.
755 *Hermanutz/Litzcke*, Vernehmung in Theorie und Praxis: Wahrheit – Irrtum – Lüge, 2. Aufl. 2009, S. 121.

III. Zeugenvernehmung

schweren.[756] Überdies birgt die Vernehmungsmethode eine Gefahr falscher Geständnisse.[757] Und selbst bei zutreffenden Geständnissen besteht die Gefahr, dass sie wegen Verstößen gegen § 136a StPO in direkter oder analoger Anwendung unverwertbar sind.[758] Zusammenfassend lässt sich feststellen, dass die Reid-Methode in Deutschland rechtlich unzulässig ist, darüber hinaus aber auch ohnehin zweifelhafte Ergebnisse produziert.

2. Korrekte Dokumentation und typische Fehler

Keine noch so kunstvolle Vernehmung wird einer gründlichen Analyse zugeführt werden können, wenn sie nicht hinreichend protokolliert wurde. Ideal wäre ein **Protokoll**, wenn es dem Leser praktisch denselben Eindruck vom Aussageinhalt vermitteln könnte, als wäre er bei der Vernehmung anwesend gewesen.[759] Die rundweg beste Art der Protokollierung ist unter dem Aspekt der Aussageanalyse das seit 1974 gemäß § 160a ZPO zulässige Audioprotokoll. Es enthält den unverfälschten Originalton der Auskunftsperson, ganz im Gegensatz zu dem ressourcenintensiven und fehleranfälligen Versuch, mitzuschreiben.[760] Es ist nur in Ausnahmefällen gesetzlich erforderlich, dass die Geschäftsstelle das Protokoll in Langschrift überträgt; zudem kann den Prozessbeteiligten mit deren Einverständnis eine Audiokopie erteilt werden.[761] Ohne die Belastung der Protokollierungsarbeit hat das Gericht zudem mehr Möglichkeiten, Gestik, Mimik und sonstige nichtverbale Zeichen zu verfolgen und als kurze Anmerkung schriftlich zu fixieren.[762] Selbst mit einfachen Diktiergeräten ist es möglich, sich besonders wichtige Teile durch Niederschreiben der Laufzeitminute zu markieren, doch inzwischen steht ausgefeilte benutzerfreundliche Aufnahmesoftware zur Verfügung, mit der schon während der Aufnahme Lesezeichen gesetzt und beschriftet werden können.

363

Protokollierungsformen, die nicht den O-Ton fixieren können, stellen immer mehr oder weniger wahrheitsgetreue Zusammenfassungen dar. Dabei treten eine ganze Reihe von typischen Fehlern auf. Bedenken Sie das Ziel des Aussageprotokolls: Es geht nicht darum, die Essenz der Aussage möglichst praktisch vorzustrukturieren, sondern alles festzuhalten, was die Auskunftsperson und der Vernehmer tatsächlich gesagt haben.

364

Verfehlt wäre es, darauf zu hoffen, dass Zeugen Protokollierungsfehler mehrheitlich korrigieren ließen, wenn ihnen der Text zur Genehmigung vorgelegt oder vorgelesen wird. Zum einen wissen Zeugen selbst nicht unbedingt, dass ein Protokoll eine präzise

365

---

756 Vgl. oben S. 25.
757 *Kroll*, Reid-Methode, in: Das Behördenmagazin – Fachzeitschrift für Polizeibeamte und den öffentlichen Dienst 2/2016, S. 8, 11; *Habschick*, Erfolgreich vernehmen, 4. Aufl. 2016, S. 9 f.
758 Vgl. *Habschick*, Erfolgreich vernehmen, 4. Aufl. 2016, S. 16.
759 *Schneider*, Beweis und Beweiswürdigung, 5. Aufl. 1994, Rn. 1283.
760 *Bender/Nack/Treuer*, Tatsachenfeststellung vor Gericht, 4. Aufl. 2014, Rn. 1054–1055; *Greuel*, Zeugenvernehmung, in: Volbert/Steller (Hrsg.), Handbuch der Rechtspsychologie, 2008, S. 221, 228; *Köhnken/Kraus/Schemm*, Das Kognitive Interview, in: Volbert/Steller (Hrsg.), Handbuch der Rechtspsychologie, 2008, S. 232, 233; *Wendler/Hoffmann*, Technik und Taktik der Befragung, 2. Aufl. 2015, Rn. 84; *Adler*, Rechtsfragen bei Vernehmungen in Strafsachen, in: Hermanutz/Litzcke (Hrsg.), Vernehmung in Theorie und Praxis, 2. Aufl. 2009, S. 33, 52–53; *Milne/Bull*, Psychologie der Vernehmung, 2003, S. 197–198; *Geipel*, Handbuch der Beweiswürdigung, 3. Aufl. 2017, § 26 Rn. 312. Vgl. zu den Vorzügen einer Audioaufzeichnung gegenüber der herkömmlichen Protokollierung und auch zu dagegen aus praktischer Sicht vorgebrachter Kritik auch *Natter/Mohn/Hablitzel*, Die unmittelbare Aufzeichnung von Zeugenaussagen im zivil- und arbeitsgerichtlichen Verfahren, in: NJOZ 2013, S. 1041, 1042–1046.
761 *Bender/Nack/Treuer*, Tatsachenfeststellung vor Gericht, 4. Aufl. 2014, Rn. 1061–1062.
762 *Bender/Nack/Treuer*, Tatsachenfeststellung vor Gericht, 4. Aufl. 2014, Rn. 1064.

Wiedergabe ihrer tatsächlichen Worte sein sollte, zum anderen fällt es vielen Menschen sehr schwer, gegenüber einer Autoritätsperson wie einer Polizistin, Justizbeamtin oder einem Richter zu widersprechen und auf einen Fehler hinzuweisen. Selbst wenn sie das Protokoll aufgrund der „Nachbearbeitung" durch den Protokollanten sprachlich kaum noch verstehen, unterschreiben viele es kommentarlos.[763] Es ist – ohnehin, aber auch deshalb – die professionelle Aufgabe der protokollierenden Vernehmungsperson, von vornherein ein sachgerechtes Protokoll ohne die nachfolgenden Fehler anzufertigen.

a) Verkürzung

366   Aus Bequemlichkeit werden vermeintliche Nebensächlichkeiten häufig nicht mitprotokolliert, sondern aufs „Wesentliche" gekürzt. Dieses Vorgehen beschneidet die Aussage um wichtige Anteile, die die Analyse der Gesamtaussage so gut wie unmöglich machen.[764] Denken Sie zurück an die Realitätskennzeichen. Einer zusammengestrichenen Aussage sieht man weder Detailreichtum noch Originalität an, strukturelle Aspekte fallen ebenfalls weitgehend unter den Tisch.

b) Sprachliche Korrektur

367   Viele Aussagepersonen drücken sich weder sprachlich ausgefeilt noch juristisch korrekt aus, je nach regionalen Verhältnissen sprechen sie zudem im Dialekt. Lautmalerisch braucht ein schriftliches Protokoll zwar nicht zu sein, aber die tatsächlich verwendeten Worte müssen sich durchaus darin wiederfinden. Eine Übersetzung ins Hochdeutsche oder gar in rechtliche Fachsprache entspricht schlicht nicht dem, was die Person gesagt hat, zudem steckt in der Korrektur die Annahme, der Protokollant wisse, was sie „eigentlich" gemeint habe, was nicht stimmen muss.[765] Dasselbe gilt für „Präzisierungen" vage oder offen formulierter Aussagen. Für die Glaubhaftigkeitsanalyse ist es wichtig, erkennen zu können, an welchen Stellen die Zeugin Unsicherheit gezeigt hat.[766]

c) Weglassen der Aussageentstehung und „Hilfestellungen"

368   Gerade bei Daten sind Zeugen oft unsicher – der Bestimmtheitsgrad ist aber für die Aussagewürdigung von Bedeutung.[767] Die einkreisenden Überlegungen gehören mit ins Protokoll, da ansonsten fälschlich der Eindruck entsteht, der Zeuge sei sich bei der Datierung sicher gewesen, wenn lediglich das Endresultat der Überlegungen im Protokoll fixiert wird. Auch ggf. durch den Vernehmer erfolgende „Hilfestellungen" gehören zum Vernehmungsgespräch und sind daher in den Protokolltext aufzunehmen.[768] Berichtigt sich der Zeuge nachträglich, darf nicht nur die berichtigte Fassung protokolliert werden, vielmehr muss sich auch die Tatsache der Berichtigung aus dem Protokoll

---

763   *Geipel*, Handbuch der Beweiswürdigung, 3. Aufl. 2017, § 17 Rn. 80.
764   *Bender/Nack/Treuer*, Tatsachenfeststellung vor Gericht, 4. Aufl. 2014, Rn. 1044; *Wendler/Hoffmann*, Technik und Taktik der Befragung, 2. Aufl. 2015, Rn. 49; *Wendler*, Vernehmungslehre, in: Römermann/Paulus (Hrsg.), Schlüsselqualifikationen für Jurastudium, Examen und Beruf, 2003, S. 298, 328.
765   *Wendler*, Vernehmungslehre, in: Römermann/Paulus (Hrsg.), Schlüsselqualifikationen für Jurastudium, Examen und Beruf, 2003, S. 298, 327–328; *Bender/Nack/Treuer*, Tatsachenfeststellung vor Gericht, 4. Aufl. 2014, Rn. 1044; *Wendler/Hoffmann*, Technik und Taktik der Befragung, 2. Aufl. 2015, Rn. 78.
766   *Bender/Nack/Treuer*, Tatsachenfeststellung vor Gericht, 4. Aufl. 2014, Rn. 1047.
767   *Schneider*, Beweis und Beweiswürdigung, 5. Aufl. 1994, Rn. 1303.
768   *Bender/Nack/Treuer*, Tatsachenfeststellung vor Gericht, 4. Aufl. 2014, Rn. 1048–1049; *Wendler/Hoffmann*, Technik und Taktik der Befragung, 2. Aufl. 2015, Rn. 84.

III. Zeugenvernehmung

ergeben.⁷⁶⁹ Erfolgt die Berichtigung nur, weil der Zeuge eine frühere Frage falsch verstanden hat, ist auch das zu vermerken, weil die Gründe für eine spätere Berichtigung bei der Würdigung der Aussage zu berücksichtigen sind.⁷⁷⁰

d) Chronologische Korrektur

Unsortierte und sprunghafte Erzählstruktur ist ein Realitätskennzeichen, es wäre also ein schwerer Fehler, die Aussage nachträglich in chronologische Reihenfolge zu bringen.⁷⁷¹

369

e) Weglassen der Fragen

Vernehmungen finden in einem Gesprächskontext statt, insbesondere gekennzeichnet durch die Fragen, die die Vernehmerin stellt. Das gilt auch für Nachfragen. All diese Versatzstücke gehören wortgetreu mit ins Protokoll. Dies ist schon deshalb so wichtig, da potentiell jede Frage und Folgefrage suggestiv wirken kann und es daher wichtig ist, gezielt nachvollziehen zu können, an welcher Stelle ein Zeuge begonnen haben könnte, einem Suggestiveinfluss nachzugeben bzw. welcher Teil der Antwort als Überhangantwort dennoch verwertbar bleibt. Der Wortlaut der Frage ist unabdingbarer Teil des Protokolls.⁷⁷² Noch gravierender ist es, eine inhaltsreiche Suggestivfrage zu stellen, die die Zeugin lediglich bejaht, im Protokoll aber den Frageinhalt als Antwortinhalt der Zeugin nachträglich in den Mund zu legen.⁷⁷³

370

3. Besondere Vernehmungssituationen

Grundsätzlich gelten die soeben aufgezeigten Hinweise und Umstände für alle Auskunftspersonen. Für einige gibt es jedoch spezielle Aspekte zu berücksichtigen.

371

a) Polizeibeamte als Zeugen

In der Hauptverhandlung eines Strafprozesses treten häufig die ermittelnden Polizeibeamten als Zeugen auf. Polizisten sind sozusagen „Zeugen von Berufs wegen", sie verfügen über fachlich bedingten Sachverstand und sind geübt darin, auf relevante Details zu achten, die sich einem Laien kaum erschließen würden, um sie später in verwertbarer Weise wiederzugeben.⁷⁷⁴

372

Allerdings gibt es auch einige Stolpersteine. Wo die Berufserfahrung einerseits einem Polizisten mitunter erst ermöglicht, Zusammenhänge zu erkennen, kann sie seine Wahrnehmung auch verzerren, indem das Muster eines typischen Straftatablaufs die konkreten Geschehnisse in seiner Erinnerung überschreibt.⁷⁷⁵ Zudem ist die polizeili-

373

---

769 *Schneider*, Beweis und Beweiswürdigung, 5. Aufl. 1994, Rn. 1310.
770 *Schneider*, Beweis und Beweiswürdigung, 5. Aufl. 1994, Rn. 1310.
771 *Bender/Nack/Treuer*, Tatsachenfeststellung vor Gericht, 4. Aufl. 2014, Rn. 1050; *Wendler/Hoffmann*, Technik und Taktik der Befragung, 2. Aufl. 2015, Rn. 145; *Wendler*, Vernehmungslehre, in: Römermann/Paulus (Hrsg.), Schlüsselqualifikationen für Jurastudium, Examen und Beruf, 2003, S. 298, 328.
772 *Wendler*, Vernehmungslehre, in: Römermann/Paulus (Hrsg.), Schlüsselqualifikationen für Jurastudium, Examen und Beruf, 2003, S. 298, 328; *Bender/Nack/Treuer*, Tatsachenfeststellung vor Gericht, 4. Aufl. 2014, Rn. 1051–1053.
773 *Bender/Nack/Treuer*, Tatsachenfeststellung vor Gericht, 4. Aufl. 2014, Rn. 1053.
774 *Geipel*, Handbuch der Beweiswürdigung, 3. Aufl. 2017, § 35 Rn. 127; *Bender/Nack/Treuer*, Tatsachenfeststellung vor Gericht, 4. Aufl. 2014, Rn. 1413.
775 *Bender/Nack/Treuer*, Tatsachenfeststellung vor Gericht, 4. Aufl. 2014, Rn. 1415; 1418.

che Arbeit von zahlreichen Routineereignissen gekennzeichnet. Dies trägt das Risiko für eine zutreffende Aussage über eine bestimmte Begebenheit, dass die Erinnerung daran von mehreren ähnlichen Vorgängen überlagert wird und es zu Interferenzen[776] kommt.[777]

374 Trotz der besonderen Sachkenntnis einer Polizistin wäre es fehlerhaft, deshalb zu hohe Erwartungen in ihre Aussage zu legen.[778] Der Richter ist daher gehalten, keine Vorhaltungen zu machen, sondern sich genauso wie gegenüber anderen Zeugen zu verhalten, um der Polizistin nicht das Gefühl zu geben, sie hätte die entsprechende Beobachtung aber machen müssen. Eine solche Aussage kann in der Berufsehre kränken, zumal es mitunter gute Gründe gibt, wieso ein polizeilicher Zeuge konkret abgelenkt war, bspw. wenn ein Opfer geborgen werden musste.[779] Fingerspitzengefühl ist im Zusammenhang mit der Berufsehre auch geboten, weil einige Polizeibeamte Freisprüche als persönliche Niederlage erleben und sich schwer damit tun, wenn ihre Aussage final nicht als hinreichend gewürdigt wird.[780]

375 Aufgrund der gegenseitigen Verantwortung füreinander im Einsatz sind das Gruppengefühl und die Solidarität unter Polizisten stark ausgeprägt. Dies kann zu einer Überschätzung der Aussageleistung und der Richtigkeit des Verhaltens eines Kollegen führen.[781]

b) Anonyme Zeugen

376 In einigen Verfahren müssen Belastungszeugen anonym bleiben, vor allem wenn der Fall im Bereich der organisierten Kriminalität oder in der Verkaufskette von Rauschgift angesiedelt ist.[782] Hinweisgeber, Informanten, V-Leute, nicht offen ermittelnde Polizeibeamte und verdeckte Ermittler können für die Hauptverhandlung analog § 96 StPO bzw. nach § 110b Abs. 3 StPO gesperrt werden, ihre Aussagen müssen als Beweissurrogate aufgenommen werden.[783] Die Anforderungen der Rechtsprechung an die Würdigung der Wiedergabe der Aussage eines anonymen Zeugen durch den Gewährsmann als Zeugen vom Hörensagen sind hoch.[784] Das Gericht hat häufig keinen direkten Zugang zur eigentlichen Aussage, noch kann es sich ein eigenes Bild von der eigentlichen Aussageperson machen, so dass es entsprechend zurückhaltend damit sein sollte, die Aussage als glaubhaft anzusehen.[785] Wenn möglich, sollte eine anonyme Belastungszeugin per Videokonferenz in die Hauptverhandlung unter optischer und akustischer Abschirmung gemäß § 247a StPO eingeschaltet werden.[786]

---

776 Siehe oben S. 68.
777 *Bender/Nack/Treuer*, Tatsachenfeststellung vor Gericht, 4. Aufl. 2014, Rn. 1421; *Wendler/Hoffmann*, Technik und Taktik der Befragung, 2. Aufl. 2015, Rn. 104.
778 *Wendler/Hoffmann*, Technik und Taktik der Befragung, 2. Aufl. 2015, Rn. 105; *Bender/Nack/Treuer*, Tatsachenfeststellung vor Gericht, 4. Aufl. 2014, Rn. 1424; *Geipel*, Handbuch der Beweiswürdigung, 3. Aufl. 2017, § 17 Rn. 121.
779 *Bender/Nack/Treuer*, Tatsachenfeststellung vor Gericht, 4. Aufl. 2014, Rn. 1425.
780 *Bender/Nack/Treuer*, Tatsachenfeststellung vor Gericht, 4. Aufl. 2014, Rn. 1427; *Wendler/Hoffmann*, Technik und Taktik der Befragung, 2. Aufl. 2015, Rn. 22.
781 *Bender/Nack/Treuer*, Tatsachenfeststellung vor Gericht, 4. Aufl. 2014, Rn. 1429.
782 *Bender/Nack/Treuer*, Tatsachenfeststellung vor Gericht, 4. Aufl. 2014, Rn. 1473.
783 *Bender/Nack/Treuer*, Tatsachenfeststellung vor Gericht, 4. Aufl. 2014, Rn. 1473.
784 BGHSt 17, 382.
785 *Geipel*, Handbuch der Beweiswürdigung, 3. Aufl. 2017, § 35 Rn. 145.
786 *Bender/Nack/Treuer*, Tatsachenfeststellung vor Gericht, 4. Aufl. 2014, Rn. 1490.

III. Zeugenvernehmung

c) Opferzeugen

Der Begriff des „**Opferzeugen**" ist nicht gesetzlich verankert. Gemeint ist damit ein besonders schutzwürdiges mutmaßliches Opfer wie ein Kind oder eine Person, der mutmaßlich eine Straftat gegen die sexuelle Selbstbestimmung angetan wurde.[787] Da die Täter oft nahe Angehörige oder Partner des Opfers sind, können ambivalente Gefühle auftreten, die es dem Zeugen schwermachen, auszusagen. Es ist für die Beweissicherung hier besonders wichtig, die Aussage frühestmöglich in Bild und Ton aufzuzeichnen.[788] Grund hierfür ist, dass die psychische Belastung für den Zeugen vermindert wird, indem man möglichst auf mehrfache Vernehmung verzichtet.[789] Tritt ein Opferzeuge vor Gericht auf, um eine Aussage zu machen, kann angezeigt sein, den Beschuldigten auszuschließen oder sogar erst gar nicht über den Termin zu informieren, wenn davon auszugehen ist, dass der Untersuchungszweck ansonsten gefährdet wäre, also wenn zu befürchten ist, dass ein Zeuge in Gegenwart des Beschuldigten nicht die Wahrheit sagen werde.[790] Dieses Vorgehen legitimiert § 168c Abs. 3, Abs. 5 S. 2 StPO, allerdings sind dafür zumindest konkrete Anhaltspunkte erforderlich.[791] Der Strafverteidiger darf und soll trotzdem an dem Termin teilnehmen, um ggf. das Recht auf konfrontative Befragung des einzigen Zeugen aus Art. 6 Abs. 3 lit. d EMRK wahrzunehmen.[792] Generell ist bei jeder einzelnen Vernehmung eines Opferzeugen darauf zu achten, dass die Gesprächsatmosphäre entspannt ist und so wenig Belastungspotential wie möglich entfaltet.[793] Bei sehr jungen Zeugen kann dies sogar bedeuten, dass der Richter seine Robe ablegt und sich mit dem Kind zusammensetzt, anstatt von der Richterbank herabzusprechen.[794]

377

---

787 *Heubrock/Donzelmann*, Psychologie der Vernehmung – Empfehlungen zur Beschuldigten-, Zeugen- und Opferzeugen-Vernehmung, 2010, S. 135–147; *Bender/Nack/Treuer*, Tatsachenfeststellung vor Gericht, 4. Aufl. 2014, Rn. 1492.
788 *Bender/Nack/Treuer*, Tatsachenfeststellung vor Gericht, 4. Aufl. 2014, Rn. 1492–1493.
789 *Wendler/Hoffmann*, Technik und Taktik der Befragung, 2. Aufl. 2015, Rn. 16; *Bender/Nack/Treuer*, Tatsachenfeststellung vor Gericht, 4. Aufl. 2014, Rn. 1495.
790 *Bender/Nack/Treuer*, Tatsachenfeststellung vor Gericht, 4. Aufl. 2014, Rn. 1496.
791 *Kölbel*, in: Knauer/Kudlich/Schneider (Hrsg.), MünchKomm StPO, 2016, § 168c Rn. 10.
792 *Bender/Nack/Treuer*, Tatsachenfeststellung vor Gericht, 4. Aufl. 2014, Rn. 1496–1497.
793 *Heubrock/Donzelmann*, Psychologie der Vernehmung – Empfehlungen zur Beschuldigten-, Zeugen- und Opferzeugen-Vernehmung, 2010, S. 122–132; *Bender/Nack/Treuer*, Tatsachenfeststellung vor Gericht, 4. Aufl. 2014, Rn. 1502.
794 *Bender/Nack/Treuer*, Tatsachenfeststellung vor Gericht, 4. Aufl. 2014, Rn. 1503.

§ 6 Motivation

378 Das Konzept der **Motivation** umfasst alle „Prozesse, die der Initiierung, der Richtungsgebung und der Aufrechterhaltung physischer und psychischer Aktivitäten dienen".[795] Zwei davon sind auch für Juristen von speziellem Interesse. Das Schlagwort Motivation haben Sie bereits kurz im Rahmen der Motivationsanalyse im Kontext der Aussagewürdigung kennengelernt.[796] Dahinter steht in der Psychologie allerdings eine komplexere Materie, als man aus der Alltagssprache vermuten möchte. Insbesondere differenziert die Motivationstheorie zwischen einigen grundlegenden Begriffen, die Juristen als Synonyme missverstehen könnten. Daher schenkt dieses Kapitel dem Thema noch einmal gesonderte Aufmerksamkeit.

379 Zwei universelle Charakteristiken bestimmen motiviertes menschliches Handeln:
1. das Streben nach Wirksamkeit, d. h. direkter oder **primärer Kontrolle** der physischen und sozialen Umwelt, und
2. die Organisation von Zielengagement und Zieldistanzierung.[797]

380 *Jutta Heckhausen* weist darauf hin, wie selbstverständlich es erscheint, dass menschliches Verhalten auf Wirkungen in der Außenwelt ausgerichtet ist und man geneigt ist, sich zu fragen, wie es sonst ausgerichtet sein sollte als entweder ein Ziel anstrebend oder sich von einem Ziel zurückziehend, dass es sich dabei jedoch um eine evolutionär hochadaptive Leistung handelt.[798] Laut dem modernen allgemeinen Motivationsmodell entsteht Motivation aus der Interaktion zwischen Person und Situation.[799] Aus der Person kommen Bedürfnisse, Motive und Ziele, aus der Situation Gelegenheiten und mögliche Anreize.[800]

381 Universelle Verhaltenstendenzen und Bedürfnisse sind elementare physische Bedürfnisse, ebenso wie das Streben nach Wirksamkeit. Es liegt den verschiedenen Motiven zugrunde.[801] Hierbei geht es um physiologische Bedürfnisse wie Hunger und Durst.[802] (Implizite) Motive – oder genauer: überdauernde individuelle **Motivdispositionen** – bezeichnen persönliche Eigenschaften und Gewohnheiten, das, worunter man alltags-

---

795 *Gerrig*, Psychologie, 21. Aufl. 2018, S. 450, 455 f.
796 Siehe oben Rn. 208–213.
797 *Heckhausen/Heckhausen*, Motivation und Handeln: Einführung und Überblick, in: Heckhausen (Hrsg.), Motivation und Handeln, 5. Aufl. 2018, S. 1, 2.
798 *Heckhausen/Heckhausen*, Motivation und Handeln: Einführung und Überblick, in: Heckhausen (Hrsg.), Motivation und Handeln, 5. Aufl. 2018, S. 1, 2.
799 *Heckhausen/Heckhausen*, Motivation und Handeln: Einführung und Überblick, in: Heckhausen (Hrsg.), Motivation und Handeln, 5. Aufl. 2018, S. 1, 4. Bei dem allgemeinen Modell handelt sich um eine Integration des von *Heinz Heckhausen* vorgeschlagenen „Erweiterten Kognitiven Motivationsmodells" und *Rheinbergs* Darstellung des Grundmodells der klassischen Motivationspsychologie, vgl. *Heckhausen*, Achievement Motivation and Its Constructs: A Cognitive model, in: Motivation and Emotion 1 (1977), S. 238–329; *Heckhausen*, Motivation: Kognitionspsychologische Aufspaltung eines summarischen Konstrukts, in: Psychologische Rundschau 28 (1977), S. 175–189; *Heckhausen/Rheinberg*, Lernmotivation im Unterricht, erneut betrachtet, in: Unterrichtswissenschaft 8 (1980), 7–47.
800 *Heckhausen/Heckhausen*, Motivation und Handeln: Einführung und Überblick, in: Heckhausen (Hrsg.), Motivation und Handeln, 5. Aufl. 2018, S. 1, 5.
801 *Heckhausen/Heckhausen*, Motivation und Handeln: Einführung und Überblick, in: Heckhausen (Hrsg.), Motivation und Handeln, 5. Aufl. 2018, S. 1, 4.
802 *Heckhausen/Heckhausen*, Motivation und Handeln: Einführung und Überblick, in: Heckhausen (Hrsg.), Motivation und Handeln, 5. Aufl. 2018, S. 1, 4; *Heckhausen/Beckmann*, Motivation durch Erwartung und Anreiz, in: Heckhausen (Hrsg.), Motivation und Handeln, 5. Aufl. 2018, S. 119–162.

sprachlich die „Persönlichkeit" eines Menschen versteht.[803] Motivdispositionen sind emotional getönte Präferenzen dafür, sich mit bestimmten Anreizen immer wieder auseinanderzusetzen. Jeder Mensch erlernt sie in der frühen Kindheit.[804] Schließlich verfügt die Person auch über **Ziele** (auch: **explizite Motive**). Das sind bewusste, sprachlich repräsentierte oder repräsentierbare Selbstbilder, Werte und Ziele, die sich das Individuum selbst zuschreibt. Implizite und explizite Motive stimmen keineswegs unbedingt immer miteinander überein.[805] Aus der Situation heraus kommen dagegen intrinsische (aus der Handlung selbst oder deren Ergebnis gezogene) und extrinsische (auf die Folgen der Handlung oder ihres Ergebnisses bezogene) Anreize.[806] All diese Faktoren zusammen bilden die Motivationstendenz, die dann mit Intention in eine konkrete Handlung münden kann. Der Regulierungsprozess, über den die nötige Intention jeweils gebildet wird, nennt sich Volition.[807]

Sie sehen also: Das Motiv im juristischen Sinne wird in der Psychologie vielmehr mit dem Begriff der Motivation beschrieben. In den folgenden Ausführungen geht es zunächst um den Schluss von äußeren Handlungen auf innere Zustände. Er wird relevant bei Fragen des subjektiven Tatbestands, da oft – z. B. beim schweigenden Angeklagten – aus äußeren Indizien auf innere Tatsachen geschlossen werden muss. Außerdem ist es für das Schuldprinzip wichtig, nachzuvollziehen, wie eine Handlung motiviert war, um zu bestimmen, ob Sie der handelnden Person Verantwortung dafür zuweisen können.

I. Altruismus

Warum handeln Individuen – manchmal – fremdnützig, ohne dass sie selbst einen Vorteil davon haben? **Altruistisches Verhalten** hat bei genetischen Verwandten insofern einen Sinn, als eine Unterstützung des Verwandten – in evolutionspsychologischer Betrachtungsweise – dem Überleben des eigenen Genpools förderlich ist:[808] Ein Mensch kann die Chancen, seine Gene weiterzuvererben, auch dadurch erhöhen, dass er genetisch Verwandten hilft, Kinder zu bekommen.[809] Bei Situationen, in denen nur einer von mehreren Menschen aus einer Todesgefahr gerettet werden kann, zeigten sich Probanden bei Befragungen tatsächlich sehr sensibel gegenüber der Nähe des Verwandtschaftsgrads.[810] Generell helfen Menschen genetisch Verwandten in lebensbedrohlichen Situationen eher als Nichtverwandten, während dieser Effekt bei nicht lebensbe-

---

803 *Heckhausen/Heckhausen*, Motivation und Handeln: Einführung und Überblick, in: Heckhausen (Hrsg.), Motivation und Handeln, 5. Aufl. 2018, S. 1, 4; *Heckhausen/Scheffer*, Eigenschaftstheorien der Motivation, in: Heckhausen (Hrsg.), Motivation und Handeln, 5. Aufl. 2018, S. 49–82.
804 McClelland/Koestner/Weinberger, How Do Self-Attributed and Implicit Motives Differ?, in: Psychological Review 96 (1989), S. 690–702; *Brunstein*, Implizite und explizite Motive, in: Heckhausen (Hrsg.), Motivation und Handeln, 5. Aufl. 2018, S. 269–296.
805 *Heckhausen/Heckhausen*, Motivation und Handeln: Einführung und Überblick, in: Heckhausen (Hrsg.), Motivation und Handeln, 5. Aufl. 2018, S. 1, 5.
806 *Heckhausen/Heckhausen*, Motivation und Handeln: Einführung und Überblick, in: Heckhausen (Hrsg.), Motivation und Handeln, 5. Aufl. 2018, S. 1, 6.
807 *Heckhausen/Heckhausen*, Motivation und Handeln: Einführung und Überblick, in: Heckhausen (Hrsg.), Motivation und Handeln, 5. Aufl. 2018, S. 1, 8.
808 *Fischer/Wiswede*, Grundlagen der Sozialpsychologie, 3. Aufl. 2009, S. 130–131, 455–456; *Gerrig*, Psychologie, 21. Aufl. 2018, S. 695; *Bernstein*, Altruism and Genetic Relatedness, in: Buss (Hrsg.), The Handbook of Evolutionary Psychology, 2005, S. 528 f.
809 *Aronson/Wilson/Akert*, Sozialpsychologie, 8. Aufl. 2014, S. 398; vgl. *Hamilton*, The Genetical Evolution of Social Behavior, in: Journal of Theoretical Biology 7 (1964), S. 1, 16.
810 *Gerrig*, Psychologie, 21. Aufl. 2018, S. 695.

drohlichen Situationen schwächer ausfällt.[811] Ob das allerdings tatsächlich auf einer entsprechenden genetischen Vorprogrammierung beruht, ist in der psychologischen Literatur umstritten; denn in der Regel gehören genetisch Verwandte auch zu den Menschen, denen man emotional eng verbunden ist – schon dies allein könnte ausschlaggebend sein.[812] Tatsächlich gibt es Hinweise darauf, dass nicht so sehr die genetische Verwandtschaft, sondern vielmehr die emotionale Verbundenheit entscheidend ist, wobei enge Verwandtschaft und emotionale Nähe natürlich meist Hand in Hand gehen.[813]

384 Für das strafrechtliche Konzept der Garantenstellung ist daher zu überdenken, ob ein allzu striktes Anknüpfen an die Verwandtschaft tatsächlich gerechtfertigt ist. Relevant werden kann das vor allem in Fällen, in denen eine rechtfertigende Pflichtenkollision in Betracht kommt. In der Dogmatik der Unterlassungsdelikte ist umstritten, ob es für eine rechtfertigende Pflichtenkollision ausreicht, dass das geschützte Rechtsgut gegenüber dem geopferten Rechtsgut abstrakt zumindest gleichwertig ist,[814] oder ob eine konkrete Garantenpflicht – z. B. wenn sich sowohl das eigene Kind als auch das fremde Kind in Lebensgefahr befindet und nur eines gerettet werden kann – der allgemeinen Hilfsverpflichtung aus § 323c StGB vorgeht.[815] Wie sieht es beispielsweise aus, wenn zwischen der Rettung des genetisch verwandten Bruders und der Rettung der „bloßen" Lebensgefährtin, mit der man weder verheiratet noch verlobt ist, zu entscheiden ist? Macht man sich klar, dass psychologisch die enge emotionale Verbundenheit wichtiger für altruistisches Verhalten als die genetische Verwandtschaft ist, liegt es nahe, eine Hilfeleistung zugunsten der Lebensgefährtin zu akzeptieren, ist doch die emotionale Verbundenheit zwischen Lebensgefährten – unabhängig vom Trauschein – in der Regel größer als diejenige zwischen Geschwistern. Umgekehrt erscheint es naheliegend, eine Garantenstellung zwischen nahen Verwandten z. B. bei langjähriger Feindschaft, evtl. sogar schon bei langjährig fehlendem Kontakt zu relativieren.

385 Altruismus gegenüber bloß entfernten Bekannten und gegenüber Fremden lässt sich mit **Reziprozitätserwartungen** begründen:[816] Es besteht die Erwartung, selbst auch altruistisches Verhalten von anderen – nicht notwendig gerade dem Unterstützten („indirekte Reziprozität") – zu erhalten; tatsächlich hat der Aufbau einer Reputation als „vertrauenswürdiger Altruist" einen langfristigen Wert, so dass ein derart motiviertes altruistisches Verhalten überhaupt nicht rein fremdnützig ist.[817] Allerdings ist eine solche langfristige Gewinnerwartung als egoistisches Motiv natürlich längst nicht die einzige und wohl selten die zentrale Motivation für prosoziales Verhalten. Einer anderen Person Empathie entgegenzubringen steigert jedenfalls nach der – durch Studien beleg-

---

811 *Aronson/Wilson/Akert*, Sozialpsychologie, 8. Aufl. 2014, S. 398; vgl. *Sime*, Affiliate Behavior During Escape to Building Exits, in: Journal of Experimental Psychology 3 (1983), S. 21, 39.
812 *Aronson/Wilson/Akert*, Sozialpsychologie, 8. Aufl. 2014, S. 400.
813 *Gerrig*, Psychologie, 21. Aufl. 2018, S. 695; *Korchmaros/Kenny*, An Evolutionary and Close-relationship Model of Helping, in: Journal of Social and Personal Relationships 23 (2006), S. 21, 22 f., 29 f.
814 So z. B. *Frister*, Strafrecht AT, 6. Aufl. 2013, Kap. 22, Rn. 62.
815 *Rengier*, Strafrecht AT, 10. Aufl. 2018, § 49 Rn. 40.
816 *Gerrig*, Psychologie, 21. Aufl. 2018, S. 695; *Trivers*, The Evolution of Reciprocal Altruism, in: The Quarterly Review of Biology 46 (1971), S. 35, 51 f. Vgl. zu Reziprozität auch unten S. 173 im Rahmen der Ausführungen zum Verhandeln.
817 *Gerrig*, Psychologie, 21. Aufl. 2018, S. 695; *Barclay*, Trustworthiness and Competitive Altruism Can also Solve the „Tragedy of the Commons", in: Evolution and Human Behavior 25 (2004), S. 209, 217 f.

I. Altruismus

ten – **Empathie-Altruismus-Hypothese** wirklich altruistische Motive, der Person Hilfe zu leisten.[818]

Die Bereitschaft, Fremden in Not zu helfen, hängt stark von den genauen Eigenschaften der Situation ab.[819] Gerade wenn mehr als nur eine Person helfen könnte, gehen viele potentielle Helfer davon aus, dass jemand anders helfen wird oder helfen sollte. Tatsächlich ist es – jedenfalls bei überschaubaren Gruppengrößen – umso wahrscheinlicher, dass jemand helfend eingreift, je weniger (!) Menschen anwesend sind („**Zuschauereffekt**"; **Verantwortungsdiffusion**).[820]

386

Wenn mehrere Personen eine unklare Situation beobachten, erleichtert das überdies nicht unbedingt die Einschätzung, dass es sich um einen Notfall handelt, der ein helfendes Eingreifen erfordert: Denn für die Entscheidung, ob es sich um einen Notfall handelt, berücksichtigt man auch und vor allem die Reaktion der anderen, die aber wiederum nicht helfend vorpreschen, sondern sich ebenfalls an der Reaktion ihrer Umgebung orientieren.[821] Man nimmt also in Anwesenheit anderer seltener an, dass es sich wirklich um einen Notfall handelt, da man sich bei eigener Unsicherheit an den Reaktionen der anderen orientiert; die Tatsache, dass die anderen auch nicht so reagieren, als läge ein Notfall vor, sondern ebenfalls die Mitbeobachter beobachten, führt dann im Ergebnis oft bei allen dazu, dass sie nicht von einer Notsituation ausgehen („**pluralistische Ignoranz**").[822] Hinzu kommt, dass man in Situationen, in denen man nicht sinnvoll selbst direkt helfend eingreifen, sondern allenfalls die Polizei, die Feuerwehr etc. alarmieren kann, eher glaubt, irgendjemand anders habe bereits einen Notruf getätigt, je mehr Menschen die Situation beobachten.

387

Das spricht dafür, den konkreten Schuldvorwurf geringer ausfallen zu lassen, wenn mehrere potentielle Helfer anwesend sind, und den Vorsatz – wurde die Hilfsbedürftigkeit erkannt? – besonders sorgfältig zu prüfen. Bei unterlassener Hilfeleistung spielt der Zuschauereffekt zum einen eine Rolle bei der Abgrenzung von dolus eventualis und bloßer Fahrlässigkeit: Dass andere nicht tätig geworden und daher wohl nicht von einer Notsituation ausgegangen sind, spricht eher für die Fahrlässigkeit. Kommt man aber überhaupt zu einer Strafbarkeit, stellt sich die Folgefrage, ob die pluralistische Ignoranz mildernd im Rahmen der Strafzumessung zu berücksichtigen ist. Dagegen spricht zwar der Präventionsgedanke, doch dürfte das Schuldprinzip eine Berücksichtigung verlangen.

388

Allerdings führt eine – individuelle – Bitte um Hilfe psychologisch zu einem stärkeren Gefühl der Verantwortlichkeit.[823] Wenn also von mehreren potentiellen Helfern einige

389

---

818 *Bierhoff*, in: Frey/Irle, (Hrsg.) Theorien der Sozialpsychologie, 2. Aufl. 2002, S. 178, 179–185; *Gerrig*, Psychologie, 21. Aufl. 2018, S. 695; *Batson u. a.*, Immorality From Empathy-Induced Altruism: When Compassion and Justice Conflict, in: Journal of Personality and Social Psychology 68 (1995), S. 1042 ff.
819 *Gerrig*, Psychologie, 21. Aufl. 2018, S. 697.
820 *Fischer/Wiswede*, Grundlagen der Sozialpsychologie, 3. Aufl. 2009, S. 455–458; *Bierhoff*, in: Frey/Irle, (Hrsg.) Theorien der Sozialpsychologie, 2. Aufl. 2002, S. 178, 187–189; *Aronson/Wilson/Akert*, Sozialpsychologie, 8. Aufl. 2014, S. 29, 412; *Gerrig*, Psychologie, 21. Aufl. 2018, S. 697; *Darley/Latané*, Bystander Intervention in Emergencies: Diffusion of Responsibility, in: Journal of Personality and Social Psychology 8 (1968), S. 377, 379 f.; *Fischer u. a.*, The Bystander-Effect: A Meta-Analytic Review on Bystander Intervention in Dangerous and Non-Dangerous Emergencies, in: Psychological Bulletin 137 (2011), S. 517, 518.
821 *Gerrig*, Psychologie, 21. Aufl. 2018, S. 697; *Latané/Darley*, The Unresponsive Bystander: Why Doesn't He Help?, 1970, S. 33.
822 *Aronson/Wilson/Akert*, Sozialpsychologie, 8. Aufl. 2014, S. 414.
823 *Gerrig*, Psychologie, 21. Aufl. 2018, S. 698; vgl. *Moriarty*, Crime, Commitment, and the Responsive Bystander: Two Field Experiments, in: Journal of Personality and Social Psychology 31 (1975), S. 370, 376.

individuell angesprochen und um Hilfe gebeten werden, ist das ein Grund, im Rahmen der Strafzumessung von einer höheren Vorwerfbarkeit auszugehen.

II. Exkurs: Soziale Skripte

390 Ein Aspekt, der Handlungen motivieren kann, ist das Vorliegen von **Skripten,** also sozial vermittelten Programmen darüber, wie man sich verhalten soll.[824] Solche Skripte können beispielsweise das Sexualverhalten von Menschen beeinflussen, was besonders insofern problematisch ist, als die durchschnittlichen Skripte des Sexualverhaltens sich zwischen Frauen und Männern stark unterscheiden.[825] Das sexuelle Skript enthält Szenarien dessen, was man selbst als angenehm empfindet wie auch Erwartungen an einen Sexualpartner.[826] Besonders stark unterscheiden sich die sexuellen Skripte hinsichtlich der Interpretation von Widerstand gegenüber sexueller Annäherung: Während eine Mehrheit der Männer (ca. 60 %) bei einer Studie angab, schon einmal mit nur scheinbarem Widerstand konfrontiert gewesen zu sein – also mit Widerstand der Frau, der von der Intention getragen war, letztlich doch dem Geschlechtsverkehr zuzustimmen –, gab nur ein verschwindend geringer Teil der Frauen (ca. 5 %) an, derartiges scheinbares Widerstandsverhalten zu zeigen.[827] Fälle, in denen der Mann einen Widerstand als nur scheinbaren Widerstand (also Teil des sexuellen Spiels) auffasst, der von der Frau aber ernstgemeint ist, könnten einen Teil der sogenannten „date rapes" ausmachen.[828] Bei einer solchen Vergewaltigung während einer Verabredung neigten Männer eher dazu, dem Opfer einen Teil der Verantwortung anzulasten.[829] (Allerdings muss man sich darüber im Klaren sein, dass das Missverhältnis zwischen 5 % der Frauen, die bereits nur vorgeschobenen Widerstand geleistet hatten und 60 % der Männer, die angaben, das schon erlebt zu haben, weniger krass ist, als es im ersten Moment scheint, denn selbstverständlich können die wenigen Frauen, die bereits nicht ernstgemeinten Widerstand vorgespielt hatten, dieses Verhalten schon gegenüber mehreren Männern gezeigt haben.)

391 Wurde der Widerstand nur halbherzig zum Ausdruck gebracht, sollte der Strafjurist daher mit der Annahme auch von dolus eventualis hinsichtlich des entgegenstehenden Willens zumindest zurückhaltend sein, wenn er die Unschuldsvermutung ernstnimmt. Hier dürfte es angebracht sein, insbesondere das eingesetzte Nötigungsmittel als Indiz für den Vorsatz des Täters zu berücksichtigen – je stärker z. B. die erforderliche Gewaltanwendung ist, desto weniger kann ein Täter noch davon ausgehen, dass das Opfer nur scheinbar Widerstand leistet. Eine zurückhaltende Annahme des Vorsatzes ist für die Frau, die sich aus ihrer Sicht – völlig zu Recht – als Opfer empfindet, natürlich unbefriedigend. Dass die Annahme von Vorsatz immer naheliegender wird, je deutli-

---

[824] *Fischer/Wiswede,* Grundlagen der Sozialpsychologie, 3. Aufl. 2009, S. 190–191, 210, 461; *Gerrig,* Psychologie, 21. Aufl. 2018, S. 84–85; *Milne/Bull,* Psychologie der Vernehmung, 2003, S. 29.
[825] *Gerrig,* Psychologie, 21. Aufl. 2018, S. 86.
[826] *Gerrig,* Psychologie, 21. Aufl. 2018, S. 86.
[827] *Gerrig,* Psychologie, 21. Aufl. 2018, S. 86; *Muehlenhard/Rogers,* Narrative descriptions of "token resistance to sex", in: Muehlenhard (Hrsg.), "Token resistance" to sex: Challenging a sexist stereotype. Presented at the annual meeting of the American Psychological Association, Toronto (hier zitiert nach *Marx/Gross,* Date Rape – An Analysis of two contextual Variables, in: Behavior Modification 19 (1995), S. 451, 452–453.
[828] *Gerrig,* Psychologie, 21. Aufl. 2018, S. 86.
[829] *Gerrig,* Psychologie, 21. Aufl. 2018, S. 86; *Bell u. a.,* „Understanding Attributions of Blame in Stranger Rape and Date Rape Situations: An Examination of Gender, Race, Identification, and Students' Social Perceptions of Rape Victims, in: Journal of Applied Social Psychology 24 (1994), S. 1719, 1729; *Ryckman u. a.,* Physical Size Stereotyping as a Mediator of Attributions of Responsibility in an Alleged Date-Rape Situation, in: Journal of Applied Social Psychology 28 (1998), S. 1876, 1877.

cher der Widerstand zum Ausdruck gekommen ist, dürfte – vor allem, da praktisch der ausreichend deutliche Widerstand nach dem Grundsatz „in dubio pro reo" zu beweisen ist –, nur einen schwachen Trost darstellen. Hier handelt es sich um den alten Konflikt zwischen Opferschutz und Unschuldsvermutung, der kaum für alle Seiten befriedigend zu lösen ist. Die Beweislastverteilung zugunsten des Angeklagten führt zwingend dazu, dass immer wieder tatsächliche Täter freigesprochen werden, obwohl Indizien für ihre Schuld bestehen, weil eben das Beweismaß der vollen Überzeugung gefordert ist: Der Richter muss so sicher von der Schuld des Angeklagten überzeugt sein, dass seine Überzeugung verbleibenden Zweifeln Einhalt gebietet.[830] Gerade in Konstellationen, in denen – wie oftmals bei Sexualdelikten – Aussage gegen Aussage steht und keine nennenswerten weiteren Beweismittel die eine oder andere Version stützen, ist es gut möglich, dass der Richter die erforderliche Überzeugung nicht erlangt, selbst wenn er grundsätzlich geneigt ist, dem Opfer zu glauben. Zumindest erleichtern kann das Gericht dem Opferzeugen seine Lage, ohne damit gleich den Verdacht einer Voreingenommenheit zu schüren, durch verständlich formulierte Hinweise auf Verfahrensnotwendigkeiten und juristische Regeln.[831] Auch der – vorsichtige – Ausdruck von Mitgefühl für das Opfer führt nicht gleich zur Annahme richterlicher Befangenheit, insbesondere wenn er mit dem Hinweis darauf verbunden wird, dass die Beweislastverteilung in dubio pro reo dem Schutz möglicherweise Unschuldiger vor einer ungerechtfertigten Strafverfolgung dient und zur unvermeidbaren Folge hat, dass auch tatsächlich Schuldige freizusprechen sind, wenn der Richter ihre Strafbarkeit zwar für wahrscheinlich, aber nicht für ausreichend sicher hält.

Im Jahr 2016 kam es in Deutschland zu einer Reform des Sexualstrafrechts, die der Ausfüllung von Rechtsschutzlücken dienen sollte.[832] Während in der Diskussion zunächst die Ausgestaltung „Ja heißt ja" erwogen wurde – also das grundsätzliche Erfordernis einer ausdrücklichen Zustimmung zu sexuellen Handlungen –, wurde letztlich eine als „Nein heißt nein" bezeichnete Variante kodifiziert: Danach sollen, so hieß es jedenfalls in der Diskussion in der Tagespresse, alle nicht einvernehmlichen sexuellen Handlungen unter Strafe gestellt werden, ohne dass es auf eine Gewaltanwendung des Täters ankommt; entscheidend sei allein der entgegenstehende Wille des Opfers, wenn er verbal oder konkludent geäußert werde.[833] Mit der Kurzformel „Nein heißt nein" war die Annahme verbunden, dass damit ein geäußerter Widerspruch zwingend zur Strafbarkeit führen müsse. Doch ein Blick in den Gesetzeswortlaut lässt Zweifel aufkommen. So heißt es z. B. in § 177 Abs. 1 StGB: „Wer gegen den erkennbaren Willen einer anderen Person sexuelle Handlungen an dieser Person vornimmt [...], wird [...] bestraft." Tatbestandsmerkmal ist also keineswegs der Ausdruck eines Widerspruchs durch das Opfer, sondern der „erkennbare Wille". Dass der Wille des Opfers erkennbar war, genügt nur für den objektiven Tatbestand. Subjektiv muss der Täter den tatsächlichen Willen des Opfers zutreffend erkannt haben – das objektive Tatbestandsmerkmal „gegen den Willen" muss sich auch im subjektiven Tatbestand widerspiegeln. Erkennt der Täter den entgegenstehenden Willen – und sei es auch noch so grob fahr-

---

830 *Schweizer*, Einheit des Beweismaßes: Soll im Straf- und Zivilprozessrecht das gleiche Beweismaß gelten?, in: Effer-Uhe/Hoven/Kempny/Rösinger, Einheit des Prozessrechts?, 2018, S. 341, 342 f.; für das Zivilrecht empfiehlt *Schweizer*, ebenda S. 344 ff. entgegen der h. M. ein abgesenktes Beweismaß der überwiegenden Wahrscheinlichkeit.
831 *Steller*, Vom richtigen Umgang mit Opfer-Zeugen, in: Forens Psychiatr Psychol Kriminol 2008, S. 65, 66.
832 Vgl. BT-Drs. 18/8210, S. 7 ff.
833 So z. B. *Rückert*, Das Schlafzimmer als gefährlicher Ort, in: DIE ZEIT Nr. 28/2016 vom 30.6.2016.

lässig – nicht, bleibt dann also kein Raum für eine Verurteilung. Kann man ihm die Behauptung, er habe den entgegenstehenden Willen nicht erkannt, nicht widerlegen, muss es ebenfalls zum Freispruch kommen. In Fällen, in denen der Täter einen Widerspruch des Opfers als nicht ernstgemeint ansieht (oder eine entsprechende Schutzbehauptung zumindest nicht mit der für eine Verurteilung erforderlichen Sicherheit zu widerlegen ist), kommt man also auch nach aktueller Rechtslage jedenfalls dann nicht zu einer Verurteilung, wenn dem Täter nicht zumindest Eventualvorsatz nachzuweisen ist, er also die Möglichkeit billigend in Kauf genommen hat, dass der Widerspruch tatsächlich ernstgemeint gewesen sein könnte.[834] Angesichts der o. g. Untersuchungen zu sexuellen Skripten und date rapes drängen sich konkrete Kriterien, an denen sich der Eventualvorsatz festmachen ließe, jedenfalls nicht unmittelbar auf. In der Diskussion zu § 177 StGB werden folgerichtig auch schon Bedenken geäußert, dass sich die Vorschrift in der Praxis sachwidrig in Richtung eines Fahrlässigkeitsdelikts entwickeln könnte. Aufgrund von nicht widerlegbaren Schutzbehauptungen, der Täter habe den deutlich geäußerten Widerstand des Opfers als nicht ernstgemeint in seiner Bedeutung verkannt, wird in vielen Fällen eine Strafbarkeit nur bei vorsätzlichem Handeln angesichts der strafprozessualen Beweislastverteilung in dubio pro reo an ihre Grenzen stoßen. Denkbar wäre allenfalls de lege ferenda, eine Fahrlässigkeitsstrafbarkeit zu statuieren. Darüber lässt sich sicherlich diskutieren – rechtspolitisch ist die Sinnhaftigkeit dieser Möglichkeit aber zumindest umstritten.[835]

---

834 *Ziegler*, in: von Heintschel-Heinegg, BeckOK StGB, Stand: 1.5.2018, § 277 Rn. 61.
835 Gegen eine Fahrlässigkeitsstrafbarkeit z. B. *Renzikowski*, in: MünchKomm StGB, 3. Aufl. 2017, § 177 Rn. 56.

§ 7 Attribution

Von der Frage, wie ein Verhalten tatsächlich motiviert ist, ist die Frage zu unterscheiden, welches Motiv ein Beobachter für das Verhalten ausmacht. Die **Attributionstheorie** beschreibt die Art und Weise, in der wahrgenommene Informationen genutzt werden, um zu kausalen Erklärungen für das Verhalten eines Menschen zu gelangen;[836] die zentralen Fragen sind dabei, ob die Ursache des Verhaltens in einer Person (**internale** oder **dispositionale Kausalität**) oder einer Situation (**externale** oder **situative Kausalität**) liegt und wer für das Ergebnis verantwortlich ist.[837]

393

Für Juristen spielen diese Fragen beispielsweise im Rahmen der Strafzumessung eine bedeutende Rolle, rechtfertigt doch der Vorwurf, ein Fehlverhalten wurzele in der persönlichen Disposition, im Grundsatz eine schwerere Strafe als eine externale Attribution.

394

Generell werden Kausalattributionen meist unter Bedingungen der Unsicherheit vorgenommen, da man selten sichere Informationen darüber hat, was jemanden zu einem Verhalten veranlasst hat.[838] Auch das ist für Strafrichter ganz ähnlich: Auch sie können meist nur aus äußeren Indizien auf die Motivation des Täters schließen. Selbst ein Geständnis kann diese Unsicherheit manchmal nicht völlig ausschließen.

395

Im Allgemeinen ist es sinnvoll, ein Verhalten auf einen Kausalfaktor zu attribuieren, wenn es aufgetreten ist, wenn dieser Faktor gegeben war, nicht dagegen, wenn er nicht gegeben war (**Kovariationsprinzip**).[839] Dass diese Zuschreibung keineswegs sicher ist, sollte dem Leser bereits bewusst sein: Korrelation bedeutet nicht automatisch Kausalität![840] Gerade dem Strafrichter hilft das Kovariationsprinzip in der Regel nicht weiter, weil er singuläre Ereignisse zu beurteilen hat und nicht weiß, ob das Verhalten auch in anderen Situationen aufgetreten (und die Straftat in diesen Situationen nur unentdeckt oder unaufgeklärt geblieben) ist.

396

Beim Versuch, das Verhalten anderer Menschen zu erklären, sind zwei grundsätzlich unterschiedliche Attributionsarten denkbar: Bei der internalen (oder dispositionalen) Attribution wird die Ursache des Verhaltens bei der Person selbst gesucht (z. B. Charakter, Einstellungen, Persönlichkeit), bei der externalen (oder situativen) Attribution wird die Ursache in der Situation gesehen.[841] Generell besteht eine Tendenz, eher dispositional als situativ zu attribuieren.[842] Die soziale Situation, in der ein Verhalten auftritt, ist aber regelmäßig eine wichtige Determinante des Verhaltens, die oft die Persönlichkeit, Werte und Erfahrungen aus der Vergangenheit dominiert.[843] Die Tendenz, dispositionale Faktoren überzubewerten und die prägende Kraft situationsbedingter Einflüsse zu unterschätzen, bezeichnet man als „**fundamentalen Attributionsfehler**".[844] Ein Grund für den fundamentalen Attributionsfehler liegt darin, dass wir uns üblicher-

397

---

836 *Stürmer*, Sozialpsychologie, 2016, S. 37–38; *Aronson/Wilson/Akert*, Sozialpsychologie, 8. Aufl. 2014, S. 114.
837 *Gerrig*, Psychologie, 21. Aufl. 2018, S. 650.
838 *Gerrig/Zimbardo*, Psychologie, 18. Aufl. 2008, S. 637.
839 *Stürmer*, Sozialpsychologie, 2016, S. 39–40; *Gerrig*, Psychologie, 21. Aufl. 2018, S. 650.
840 Siehe oben S. 16.
841 *Aronson/Wilson/Akert*, Sozialpsychologie, 8. Aufl. 2014, S. 115.
842 *Gerrig*, Psychologie, 21. Aufl. 2018, S. 651–652; *Aronson/Wilson/Akert*, Sozialpsychologie, 8. Aufl. 2014, S. 119; *Ross/Nisbett*, The Person and the Situation: Perspectives of social psychology, 1991, S. 79.
843 *Gerrig*, Psychologie, 21. Aufl. 2018, S. 655.
844 *Ross*, The Intuitive Psychologist and his Shortcomings: Distorsions in the Attribution Process, in: Berkowitz (Hrsg.), Advances in Experimental Social Psychology", Bd. 10, 1977, S. 173, 184; *Gerrig/Zimbardo*, Psychologie, 18. Aufl. 2008, S. 638; *Aronson/Wilson/Akert*, Sozialpsychologie, 8. Aufl. 2014, S. 9.

Effer-Uhe

weise auf die Person, deren Verhalten wir erklären wollen, konzentrieren statt auf ihre Umgebung.[845] (Infolgedessen ist der fundamentale Attributionsfehler in individualistisch geprägten Kulturen stärker ausgeprägt als in kollektivistischen, z. B. fernöstlichen Kulturen.[846]) Hinzu kommt, dass Informationen über situationsbedingte Ursachen oft schwer zu interpretieren und keineswegs immer verfügbar sind.[847]

398 Selbst nebensächlich erscheinende Aspekte der sozialen Situation können bedeutsamer sein als Persönlichkeitsunterschiede zwischen verschiedenen Personen.[848] Da situative Kräfte nicht immer sichtbar sind, ist es zur Vermeidung des fundamentalen Attributionsfehlers bei Vornahme negativer dispositionaler Attributionen (z. B. im Rahmen eines Strafurteils) sinnvoll, sich sehr intensiv mit der Frage zu beschäftigen, ob etwas an der Situation das Verhalten ausgelöst haben könnte.[849]

399 Erinnern Sie sich an die Bilder aus Abu Ghraib? Es handelt sich dabei um ein von den USA genutztes Gefängnis im Irak, in dem seit 2003 Verhöre mit Gefangenen durchgeführt wurden, die – tatsächlich oder in den meisten Fällen auch nur vermeintlich – über für den amerikanischen Geheimdienst relevante Informationen verfügten. Bei diesen Verhören wurden Methoden angewandt, die man als Folter einordnen kann, insgesamt kam es zu einer hohen zweistelligen Zahl an Todesfällen. Als die Fotos von dort an die Presse gelangten, gab es einen internationalen Aufschrei, der auch zu einer juristischen Aufarbeitung in den USA führte. Allerdings wurden nur recht wenige Personen belangt, und die meisten erhielten recht überschaubare Haftstrafen. In Abu Ghraib kam es – neben den Todesfällen durch Folter – zu einer extrem erniedrigenden Behandlung der Gefangenen durch dort tätige Soldaten (wobei sich allerdings nicht alle dort Tätigen so verhielten[850]). So wurden z. B. Fotos veröffentlicht, auf denen nackte Gefangene Pyramiden bilden mussten und dahinter die Aufseher grinsten, oder auf denen eine weibliche Soldatin einen nackten Gefangenen an einer Hundeleine durch das Gefängnis führte. Wie kommt es zu einem solchen Verhalten? Ist es ein bestimmter Menschenschlag, der sich für Tätigkeiten wie die Aufsicht in einem Foltergefängnis hergibt?

400 Forschungen legen nahe, dass das nicht so einfach ist, sondern auch „normale" Menschen durch die Macht der Situation in die Gefahr geraten, solche Verhaltensweisen zu zeigen. Besonders deutlich zeigte das im Jahr 1971 das sogenannte **Stanford-Prison-Experiment**[851]. In diesem Experiment wurden studentische Probanden über mehrere Tage in einigen als Zellen eingerichteten Räumen im Keller der Universität Stanford in zwei Gruppen – Wärter und Gefangene – eingeteilt und das Verhalten der Gruppen beobachtet. Die Probanden waren aus einer größeren Bewerbergruppe danach ausgewählt worden, dass sie bei Persönlichkeitstests durchschnittliche Ergebnisse erzielten. Die Aufteilung in die Wärter- und die Gefangenengruppe erfolgte zufällig. Den Probanden wurde eine Vergütung pro Tag des Experiments bezahlt. Sie hätten jederzeit unter Verzicht auf die Bezahlung aussteigen können. Die Wärter wurden mit Uniformen, Son-

---

845 *Aronson/Wilson/Akert*, Sozialpsychologie, 8. Aufl. 2014, S. 120.
846 *Aronson/Wilson/Akert*, Sozialpsychologie, 8. Aufl. 2014, S. 125–126; vgl. *Choi u. a.*, Culture and Judgment of Causal Relevance, in: Journal of Personality and Social Psychology 84 (2003), S. 46, 56.
847 *Aronson/Wilson/Akert*, Sozialpsychologie, 8. Aufl. 2014, S. 120; *Gilbert/Malone*, The Correspondence Bias, in: Psychological Bulletin 117 (1995), S. 21, 25.
848 *Aronson/Wilson/Akert*, Sozialpsychologie, 8. Aufl. 2014, S. 11.
849 *Gerrig*, Psychologie, 21. Aufl. 2018, S. 651-652.
850 *Aronson/Wilson/Akert*, Sozialpsychologie, 8. Aufl. 2014, S. 314.
851 *Haney/Banks/Zimbardo*, Interpersonal Dynamics in a Simulated Prison, in: International Journal of Criminology and Penology 1 (1973), S. 69-97; vgl. dazu auch *Gerrig*, Psychologie, 21. Aufl. 2018, S. 656–658.

nenbrillen und Gummiknüppeln ausgestattet, die Gefangenen in eine Art Krankenhaushemd gesteckt. Die Namen der Gefangenen wurden durch Nummern ersetzt. Die Wärter wurden darüber informiert, dass sie eigenständig Regeln ausarbeiten sollen. Sollte es zu einem Ausbruch kommen, werde das Experiment abgebrochen. Die Wärter führten an den ersten Tagen zu beliebigen Tages- und Nachtzeiten Zählappelle durch, um ihre absolute Macht über die Gefangenen zu demonstrieren. Schon am zweiten Tag kam es zu einem Aufstand, den die Wärter niederschlugen, indem sie eiskaltes Kohlendioxid in die Zellen sprühten. Zur Strafe wurden den Gefangenen z. B. Kleidung und Betten entzogen. Eine Zelle wurde als „privilegierte Zelle" eingerichtet, in der Gefangene untergebracht wurden, die sich kaum am Aufstand beteiligt hatten. Diese Gefangenen erhielten ihre Kleidung und Betten zurück und bekamen Essen, während die anderen Gefangenen zusehen mussten. Etwas später wurden die Gefangenen wieder gemischt, das führte zu Misstrauen, da die Rädelsführer der Gefangenen die Privilegierten für Spitzel hielten. So wurde die Solidarität unter den Gefangenen unterminiert, weitere koordinierte Aktionen der Gefangenen verhindert. Nach wenigen Tagen zeigten einige der Wärter sadistische Verhaltensweisen, einige der Gefangenen extreme körperliche Stressreaktionen. Vereinzelt mussten die Versuchsleiter einschreiten, um körperliche Misshandlungen zu verhindern. Nach sechs Tagen (statt ursprünglich geplanter zwei Wochen) musste das Experiment abgebrochen werden.

Welche Einflussfaktoren könnten das Verhalten der Wärter herbeigeführt haben, bei denen es sich – wie gesagt – um ganz normale Studenten handelte? Hier dürften einige Faktoren zusammengespielt haben, die jeder für sich genommen nicht sonderlich spektakulär sind, aber in ihrem Zusammenwirken hier (und beispielsweise auch in Abu Ghraib) derartige Verhaltensweisen begünstigt haben:[852]

- Anonymität und Deindividuation
- Macht der Regeln und Vorschriften
- Rollen und Verantwortung für Übertretungen
- Kognitive Dissonanz
- Bedürfnis nach sozialer Billigung

Die Gefangenen wurden von den Wärtern nicht als Individuen wahrgenommen, sondern durch die Verteilung von Nummern deindividualisiert.[853] Auch auf Seiten der Wächter kam es zu einer solchen Deindividuation: Uniformen und verspiegelte Sonnenbrillen ließen den einzelnen Menschen hinter seiner Rolle als Wärter zurücktreten.[854] Auch die Gefangenen fügten sich in ihre Rollen.[855] Sie schienen ihre Stellung teilweise sogar weniger als Rollen denn als Realität zu begreifen, jedenfalls schienen sie teilweise zu vergessen, dass sie freiwillig an dem Experiment teilgenommen hatten.[856] Trotz teilweise extremer körperlicher Stressreaktionen kam keiner auf die Idee, das Experiment unter Verzicht auf die Bezahlung abzubrechen. Viele der Misshandlungen konnten die Wärter vor sich selbst durch den Verweis auf Regeln und Vorschriften und

---

852 Vgl. zum Folgenden auch *Gerrig*, Psychologie, 21. Aufl. 2018, S. 657–658.
853 *Haney/Banks/Zimbardo*, Interpersonal Dynamics in a Simulated Prison, in: International Journal of Criminology and Penology 1 (1973), S. 69, 76.
854 *Haney/Banks/Zimbardo*, Interpersonal Dynamics in a Simulated Prison, in: International Journal of Criminology and Penology 1 (1973), S. 69, 75.
855 *Lovibond/Adams/Adams*, The Effects of Three Experimental Prison Environments on the Behavior of Non-conflict Volunteer Subjects, in: Australian Psychologist 14 (1979), S. 273, 278, 283.
856 *Haney/Banks/Zimbardo*, Interpersonal Dynamics in a Simulated Prison, in: International Journal of Criminology and Penology 1 (1973), S. 69, 93.

auf ihre Rolle rechtfertigen.[857] Innerhalb der Wärtergruppe bildete sich eine Art „Korpsgeist", die einzelnen Wärter passten sich dem vermeintlich von ihren Kollegen erwarteten Verhalten an.[858] Die sich steigernde Aggressivität der Wärter könnte zusätzlich auf eine Dissonanzreduktion[859] zurückzuführen sein:[860] Die ersten, eher „milden" Misshandlungen führten bei den Wärtern zu einer Dissonanz, da sie wahrnahmen, dass man sich so nicht verhalten sollte und dieses Verhalten mit ihrem Selbstbild nicht in Einklang stand. Es geht also um eine Art „Nachentscheidungsdissonanz": Sie hatten sich zu einem Verhalten entschieden, das sie nunmehr vor sich selbst rechtfertigten, indem sie es auf ihre Rolle und auf die Regeln schoben[861] und sich immer stärker weigerten, die Gefangenen als Individuen wahrzunehmen. (Generell ist es so, dass sich die Gefühle einer Person gegenüber einer anderen Person positiv ändern, wenn sie dieser anderen Person einen Gefallen tut, negativ dagegen, wenn sie dieser anderen Person schadet. Denn wenn man der anderen Person einen Gefallen getan hat, der einem selbst nichts bringt, dann drängt sich die Begründung auf, dass man das getan hat, weil man die Person mag, weil sie nett ist oder weil sie den Gefallen verdient hat. Umgekehrt liegt, wenn man einem anderen ohne erkennbaren Grund Schaden zugefügt hat, die Selbstrechtfertigung nahe, dass diese andere Person sich das selbst zuzuschreiben hat. In der psychologischen Literatur werden derartige Prozesse als „**Benjamin-Franklin-Effekt**" bezeichnet:[862] Als *Benjamin Franklin* Parlamentsabgeordneter in Pennsylvania war, war er durch die Feindseligkeit eines anderen Parlamentariers verstört. Er nahm sich vor, ihn auf seine Seite zu ziehen und für sich einzunehmen, indem er ihn dazu brachte, ihm eine Gefälligkeit zu erweisen, nämlich ihm ein seltenes Buch zu leihen, das *Franklin* ihm danach mit einem freundlichen Brief zurückgab. In der Folge sprach der andere ihn mit großer Höflichkeit an, unterstützte ihn auch in Zukunft, und es entwickelte sich sogar eine persönliche Freundschaft.)

Zurück zum fundamentalen Attributionsfehler: Verblüffenderweise kann der fundamentale Attributionsfehler sogar dann greifen, wenn der Attribuierende positiv weiß, dass etwas situativ bedingt ist. *Jones* und *Harris*[863] ließen Studenten Aufsätze über *Fidel Castro* lesen, in denen die Politik *Castros* entweder verteidigt oder kritisiert wurde. Einem Teil der Studenten wurde gesagt, dass der Aufsatz von einem Studenten geschrieben wurde, der sich aussuchen konnte, welchen Standpunkt er vertritt, während einem anderen Teil gesagt wurde, dass die im Aufsatz zu vertretende Haltung vorgegeben wurde. Die Probanden sollten im Anschluss beurteilen, ob der Schreiber der Aufsätze persönlich hinter dem von ihm vertretenen Standpunkt steht, indem sie bei verschiedenen Aussagen zu Kuba auf einer Skala von 1 bis 7 angeben sollten, wie sehr der Schreiber der Aussage zustimmen dürfte. Sowohl bei den *Castro* verteidigenden Aufsätzen (das war zu dieser Zeit eine in den USA ungewöhnliche politische Haltung) als auch bei den castrokritischen Aufsätzen ging eine sehr deutliche Mehrheit der Proban-

---

857 *Fiske/Harris/Cuddy*, Why Ordinary People Torture Enemy Prisoners, in: Science 306 (2004), S. 1482, 1483.
858 *Haney/Banks/Zimbardo*, Interpersonal Dynamics in a Simulated Prison, in: International Journal of Criminology and Penology 1 (1973), S. 69, 94.
859 Vgl. dazu ausführlich oben 25.
860 *Haney/Banks/Zimbardo*, Interpersonal Dynamics in a Simulated Prison, in: International Journal of Criminology and Penology 1 (1973), S. 69, 93.
861 *Haney/Banks/Zimbardo*, Interpersonal Dynamics in a Simulated Prison, in: International Journal of Criminology and Penology 1 (1973), S. 69, 92–93; *Fiske/Harris/Cuddy*, Why Ordinary People Torture Enemy Prisoners, in: Science 306 (2004), S. 1482.
862 *Aronson/Wilson/Akert*, Sozialpsychologie, 8. Aufl. 2014, S. 201 f.
863 *Jones/Harris*, The Attribution of Attitudes, in: Journal of Experimental Social Psychology 3 (1967), S. 1-24.

den davon aus, der Schreibende stünde persönlich hinter dem von ihm vertretenen Standpunkt. Das galt in statistisch signifikanter Weise sogar für die Probanden, die davon ausgingen, dass die einzunehmende Position dem Autor des Aufsatzes vorgegeben war, selbst bei den Pro-*Castro*-Aufsätzen, obwohl eine castrofreundliche Haltung zu dieser Zeit in den USA ausgesprochen ungewöhnlich war, die Basisrate an castrofreundlichen Amerikanern also denkbar gering war:[864] Trotz Kenntnis über die situativen Faktoren, die die zu vertretende Haltung vorgaben, wurde demnach sehr stark dispositional attribuiert.

Bei der Strafzumessung führt eine Unterschätzung der situativen Faktoren bei der Begehung der Straftat regelmäßig zu einem stärkeren Schuldvorwurf, da stärker an die „Persönlichkeit" des Delinquenten angeknüpft wird. Im Normalfall wird allerdings auch eine Auslösung der Tat durch situative Faktoren allenfalls zu einem etwas geringeren Schuldvorwurf führen, diesen aber nicht komplett entfallen lassen. Aber auch letzteres ist möglich, insbesondere in Notwehr- und Notstandssituationen. Gerade bei schweigenden Angeklagten wird in der Praxis oft nicht genügend erwogen, ob eine Notwehr- oder Notstandssituation vorgelegen haben könnte. Dabei fordert der Grundsatz „in dubio pro reo" auch bei diesen Angeklagten für eine Verurteilung, dass der Richter zu der positiven Überzeugung gelangt, dass das Verhalten nicht gerechtfertigt oder entschuldigt ist. Allein, dass der Angeklagte sich nicht einlässt und auf eine Notwehr- oder Notstandssituation nicht von sich aus hinweist, ändert nichts an der zu seinen Gunsten geregelten Beweislast! Auch bei der für die Strafaussetzung zur Bewährung wichtigen Prognose erneuter Strafbarkeit (vgl. § 56 Abs. 1 S. 1 StGB) können derartige Attributionsfehler relevant werden: Wenn das Verhalten Folge spezifischer Umstände war und gleiche Umstände auch eine andere Person zu einem vergleichbaren strafbaren Verhalten gebracht hätten, spricht das eher gegen die Erwartung erneuter Straffälligkeit, insbesondere wenn mit einer Wiederholung entsprechender Umstände nicht zu rechnen ist. Wenn dagegen die Gründe für das Verhalten gerade in der Person zu suchen sind, dann ist eher von einer Wiederholungsgefahr auszugehen.

404

Generell erfolgt die Attribution in zwei Stufen: Zunächst erfolgt regelmäßig eine internale Attribution, die dann in einem zweiten Schritt daraufhin überprüft wird, ob sie durch eine externale Attribution zu ersetzen ist; der zweite Schritt wird aber oft nicht in ausreichendem Maße durchgeführt.[865] Insbesondere wenn wir beschäftigt oder abgelenkt sind, kann der zweite Schritt auch ganz entfallen.[866] Eine Richterin sollte daher, wenn sie internal attribuiert, bewusst innehalten und ihre Attribution überdenken.[867]

405

Nicht nur die Situation hat einen Einfluss auf das Verhalten der Menschen, vielmehr hängt ihr Verhalten auch von ihrer Interpretation oder Deutung der sozialen Umwelt ab.[868] Diese Deutung kann sehr unterschiedlich ausfallen; generell besteht eine Überzeugung praktisch aller Menschen, dass sie die Dinge so wahrnehmen, wie sie tatsäch-

406

---

864 *Jones/Harris*, The Attribution of Attitudes, in: Journal of Experimental Social Psychology 3 (1967), S. 1, 5.
865 *Aronson/Wilson/Akert*, Sozialpsychologie, 8. Aufl. 2014, S. 121; *Krull*, Does the Grist Change the Mill? The Effect oft he Perceiver's Inferential Goal on the Process of Social Inference, Personality and Social Psychology Bulletin, 19 (1993), S. 340–341.
866 *Aronson/Wilson/Akert*, Sozialpsychologie, 8. Aufl. 2014, S. 122; *Gilbert/Hixon*, The Trouble of Thinking: Activation and Application of Stereotypic Biases, in: Journal of Personality and Social Psychology 60 (1991), S. 509–517.
867 Vgl. *Aronson/Wilson/Akert*, Sozialpsychologie, 8. Aufl. 2014, S. 122.
868 *Aronson/Wilson/Akert*, Sozialpsychologie, 8. Aufl. 2014, S. 11; *Ross/Nisbett*, The Person and the Situation: Perspectives of social psychology, 1991, S. 140.

lich sind („naiver Realismus"); wenn andere Menschen die Dinge anders sehen, dann muss das demnach daran liegen, dass sie voreingenommen sind.[869]

407 Der fundamentale Attributionsfehler kann noch zum sogenannten „ultimativen Attributionsfehler" gesteigert werden, wenn er auf der Grundlage von Stereotypen gleich eine ganze Gruppe von Menschen trifft. Unter Stereotypen versteht man Generalisierungen über eine Gruppe von Personen, bei denen allen Mitgliedern dieser Gruppe die gleichen Merkmale zugewiesen werden.[870] Stereotype tragen zur jeweils eigenen Konstruktion der sozialen Realität bei, indem sie wirksam Erwartungen enkodieren; fehlende Daten werden häufig mit „Informationen" aus dem Stereotyp ausgefüllt.[871] Informationen, die den eigenen Stereotypen widersprechen, werden häufig ab-, bestätigende Informationen aufgewertet.[872]

408 Es handelt sich beim ultimativen Attributionsfehler um die Neigung, dispositionale Attributionen bezüglich Menschen, die zu einer bestimmten Gruppe gehören, vorzunehmen und dann auf ihre gesamte (z. B. ethnisch oder religiös definierte) Gruppe zu verallgemeinern.[873] So befanden amerikanische Probanden, die die Rolle eines Geschworenen in einem fingierten Gerichtsverfahren spielten, einen Angeklagten eher für schuldig, wenn er einen hispanisch klingenden Nachnamen hatte.[874] Auch wurden Informationen, die einem Beweisverwertungsverbot unterliegen, bei dunkelhäutigen Angeklagten häufiger doch beachtet als bei weißen, während der Einfluss der unzulässigen Beweise von den Richtern stärker unterschätzt wurde.[875] Verhalten sich Menschen einem Stereotyp entsprechend, neigen wir dazu, die Ursache dafür in einem Persönlichkeitsmerkmal bzw. in ihrer Disposition zu sehen und nicht in der Situation oder den Lebensumständen nach den Gründen zu suchen.[876]

409 Die Attributionstheorie beschäftigt sich nicht nur mit der kausalen Erklärung fremden Verhaltens, sondern auch mit der Erklärung eigenen Verhaltens. Generell besteht eine Tendenz zu einer selbstwertdienlichen Attribution, also zu einer internalen Attribution von Erfolgen und einer externalen Attribution von Misserfolgen (self-serving bias).[877]

410 Eine andere Form der verzerrten Attribution stellen defensive Attributionen dar, die uns davor schützen, uns verwundbar zu fühlen.[878] Ein Beispiel dafür ist der „Glaube an die gerechte Welt", dem zufolge schlechte Dinge nur Leuten passieren, die Fehler

---

869 *Aronson/Wilson/Akert*, Sozialpsychologie, 8. Aufl. 2014, S. 13; *Ross*, Dealing with Conflict: Experiences and Experiments, in: Gonzales/Tavris/Aronson (Hrsg.), The Scientist and the Humanist: A Festschrift in Honor of Elliot Aronson, 2010, S. 39, 45–46.
870 *Gerrig*, Psychologie, 21. Aufl. 2018, S. 679.
871 *Gerrig*, Psychologie, 21. Aufl. 2018, S. 679.
872 *Gerrig*, Psychologie, 21. Aufl. 2018, S. 679–680.; *Munro/Ditto*, Biased Assimilation, Attitude Polarization, and Affect in Reactions to Stereotype-Relevant Scientific Information, in: Personality and Social Psychology Bulletin 23 (1997), S. 636, 650 f. Vgl. auch oben S. 25.
873 *Aronson/Wilson/Akert*, Sozialpsychologie, 8. Aufl. 2014, S. 498; *Pettigrew*, The Ultimate Attribution Error: Extending Allport's Cognitive Analysis of Prejudice, in: Personality and Social Psychology Bulletin 5 (1979), S. 461, 464.
874 *Aronson/Wilson/Akert*, Sozialpsychologie, 8. Aufl. 2014, S. 498 f.; *Bodenhausen*, Stereotypic biases in social decision making and memory: Testing process models of stereotype use, in: Journal of Personality and Social Psychology, 55 (1988), S. 726, 730.
875 *Englich*, in: Volbert/Steller (Hrsg.), Handbuch der Rechtspsychologie, 2008, S. 486, 488.
876 *Aronson/Wilson/Akert*, Sozialpsychologie, 8. Aufl. 2014, S. 499.
877 *Gerrig*, Psychologie, 21. Aufl. 2018, S. 652 f.; *Aronson/Wilson/Akert*, Sozialpsychologie, 8. Aufl. 2014, S. 128; *Robins/Beer*, Positive Illusions About the Self: Short-Term Benefits and Long-Term Costs, in: Journal of Personality and Social Psychology 80 (2001), S. 340, 345 ff.; *Gilovich*, How We Know What Isn't So: The Fallibility of Human Reason in Everyday Life, 1991, S. 78 f.
878 *Aronson/Wilson/Akert*, Sozialpsychologie, 8. Aufl. 2014, S. 130.

begehen oder falsche Entscheidungen treffen.[879] So besteht bei Verbrechen eine Tendenz, eine Mitschuld beim Opfer zu suchen.[880] Der Glaube an die gerechte Welt bewahrt den Attribuierenden davor, sich Sorgen um die eigene Sicherheit oder die seiner Angehörigen machen zu müssen.[881] So besteht beispielsweise bei einem Unfall mit schwerwiegenden Folgen die Gefahr, dass die Zeugen aufgrund ihres Glaubens an die gerechte Welt geneigt sind, zumindest eine Mitschuld beim Opfer zu suchen, und unbewusst ihre Aussage in diese Richtung färben.

---

879 *Aronson/Wilson/Akert*, Sozialpsychologie, 8. Aufl. 2014, S. 131; *Lerner*, The two Forms of Belief in a Just World in, Montada/Lerner (Hrsg.), Responses to Victimization and Belief in a Just World, 1998, S. 247, 248–248.
880 *Aronson/Wilson/Akert*, Sozialpsychologie, 8. Aufl. 2014, S. 131; vgl. z. B. *Abrams u. a.*, Perceptions of Stranger and Acquaintance Rape: The Role of Benevolent and Hostile Sexism in Victim Blame and Rape Proclivity, in: Journal of Personality and Social Psychology 84 (2003), S. 111, 121–122 zu Vergewaltigungsopfern.
881 *Aronson/Wilson/Akert*, Sozialpsychologie, 8. Aufl. 2014, S. 131.

§ 8 Soziale Normen, soziale Rollen, sozialer Einfluss

411 Viele Situationen werden durch die Gültigkeit **impliziter** und **expliziter Regeln** (Verhaltensrichtlinien für bestimmte Umgebungen) charakterisiert; unterschiedliche soziale Situationen stellen unterschiedliche **soziale Rollen** (sozial definierte Verhaltensmuster, die von einer Person erwartet werden, wenn sie in einer bestimmten Umgebung oder Gruppe funktioniert) bereit.[882] Erwartungen hinsichtlich sozial akzeptierter Verhaltensweisen und Einstellungen, die in den impliziten und expliziten Regeln einer Gruppe verankert sind, nennt man soziale Normen.[883] **Soziale Normen** werden erkannt, indem die Uniformität bestimmter Verhaltensweisen der Gruppenmitglieder oder die negativen Konsequenzen nach einer Normverletzung beobachtet werden.[884] Während Normen Regeln für alle Mitglieder einer Gruppe angeben, legen Rollen fest, wie sich Personen zu verhalten haben, die innerhalb der Gruppe bestimmte Positionen einnehmen.[885]

412 Zu den impliziten Regeln, die jeder verinnerlicht hat, gehört, dass man in Kommunikationssituationen nicht schweigt und so die Kommunikation verweigert: Schweigen in Kommunikationssituationen wird als unhöflich aufgefasst.[886] Von diesem Eindruck der Unhöflichkeit können sich auch Richter gegenüber dem schweigenden Angeklagten nur schwer frei machen; trotz des Schweigerechts aufgrund des Nemo-tenetur-Grundsatzes wird Schweigen zumindest unbewusst leicht als Eingeständnis des Vorwurfs wahrgenommen.[887] Da der von der Anklage zugrunde gelegte Tathergang die Information ist, die das Vorstellungsbild des Richters dominiert, wenn nicht die Verteidigung eine alternative Erklärung ins Feld führt, ist prozesstaktisch in aller Regel eine Erwiderung des Angeklagten mit dem Aufzeigen von Alternativsachverhalten anzuraten.[888] Allerdings sollte der Angeklagte von seinem Verteidiger auch über die Risiken der Einlassung aufgeklärt und entsprechend vorbereitet werden – nicht zuletzt darauf, dass ein Bestreiten des Vorwurfs das Spannungsverhältnis in der Hauptverhandlung stärker aufladen kann als ein bloßes Schweigen und dass mit einem gewissen Druck aufgrund einer intensiven Befragung durch Gericht und Staatsanwaltschaft gerechnet werden muss.[889]

413 Als **Konformität** bezeichnet man die Tendenz von Menschen, das Verhalten und die Meinungen anderer Gruppenmitglieder zu übernehmen,[890] oder allgemeiner eine Verhaltensänderung aufgrund des realen oder vermeintlichen Einflusses anderer.[891] Sie wird durch das Bedürfnis, sich in einer bestimmten Situation richtig zu verhalten und die richtige Handlungsweise zu verstehen (**Informationseinfluss** oder **informationaler sozialer Einfluss**), und durch das Bedürfnis, von anderen akzeptiert und gemocht zu

---

882 *Stürmer*, Sozialpsychologie, 2016, S. 136; *Gerrig*, Psychologie, 21. Aufl. 2018, S. 655; *Kessler/Fritsche*, Sozialpsychologie, 2018, S. 137, 144.
883 *Gerrig*, Psychologie, 21. Aufl. 2018, S. 659.
884 *Gerrig*, Psychologie, 21. Aufl. 2018, S. 659; *Kessler/Fritsche*, Sozialpsychologie, 2018, S. 7.
885 *Aronson/Wilson/Akert*, Sozialpsychologie, 8. Aufl. 2014, S. 312.
886 *Sommer*, Effektive Strafverteidigung, 3. Aufl. 2016, S. 366.
887 *Sommer*, Effektive Strafverteidigung, 3. Aufl. 2016, S. 367.
888 *Sommer*, Effektive Strafverteidigung, 3. Aufl. 2016, S. 367.
889 *Sommer*, Effektive Strafverteidigung, 3. Aufl. 2016, S. 369.
890 *Gerrig*, Psychologie, 21. Aufl. 2018, S. 659–660.
891 *Kessler/Fritsche*, Sozialpsychologie, 2018, S. 144–147; *Aronson/Wilson/Akert*, Sozialpsychologie, 8. Aufl. 2014, S. 233; *Kiesler/Kiesler*, Conformity, 1969, S. 2.

§ 8 Soziale Normen, soziale Rollen, sozialer Einfluss

werden (**Normeinfluss** oder **normativer sozialer Einfluss**), bewirkt.[892] Die Stärke des normativen sozialen Einflusses innerhalb einer Gruppe hängt nach Erkenntnissen der Social-Impact-Theorie von der Bedeutung der Gruppe für die beeinflusste Person und der zeitlichen und räumlichen Nähe der Gruppe während des Beeinflussungsversuchs ab.[893] Von Bedeutung ist daneben die Größe der Gruppe. In Klein- und Kleinstgruppen wächst der Einfluss der Gruppe schnell bei steigender Gruppengröße, aber nur bis zu einer Anzahl von vier oder fünf Mitgliedern, während er sich danach aufgrund steigender Gruppengröße nicht mehr wesentlich verändert.[894]

Wie stark der Einfluss der Gruppe sein kann, zeigte *Solomon Asch*[895] mit Studien, in denen die Probanden Fragen zu beantworten hatten, deren Lösung völlig eindeutig war: Den Probanden wurde erklärt, dass es um ein Experiment zur Wahrnehmungsbeurteilung gehe, an dem neben ihnen noch weitere Untersuchungsteilnehmer teilnähmen. Der Versuchsleiter zeigte dann jedem in der Probandengruppe eine Karte mit einer Linie und eine Karte mit drei Linien unterschiedlicher Länge. Die Personen in der Gruppe wurden dann gebeten, laut zu verkünden, welche der drei Linien auf der zweiten Karte in ihrer Länge der Linie auf der ersten Karte am ehesten entsprach. Tatsächlich befand sich in der vermeintlichen Probandengruppe immer nur ein echter Proband, während die anderen mit dem Versuchsleiter zusammenarbeiteten und bei einigen Runden absichtlich falsche Antworten gaben. Beobachtet wurde, wie ein Proband reagiert, wenn vor ihm mehrere der anderen vermeintlichen Teilnehmer übereinstimmend eine offensichtlich falsche Antwort gegeben hatten. Mehr als drei Viertel der Teilnehmer gaben bei mindestens einem Versuchsdurchgang eine völlig offensichtlich falsche Antwort. Im Schnitt passten sich die Probanden bei etwa einem Drittel der Durchgänge der falschen Antwort an. Die Teilnehmer gaben hinterher als Grund für ihre falsche Antwort an, keine Verärgerung bei den anderen in der Gruppe hervorrufen zu wollen, sich nicht blamieren zu wollen u. ä.

414

Der normative Druck ist stärker, wenn er von befreundeten Personen ausgeübt wird.[896] Es ist daher keine gute Basis für vernünftige Entscheidungen, wenn sie innerhalb einer Gruppe mit engen Bindungen untereinander getroffen werden, da Konflikte innerhalb einer solchen Gruppe eher vermieden werden.[897]

415

Wenn eine Gruppe zusammen erfolgreich ist, wächst zwar der Zusammenhalt der Gruppe (sog. **Gruppenkohäsion**); allerdings führt nicht umgekehrt auch wachsender Zusammenhalt zwingend zu besseren Ergebnissen.[898] Das ist vielmehr vor allem dann der Fall, wenn die jeweilige Aufgabe eine enge Zusammenarbeit der Gruppenmitglieder erfordert – wenn allerdings die Aufrechterhaltung guter Beziehungen innerhalb der

416

---

892 *Aronson/Wilson/Akert*, Sozialpsychologie, 8. Aufl. 2014, S. 269; *Gerrig/Zimbardo*, Psychologie, 18. Aufl. 2008, S. 674; *Kessler/Fritsche*, Sozialpsychologie, 2018, S. 146.
893 *Aronson/Wilson/Akert*, Sozialpsychologie, 8. Aufl. 2014, S. 280.
894 *Asch*, Opinions and Social Pressure, in: Scientific American 193 (1955), S. 31, 34; *Aronson/Wilson/Akert*, Sozialpsychologie, 8. Aufl. 2014, S. 281.
895 *Asch*, Effects of Group Pressure Upon the Modification and Distortion of Judgment, in: Guetzkow (Hrsg.), Groups, Leadership and Men, 1951, S. 177 ff; *Kessler/Fritsche*, Sozialpsychologie, 2018, S. 145–146.
896 *Aronson/Wilson/Akert*, Sozialpsychologie, 8. Aufl. 2014, S. 281; *Hogg*, The Social Psychology of Group Cohesiveness, 1992, S. 138, 141.
897 *Kessler/Fritsche*, Sozialpsychologie, 2018, S. 120–122; *Aronson/Wilson/Akert*, Sozialpsychologie, 8. Aufl. 2014, S. 281.
898 *Aronson/Wilson/Akert*, Sozialpsychologie, 8. Aufl. 2014, S. 317.

Gruppe so stark im Vordergrund steht, dass sie die Erarbeitung guter Lösungen behindert, wird gerade der Gruppenzusammenhalt zum Problem.[899]

417 Eine Gruppe funktioniert dann am besten, wenn das für das jeweils akute Problem kompetenteste Mitglied in der Lage ist, die anderen von seiner Ansicht zu überzeugen.[900] Wenn das kompetenteste Mitglied sich aber – wie im eben geschilderten *Asch*-Experiment – dem sozialen Druck der anderen beugt, ist das dem Arbeitsergebnis abträglich. Generell neigen Gruppen dazu, sich an den Informationen zu orientieren, die allen bekannt sind, dagegen Umstände zu ignorieren, die nur einzelnen Mitgliedern bekannt sind.[901] Ein erstes Problem ist schon, dass Informationen, die nicht allen bekannt sind, meist erst spät in die Diskussion eingebracht werden[902] – oft erst zu einem Zeitpunkt, zu dem das Ergebnis schon mehr oder weniger feststeht, oder auch gar nicht mehr, weil die Diskussion zu früh beendet ist. Hilfreich kann es sein, in einer Arbeitsgruppe verschiedene Gruppenmitglieder für bestimmte Fragen für zuständig zu erklären, die sich in diese Fragen einarbeiten sollen – das schafft ein Bewusstsein dafür, dass es in ihrer Verantwortung liegt, die einschlägigen Informationen zu diesen Fragen beizutragen.[903]

418 Besonders anfällig für schlechte Entscheidungen sind Gruppen dann, wenn unter den Mitgliedern der Zusammenhalt sehr stark ist, sie wenig von anders lautenden Meinungen mitbekommen und es einen klaren Anführer der Gruppe gibt, der seine Wünsche deutlich äußert.[904] Dann besteht die Gefahr, dass einzelne ihre abweichenden Standpunkte nicht äußern, weil sie die gute Stimmung nicht beeinträchtigen wollen oder fürchten, von anderen kritisiert zu werden.[905]

419 Für die Juristin stellt sich die Frage, was sie tun kann, um diesem Effekt des „**Gruppendenkens**" („**Groupthink**") entgegenzuwirken, wenn sie beispielsweise als Partnerin in einer Großkanzlei ein Team leitet. Hilfreich ist es zum einen, wenn sich die Führungsperson einer Arbeitsgruppe (also in der Großkanzlei der Partner) nicht vorschnell mit einer eigenen Auffassung aus der Deckung begibt, sondern erst einmal die Meinungen der anderen anhört. In wichtigen Fällen kann es sich lohnen, auch die Meinung einer externen Person einzuholen, gerade wenn die Arbeitsgruppe sich – erfreulicherweise – durch ein besonders gutes Arbeitsklima und großen Zusammenhalt auszeichnet. Außerdem kann es in ausreichend großen Gruppen eine sinnvolle Idee sein, zunächst kleine Untergruppen zu bilden und erst später die Vorschläge der Untergruppen

---

899 *Aronson/Wilson/Akert*, Sozialpsychologie, 8. Aufl. 2014, S. 317.
900 *Aronson/Wilson/Akert*, Sozialpsychologie, 8. Aufl. 2014, S. 324–325.
901 *Aronson/Wilson/Akert*, Sozialpsychologie, 8. Aufl. 2014, S. 325; *Stasser/Titus*, Pooling of Unshared Information in Group Decision Making: Biased Information Sampling during Discussion, in: Journal of Personality and Social Psychology 48 (1985), S. 1467, 1470; *Toma/Butera*, Hidden Profiles and Concealed Information: Strategic Information Sharing and Use in Group Decision Making, in: Personality and Social Psychology Bulletin 35 (2009), S. 793, 794.
902 *Fraidin*, When is One Head Better than Two? Interdependent Information in Group Decision Making, in: Organizational Behavior and Human Decision Processes 93 (2004), S. 102, 111; *Aronson/Wilson/Akert*, Sozialpsychologie, 8. Aufl. 2014, S. 326; *Larson/Christensen/Franz/Abbott*, Diagnosing Groups: The Pooling, Management, and Impact of Shared and Unshared Case Information in Team-Based Medical Decision Making, in: Journal of Personality and Social Psychology 75 (1998), S. 93, 104.
903 *Stasser/Stewart/Wittenbaum*, Expert Roles and Information Exchange During Discussion: The Importance of Knowing Who Knows What, in: Journal of Experimental and Social Psychology 31 (1995), S. 244, 262; *Aronson/Wilson/Akert*, Sozialpsychologie, 8. Aufl. 2014, S. 326.
904 *Stürmer*, Sozialpsychologie, 2016, S. 145; *Aronson/Wilson/Akert*, Sozialpsychologie, 8. Aufl. 2014, S. 326.
905 *Aronson/Wilson/Akert*, Sozialpsychologie, 8. Aufl. 2014, S. 327; *Janis*, Groupthink: Psychological Studies of Policy Decisions and Fiascoes, 2. Aufl. 1982, S. 245-248.

zu diskutieren – dann besteht im Plenum für niemanden mehr die unangenehme Situation, eine Meinung allein (oder vermeintlich allein) vertreten zu müssen, weil er zumindest Unterstützung durch die Mitglieder seiner Untergruppe erwarten kann. Minderheiten innerhalb einer Gesellschaft oder einer Gruppe besitzen in der Regel wenig Normeinfluss, da sich Mitglieder einer Mehrheit meist wenig Gedanken darüber machen, ob sie von einer Minderheit geschätzt werden; Informationseinfluss besitzen dagegen auch Minderheiten, indem sie durch Äußerung abweichender Meinungen Gruppenmitglieder animieren können, andere Perspektiven zu erwägen.[906] Vertritt innerhalb einer Gruppe noch eine weitere Person die eigene Minderheitsmeinung, macht es das erheblich einfacher, diese Meinung zu vertreten; das entspricht auch der praktischen Erfahrung, wie an Kollegialgerichten mit größeren Spruchkörpern Mehrheitsentscheidungen ergehen: So sind am amerikanischen Supreme Court Entscheidungen mit genau einem *dissenting vote* am seltensten.[907]

420 Möglicherweise kann man in einer größeren Arbeitsgruppe auch ein Gruppenmitglied ganz bewusst damit beauftragen, nur nach Gegenargumenten zu suchen und die Gruppenmeinung ganz gezielt in Frage zu stellen.

421 Generell weisen Gruppen eine Tendenz zu Entscheidungen auf, die extremer sind als diejenigen, die die Mitglieder jeweils für sich allein getroffen hätten (**Gruppenpolarisierung**); die Gruppenpolarisierung bewirkt eine weitere Verschiebung in Richtung der schon anfänglich bestehenden Gruppentendenz.[908] Ist eine Norm in einer Gruppe erst einmal etabliert, neigt sie dazu, sich selbst aufrechtzuerhalten; Normen können an die nächste Generation von Gruppenmitgliedern weitergegeben werden und können das Verhalten von Personen noch lange nach Auflösung der Gruppe, die die Norm hervorgebracht hat, beeinflussen.[909]

422 Bei mehrdeutigen Situationen orientiert man sich, wenn man nicht weiß, was die „richtige" Reaktion ist, am Verhalten anderer[910], auch insoweit kann Konformität eine Rolle für das Verhalten spielen – am Beispiel der Hilfeleistung in möglichen Notfallsituationen haben wir diese Thematik schon angesprochen.[911] Je mehrdeutiger die Situation ist, desto eher verlassen sich Menschen auf andere Menschen als Informationsquelle für die angemessene Reaktion, wobei insbesondere die Reaktion desjenigen, dem man Sachkenntnis zutraut, zum Maßstab genommen wird.[912] Problematisch ist die Orientierung an anderen, wenn diese nicht über mehr Expertise verfügen als man selbst.[913]

423 Für die Rechtswissenschaft kann informationaler sozialer Einfluss in einer weiteren, nicht auf die Suche nach der „richtigen Handlungsweise" beschränkten Bedeutung insbesondere bei Zeugen zum Problem werden, die mit anderen über ihre Beobachtungen sprechen. So führten *Gabbert* und Kollegen Paaren von Augenzeugen unterschiedliche Videos vor, ließen sie aber in dem Glauben, dass es sich um dasselbe Ereignis handele.

---

906 *Gerrig*, Psychologie, 21. Aufl. 2018, S. 663.
907 *Aronson/Wilson/Akert*, Sozialpsychologie, 8. Aufl. 2014, S. 282; *Granberg/Bartels*, On Being a Lone Dissenter, in: Journal of Applied Social Psychology 35 (2005), S. 1849, 1853.
908 *Gerrig*, Psychologie, 21. Aufl. 2018, S. 664.
909 *Gerrig*, Psychologie, 21. Aufl. 2018, S. 660; vgl. *Insko u. a.*, Social Evolution and the Emergence of Leadership, in: Journal of Personality and Social Psychology 39 (1980), S. 431, 435 ff.
910 *Aronson/Wilson/Akert*, Sozialpsychologie, 8. Aufl. 2014, S. 262.
911 Siehe oben S. 139.
912 *Aronson/Wilson/Akert*, Sozialpsychologie, 8. Aufl. 2014, S. 267.
913 *Aronson/Wilson/Akert*, Sozialpsychologie, 8. Aufl. 2014, S. 266.

Ließ man die Partner miteinander reden und führte dann einen Gedächtnistest mit ihnen durch, „erinnerten" sich 71 % der Probanden an etwas, das nur der Partner gesehen hatte.[914] Das spricht zum einen dafür, im unmittelbaren Umfeld eines Verfahrens Begegnungen zwischen Zeugen, die zu denselben Ereignissen aussagen sollen, tunlichst zu vermeiden. Zeugen zum selben Komplex sollten beispielsweise zeitlich versetzt geladen werden, um die Wahrscheinlichkeit zu verringern, dass sie Wartezeit bis zu ihrer Vernehmung gemeinsam auf dem Gerichtsflur verbringen und zu Gesprächen nutzen können. (Dass nicht eine größere Anzahl an Zeugen für die gleiche Uhrzeit geladen wird, obwohl absehbar ist, dass voraussichtlich ein Teil von ihnen erst geraume Zeit später wird aussagen können, sollte im Übrigen schon ein Gebot der Höflichkeit gegenüber den Zeugen sein.) Gespräche im Vorfeld der Verhandlung lassen sich dagegen durch den Richter nicht immer verhindern; beispielsweise wird es bei Autounfällen häufiger vorkommen, dass sich Zeugen unmittelbar vor Ort darüber austauschen, was sie gesehen haben. In einem solchen Fall müssen die im Prozess tätigen Juristen mit der Möglichkeit einer gegenseitigen Beeinflussung leben – sie allerdings auch bei der Bewertung der Aussage berücksichtigen.

424 Auch was den **Gehorsam** gegenüber Autoritäten angeht, lassen sich die Kategorien des normativen und des informationalen sozialen Einflusses fruchtbar machen: Weil Menschen gemocht werden wollen (Normeinfluss) und sich korrekt verhalten wollen (Informationseinfluss), neigen sie dazu zu tun, wozu sie aufgefordert werden.[915] Darüber hinaus verlassen sich Menschen bei der Frage, wie sie sich verhalten sollen, auf andere Menschen, insbesondere die jeweilige Autoritätsperson.[916] Außerdem ist Gehorsam gegenüber Autoritäten ein von Kindheit an gelerntes Verhalten, das tatsächlich in den allermeisten Alltagssituationen für die Gesellschaft nützlich ist.[917] Die Sozialisation führt dazu, dass wir Autoritätspersonen üblicherweise gehorchen, und zwar auch dann, wenn die Autoritätsperson nicht anwesend ist.[918]

425 Wie weit Gehorsam gegenüber Autoritäten gehen kann, zeigen besonders deutlich von *Stanley Milgram* in den 60er Jahren durchgeführte Experimente.[919] Er warb Teilnehmer an, die der Meinung waren, sie nähmen an einer Studie über Gedächtnis und Lernen teil. Sie bekamen für die Teilnahme eine Aufwandsentschädigung, wobei ihnen gesagt wurde, dass sie das Geld behalten könnten, egal, was in dem Experiment passieren würde. Diese Teilnehmer lernten dann einen anderen vermeintlichen Teilnehmer kennen (in Wahrheit ein vom Versuchsleiter engagierter Schauspieler). Ihnen wurde gesagt, dass einer von ihnen die Rolle des Lehrers, der andere diejenige des Schülers einnehmen würde und dass die Zuteilung zu den Rollen zufällig erfolge. (Tatsächlich bekamen die Probanden alle die Rolle des Lehrers.) Aufgabe des Lehrers war es, dem „Schüler" eine Liste mit Wortpaaren vorzulesen und ihn anschließend abzufragen. Bei jedem Fehler sollte der Lehrer dem Schüler, der im Nachbarraum, durch eine Glasscheibe sichtbar, festgeschnallt war, einen Stromstoß verabreichen. Es gehe darum, den Einfluss von Strafen auf das Lernen zu untersuchen; ausbleibende Antworten wurden

---

914 *Gabbert/Memon/Allan*, Memory Conformity: Can Eyewitnesses Influence Each Other's Memory for an Event?, in: Applied Cognitive Psychology 17 (2003), S. 533, 539; *Aronson/Wilson/Akert*, Sozialpsychologie, 8. Aufl. 2014, S. 265.
915 *Kessler/Fritsche*, Sozialpsychologie, 2018, S. 145; *Gerrig*, Psychologie, 21. Aufl. 2018, S. 667.
916 *Stürmer*, Sozialpsychologie, 2016, S. 140–141; *Gerrig*, Psychologie, 21. Aufl. 2018, S. 667.
917 *Gerrig*, Psychologie, 21. Aufl. 2018, S. 668.
918 *Aronson/Wilson/Akert*, Sozialpsychologie, 8. Aufl. 2014, S. 291.
919 *Milgram*, Behavioral Study of Obedience, in: Journal of Abnormal and Social Psychology 67 (1963), S. 371-378; vgl. dazu z. B. *Aronson/Wilson/Akert*, Sozialpsychologie, 8. Aufl. 2014, S. 291 ff.

wie falsche Antworten behandelt. Dabei sollten die Stromstöße bei jeder falschen Antwort stärker werden. Vor den Probanden befand sich ein Generator mit 30 Schaltern, markiert mit Aufschriften von „15 Volt" bis „450 Volt", daneben Kennzeichnungen von „leichter Stromstoß" über „Gefahr: schwerer Stromstoß" bis hin zu „XXX" neben den höchsten Stufen. Damit die Lehrer wussten, wie sich ein solcher Stromstoß anfühlt, erhielten sie einen Stromstoß von 45 Volt (also im unteren Bereich), was schon recht schmerzhaft ist. Je höher die Stromstöße wurden, desto deutlicher zeigte der „Schüler", der in Wahrheit gar keine Stromstöße erhielt, Schmerzen. Irgendwann kam es auch zu Schreien wie „Versuchsleiter! Holen Sie mich hier raus!" Die Teilnehmer zeigten während des Experiments Anzeichen von Nervosität und wurden dabei beobachtet, wie sie sich z. B. auf die Lippen bissen, die Fäuste ballten oder stöhnten. Der Versuchsleiter, gekleidet in einen weißen Laborkittel, antwortete auf Fragen der verunsicherten Probanden in ruhigem Ton mit Aussagen wie „Bitte machen Sie weiter." Auf den höheren Stufen kam es zu Schreien wie „Lassen Sie mich hier raus! Mein Herz macht Probleme! Sie haben kein Recht, mich hier festzuhalten." Bei den höchsten Stufen herrschte im Raum des Schülers nur noch Stille. Der Versuchsleiter blieb immer ganz ruhig und wies den Probanden an weiterzumachen. Im Schnitt verabreichten die Probanden als höchsten Stromstoß 360 Volt, und gut zwei Drittel der Teilnehmer gingen sogar bis zum Ende der Skala, also 450 Volt. Und das, obwohl die meisten Teilnehmer offensichtlich ganz erhebliche Gewissensbisse hatten. Beispielsweise sagten Probanden Dinge wie „Er hält das nicht aus!", „Dieses Experiment ist unmenschlich." oder „Was ist, wenn ihm etwas passiert?"[920] Nachdem der Versuchsleiter erklärte, er übernehme die Verantwortung, setzten diese Probanden aber trotzdem in der Regel das Experiment fort. Nach Abbruch des Experiments oder Erreichen der höchsten Voltzahl zeigten die Probanden ihre Erleichterung. Einige schüttelten ihre Köpfe, was als Zeichen des Bereuens gedeutet wurde.[921]

Auch hier zeigt sich die Macht der Situation: Ganz normale Menschen, die durchaus hohe Empathie mit dem „Opfer" empfanden, waren aufgrund der Autorität des Versuchsleiters bereit, die von ihnen angenommene Lebensgefahr für den Schüler in Kauf zu nehmen, weil ihnen versichert wurde, das Experiment erfordere, dass sie weitermachen. Verbal leisteten die meisten Teilnehmer zwar Widerstand und diskutierten mit dem Versuchsleiter, trotzdem verhielt sich die Mehrzahl der Probanden gehorsam. Die *Milgram*-Experimente zeigen auch, dass es schwer ist, sich von einer einmal als gültig anerkannten Norm zu verabschieden: Zu Beginn der Experimente war es aus Probandensicht vernünftig, sich angesichts fehlender eigener Kenntnis des angemessenen Verhaltens an die Anweisungen des anwesenden Experten zu halten; erst im Lauf der Studie nahm die Überzeugungskraft der Norm „Gehorche der Autoritätsperson, die über Expertenwissen verfügt" sukzessive ab.[922] Erleichtert wurde den Probanden der Gehorsam gegenüber dem Versuchsleiter durch die relativ kleinen Schritte, mit denen die Voltzahl erhöht wurde: Hätte ein Proband unmittelbar von 15 Volt auf 300 Volt gehen sollen, hätte dieser Schritt vermutlich bei vielen Probanden größere Bedenken ausgelöst. Die kleinen Schritte führten dagegen dazu, dass die Probanden eher bereit waren, die Stärke der Stromstöße auch bis in die höheren Voltzahlen zu steigern: Wenn der

426

---

920 *Milgram*, Behavioral Study of Obedience, in: Journal of Abnormal and Social Psychology 67 (1963), S. 371, 375–376.
921 *Milgram*, Behavioral Study of Obedience, in: Journal of Abnormal and Social Psychology 67 (1963), S. 371, 376.
922 *Aronson/Wilson/Akert*, Sozialpsychologie, 8. Aufl. 2014, S. 296–297.

Proband dem „Schüler" einen Stromstoß in Höhe von 285 Volt gegeben und dieses Verhalten sich selbst gegenüber zur Verringerung der Dissonanz[923] mit der Autorität des Versuchsleiters gerechtfertigt hat, was das Gefühl persönlicher Verantwortung reduziert,[924] war kein zwingender Grund ersichtlich, warum denn jetzt 300 Volt nicht mehr gegeben werden sollten, obwohl der Unterschied doch recht überschaubar ist.[925]

427 Die Experimente von *Milgram* wurden in der Folgezeit noch auf verschiedene Arten repliziert und modifiziert.[926] So zeigte sich, dass der Gehorsam erheblich geringer ist, wenn zwei Autoritätspersonen widersprüchliche Befehle geben,[927] höher dagegen, wenn noch eine andere Person vorher den Anweisungen des Versuchsleiters gefolgt ist oder wenn der Proband bloß einer anderen Person, die die Schocks verabreicht, assistiert.[928] Unter anderem dieses Experiment hat zur Einführung von Ethikkommissionen geführt, die eine derartige Traumatisierung von Probanden im Rahmen von Experimenten verhinden.

---

923 Vgl. dazu S. 25.
924 *Milgram*, Das Milgram-Experiment. Zur Gehorsamsbereitschaft gegenüber Autorität, 14. Aufl. 2014, S. 170.
925 *Aronson/Wilson/Akert*, Sozialpsychologie, 8. Aufl. 2014, S. 297.
926 Vgl. *Lüttke*, Experimente unter dem Milgram-Paradigma, in: Gruppendynamik und Organisationsberatung 35 (2004), S. 431, 434 f.; *Burger*, Replicating Milgram – Would People Still Obey Today?, in: American Psychologist 64 (2009), S. 1, 9–10.
927 *Aronson/Wilson/Akert*, Sozialpsychologie, 8. Aufl. 2014, S. 296; *Milgram*, Behavioral Study of Obedience, in: Journal of Abnormal and Social Psychology 67 (1963), S. 371, 376, 378; *Milgram*, Das Milgram-Experiment. Zur Gehorsamsbereitschaft gegenüber Autorität, 14. Aufl. 2014, S. 128.
928 *Milgram*, Das Milgram-Experiment. Zur Gehorsamsbereitschaft gegenüber Autorität, 14. Aufl. 2014, S. 144.

§ 9 Aggression

Als **Aggression** bezeichnet man absichtsvolles Handeln, das darauf abzielt, jemandem einen körperlichen oder psychischen Schmerz zuzufügen. (Aggression im sozialpsychologischen Sinn ist also nicht hundertprozentig deckungsgleich mit der alltagssprachlichen Bedeutung des Wortes – in einem alltagssprachlichen Sinn bezeichnet man auch jemanden als aggressiv, der zur Selbstbehauptung neigt, also z. B. sehr auf seine Rechte pocht.) Man kann zwischen feindseliger Aggression, die auf Gefühle des Ärgers zurückgeht und gerade zum Ziel hat, dem anderen Schmerzen oder eine Verletzung zuzufügen, und instrumenteller Aggression unterscheiden. Instrumentelle Aggression setzt zwar auch die Absicht voraus, den anderen zu verletzen, die Schädigung dient aber einem anderen Zweck, als dem anderen Schmerzen zuzufügen. Ein Boxer hat beispielsweise zwar durchaus die Absicht, mit seinen Schlägen dem Gegner Schmerzen zuzufügen. Aber das ist nicht Zweck der Schläge, vielmehr geht es ihm darum, den sportlichen Wettkampf zu gewinnen. Es handelt sich also um einen Fall instrumenteller Aggression. Hat der Boxer allerdings während des Kampfes den Eindruck, der Gegner kämpfe mit unfairen Mitteln, kann diese instrumentelle Aggression in feindselige Aggression umschlagen. 428

Auch bei der Entstehung von Aggression lassen sich sowohl situations- als auch veranlagungsbedingte Faktoren unterscheiden. Zwillingsstudien – Studien an genetischen Zwillingen, die aber nicht gemeinsam aufgewachsen sind, bei denen also der Einfluss der Erziehung und Sozialisation Gemeinsamkeiten nicht erklären kann – zeigen einen starken genetischen Einfluss auf aggressive Verhaltensweisen.[929] Dabei ist der genetische Faktor bei physischer Aggression einflussreicher als bei sozialer Aggression, bei der die Erziehung eine stärkere Rolle spielt.[930] Unterschiedliches Aggressionsverhalten kann auf hirnorganischen Unterschieden (schlechtere Fähigkeit, negative Emotionen und impulsives Verhalten zu regulieren, z. B. aufgrund der Höhe des Serotoninspiegels[931]) beruhen oder auch auf unterdrückten Stressreaktionen.[932] 429

Nicht alle Formen der Aggression beruhen auf denselben zugrundeliegenden Persönlichkeitsfaktoren, vielmehr ist impulsive Aggressivität als Reaktion auf situative Momente emotionsgeleitet, während das für instrumentelle Aggression (Aggression als Mittel zur Zielerreichung) nicht der Fall sein muss.[933] 430

Die Präsentation von Gewalt fördert die Nachahmung.[934] Kinder und junge Erwachsene, die gewaltbetonte Videospiele spielen, zeigen im Allgemeinen ein höheres Aggressi- 431

---

929 *Gerrig*, Psychologie, 21. Aufl. 2018, S. 690; *DiLalla*, Behavior Genetics of Aggression in Children: Review and Future Directions, in: Developmental Review 22 (2002), S. 593, 600, 614; *Miles/Carey*, Genetic and Environmental Architecture of Human Aggression, in: Journal of Personality and Social Psychology 72 (1997), S. 207, 213.
930 *Gerrig/Zimbardo*, Psychologie, 18. Aufl. 2008, S. 688–689.; *Brendgen u. a.*, Examining Genetic and Environmental Effects on Social Aggression: A Study of 6-Year-Old Twins, in: Child Development 76 (2005), S. 930, 941–942.
931 *Gerrig*, Psychologie, 21. Aufl. 2018, S. 690; vgl. *Enserink*, Searching fort he Mark of Cain, in: Science, New Series 289 (2000), S. 575, 578.
932 *Gerrig/Zimbardo*, Psychologie, 18. Aufl. 2008, S. 689; *McBurnett u. a.*, Low Salivary Cortisol and Persistant Aggression in Boys Referred for Disruptive Behavior, in: Archives of General Psychiatry 57 (2000), S. 38, 42.
933 *Gerrig*, Psychologie, 21. Aufl. 2018, S. 691.
934 *Comstock/Scharrer*, Television: What's on, Who's Watching, and What it Means, 1999, S. 287 ff.; *Gerrig*, Psychologie, 21. Aufl. 2018, S. 692; *Huesmann u. a.*, Longitudinal Relations Between Children's Exposure to TV Violence and Their Aggressive and Violent Behavior in Young Adulthood: 1977-1992, in: Development Psychology 39 (2003), S. 201.

onslevel und stärker aggressionsbetonte Gedanken und Gefühle.[935] Dabei gibt es Belege, dass nicht nur eine Korrelation, sondern eine Kausalität der Videospiele für das Aggressionslevel gegeben ist.[936] Ein Grund dafür könnte sein, dass Erfahrungen mit Gewaltmedien die Welt gefährlicher erscheinen lassen, Aggression als Reaktion daher angemessener erscheint.[937]

432 Kinder lernen oft, Konflikte mit Gewalt auszutragen, indem sie dieses Verhalten von Erwachsenen oder anderen imitieren, besonders wenn sie sehen, dass Aggression belohnt wird.[938] Dem entspricht, dass zwar schon das Beobachten von Gewalt die Heftigkeit aggressiven Verhaltens bei Kindern steigern kann,[939] dass aber der Einfluss des *aktiven* Spielens von Spielen, die Gewalt direkt belohnen, besonders stark zu sein scheint.[940] Die Aggressionserhöhung durch Beobachtung von aggressivem Verhalten scheint auch nicht nur kurzfristig zu erfolgen, sondern kann langfristig erhalten bleiben: So korreliert die Aggressivität Jugendlicher und junger Erwachsener positiv damit, wieviel Gewalt sie *als Kinder* im Fernsehen beobachtet hatten, und zwar unabhängig von Faktoren wie dem elterlichen Ausbildungsniveau, dem Familieneinkommen und dem Ausmaß von Gewalt in der Nachbarschaft.[941] Ein Problem bei solchen Längsschnittuntersuchungen, die über eine längere Zeit die Entwicklung von Probanden beobachten, ist, dass die „Störvariablen" schwer zu kontrollieren sind – im Leben der Probanden kommen viele andere Ereignisse und Faktoren vor, die die Effekte der Mediengewalt verstärken oder abschwächen können. Wie genau die Kausalbeziehungen zwischen Konsum gewalttätiger Medien und Aggression sind, ist noch nicht restlos geklärt; so wirkt die Konfrontation mit Gewalt am stärksten aggressivitätssteigernd bei Kindern, die bereits für Gewalt prädisponiert sind.[942]

---

935 *Gerrig*, Psychologie, 21. Aufl. 2018, S. 692–693; *Anderson/Bushman*, Effects of Violent Video Games on Aggressive Behaviour, Aggressive Cognition, Agressive Affect, Physiological Arousal and Prosocial Behavior: A Meta-Analytic Review of the Scientific Literature, in: Psychological Science 12 (2001), S. 353, 358.
936 Vgl. *Bushman/Anderson*, Violent Video Games and Hostile Expectations: A Test of the General Aggression Model, in: Personality and Social Psychology Bulletin, 28 (2002), S. 1679, 1683–1684.
937 *Gerrig*, Psychologie, 21. Aufl. 2018, S. 692.
938 *Aronson/Wilson/Akert*, Sozialpsychologie, 8. Aufl. 2014, S. 446.
939 *Aronson/Wilson/Akert*, Sozialpsychologie, 8. Aufl. 2014, S. 448.
940 *Aronson/Wilson/Akert*, Sozialpsychologie, 8. Aufl. 2014, S. 449; *Carnagey/Anderson*, The Effects of Reward and Punishment in Violent Video Games on Aggressive Affect, Cognition, and Behavior, in: Psychological Science 16 (2005), S. 882, 887.
941 *Anderson u. a.*, The Influence of Media Violence on Youth, in: Psychological Science in the Public Interest 4 (2003), S. 81, 101 f., 104; *Aronson/Wilson/Akert*, Sozialpsychologie, 8. Aufl. 2014, S. 450; *Johnson u. a.*, Television Viewing and Aggressive Behavior During Adolescence and Adulthood, in: Science 295 (2002), S. 2468, 2470.
942 *Aronson/Wilson/Akert*, Sozialpsychologie, 8. Aufl. 2014, S. 451; *Anderson/Dill*, Video Games and Aggressive Thoughts, Feelings, and Behavior in the Laboratory and in Life, in: Journal of Personality and Social Psychology 78 (2000), S. 772, 782. Ein Beispiel dafür ist ein Experiment von *Josephson*, Television Violence and Children's Aggression: Testing the Priming, Social Script, and Disinhibition Predictions, in: Journal of Personality and Social Psychology 53 (1987), S. 882, 888: Er ließ einen Teil der jugendlichen Probanden einen Film, der viel Polizeigewalt zeigt, sehen, einen anderen Teil der Probanden einen nicht gewalttätigen Film. Im Anschluss spielten die Probanden Hallenhockey. In den Spielen, die auf einen gewalttätigen Film folgten, kam es zu einer größeren Anzahl an aggressiven Handlungen. Allerdings beschränkte sich die Zunahme der Aggression im Wesentlichen auf diejenigen der jugendlichen Teilnehmer, die von ihren Lehrern ohnehin als sehr aggressiv eingestuft worden waren. Die Konfrontation mit Gewalt kann also anscheinend die Gewaltbereitschaft fördern. Gleichzeitig gilt das aber vor allem für Kinder, die ohnehin eine erhöhte Gewaltbereitschaft aufweisen.

Dass Alkohol aggressives Verhalten fördert, indem er die normalen Informationsverarbeitungsprozesse unterbricht und die Verhaltenskontrolle beeinträchtigt,[943] was insbesondere dazu führt, dass mehrdeutige Situationen eher als Provokation interpretiert und mit gewalttätigem Verhalten beantwortet werden,[944] überrascht nicht. Überraschender erscheint es schon, dass es zu einer „alkoholbedingten" Steigerung des Aggressionsniveaus gar keines Alkoholkonsums bedarf, wenn der Betroffene nur glaubt, das konsumierte Getränk sei alkoholhaltig gewesen, und damit rechnet, unter Alkoholeinfluss aggressiver zu werden.[945] Auch körperliches Unwohlsein senkt die Hemmschwelle für aggressives Verhalten, so insbesondere Hitze und hohe Luftfeuchtigkeit.[946]

Gesteigert wird die Aggression darüber hinaus nach der empirisch belegten[947] **Frustrations-Aggressions-Hypothese** durch **Frustration**: Demnach entsteht Frustration, wenn Menschen in ihrer Zielerreichung behindert werden, ein Anwachsen der Frustration wiederum begünstigt das Auftreten von Aggression.[948] Das Gefühl, an der Erreichung eines Ziels gehindert zu werden, steigert die Wahrscheinlichkeit einer aggressiven Reaktion.[949] Erscheint es aber nachvollziehbar, unbeabsichtigt oder gerechtfertigt, dass ein anderer einen an der Zielerreichung hindert, führt das zu einer weniger starken Zunahme der Aggressionsneigung.[950] Die Aggression nimmt insbesondere bei *unerwarteter* Frustration zu.[951]

Wenn Aggression auf eine Provokation der Gegenseite folgt, folgen Menschen üblicherweise einem „Eskalationsskript", demzufolge die Reaktion in ihrer Stärke zunimmt.[952] Das kann im Rahmen von Verhältnismäßigkeitsprüfungen z. B. beim Defensivnotstand zum Tragen kommen.

Auch bestimmte Hinweisreize können die Wahrscheinlichkeit aggressiven Verhaltens schon durch ihre bloße Anwesenheit erhöhen; so reagierten Probanden auf eine Beleidigung aggressiver, wenn in dem Raum eine Waffe herumlag, als wenn sich dort ein

---

943 *Aronson/Wilson/Akert*, Sozialpsychologie, 8. Aufl. 2014, S. 440; *Hanson u. a.*, Impact of Adolescent Alcohol and Drug Use on Neuropsychological Functioning in Young Adulthood: 10-Year Outcomes, in: Journal of Child & Adolescent Substance Abuse, 20 (2011), S. 135, 143 ff.
944 *Aronson/Wilson/Akert*, Sozialpsychologie, 8. Aufl. 2014, S. 440; *Bushman*, Human Aggression while under the Influence of Alcohol and other Drugs: An Integrative Research Review, in: Current Directions in Psychological Science 2 (1993), S. 148, 150 f.
945 *Aronson/Wilson/Akert*, Sozialpsychologie, 8. Aufl. 2014, S. 440; *Marlatt/Rohsenow*, Cognitive Prozesse in Alcohol Use: Expectancy and the Balanced Placebo Design, in: Mello (Hrsg.), Advances in substance abuse, Bd. 1, 1980, S. 159, 174 f.
946 *Aronson/Wilson/Akert*, Sozialpsychologie, 8. Aufl. 2014, S. 441.
947 *Berkowitz*, Aggression: Its Causes, Consequences, and Control, 1993, S. 36 ff.; *ders.*, Affective Aggression: The Role of Stress, Pain and Negative Affect, in: Geen/Donnerstein (Hrsg.), Human Aggression: Theories, Research and Implications for Public Policy, San Diego 1998, S. 49, 55 ff.; *Gerrig*, Psychologie, 21. Aufl. 2018, S. 691 f.
948 *Gerrig*, Psychologie, 21. Aufl. 2018, S. 691; *Dollard u. a.*, Frustration and Aggression, 1939, S. 1.
949 *Aronson/Wilson/Akert*, Sozialpsychologie, 8. Aufl. 2014, S. 442–443; *Berkowitz*, Aggression: Its Causes, Consequences, and Control, 1993, S. 32 ff.
950 *Aronson/Wilson/Akert*, Sozialpsychologie, 8. Aufl. 2014, S. 443; *Burnstein/Worchel*, Arbitrariness of Frustration and its Consequences for Aggression in a Social Situation, in: Journal of Personality 30 (1962), S. 528, 535–536.
951 *Aronson/Wilson/Akert*, Sozialpsychologie, 8. Aufl. 2014, S. 443; *Kulik/Brown*, Frustration, Attribution of Blame, and Aggression, in: Journal of Experimental Social Psychology 15 (1979), S. 183, 192.
952 *Gerrig/Zimbardo*, Psychologie, 18. Aufl. 2008, S. 693; *Mikolic u. a.*, Escalation in Response to Persistant Annoyance: Groups Versus Individuals and Gender Effects, in: Journal of Personality and Social Psychology 72 (1997), S. 151, 161–162.

neutraler Gegenstand (ein Badmintonschläger) befand.[953] Auch diese Aggressionserhöhung durch bloße Anwesenheit ist ein (zusätzliches) Argument für die Strafschärfung nach § 244 Abs. 1 Nr. 1a StGB (Diebstahl unter Mitführen einer Waffe oder eines gefährlichen Werkzeugs), wobei es konsequent ist, bei der Waffe anders als beim sonstigen gefährlichen Werkzeug keinen Verwendungsvorbehalt zu fordern, da die Waffe schon durch ihre bloße Anwesenheit die Aggressivität erhöhen kann. (Allerdings ist Hauptgrund für die Strafschärfung nicht die Erhöhung der Aggressionsneigung, sondern die Verschlimmerung der potentiellen Folgen, die Körperverletzungen bei einem Waffeneinsatz haben können.)

---

[953] *Aronson/Wilson/Akert*, Sozialpsychologie, 8. Aufl. 2014, S. 445; *Berkowitz/Le Page*, Weapons as Aggression-Eliciting Stimuli, in: Journal of Personality and Social Psychology 7 (1967), S. 202, 204 ff.

§ 10 Beharren auf Diagnosen

Die Entscheidung, ob jemandem eine psychische Störung attestiert wird, beruht auf einer Beurteilung des Verhaltens; idealerweise sollte die Diagnose objektiv und ohne Verzerrungen getroffen werden. Praktisch lässt sich diese Objektivität selbst bei der Beurteilung durch Fachpersonal kaum gewährleisten.[954]

437

Insbesondere begünstigt eine einmal getroffene Bewertung einer Person als abweichend eine spätere Interpretation von Verhaltensweisen der so etikettierten Person als das erste Urteil bestätigend. So gaben Mitarbeiter von *Rosenhan*, die sich in psychiatrische Kliniken einweisen ließen, an, unter Halluzinationen zu leiden. Diese Pseudopatienten wurden zunächst als paranoid, schizophren oder manisch-depressiv beurteilt. Obwohl sie sich ab ihrer Aufnahme völlig normal verhielten, wurden sie bis zu ihrer Entlassung nach mehreren Wochen weiterhin als schizophren o. ä. klassifiziert, wenn auch „in Remission", also ohne aktive Symptome. Rationale Diskussionen mit den Mitarbeitern wurden als „intellektualisiertes Abwehrverhalten" eingestuft.[955]

438

Das legt die Empfehlung an Richter, die mit entsprechenden Sachverständigengutachten zu tun haben, nahe, im Falle der Bestätigung einer ersten Diagnose als psychisch krank durch einen zweiten Sachverständigen die Frage zu stellen, ob das Verhalten, an das die Diagnose anknüpft, in der konkreten Situation nicht auch von einem Gesunden hätte gezeigt werden können.

439

Ein Beispiel dafür, wie es praktisch nicht laufen sollte, ist der Fall *Gustl Mollath*, der in der Zeit um 2014 große Aufmerksamkeit in der Presse erfahren hat. (Der Verfahrensgang und die verschiedenen eingeholten Gutachten werden im Folgenden aus Gründen der Übersichtlichkeit stark verkürzt dargestellt. Eine umfassende Darstellung findet sich im Bericht des Untersuchungsausschusses des bayerischen Landtags[956] und in der Dokumentation des Strafverteidigers *Gerhard Strate*.[957]) Im Jahr 2003 wurde vor dem AG Nürnberg-Fürth ein Verfahren gegen *Gustl Mollath* unter anderem wegen gefährlicher Körperverletzung zum Nachteil seiner damaligen Frau geführt. Zwei Termine zu einer ambulanten psychiatrischen Begutachtung nahm er nicht wahr, daraufhin wurde er zur Erstellung eines psychiatrischen Gutachtens in eine Klinik eingewiesen. Im Jahr 2006 wurde dann ein Gutachten erstattet, das *Mollath* als „gemeingefährlich" einstufte. (Ob diese Einstufung *Mollath* zu Recht traf, soll hier offenbleiben – für eine Einschätzung über die tatsächliche Gefährlichkeit *Mollaths* liegen den Autoren dieses Lehrbuchs keine ausreichenden Informationen vor. Im Folgenden soll es vor allem um die Art gehen, wie es zu diesem Gutachten und zu Folgegutachten kam.[958] Generell bestehen aber deutliche empirische Hinweise darauf, dass bei der Entscheidung über die Frage, ob Menschen in die Psychiatrie eingewiesen werden, die Quote „falsch-positiver" Entscheidungen – also einer überhöhten Einschätzung der Gefährlichkeit – sehr

440

---

[954] *Gerrig*, Psychologie, 21. Aufl. 2018, S. 552.
[955] *Rosenhan*, On Being Sane in Insane Places, in: Science, New Series, 179 (1973), S. 250, 257.
[956] Bayerischer Landtag, Drs. 16/17741.
[957] http://www.strate.net/de/dokumentation/mollath.html (Datum des letzten Abrufs: 28.12.2018).
[958] Es gibt – neben der Entstehung der Gutachten – durchaus auch andere Punkte im Fall Mollath, die Fragen aufwerfen, hier aber nicht behandelt werden sollen, weil sie nicht unmittelbar den Bereich der Psychologie betreffen, vgl. dazu z. B. *Müller*, Der Fall Mollath und die Strafjustiz – Anmerkungen aus der Praxis, in: Betrifft Justiz 2013, S. 176 ff.; BVerfG, NJW 2013, S. 3228 ff.

Effer-Uhe

hoch ist.⁹⁵⁹) Aufgrund des psychiatrischen Gutachtens kam es im Ausgangsverfahren nach Verweisung an das Landgericht Nürnberg-Fürth zu einem Freispruch wegen Schuldunfähigkeit. Wegen seiner – vermeintlichen – Gefährlichkeit wurde *Mollath* jedoch im Maßregelvollzug in einer psychiatrischen Klinik untergebracht.⁹⁶⁰ Zur Begründung wurde unter anderem auf „paranoide Wahnvorstellungen" im Zusammenhang mit einem „Schwarzgeldkomplex" abgestellt: *Mollath* habe ein paranoides Gedankensystem entwickelt, aufgrund dessen er der Überzeugung sei, seine Frau sei in Schwarzgeldverschiebungen bei der Hypo-Vereinsbank verwickelt gewesen – eine Überzeugung übrigens, die sich Jahre später als mindestens in Teilen zutreffend herausstellte.⁹⁶¹

441 Wie war es zu dem Gutachten gekommen? Zunächst hatte im Jahr 2003 eine Psychotherapeutin auf Verlangen der Ehefrau *Mollaths* eine Bescheinigung ausgestellt, derzufolge Mollath mit hoher Wahrscheinlichkeit an einer ernstzunehmenden psychischen Erkrankung leide.⁹⁶² Getroffen hatte ihn diese Psychotherapeutin allerdings nie. Das änderte nichts daran, dass sich diese Bescheinigung in der Folgezeit immer weiter „fortpflanzte": Das Gutachten aus dem Jahr 2006 erstellte ein Chefarzt für Psychiatrie auf der Grundlage nicht nur der ärztlichen Beobachtungen während der Einweisung in die psychiatrische Klinik, sondern auch der Strafakten, in denen sich auch diese Bescheinigung fand. Inwiefern die Bescheinigung der Psychotherapeutin tatsächlich die späteren Gutachten maßgeblich beeinflusst hat, ist nicht sicher festzustellen. Aber zumindest legt die o. g. Studie von *Rosenhan* und anderen nahe, dass eine maßgebliche Bedeutung dieser Bescheinigung als einer ersten vermeintlich fachlichen Diagnose jedenfalls denkbar ist.

442 Im Jahr 2007 unterhielt sich ein anderer gerichtlich bestellter Gutachter mehrere Stunden mit *Mollath* und konnte keine psychotische Erkrankung erkennen, allenfalls ein querulatorisches Persönlichkeitsbild. 2008 wurde von einem anderen Gutachter ein weiteres Gutachten angefertigt, ohne dass es zu einem persönlichen Kontakt des Gutachters zu *Mollath* gekommen war. Das Gutachten stützte sich auf die Bescheinigung aus dem Jahr 2003 und das Gutachten aus dem Jahr 2006 und gelangte – angesichts dieser Grundlage wenig überraschend – zu dem Ergebnis, dass tatsächlich ein paranoides Gedankensystem vorliege.⁹⁶³

443 Erst 2014 kam es zu einem Wiederaufnahmeverfahren,⁹⁶⁴ in dessen Rahmen ein erneutes psychiatrisches Gutachten eingeholt wurde. *Mollath* verweigerte in diesem Verfahren die Begutachtung, und der Gutachter kam zu dem Schluss, dass die Diagnosen der

---

959 Walter, „Beyond Mollath" – Strafrechtliche Unterbringung in der Psychiatrie, in: ZRP 2014, S. 103; Dessecker, Gefährlichkeit und Verhältnismäßigkeit – Eine Untersuchung zum Maßregelrecht, 2004, S. 190.
960 LG Nürnberg-Fürth, Urt. v. 8.8.2006, Az. 7 KLs 802 Js 4743/2003.
961 Vgl. den Bericht des Untersuchungsausschusses, Bayerischer Landtag, Drs. 16/17741, S. 16 ff. Die Frage, ob die Schwarzgeldverschiebungen tatsächlich stattgefunden hatten, wurde allerdings im Urteil des LG Nürnberg-Fürth explizit offengelassen, da sich das Krankheitsbild jedenfalls aus der wahnhaften Überhöhung der Thematik ergeben habe.
962 Vgl. Hauer, Anmerkungen und Gedanken zum Fall Mollath – Verschwörung oder Gleichgültigkeit?, in: ZRP 2013, S. 209, 210.
963 Vgl. zu weiteren Gutachten, die in der Folgezeit erstattet wurden und der Strafvollstreckungskammer vorlagen, den Bericht des Untersuchungsausschusses, Bayerischer Landtag, Drs. 16/17741, S. 46.
964 Auf Beschluss des OLG Nürnberg, Beschl. V. 6.8.2013 – Az. 1 Ws 354/13 WA. Das LG Regensburg (Beschl. v. 25.1.2012 – Az. 7 KLs 112 Js 24210/11) hatte zuvor die Wiederaufnahme abgelehnt. Zur Verfahrenswiederaufnahme kam es nicht aufgrund der problematischen Gutachten, sondern aufgrund einer Bescheinigung über Verletzungen der Ehefrau Mollaths aus dem Jahre 2002, die das Gericht als falsche Urkunde bewertete.

§ 10 Beharren auf Diagnosen

früheren Gutachten zwar nachvollziehbar waren, eine Persönlichkeitsstörung zur Zeit der Taten aber nicht sicher festzustellen sei. In der Folge wurde *Mollath* dann freigesprochen; das Urteil des LG Nürnberg-Fürth, das die Unterbringung angeordnet hatte, wurde insoweit aufgehoben.[965] Derzeit streitet sich *Mollath* mit dem Freistaat Bayern noch über eine Schadensersatzforderung.

---

965 LG Regensburg, Urt. v. 14.8.2014 – Az. 6 KLs 151 Js 4111/2013 WA.

§ 11 Resilienz und posttraumatische Belastungsstörung

444 Unter **Resilienz** im Sinne von psychischer Widerstandsfähigkeit versteht man, dass auf belastende Ereignisse nur leichte, vorübergehende Reaktionen erfolgen, gefolgt von einer schnellen Rückkehr in den gesunden Normalzustand.[966] Insgesamt sind Menschen bemerkenswert resilient.[967] Manche Menschen zeigen jedoch schwerwiegende negative Reaktionen auf belastende Ereignisse.[968] Diese Probleme werden weniger durch den objektiven als vielmehr durch subjektiven Stress hervorgerufen: Besonders belastend ist ein Ereignis für einen Menschen immer dann, wenn er es als belastend wahrnimmt.[969]

445 „**Stress**" wird definiert als negative Gefühle und Überzeugungen, die auftreten, wenn Menschen sich nicht in der Lage sehen, den Anforderungen ihrer Umwelt gerecht zu werden.[970] **Posttraumatische Belastungsstörung** (PTBS) nennt man eine Stressreaktion, bei der Menschen unter dem beständigen Wiedererleben des traumatischen Ereignisses leiden.[971] Bei Opfern schwerer Straftaten tritt eine Belastungsreaktion in der Zeit unmittelbar nach der Tat sehr häufig auf, sie geht aber bei einem Teil der Betroffenen in überschaubarer Zeit wieder zurück.[972] Oft treten posttraumatische Belastungsstörungen gepaart mit weiteren psychischen Störungen auf (Komorbidität), z. B. Depressionen oder Alkoholabhängigkeit.[973]

446 Voraussetzung für eine posttraumatische Belastungsstörung ist ein belastendes Ereignis oder eine Situation – sei sie von kürzerer oder von längerer Dauer – mit außergewöhnlicher Bedrohung oder katastrophenartigem Ausmaß, die bei fast jedem Menschen eine tiefe Verzweiflung hervorrufen würde.[974] Es kann z. B. um schwere Unfälle, Kriege, Terroranschläge oder Naturkatastrophen gehen, aber auch darum, Opfer einer schweren Straftat geworden zu sein. Als Auslöser für die posttraumatische Belastungsstörung kommen also sowohl menschlich verursachte als auch zufällige traumatische Ereignisse in Betracht. Solche Ereignisse führen keineswegs zwingend zu einer posttraumatischen Belastungsstörung – manche Menschen, die eine solche Situation erlebt haben, verarbeiten sie recht gut, während andere bei vergleichbaren oder auch schon etwas

---

966 *Pausch/Matten*, Trauma und Traumafolgestörungen, 2018, S. 23–25; *Fooken*, Resilienz und posttraumatische Reifung, in: Maercker (Hrsg.) Posttraumatische Belastungsstörung, 4. Aufl. 2013, S. 71, 75–76; *Aronson/Wilson/Akert*, Sozialpsychologie, 8. Aufl. 2014, S. 545; *Bonanno*, Resilience in the Face of Potential Trauma, in: Current Directions in Psychological Science 14 (2005), S. 135, 136.
967 *Aronson/Wilson/Akert*, Sozialpsychologie, 8. Aufl. 2014, S. 545.
968 *Pausch/Matten*, Trauma und Traumafolgestörungen, 2018, S. 6–7; *Maercker*, Symptomatik, Klassifikation und Epidemiologie, in: Maercker (Hrsg.) Posttraumatische Belastungsstörung, 4. Aufl. 2013, S. 13, 17; *Aronson/Wilson/Akert*, Sozialpsychologie, 8. Aufl. 2014, S. 546.
969 *Aronson/Wilson/Akert*, Sozialpsychologie, 8. Aufl. 2014, S. 549; *Lazarus/Folkmann*, Stress, appraisal, and coping, 1984, S. 15, 21.
970 *Aronson/Wilson/Akert*, Sozialpsychologie, 8. Aufl. 2014, S. 549; *Lazarus/Folkmann*, Stress, appraisal, and coping, 1984, S. 15, 21.
971 *Gerrig*, Psychologie, 21. Aufl. 2018, S. 479.
972 *Pausch/Matten*, Trauma und Traumafolgestörungen, 2018, S. 5–6; *Gerrig*, Psychologie, 21. Aufl. 2018, S. 480.
973 *Pausch/Matten*, Trauma und Traumafolgestörungen, 2018, S. 39–50; *Maercker*, Symptomatik, Klassifikation und Epidemiologie, in: Maercker (Hrsg.) Posttraumatische Belastungsstörung, 4. Aufl. 2013, S. 13, 29–31; *Gerrig/Zimbardo*, Psychologie, 18. Aufl. 2008, S. 561; vgl. *Kilpatrick u. a.*, Violence and Risk of PTSD, Major Depression, Substance Abuse/Dependence, and Comorbidity: Results From the National Survey of Adolescents, in: Journal of Consulting and Clinical Psychology 71 (2003), S. 692 ff.
974 *Gerrig*, Psychologie, 21. Aufl. 2018, S. 479; *Pausch/Matten*, Trauma und Traumafolgestörungen, 2018, S. 4-5.

geringeren Belastungen eine posttraumatische Belastungsstörung entwickeln. Etwa 20 % der überlebenden Opfer schwerster Unfälle erkranken an einer posttraumatischen Belastungsstörung, bei Vergewaltigungsopfern geht man von einem erheblich höheren Anteil aus.[975] Zur Abgrenzung einer echten posttraumatischen Belastungsstörung von häufigeren nur akuten Belastungsreaktionen wird auf einen ganzen Katalog von Kriterien zurückgegriffen, die aus vier verschiedenen Kategorien stammen:

(1) **intrusive Symptome** (anhaltende wiederkehrende Erinnerungen, Wiedererleben der Belastung im Alltag etc.),

(2) **dauerhafte Vermeidung** (Vermeiden von Umständen, die der Belastung ähneln und/oder mit ihr in Verbindung stehen),

(3) **negative Veränderungen von Kognition und Stimmung** (z. B. erhöhte Reizbarkeit, Depression) und

(4) **Veränderungen im Erregungsniveau und in der Reaktivität** (erhöhte psychische Sensitivität, Konzentrationsstörungen etc.).[976]

Aus einem Katalog von insgesamt etwa 20 symptomatischen Kennzeichen liegt aber in der Praxis immer nur ein Teil vor, was die Diagnose erschwert, zumal einzelne Symptome durchaus auch bei anderen Beeinträchtigungen wie Depressionen oder Borderline-Persönlichkeitsstörungen vorkommen.[977] Um von einer PTBS sprechen zu können, wird ein Auftreten der Symptome über einen Zeitraum von mehr als einem Monat gefordert, überdies sind symptombezogene und/oder funktionale Beeinträchtigungen (z. B. sozialer Art) Voraussetzung für die Diagnose PTBS.[978]

Besonders typisch ist das Wiedererleben des traumatischen Ereignisses in Gestalt von Albträumen, spontan auftretenden Erinnerungen und **Flashbacks**[979]. Oft werden solche Gedächtnisbruchteile so erlebt, als würden sie „im Hier und Jetzt" stattfinden. Daraus ergeben sich die angestrengten Versuche, eine Erinnerung an das Trauma zu vermeiden, was wiederum zu einer anhaltenden, auch physiologischen, Übererregung führt: Betroffene sind oft übermäßig wachsam und schreckhaft, und schon unbedeutende Reize wie leichte Geräusche können zu extremem Erschrecken führen. Es gibt Hinweise darauf, dass bei PTBS-Erkrankten die traumatischen Erfahrungen zu einer

---

975 Die Zahlen, die man dazu liest, variieren. *Gerrig*, Psychologie, 21. Aufl. 2018, S. 480 berichtet einen Anteil von etwa 50 % zwölf Wochen nach der Tat. Vgl. zur Häufigkeit auch *Rohmann*, Trauma und Folgen, in: Deckers/Köhnken (Hrsg.), Die Erhebung und Bewertung von Zeugenaussagen im Strafprozess, 2. Aufl. 2014, S. 193, 202 ff.

976 Vgl. *Rohmann*, Trauma und Folgen, in: Deckers/Köhnken (Hrsg.), Die Erhebung und Bewertung von Zeugenaussagen im Strafprozess, 2. Aufl. 2014, S. 193, 201 f.; *Greve*, Opfer von Kriminalität und Gewalt, in: Volbert/Steller (Hrsg.), Handbuch der Rechtspsychologie, 2008, S. 189 f.; *Gerrig*, Psychologie, 21. Aufl. 2018, S. 479; *Caspar/Pjanic/Westermann*, Klinische Psychologie, 2018, S. 73 f.; *Pausch/Matten*, Trauma und Traumafolgestörungen, 2018, S. 29–33; *Maercker*, Symptomatik, Klassifikation und Epidemiologie, in: Maercker (Hrsg.) Posttraumatische Belastungsstörung, 4. Aufl. 2013, S. 13, 21–26.

977 *Rohmann*, Trauma und Folgen, in: Deckers/Köhnken (Hrsg.), Die Erhebung und Bewertung von Zeugenaussagen im Strafprozess, 2. Aufl. 2014, S. 193, 201 f., 211 ff.

978 *Rohmann*, Trauma und Folgen, in: Deckers/Köhnken (Hrsg.), Die Erhebung und Bewertung von Zeugenaussagen im Strafprozess, 2. Aufl. 2014, S. 193, 201 f. Außerdem wird für die Diagnose PTBS gefordert, dass das traumatische Ereignis tatsächlich stattgefunden hat, während andere pathologische Erscheinungen üblicherweise nur nach ihren Symptomen und nicht nach einer bestimmten Ursache kategorisiert werden, vgl. zu den damit verbundenen Problemen *Rohmann*, Trauma und Folgen, in: Deckers/Köhnken (Hrsg.), Die Erhebung und Bewertung von Zeugenaussagen im Strafprozess, 2. Aufl. 2014, S. 193, 198 f.

979 *Greve*, Opfer von Kriminalität und Gewalt, in: Volbert/Steller (Hrsg.), Handbuch der Rechtspsychologie, 2008, S. 189, 190; *Pausch/Matten*, Trauma und Traumafolgestörungen, 2018, S. 37, 61–65.

allgemeinen Störung in der Emotionsverarbeitung geführt haben.[980] Bei Frauen sind posttraumatische Belastungsstörungen als Reaktion auf traumatische Ereignisse häufiger als bei Männern, was zum Teil auf eine stärkere Stressreaktion bei Frauen zurückgeführt wird.[981]

449 Häufig sind Strafrechtler insbesondere bei Opferzeugen schwerer Gewalttaten mit dieser Problematik konfrontiert. Die Aussagetüchtigkeit ist durch das Vorliegen einer PTBS nicht per se ausgeschlossen,[982] obwohl die Erinnerungen erheblich beeinträchtigt sein können und es *im Einzelfall* auch tatsächlich an der Aussagetüchtigkeit fehlen kann.[983] Letztlich kann man zwei verschiedene Prozesse anführen, die die Erinnerung an traumatische Ereignisse beeinträchtigen können. Der erste ist ein Verdrängungsprozess:[984] Dabei werden Informationen zwar im Gedächtnis abgespeichert, der spätere Abruf der Information stellt sich aber als erheblich erschwert dar. Die sogenannte **Dissoziation**[985] tritt dagegen schon bei der Speicherung einer Information auf: Sinneseindrücke werden dann ausnahmsweise nicht miteinander verknüpft und sozusagen als Einheit abgespeichert, sondern in verschiedene isolierte Elemente aufgesplittet.[986] Die einzelnen Fragmente können dann nicht mehr willentlich im Zusammenhang wiedergegeben werden, vielmehr treten belastende Erinnerungsbruchstücke ungewollt auf. Erinnerungen an Informationen wie Geräusche, Gerüche, Gefühle etc., die während des Traumas unbewusst wahrgenommen wurden, werden durch sog. Triggerreize aktiviert und treten in Gestalt von Flashbacks auf. Denkbar ist z. B., dass Sie sich bei einem bestimmten Geräusch, das Sie im Rahmen eines erlittenen Unfalls gehört haben (z. B. Ineinanderkrachen von Metallteilen) in die Situation des Unfalls und Ihre emotionale Lage zurückversetzt fühlen und daher ein Angstgefühl wahrnehmen, das aus der akuten Situation eigentlich nicht zu erklären ist. Die Eindrücke sind im Gedächtnis vorhanden, zusammengehörige Eindrücke können aber nicht gemeinsam abgerufen und in eine erzählbare Erinnerung überführt werden.

450 Wie kann es zu dieser Dissoziation kommen? Ein Erklärungsmodell stellt auf die Besonderheiten der Informationsverarbeitung während des Traumas ab.[987] Danach setzt eine vollständige Integration des Erlebten in das autobiographische Gedächtnis voraus, dass die Person während des traumatischen Erlebnisses klar denkt und die Situation analysiert. Tut sie das nicht, bleibe die Erinnerung ungeordnet und könne nicht mit weiteren zugehörigen Informationen verbunden werden. Allerdings sind Dissoziationen keine zwingende Folge einer PTBS.

451 Es stellt sich die Frage, ob zur Würdigung der Aussage eines Betroffenen die Einholung eines aussagepsychologischen Sachverständigengutachtens erforderlich ist. Grundsätz-

---

980 *Gerrig/Zimbardo*, Psychologie, 18. Aufl. 2008, S. 562; *Lanius u. a.*, Recall of Emotional States in Posttraumatic Stress Disorder: An fMRI Investigation, in: Biological Psychiatry, 53 (2003), S. 204, 207 ff.
981 *Frans u. a.*, Trauma Exposure and Post-traumatic Stress Disorder in the General Population, in: Acta Psychiatrica Scandinavica 111 (2005), 291, 297; *Gerrig/Zimbardo*, Psychologie, 18. Aufl. 2008, S. 561.
982 Vgl. OLG Frankfurt am Main, Urt. v. 18.2.2014, Az. 5-3 StE 4/10-4-3/10, Rz. 464.
983 *Rohmann*, Trauma und Folgen, in: Deckers/Köhnken (Hrsg.), Die Erhebung und Bewertung von Zeugenaussagen im Strafprozess, 2. Aufl. 2014, S. 193, 234.
984 *Volbert*, Aussagen über Traumata, in: Volbert/Steller (Hrsg.), Handbuch der Rechtspsychologie, 2008, S. 342, 343.
985 *Pausch/Matten*, Trauma und Traumafolgestörungen, 2018, S. 36–39.
986 *Volbert*, Aussagen über Traumata, in: Volbert/Steller (Hrsg.), Handbuch der Rechtspsychologie, 2008, S. 342, 343.
987 *Volbert*, Aussagen über Traumata, in: Volbert/Steller (Hrsg.), Handbuch der Rechtspsychologie, 2008, S. 342, 345 ff.

lich geht man davon aus, dass ein Gericht die Kompetenz zur Beurteilung von Zeugenaussagen hat, dass es sich dabei geradezu um das ureigene Geschäft des Gerichts handelt.[988] Davon macht die Rechtsprechung in Strafsachen (anders als manche Sozialgerichte, die wegen PTBS offenbar tendenziell etwas seltener ein Sachverständigengutachten einholen[989]) aber eine Ausnahme, wenn „die Beweiswürdigung schwierig ist und die [...] Auskunftsperson Fragen aus dem Bereich der Aussagepsychologie oder der Jugendpsychiatrie aufwirft"; dann könne der Richter zur Einholung eines aussagepsychologischen Gutachtens verpflichtet sein.[990] Bei „psychisch auffälligen" Zeugen ist also regelmäßig ein Gutachten einzuholen; was allerdings genau die „psychische Auffälligkeit" im Einzelfall ausmachen muss, ist nach wie vor in den Details ungeklärt.[991] In Fällen einer möglichen posttraumatischen Belastungsstörung ist die Erforderlichkeit sachverständiger Begutachtung jedenfalls naheliegend.

Für die Würdigung der Aussage eines Zeugen, der möglicherweise an PTBS leidet, ist es wichtig zu wissen, dass allein das Vorhandensein von Brüchen in der Aussage, die sich mit einer Dissoziation erklären ließen, nicht positiv schon als zentrales Argument dafür angenommen werden kann, dass das Trauma tatsächlich stattgefunden hat – die verschiedenen Einzelsymptome einer PTBS (und durchaus auch eine Kombination mehrerer typischer Symptome) können nämlich auch andere Ursachen als ein tatsächlich erlebtes Trauma haben,[992] und es fehlen bislang belastbare Zahlen darüber, wie häufig sie bei tatsächlichem Vorliegen eines Traumas und wie häufig sie ohne Trauma aus anderen Gründen entstehen. Überdies müssen Flashback-Erinnerungen und Albträume selbst bei sicherem Vorliegen eines traumatischen Ereignisses nicht zwingend dem tatsächlich Erlebten entsprechen. Andererseits ist es aber auch keine grundsätzliche Eigenschaft von Traumaerinnerungen, dass sie fragmentiert sind und nicht in eine narrative Erinnerung integriert werden können.[993] Gewarnt werden muss auch davor, bei Zeugen mit PTBS-Diagnose vorschnell Aussagemängel und Brüche in der Aussage als durch die PTBS bewirkt anzusehen und nicht hinreichend zu würdigen[994] – auch das ein Grund, warum bei möglicher PTBS eine sachverständige Begutachtung dringend erforderlich erscheint.

452

Pennebaker und Kollegen haben verschiedene Experimente dazu durchgeführt, ob es nach traumatischen Erlebnissen hilfreich ist, sich mit dem Erlebnis zu beschäftigen (konkret im Rahmen dieser Untersuchungen: durch Niederschreiben) oder es umgekehrt zu verdrängen; die Niederschrift war zwar kurzfristig belastend, wirkte sich aber

453

---

988 Vgl. *Geipel*, Handbuch der Beweiswürdigung, 3. Aufl. 2017, § 30 Rn. 12.
989 Vgl. z. B. LSG Baden-Württemberg, Urt. v. 26.2.2015, Az. L 6 VG 1832/12, Rz. 43, wonach die Einholung eines Sachverständigengutachtens nicht erforderlich sei, weil es sich um eine für Opferentschädigungsprozesse typische Fallgestaltung handele. Sozialgerichte haben im Rahmen der Entscheidung über Opferentschädigungen nach dem OEG häufiger mit Auskunftspersonen mit PTBS zu tun. Die Angaben der Antragsteller sind in diesen Verfahren auch ohne objektive Beweismittel ausreichend, wenn sie glaubhaft sind (vgl. § 15 KOVVfG, § 6 Abs. 3 OEG).
990 BGH, Urt. v. 16.5.2002, Az. 1 StR 40/02, Rz. 22.
991 Kritisch daher *Geipel*, Handbuch der Beweiswürdigung, 3. Aufl. 2017, § 30 Rn. 12.
992 Vgl. *Rohmann*, Trauma und Folgen, in: Deckers/Köhnken (Hrsg.), Die Erhebung und Bewertung von Zeugenaussagen im Strafprozess, 2. Aufl. 2014, S. 193, 208 f.
993 *Volbert*, Aussagen über Traumata, in: Volbert/Steller (Hrsg.), Handbuch der Rechtspsychologie, 2008, S. 342, 349.
994 *Rohmann*, Trauma und Folgen, in: Deckers/Köhnken (Hrsg.), Die Erhebung und Bewertung von Zeugenaussagen im Strafprozess, 2. Aufl. 2014, S. 193, 194.

langfristig deutlich positiv aus.⁹⁹⁵ Allerdings sollte vor der Beschäftigung mit dem Erlebnis ausreichend Zeit vergangen sein, die es dem Betroffenen ermöglicht, die Ereignisse in einen neuen Rahmen zu stellen; eine intensive Beschäftigung mit dem Erlebten unmittelbar im Anschluss ist dagegen weniger hilfreich.⁹⁹⁶ Auch andere Untersuchungen zeigen überwiegend keine Retraumatisierungseffekte.⁹⁹⁷ Manche der Belastungsfaktoren ließen sich auch praktisch erheblich entschärfen. So ist ein Problem, das Opferzeugen belastet, ihr fehlendes Wissen über den Ablauf der Verhandlung, was zu Verunsicherung führen kann.⁹⁹⁸ Dem ließe sich durch angemessene Informationen von Seiten des Gerichts oder auch durch eine psychosoziale Prozessbegleitung nach § 406g StPO entgegenwirken.

454 Insbesondere bei Sexualdelikten wird ein Geständnis des Täters oft mit dem Argument besonders strafmildernd berücksichtigt, dass er dem Opfer die Aussage erspart habe. Angesichts dessen, dass die Aussage unter Ausschluss der Öffentlichkeit erfolgt, auch der Täter ausgeschlossen werden kann und die Beschäftigung mit dem Erlebnis nur kurzzeitig stark belastend wirkt, sollte diese Praxis überdacht werden.⁹⁹⁹ Ob die Beschäftigung mit dem Erlebten im Rahmen einer gerichtlichen Zeugenaussage ähnlich positiv wirkt wie das Niederschreiben, erscheint zwar zumindest fraglich; aber jedenfalls fehlt es auch an hinreichender Evidenz dafür, dass sie dem Opfer schadet. Ein Geständnis sollte daher also nicht gerade mit dem Argument in besonderem, über die Strafmilderung bei sonstigen Geständnissen hinausreichendem Maße zur Strafmilderung führen, dass dem Opfer dadurch eine unangenehme Aussage erspart wurde. Durch eine solche überproportionale Milderung würde der Richter in paternalistischer Manier das Opfer schützen, ohne dass feststeht oder auch nur wahrscheinlich ist, dass es diesen Schutz will, dieses Schutzes bedarf oder dieser Schutz sich überhaupt positiv auswirkt. Ohne weiteres denkbar ist jedenfalls auch, dass – mindestens in manchen Fällen – gerade die Aussage vor Gericht dem Opfer bei der Verarbeitung des Erlebten hilft.

---

995 *Pennebaker/Beall*, Confronting a Traumatic Event: Toward an Understanding of Inhibition and Disease, in: Journal of Abnormal Psychology 95 (1986), S. 274, 280; *Aronson/Wilson/Akert*, Sozialpsychologie, 8. Aufl. 2014, S. 559; *Smyth/Pennebaker*, Exploring the Boundary Conditions of Expressive Writing: In Search of the Right Recipe, in: British Journal of Health Psychology 13 (2008), S. 1, 6.
996 *Aronson/Wilson/Akert*, Sozialpsychologie, 8. Aufl. 2014, S. 560.
997 *Volbert*, Sekundäre Viktimisierung, in: Volbert/Steller (Hrsg.), Handbuch der Rechtspsychologie, 2008, S. 198, 201. Vereinzelt scheinen Retraumatisierungseffekte allerdings doch vorzukommen, vgl. *Rohmann*, Gerichtsvorbereitung sensibler Zeugen, in: Bliesener/Lösel/Köhnken (Hrsg.), Lehrbuch Rechtspsychologie, 2014, S. 223, 233.
998 *Volbert*, Sekundäre Viktimisierung, in: Volbert/Steller (Hrsg.), Handbuch der Rechtspsychologie, 2008, S. 198, 206; *Rohmann*, Gerichtsvorbereitung sensibler Zeugen, in: Bliesener/Lösel/Köhnken (Hrsg.), Lehrbuch Rechtspsychologie, 2014, S. 223, 227 f.
999 Ähnlich *Steller*, Vom richtigen Umgang mit Opfer-Zeugen, in: Forens Psychiatr Psychol Kriminol 2008, S. 65, 66, demzufolge ein Deal mit Rabatt unter Verzicht auf die Vernehmung von Opferzeugen nicht ohne weiteres das gegenüber dem Zeugen humanere Vorgehen darstelle; entscheidend für den richtigen Umgang mit Opferzeugen sei die Fähigkeit auf Seiten des Gerichts, sich jeweils im Einzelfall in deren Position hineinversetzen zu können.

§ 12 Persuasion und Einstellungsänderungen

I. Grundlagen: Was sind Einstellungen?

Einstellungen sind Bewertungen über Menschen, Gegenstände oder Ideen. Sie setzen sich aus drei Komponenten zusammen:

- **Kognition**, also die Gedanken und Überzeugungen, die sich jemand über ein Einstellungsobjekt bildet,
- **Affekt**, also die emotionale Reaktion auf das Einstellungsobjekt, und
- **Verhalten**, also die Art und Weise, in der jemand in Bezug auf das Einstellungsobjekt handelt.[1000]

Einstellungen basieren zu unterschiedlichen Anteilen auf Kognition und Affekt. Überwiegt die kognitive Komponente, geht es vor allem um eine sachliche Klassifikation des Einstellungsobjektes; ist aber die affektive Komponente stärker, spielen Gefühle und Wertvorstellungen die größere Rolle, je nachdem sogar unter Inkaufnahme von Nachteilen auf der sachlichen Ebene.[1001] Abhängig davon, ob die kognitive oder die affektive Komponente überwiegt, hat dies bestimmte Implikationen dafür, wie eine solche Einstellung wahrscheinlich entstanden ist und welche Möglichkeiten es gibt, auf sie einzuwirken und sie zu ändern.

II. Einstellungsänderung

Aus den Kapiteln über Motivation[1002] und kognitive Dissonanz[1003] wissen Sie bereits, dass es typisch menschliches Verhalten ist, sich selbst einen Grund für das eigene Verhalten zu suchen. Dabei kann die Rechtfertigung für ein Verhalten interner („ich habe es gern getan") oder externer Art („ich wurde dafür bezahlt") sein. Eine **Einstellungsänderung** tritt am ehesten dann ein, wenn es gerade an einer hinreichend starken internen oder externen Rechtfertigung für ein Verhalten mangelt. Unter diesen Umständen erlebt der Mensch starke Dissonanz: Eine große Belohnung oder harte Bestrafung für ein Verhalten ist ein hinreichender externer Anreiz, so dass keine Dissonanz auftritt; eine harte Strafe führt daher nicht zu einer freiwilligen Verhaltensänderung, sondern eher zum Bemühen, nicht erwischt zu werden.[1004]

Falls jemand dagegen schon aufgrund „**unzureichender Bestrafung**" sein Verhalten ändert, wird damit eher auch eine Einstellungsänderung verbunden sein, die die Verhaltensanpassung perpetuiert; denn die leichte Strafdrohung ist kein hinreichender externer Grund, so dass eine interne Rechtfertigung gesucht wird.[1005] Leichte Strafen sind also im Hinblick auf diejenigen, die sich schon durch diese Strafen von ihrem Verhalten abbringen lassen, wirksamer als harte Strafen. Ein Problem könnte aber sein, dass sich durch harte Strafen mehr Leute von ihrem Fehlverhalten abbringen lassen, wenn auch weniger freiwillig und weniger dauerhaft. Bei Ersttätern erscheint daher eine mil-

---

1000 *Aronson/Wilson/Akert*, Sozialpsychologie, 8. Aufl. 2014, S. 218; *Fischer/Wiswede*, Grundlagen der Sozialpsychologie, 3. Aufl. 2009, S. 285–287.
1001 *Aronson/Wilson/Akert*, Sozialpsychologie, 8. Aufl. 2014, S. 218–219.
1002 Siehe oben S. 136.
1003 Siehe oben S. 25.
1004 *Fischer/Wiswede*, Grundlagen der Sozialpsychologie, 3. Aufl. 2009, S. 302–320; *Aronson/Wilson/Akert*, Sozialpsychologie, 8. Aufl. 2014, S. 196.
1005 *Aronson/Wilson/Akert*, Sozialpsychologie, 8. Aufl. 2014, S. 197.

de Bestrafung auch unter psychologischen Aspekten als angebracht, bei einschlägig vorbestraften Wiederholungstätern ist sie dagegen erheblich schwerer zu rechtfertigen.

459 Generell ist eine Strafe unter spezialpräventiven Aspekten immer dann ideal dosiert, wenn sie gerade eben ausreicht, um eine Verhaltensänderung herbeizuführen,[1006] da sie dann am ehesten auch zu einer Einstellungsänderung führt. Das Problem ist allerdings, dass der (Jugend-)Richter schwer einschätzen kann, wie hoch die Strafe beim konkreten Angeklagten zumindest sein muss, um eine Verhaltensänderung zu bewirken.

460 Einstellungsänderungen gegenüber anderen Personen können insbesondere dann auftreten, wenn man ihnen einen Gefallen getan oder umgekehrt geschadet hat, ohne dass es dafür eine ausreichende externe Rechtfertigung gab: Wer einem anderen einen Gefallen getan hat, „nur" weil er freundlich darum gebeten wurde, dem wird die betreffende Person hinterher in der Regel sympathischer sein, denn warum hätte er ihr den Gefallen tun sollen, wenn sie nicht sympathisch ist?[1007] So kann es für eine Anwältin hilfreich sein, die Gegenseite oder das Gericht möglichst früh zu einem freiwilligen Entgegenkommen auf „Nebenkriegsschauplätzen" (z. B. bei der Terminierung) zu bewegen, idealerweise mit dem Hinweis, dass das nicht der Anwältin, sondern dem Mandanten (aus irgendwelchen näher auszuführenden, billigenswerten Gründen) eine große Hilfe wäre.

461 Will man bei einem anderen eine Einstellungsänderung durch „**persuasive Kommunikation**" herbeiführen, wird die Wirksamkeit der Persuasion durch verschiedene Faktoren beeinflusst, von denen manche selbstverständlich sind, andere nicht:[1008]

- Glaubwürdige Sprecher (z. B. mit großer Sachkenntnis) überzeugen leichter als unglaubwürdige Sprecher.[1009]
- Attraktive Sprecher überzeugen eher als unattraktive.[1010]
- Ein abgelenktes Publikum lässt sich leichter überzeugen als ein aufmerksames.[1011]
- Intelligente Menschen sind schwerer zu beeinflussen, ebenso Menschen mit besonders hohem oder besonders niedrigem Selbstwertgefühl.[1012]

1006 *Aronson/Wilson/Akert*, Sozialpsychologie, 8. Aufl. 2014, S. 198, insbesondere zur Kindererziehung.
1007 *Aronson/Wilson/Akert*, Sozialpsychologie, 8. Aufl. 2014, S. 201–202. Siehe oben S. 146 zum Benjamin-Franklin-Effekt.
1008 *Fischer/Wiswede*, Grundlagen der Sozialpsychologie, 3. Aufl. 2009, S. 363–365.
1009 *Aronson/Wilson/Akert*, Sozialpsychologie, 8. Aufl. 2014, S. 225; *Jain/Posavac*, Prepurchase Attribute Verifiability, Source Credibility, and Persuasion, in: Journal of Consumer Psychology 11 (2001), S. 169, 177–178; *Fischer/Wiswede*, Grundlagen der Sozialpsychologie, 3. Aufl. 2009, S. 362–363.
1010 *Chaiken*, in: Journal of Personality and Social Psychology 37 (1979), S. 1387, 1391–1392; *Aronson/Wilson/Akert*, Sozialpsychologie, 8. Aufl. 2014, S. 225. Vgl. zum „Was schön ist, ist gut"-Stereotyp schon oben S. 51.
1011 *Fischer/Wiswede*, Grundlagen der Sozialpsychologie, 3. Aufl. 2009, S. 366; *Aronson/Wilson/Akert*, Sozialpsychologie, 8. Aufl. 2014, S. 225; *Festinger/Maccoby*, On Resistance to Persuasive Communications, in: Journal of Abnormal and Social Psychology 68 (1964), S. 359, 362.
1012 *Aronson/Wilson/Akert*, Sozialpsychologie, 8. Aufl. 2014, S. 225; *Rhodes/Wood*, Self-Esteem and Intelligence Affect Influenceability: The Mediating Role of Message Reception, in: Psychological Bulletin 111 (1992), S. 156, 164–165. *Rhodes/Wood* nehmen an, dass hinsichtlich des Selbstwertgefühls zwei gegenläufige Effekte zusammenwirken, die in der Summe dazu führen, dass Menschen mit mittlerem Selbstwertgefühl am einfachsten zu beeinflussen sind: Danach führe ein höheres Selbstwertgefühl dazu, dass eine Person besonders von ihrer eigenen Meinung überzeugt sei, was die Beeinflussung erschwere, während bei Menschen mit einem niedrigen Selbstwertgefühl häufiger die Botschaft der persuasiven Kommunikation überhaupt nicht ankomme.

II. Einstellungsänderung

- Menschen im Alter von 18 bis 25 Jahren sind leichter zu beeinflussen als ältere Menschen, deren Einstellungen stärker verfestigt sind.[1013]
- Größere Überzeugungskraft haben Botschaften, wenn sie nicht als Beeinflussungsversuch erscheinen.[1014]
- Zweiseitige Botschaften, die auch Gegenargumente berücksichtigen, sind wirkungsvoller – jedenfalls wenn die Gegenargumente sicher widerlegt werden können.[1015]

Wenn Menschen motiviert sind, den Fakten in einer Botschaft Aufmerksamkeit zu schenken, lassen sie sich – wenig überraschend – am ehesten von logischer Schlüssigkeit überzeugen (nach dem **Elaboration-Likelihood-Modell** sogenannte **zentrale Route zur Persuasion** oder **high elaboration**).[1016] Wenn Zuhörer aber nicht motiviert sind, den Fakten Aufmerksamkeit zu widmen, ist entscheidender, ob oberflächliche Merkmale (Länge der Rede, Attraktivität und vermeintliche Sachkunde des Sprechers etc.) sie schlüssig erscheinen lassen (**periphere Route zur Persuasion** oder **low elaboration**).[1017] Die Bereitschaft, den Argumenten aufmerksam zu folgen, nimmt mit der persönlichen Relevanz des Themas für den Zuhörer zu.[1018] Auch ist man generell zu seiner optimalen Tageszeit eher bereit, über Überzeugungsaussagen näher nachzudenken, also der zentralen Route zu folgen.[1019] Ein Richter, der sich selbst eher als Abendmensch einschätzt, sollte also nicht nur deshalb seine Verhandlungen nicht zu früh am Morgen terminieren, weil er sich später wohler fühlt, sondern auch, weil es ihm später leichter fallen wird, sich mit den Argumenten inhaltlich ernsthaft auseinanderzusetzen.

Können Menschen den Argumenten nicht folgen, lassen sie sich eher von peripheren Faktoren leiten.[1020] Wer andere argumentativ (also auf der zentralen Route zur Persuasion) überzeugen will, muss also deren Aufmerksamkeit erlangen. Einstellungen, die kognitiv basiert sind, lassen sich am ehesten mit rationalen Argumenten verändern, affektiv basierte dagegen mit emotionalen Appellen.[1021]

1013 *Aronson/Wilson/Akert*, Sozialpsychologie, 8. Aufl. 2014, S. 225; für die Praxis konstatieren *Krosnick/Alwin*, Aging and Susceptibility to Attitude Change, in: Journal of Personality and Social Psychology 57 (1989), S. 416, 423–424. allerdings, dass gerade in diesem Zeitraum auch üblicherweise besonders viele potentiell die politische Einstellung verändernde Veränderungen (z. B. Studienbeginn) fallen, was als konfundierende Variable in Betracht kommen könnte.
1014 *Aronson/Wilson/Akert*, Sozialpsychologie, 8. Aufl. 2014, S. 225; *Petty/Caccioppo*, Communication and Persuasion, 1986, S. 221.
1015 *Aronson/Wilson/Akert*, Sozialpsychologie, 8. Aufl. 2014, S. 225; *Crowley/Hoyer*, An Integrative Framework for Understanding Two-Sided Persuasion, in: Journal of Consumer Research 20 (1994), S. 561, 569–570.
1016 *Gerrig*, Psychologie, 21. Aufl. 2018, S. 646 f.; *Aronson/Wilson/Akert*, Sozialpsychologie, 8. Aufl. 2014, S. 226; *Petty/Caccioppo*, Communication and Persuasion, 1986, S. 173; *Petty u. a.*, To Think or Not to Think: Exploring Two Routes to Persuasion, in: Brock/Green (Hrsg.), Persuasion: Psychological Insights and Perspectives, 2. Aufl. 2005, S. 81, 83.
1017 *Aronson/Wilson/Akert*, Sozialpsychologie, 8. Aufl. 2014, S. 226; *Petty/Caccioppo*, Communication and Persuasion, 1986, S. 173.
1018 *Aronson/Wilson/Akert*, Sozialpsychologie, 8. Aufl. 2014, S. 227; *Gerrig*, Psychologie, 21. Aufl. 2018, S. 646–647; *Petty u. a.*, Personal Involvement as a Determinant of Argument-Based Persuasion, in: Journal of Personality and Social Psychology 41 (1981), S. 847, 852–853.
1019 *Gerrig*, Psychologie, 21. Aufl. 2018, S. 647; *Martin/Marrington*, Morningness-eveningness Orientation, Optimal Time-of-day and Attitude Change: Evidence for the Systematic Processing of a Persuasive Communication, in: Personality and Individual Differences 39 (2005), S. 367, 374–375.
1020 *Aronson/Wilson/Akert*, Sozialpsychologie, 8. Aufl. 2014, S. 230; *Petty u. a.*, To Think or Not to Think: Exploring Two Routes to Persuasion, in: Brock/Green (Hrsg.), Persuasion: Psychological Insights and Perspectives, 2. Aufl. 2005, S. 81, 86.
1021 *Aronson/Wilson/Akert*, Sozialpsychologie, 8. Aufl. 2014, S. 233; *Conner u. a.*, in: Psychology & Health 26 (2011), S. 133, 135, 144.

464 Zu einer starken Beeinflussbarkeit führt *high elaboration* allerdings nur bei starken Argumenten. Können nur schwache Argumente vorgetragen werden, bestehen auf der peripheren Route zur Persuasion die besseren Überzeugungschancen als auf der zentralen.[1022]

465 Wenn mehrere Sprecher zum selben Thema sprechen, streitet der **Recency**-Effekt (die Hörer erinnern sich gut an das zuletzt Gehörte) für den letzten Redner, der **Primacy**-Effekt (stärkere Prägung durch die Erstinformation)[1023] für den ersten Redner; falls die Reden unmittelbar nacheinander gehalten werden und das Publikum erst nach einer Pause entscheidet, überwiegt in der Regel der *Primacy*-Effekt, liegt dagegen zwischen den Reden keine Pause und das Publikum entscheidet sich direkt, kommt der *Recency*-Effekt stärker zum Tragen.[1024] Auch ein starkes inhaltliches Interesse des Hörers erwies sich als geeignet, den *Primacy*-Effekt zu begünstigen.[1025]

1022 Vgl. *Gerrig*, Psychologie, 21. Aufl. 2018, S. 647–648.
1023 Vgl. zu Primacy- und Recency-Effekt oben S. 30.
1024 *Aronson/Wilson/Akert*, Sozialpsychologie, 8. Aufl. 2014, S. 225; *Haugtvedt/Wegener*, Message Order Effects in Persuasion: An Attitude Strength Perspective, in: Journal of Consumer Research 21 (1994), S. 205, 207.
1025 *Haugtvedt/Wegener*, Message Order Effects in Persuasion: An Attitude Strength Perspective, in: Journal of Consumer Research 21 (1994), S. 205, 208.

§ 13 Verhandeln

Wenn unterschiedliche Interessen aufeinanderprallen, geht es in die Verhandlung. Jede Seite möchte möglichst all ihre Forderungen erfüllt sehen, und unter idealen Bedingungen gewinnen beide (*win-win*), wenn sich herausstellt, dass ihre Interessen miteinander kompatibel sind. Ein vielbemühtes Beispiel ist der Streit um die letzte Orange, die erfolgreich unter zwei Kindern mit maximalem Gewinn aufgeteilt wird, indem das eine nur die Schale erhält, die es zum Basteln benötigt, und das andere das Fruchtfleisch, weil es hungrig ist.[1026] Die Lektion hier soll lauten: Unter Berücksichtigung der wahren Interessen konnte für beide Kinder ein besseres Ergebnis erzielt werden, als wenn man die Orange „gerecht" in der Mitte durchgeschnitten hätte.

So illustrativ das Beispiel – so glatt geht es in Verhandlungssituationen nicht immer auf, und nicht jeder am Tisch ist bereit, seine Interessen ohne weiteres offenzulegen. Gründe dafür gibt es viele. Denkbar ist ein simpler Bluff, um eine schwache Ausgangsposition aufzublähen, oder der Gegenseite sind ihre wahren Motive peinlich oder die Verhandlungssituation wird zu Schikanezwecken missbraucht. Oftmals geht es schlicht um Gewinnmaximierung: Der Verkäufer will einen möglichst hohen Preis bekommen, der Käufer möglichst wenig zahlen. Hier die optimale (oder doch jedenfalls für beide Seiten akzeptable) Filetierung der Orange vorzunehmen, ohne hinterher feststellen zu müssen, dass alle Kerne auf wundersame Weise nur in den Stücken für die eigene Seite gelandet sind, ist das Kunststück der Verhandlung.[1027]

Das Verhalten der Verhandlungspartner folgt einigen sozialpsychologischen Prinzipien, von denen wir Ihnen drei besonders wichtige vorstellen möchten: (1) Reziprozität, (2) Selbstfestlegung und Konsistenz sowie (3) Knappheit. Aus diesen Prinzipien lassen sich einige äußerst wirksame Techniken ableiten. Es ist gut möglich, dass Sie einige oder auch alle davon verwerflich finden, weil sie Ihrem persönlichen Fairnessmaßstab widersprechen. Umso wichtiger ist es, den Wirkungsmechanismus zu verstehen und zu erkennen, wenn ihn jemand bei Ihnen anwenden will; ob Sie selbst je dazu greifen möchten, ist eine ganz andere Frage.

Reziprozität ist eine fundamentale Norm des menschlichen Zusammenlebens: Für einen Gefallen, den uns jemand getan hat, sehen wir uns gehalten, ebenfalls zurückzugeben.[1028] Sie ist vorteilhaft für die Mitglieder einer Gruppe, weil sie sie dazu anhält, sich immer und immer wieder gegenseitig zu helfen.[1029] Die Soziologie geht davon aus, dass es sich hierbei um ein kulturübergreifendes Phänomen in allen menschlichen Gesellschaften handelt.[1030] Wird jedoch künstlich eine soziale „Schuld" erzeugt, kommt dadurch eine erhebliche Hebelwirkung zugunsten einer nachfolgenden Bitte zustande. Geschulte Verkäufer nutzen die Reziprozitätsnorm oft, um ihren Kunden ein Entgegenkommen zu signalisieren, indem sie beispielsweise zunächst einen überhöhten Preis aufrufen, von dem sie dann abrücken, also dem Kunden scheinbar einen Gefallen tun. Das bringt den Kunden in psychologische Bedrängnis, den Gefallen zu erwidern und

---

1026   Der Urheber dieser kleinen Parabel ist uns nicht bekannt, doch inzwischen ist sie durch so viele Hände gegangen, dass sie Gemeingut geworden zu sein scheint.
1027   Für einen nach wie vor gut lesbaren, anwendungsorientierten Klassiker, der das Prinzip des Interessensausgleichs stark popularisiert hat, siehe *Fisher u. a.*, Das Harvard-Konzept, 22. Aufl. 2004.
1028   *Lewicki/Barry/Saunders*, Negotiation, 6. Aufl. 2010, S. 240.
1029   *Cialdini*, Influence, 5. Aufl. 2014, S. 23; 26.
1030   *Gouldner*, The Norm of Reciprocity: A Preliminary Statement, in: American Sociological Review 25 (1960), S. 161–178.

das Produkt zu kaufen. Ähnliches gilt für Gefallen, die nicht mit dem Preis zu tun haben, beispielsweise ein kostenloses Probeexemplar einer Zeitung, das Druck aufbaut, auch ein Abo abzuschließen, oder ein kostenloses Probehäppchen an einem Stand im Supermarkt. Obgleich man annehmen könnte, dass Gefallen und Gegengefallen ungefähr „gleichwertvoll" sein müssten, zeigt sich, dass selbst kleine Gefallen oder Geschenke sehr großes Entgegenkommen auslösen können.[1031]

470 **Selbstfestlegung** (engl. *commitment*) beschreibt das Streben, sich konsistent zu einer einmal getroffenen und kommunizierten Entscheidung zu verhalten. Dies geschieht auch bei aktivem Eintreten für einen bestimmten Standpunkt (also einer Entscheidung, diese Sichtweise positiv zu bewerten). Der Wunsch, konsistent zu bleiben, sobald man sich festgelegt hat, ruft persönlichen und sozialen Druck hervor.[1032] In Verhandlungssituationen kann dieser Effekt in inkrementellen Schritten eingesetzt werden, die schwer abzuschlagen sind, mehr dazu sogleich.[1033]

471 **Knappheit** schließlich, und sei sie auch nur subjektiv, erzeugt eine höhere Wertschätzung für die wenigen Objekte oder Gelegenheiten, als es der Fall wäre, wenn sie ohne spezielle Beschränkung bewertet würden. Dieser Effekt lässt sich zusätzlich durch Behauptungen über Zeitverknappung, „Exklusivangebote" und „Unikate" steigern.[1034]

I. Low-balling

472 Eine klassische Verkaufs- und Verhandlungstechnik ist das sog. **Low-balling**. Der Begriff ist vom Baseball entlehnt und bezieht sich auf den Ausdruck „to throw a low ball", also jemandem einen Ball flach zuwerfen. *Low-balling* bezeichnet das Hervorrufen der Illusion, sich schon unwiderruflich zu günstigen Konditionen, z. B. zu einem niedrigen Kaufpreis, für einen Vertrag entschieden zu haben, obwohl die Verhandlungen genaugenommen noch nicht zu einer bindenden Einigung gekommen waren.[1035] Wenn diese Illusion vor dem endgültigen Vertragsschluss erzeugt werden kann, stärkt dies die Verhandlungsposition der Gegenseite ungemein, weil die manipulierte Seite Dissonanz[1036] empfindet, wenn sie sich vor die Wahl gestellt sieht, am Vertrag nicht festzuhalten, wenn er tatsächlich nur zu – etwas – ungünstigeren Konditionen abgeschlossen werden kann, und diese dadurch reduzieren kann, dass sie den Vertrag dennoch abschließt. Die sehr akute Möglichkeit zur Dissonanzreduktion lässt den Vertragsschluss selbst zu den schlechteren Konditionen auf einmal viel erstrebenswerter erscheinen.

473 *Robert Cialdini*, der zu dieser Technik geforscht hat, beobachtete sie bei Gebrauchtwagenhändlern in den USA. Der Verkäufer lockt den potentiellen Käufer zunächst mit einem zu niedrigen Preis (dies ist der flach geworfene Ball). Sobald der prospektive Käufer sich – vielleicht nach einer kleinen Probefahrt – entschieden hat, bittet der Verkäufer ihn, allerlei Formulare auszufüllen und letzten Endes einen Scheck über eine Anzahlung auszustellen. Mit diesem Scheck geht der Verkäufer dann zu seinem Chef ins Büro. Zehn Minuten später kommt er zurück und behauptet mit betroffener Miene, er habe sich verrechnet, das Auto sei, wie ihm sein Chef mitgeteilt habe, eigentlich

---

[1031] *Lewicki/Barry/Saunders*, Negotiation, 6. Aufl. 2010, S. 240–241.
[1032] *Cialdini*, Influence, 5. Aufl. 2014, S. 58; *Lewicki/Barry/Saunders*, Negotiation, 6. Aufl. 2010, S. 241–242.
[1033] *Lewicki/Barry/Saunders*, Negotiation, 6. Aufl. 2010, S. 242–243.
[1034] *Cialdini*, Influence, 5. Aufl. 2014, S. 233–237; *Lewicki/Barry/Saunders*, Negotiation, 6. Aufl. 2010, S. 244.
[1035] *Cialdini*, Influence, 5. Aufl. 2014, S. 90.
[1036] Siehe oben S. 25.

etwas teurer.[1037] Es zeigt sich durch empirische Forschung, dass unter diesen Umständen mehr Menschen den Kaufvertrag abschließen, als wenn der teurere Preis sofort genannt worden wäre. Mit dem Unterschreiben des Anzahlungsschecks wird bereits der Anschein der Unwiderruflichkeit erweckt, wodurch sich die Wertschätzung des Kunden für das Auto verbessert.

An dieser Stelle ein juristischer Hinweis: Im deutschen Recht könnte man darüber nachdenken, ob nicht der Kaufvertrag als bereits zum niedrigeren Preis geschlossen anzusehen wäre. Das Gebrauchtwagen-Beispiel soll hier vorrangig der Illustration der Verhandlungstechnik dienen. 474

Wenn es Ihnen in Vertragsverhandlungen gelingt, der Gegenseite eine relativ feste Bindung zu suggerieren, wenn noch gar kein Vertrag geschlossen ist, haben Sie danach bessere Chancen, doch noch etwas bessere Bedingungen durchzusetzen, solange Ihr Verhandlungspartner nicht das Gefühl hat, er sei von Ihnen bewusst hintergangen worden – ansonsten lösen Sie nämlich **Reaktanz** (Trotz) aus, mit dem Ergebnis, dass die Gegenseite nunmehr „aus Prinzip erst recht nicht mehr" Ihrem Vorschlag folgt.[1038] 475

II. Der Ankereffekt in Verhandlungen

Die durchschlagende Wirkung des **Ankereffektes** haben Sie bereits kennengelernt.[1039] In Verhandlungssituationen tritt er ebenfalls häufig auf. Es ist oft vorteilhaft, das erste Gebot abzugeben, dessen Höhe einen Anker für die weitere Verhandlung setzt. Gibt der potentielle Käufer zuerst ein niedriges Angebot ab, das noch hoch genug ist, um den Verkäufer die Verhandlung nicht sofort abbrechen zu lassen, erhöht sich die Bereitschaft des Verkäufers, mit dem Kaufpreis heruntergehen. Gleichzeitig dämpft das niedrige Einstiegsangebot die Erwartung des Verkäufers, der Käufer werde sich noch sehr viel weiter hochhandeln lassen. Außerdem wird der Verkäufer im Lauf der späteren Verhandlungen viel eher bereit sein, eine Summe zwischen dem niedrigen Erstgebot und seinen Vorstellungen zu akzeptieren, weil er das bereits als großes Entgegenkommen des Käufers wahrnimmt. Hätte der Käufer dagegen eine Summe geboten, die schon recht nah an der (hohen) Vorstellung des Verkäufers liegt, hätte dieser zumeist den Ehrgeiz, den Käufer noch erheblich höher zu handeln, weil der Sprung von ihm subjektiv nur noch als minimales Entgegenkommen aufgefasst wird. 476

Bei größeren Verträgen ist es aus demselben Grund ratsam, sich darum zu bemühen, dass Sie die Partei sind, die den ersten Entwurf fertigt. Denn damit liegt zunächst einmal ein erster Status quo vor, der Ihren Wünschen entgegenkommt. Jeder Änderungswunsch bedarf praktisch der Rechtfertigung, weshalb sich die Gegenseite auf die ihr wichtigsten Änderungswünsche konzentrieren wird und Sie gute Chancen haben, jedenfalls in den weniger zentralen Punkten ganz ohne jede Diskussion mit Ihren Zielen durchzukommen. Außerdem wird so die Gegenseite unter Umständen gezwungen, Informationen dazu zu offenbaren, was für sie besonders wichtig ist, ggf. auch warum. Diese Informationen können Sie sich im Lauf der Verhandlungen zunutze machen. 477

1037 *Cialdini*, Influence, 5. Aufl. 2014, S. 90–92.
1038 Allzu forsche Versuche, jemanden zu beeinflussen, können eine starke, entgegengesetzte Reaktion auslösen, weil viele Menschen sich in ihrer Freiheit bedroht fühlen, wenn bestimmte Handlungen oder Erwägungen unterbunden oder „verboten" werden. Der Reaktanzzustand wird dann dadurch abgebaut, dass genau dieses Verhalten als demonstrative Gegenmaßnahme ausgeführt wird, vgl. *Aronson/Wilson/Akert*, Sozialpsychologie, 8. Aufl. 2014, S. 238; *Brehm*, A Theory of Psychological Reactance, 1966.
1039 Siehe oben S. 30.

III. Mit der Tür ins Gesicht

478 Ebenfalls auf der Reziprozitätsnorm baut die **Mit-der-Tür-ins-Gesicht-Technik** auf.[1040] Hierbei richtet man zunächst eine Bitte um einen großen Gefallen an die Gegenseite. Die Bitte ist von vornherein nicht darauf angelegt, dass der andere ihr nachkommt, denn nachdem jemand einen großen Gefallen abgeschlagen hat, ist derjenige signifikant häufiger bereit, einer anschließende Bitte um einen kleineren Gefallen nachzukommen. Die zweite, eigentlich relevante Bitte folgt dann direkt nach.[1041]

479 *Cialdini* wies dies in einem sozialpsychologischen Experiment nach: Studierende wurden gebeten, zwei Jahre lang jede Woche zwei Stunden als Berater für jugendliche Straffällige zu arbeiten. Alle lehnten ab. Daraufhin wurden sie gefragt, ob sie bereit seien, für einige der Straffälligen bei einem Zoobesuch als Begleiter zu fungieren. Nachdem der große Gefallen von allen Studierenden abgelehnt worden war, erklärte sich jetzt die Hälfte von ihnen bereit, die kleinere Bitte zu erfüllen. In einer Kontrollgruppe, bei der man auf die Bitte um den großen Gefallen verzichtet hatte, waren nur 17 % bereit, den Zoobesuch zu begleiten.[1042]

480 Diese Technik funktioniert, weil der Bittende durch sein Umschwenken von einem großen auf einen kleinen Gefallen gewissermaßen ein Zugeständnis ans Gegenüber getätigt hat. Die andere Person fühlt sich dadurch verpflichtet, sich reziprok zu verhalten und ebenfalls etwas für den Bittenden zu tun. Das führt zu einer gestiegenen Bereitschaft, dem im Verhältnis kleineren Gefallen nachzukommen.[1043] Wichtig ist, dass die erste Bitte nicht vollkommen überzogen erscheint, da ein Zurücktreten von einer unrealistischen Forderung nicht als Zugeständnis aufgefasst wird, sondern als Zeichen dafür, dass der Verhandler unredlich agiert und zu manipulieren versucht.[1044] Wird die Tür-ins-Gesicht-Technik hingegen mit Augenmaß eingesetzt, ergeben sich die zusätzlichen Vorteile, dass die andere Person das Gefühl hat, stärker für das ausgehandelte Ergebnis verantwortlich zu sein.[1045] Zusätzlich wird sie zufriedener mit dem Ergebnis sein.[1046]

IV. Der Fuß in der Tür

481 Die Tür im Gesicht kann auch umgekehrt werden zur **Fuß-in-der-Tür-Technik**.[1047] Beide Techniken sind gleichermaßen wirksam. Bei Verhandlungen kann es ratsam sein, gerade mit kleinen Schritten anzufangen. Folgt auf die Bitte um einen kleinen Gefallen später noch die Bitte um einen größeren Gefallen, der auf dem kleineren aufbaut, gibt dies dem Betroffenen das Gefühl, sich konsistent verhalten zu müssen und auch auf die

---

1040 *Fischer/Wiswede*, Grundlagen der Sozialpsychologie, 3. Aufl. 2009, S. 469.
1041 *Cialdini*, Influence, 5. Aufl. 2014, S. 206; *Ebster/Neumayr*, Applying the door-in-the-face compliance technique to retailing, in: The International Review of Retail, Distribution and Consumer Research 18 (2008), S. 121; *Pansu/Lima/Fointiat*, When saying no leads to compliance: The door-in-the-face technique for changing attitudes and behaviors towards smoking at work, in: European Review of Applied Psychology 64 (2014) S. 19–27.
1042 *Cialdini u. a.*, Reciprocal Concessions Procedure for Inducing Compliance: The Door-in-the-Face Technique, in: Journal of Personality and Social Psychology 31 (1975), S. 206–215.
1043 *Cialdini*, Influence, 5. Aufl. 2014, S. 39–52.
1044 *Schwarzwald/Raz/Zvibel*, The Application of the Door-in-the-Face Technique When Established Behavioral Customs Exist, in: Journal of Applied Social Psychology 9 (1979), S. 576–586.
1045 *Cialdini*, Influence, 5. Aufl. 2014, S. 48–49.
1046 *Schindler*, Consequences of Perceiving Oneself as Responsible for Obtaining a Discount: Evidence for Smart-Shopper Feelings, in: Journal of Consumer Psychology 7 (1998), S. 371–392.
1047 *Fischer/Wiswede*, Grundlagen der Sozialpsychologie, 3. Aufl. 2009, S. 469.

zweite Bitte mit erhöhter Wahrscheinlichkeit einzugehen.[1048] Im Wesentlichen lässt sich mit dieser Technik das Selbstbild einer anderen Person manipulieren.[1049] Bereits eine bloß implizite Aufforderung zu einer Handlung löst die Tendenz aus, ihr nachzukommen – so erhöhten sich die Teilnehmerzahlen an einer unbezahlten Studie am Wochenende, wenn den angesprochenen Personen direkt der Anmeldezettel in die Hand gedrückt wurde, und dies selbst dann, wenn der Anwerber keine Erwartungshaltung ausdrückte, dass sie sich anmelden würden.[1050]

Jonathan Freedman und *Scott Fraser* ließen in einem Experiment einen als Freiwilligen getarnten Untersuchungsleiter von Tür zu Tür gehen und die Bewohner bitten, ein riesiges, hässliches Schild in ihrem Vorgarten aufstellen zu dürfen, auf dem „DRIVE CAREFULLY" geschrieben stand. Die Hauseigentümer kamen dieser Bitte in aller Regel nicht nach – es sei denn, zwei Wochen zuvor war bereits ein anderer „Freiwilliger" bei ihnen erschienen und hatte ihnen ein handtellergroßes Schildchen mit der Aufschrift „BE A SAFE DRIVER" geschenkt und sie gebeten, es auf ihrer Fensterbank aufzustellen, was praktisch alle Angesprochenen auch getan hatten. Selbst bei einer Variation, bei der der Bewohner bei der ersten Runde lediglich gebeten wurde, eine Petition zur Verschönerung des Bundesstaates zu unterschreiben, führte dies immer noch zu einer bemerkenswerten Zustimmungsrate bei der zweiten Runde, obwohl hier nur eine vage inhaltliche Verbindung bestand.[1051] Durch die Unterschrift entstand bei den Teilnehmern das Selbstbild eines verantwortungsbewussten und auf das öffentliche Wohl bedachten Bürgers, so dass sie sich nunmehr aufgefordert fühlten, nach diesem Selbstbild zu handeln, als die zweite Bitte an sie gerichtet wurde.[1052]

482

Ähnlich kann dieser Effekt in Verkaufsverhandlungen zum Einsatz kommen: Der Gebrauchtwagenverkäufer bietet Ihnen das für 12.000 Euro ausgezeichnete Auto zum Preis von 10.000 Euro an, behält sich aber vor, das noch mit seinem Chef abklären zu müssen. Der Kunde signalisiert ihm, dass er für 10.000 Euro bereit wäre, das Auto zu kaufen. Hier ist der Kunde also der etwas kleineren Bitte „kaufen Sie das Auto für 10.000 Euro" nachgekommen. Wenn dann der Verkäufer von seinem Chef zurückkommt und mitteilt, sein Chef erlaube ihm nicht, das Auto für weniger als 10.500 Euro zu verkaufen, haben viele Kunden das Gefühl, dass es albern wäre, den Kauf an dieser vergleichsweisen kleinen Differenz scheitern zu lassen. Es werden jetzt also mehr Kunden auf die größere Bitte „kaufen Sie das Auto für 10.500 Euro" eingehen, als das ohne das erste, noch nicht bindende Angebot über 10.000 Euro der Fall gewesen wäre.

483

Der Kunde hat sich hier – nach außen sichtbar – darauf festgelegt, dass er an dem Auto interessiert ist. Das führt dazu, dass er befürchtet, sich inkonsistent zu verhalten, wenn er ohne guten Grund von dieser Festlegung abweicht. Schon vorläufige Tendenzen im Vorfeld einer Entscheidung können das Verhalten in eine bestimmte Richtung lenken. So kann es hilfreich sein, dass Sie Ihren potentiellen zukünftigen Vertragspart-

484

[1048] *Cialdini*, Influence, 5. Aufl. 2014, S. 70; *Guéguen/Silone/David*, The effect of the two feet-in-the-door technique on tobacco deprivation, in: Psychology & Health 31 (2016), S. 768–775; *Guéguen/Martin/Silone/David*, Foot-in-the-door technique and reduction of driver's aggressiveness: A field study, in: Traffic Psychology and Behaviour, 36 (2016), S. 1–5; *Comello/Myrick/Raphiou*, A health fundraising experiment using the "foot-in-the-door" technique, in: Health Marketing Quarterly, 33 (2016). S. 206–220;
[1049] *Cialdini*, Influence, 5. Aufl. 2014, S. 72.
[1050] *Hales*, The preemptive presentation technique: Getting your foot in the door without making a request, 2018.
[1051] *Freedman/Fraser*, Compliance without Pressure: The Foot-in-the-Door Technique, in: Journal of Personality and Social Psychology 4 (1966), S. 195–202.
[1052] *Cialdini*, Influence, 5. Aufl. 2014, S. 71.

ner dazu bringen, selbst einzuräumen, dass das von Ihnen angebotene Produkt gut ist, seine Erwartungen erfüllt oder gar bestimmte Punkte selbst hervorzuheben, die ihm an dem Produkt gefallen. So kann z. B. die harmlose Frage „Was gefällt Ihnen denn daran besonders?" dazu führen, die Wertschätzung des potentiellen Vertragspartners für das von Ihnen angebotene Produkt zu steigern, wenn der andere infolgedessen selbst Punkte aufführt, die für das Produkt sprechen. Nachdem er selbst diese Punkte hervorgehoben hat, käme es ihm nämlich inkonsistent vor, sein Interesse an dem Produkt nicht auch durch die Entscheidung zum Vertragsabschluss zu bestätigen, und dadurch wird er tendenziell etwas stärker als zuvor geneigt sein, den Vertrag abzuschließen.

485 Noch stärker kann ein solches Commitment wirken, wenn man es sogar schriftlich abgegeben hat. So räumt § 8 VVG dem Versicherungsnehmer ein 14tägiges Widerrufsrecht ein, nachdem er einen Versicherungsvertrag geschlossen hat. Ebenso gewährt § 312g BGB dem Verbraucher ein Widerrufsrecht bei außerhalb von Geschäftsräumen geschlossenen Verträgen. Eine ähnliche Regelung gibt es auch im US-amerikanischen Recht. Dort hat es zu einem starken Rückgang der Widerrufe geführt, dass Unternehmen, die stark auf den Abschluss von Haustürgeschäften ausgerichtet sind, mittlerweile dazu übergegangen sind, das Vertragsformular statt von ihren Vertretern von den Kunden selbst ausfüllen zu lassen.[1053] Dadurch, dass die Kunden schwarz auf weiß ihr Interesse bekundet haben, fühlen sie sich viel eher verpflichtet, die Vereinbarung auch einzuhalten. Aus ähnlichen Gründen dürfte es die Erfolgsaussichten von Vertragsverhandlungen steigern, wenn bereits lange vor dem eigentlichen Vertragsschluss eine Absichtserklärung abgegeben wird, grundsätzlich den Vertrag schließen zu wollen.

V. Addendum: Effektive Zugeständnisse

486 Nachdem Sie zwei besonders durchschlagende psychologische Phänomene, die auf der Reziprozitätsnorm beruhen, kennengelernt haben, möchten wir Ihnen einige weitere Möglichkeiten an die Hand geben, wie Sie in Verhandlungen mit Zugeständnissen aktiv arbeiten können. *Hendon/Roy/Ahmed* haben zwölf Vorschläge auf empirischer Basis erarbeitet, die Sie auch in der juristischen Tätigkeit kreativ einsetzen können:[1054]

1. Lassen Sie von Anfang an genug Spielraum für Zugeständnisse von Ihrer Seite.
2. Bringen Sie die Gegenseite dazu, ihre Bedürfnisse und Ziele zuerst preiszugeben.
3. Seien Sie die erste Partei, die bei einem kleinen Punkt nachgibt, aber nicht die erste bei einem großen Punkt.
4. Machen Sie unwichtige Zugeständnisse und stellen Sie sie als wertvoller dar, als sie für Sie sind.
5. Lassen Sie die Gegenseite hart für Zugeständnisse Ihrerseits arbeiten.
6. Stellen Sie sicher, dass Sie für alle Zugeständnisse ein Entgegenkommen zurückbekommen.
7. Geben Sie langsam und immer nur ein wenig nach.
8. Behalten Sie Ihre Schmerzgrenze für sich.
9. Lehnen Sie gelegentlich etwas ab.

1053 *Cialdini*, Influence, 5. 2014, S. 76.
1054 *Hendon/Roy/Ahmed*, Negotiation Concession Patterns: A Multicultural, Multiperiod Study, in: American Business Review 21 (2003), S. 75–83.

10. Seien Sie sehr vorsichtig beim Zurücknehmen von Zugeständnissen, selbst in frühen Verhandlungsstadien.
11. Behalten Sie alle Zugeständnisse, die eine Seite gemacht hat, im Blick und versuchen Sie, die dahinterstehenden Muster zu erkennen.
12. Geben Sie nicht zu oft, zu schnell oder zu viel nach.

VI. Künstliche Knappheit

Manchmal geht es in Verhandlungssituationen tatsächlich um knappe Güter oder Gelegenheiten, die sich nicht ohne weiteres wiederholen lassen. Das Gefühl von **Knappheit** kann jedoch auch künstlich erzeugt werden. Ein und dieselbe Sorte Kekse schmeckt Menschen besser, wenn sie ihnen in einem Gefäß mit zwei Keksen präsentiert werden, als wenn sie aus einem Gefäß mit zehn Keksen kommen.[1055]

Verkäufer werden also oft versuchen, den Eindruck zu erwecken, ihr Produkt sei knapp („Ich habe davon nur noch ein Exemplar, ich weiß nicht, ob das nicht bis morgen schon verkauft ist.") oder zeitlich nur begrenzt zu haben („Ich kann Ihnen auf diese Küche 15 % Rabatt anbieten, weil wir eine Sonderaktion mit dem Hersteller haben. Diese Aktion endet aber heute.") So hat der Kunde den Eindruck, eine entscheidende Gelegenheit zu verpassen, wenn er nicht sofort kauft. In Verkäuferschulungen werden Möglichkeiten aufgezeigt, die Strategie der Verknappung mit der zuvor geschilderten Strategie, das Bedürfnis des Partners, sich konsistent zu verhalten, auszunutzen, zu verbinden. So könnte z. B. in einem Bekleidungsgeschäft ein teures Kleid mit einem Schild „verkauft" versehen werden (Verknappung). Wenn eine Kundin Interesse an diesem Kleid zeigt, würde dann der Verkäufer darauf hinweisen können, dass das Kleid leider nicht mehr nachgeliefert werden kann, dass er aber nachschauen könne, ob er noch ein Exemplar auf Lager hat. Wenn er dann noch einmal fragt, ob er sie richtig versteht, dass die Kundin Interesse hätte, das Kleid zu kaufen, wenn er es noch auf Lager hat, und die Kundin das bejaht (Festlegung), hat der Verkäufer zunächst einmal ziemlich gute Karten. Es wäre dann nämlich inkonsistent, vom Kauf doch abzusehen, wenn nicht bei der Anprobe klare Nachteile des Kleides zutage treten.

VII. Kontrasteffekte

Schließlich möchten wir Ihnen noch **Kontrasteffekte** vorstellen. Die sogenannte Rational-Choice-Theorie geht grundsätzlich davon aus, dass jeder Mensch die Ziele, die er erreichen will, auf einer Art Präferenz-Rangliste mental ordnen kann, an der er sich, wenn er die Wahl zwischen mehreren Optionen hat, orientiert.[1056] Das heißt, die Wahl zwischen mehreren Optionen sollte in der Theorie nicht davon abhängig sein, ob noch bestimmte andere Optionen, die nicht gewählt werden, zur Verfügung stehen. Stellen Sie sich vor, Sie gehen ins Restaurant und bestellen folgendermaßen: „Ich hätte gerne eine Pizza Margherita. Außer natürlich, Sie haben auch Spaghetti Napoli, dann nehme ich lieber eine Lasagne." Eine solche Bestellung erscheint völlig irrational. Entweder mag man lieber Pizza oder lieber Lasagne, aber man mag nicht nur dann lieber Lasagne, wenn man auch Spaghetti hätte haben können.

1055 *Worchel/Lee/Adewole*, Effects of Supply and Demand on Ratings of Object Value, in: Journal of Personality and Social Psychology 32 (1975), S. 906–914.
1056 Vgl. einführend zur *Rational-Choice*-Theorie *Schäfer/Ott*, Lehrbuch der ökonomischen Analyse des Zivilrechts, 5. Aufl. 2012, S. 95–103.

490 Tatsächlich finden sich aber in der Realität Beispiele, in denen die Entscheidungsfindung ähnlich abläuft wie in diesem absurden Restaurant-Beispiel. Stellen Sie sich vor, Sie wollen von Köln zum Frankfurter Flughafen mit der Bahn fahren. Dabei wollen Sie einerseits schnell, andererseits auch nicht zu teuer reisen. Sie haben die Wahl, mit dem ICE auf der direkten Schnellstrecke ohne Zwischenhalt zu fahren, was Sie 75 Euro kostet und 1 Stunde dauert. Sie können alternativ mit dem langsameren ICE mit Zwischenhalten in Bonn, Koblenz und Mainz fahren – das kostet nur 50 Euro, dauert allerdings auch 2 Stunden. In dieser Konstellation kommt es auf die individuellen Präferenzen an: Dem einen Fahrgast ist die Zeitersparnis wichtiger, dem anderen das Geld. So wird ein Teil der Fahrgäste die langsame Fahrt buchen, ein anderer Teil die schnelle. Es gibt keine Variante, die unabhängig von den jeweiligen Präferenzen klar besser ist als die andere. Nehmen wir an, aus einer Gruppe von 100 Fahrgästen würden sich 60 für die schnelle Variante, 40 für die langsame Variante entscheiden. Unter diesen Fahrgästen werden einige sein, denen die Entscheidung leichtfällt, weil sie sich entweder sicher sind, dass ihnen 1 Stunde Zeitersparnis 25 Euro wert ist, oder weil sie sich umgekehrt sicher sind, dass ihnen die Zeitersparnis nicht so viel wert ist. Es werden sich auch einige Fahrgäste mit ihrer Entscheidung schwergetan haben, weil sie sich nicht sicher sind, wie ihr individueller Umrechnungsfaktor „Zeit:Geld" aussieht.

491 Nehmen wir jetzt an, es käme noch eine dritte Reisemöglichkeit hinzu: Den Fahrgästen wird vor ihrer Buchung mitgeteilt, dass sie auch mit dem Regional-Express fahren können. Die Fahrt kostet ebenfalls 50 Euro, allerdings müssen sie zweimal umsteigen und sind 4 Stunden unterwegs. Offenbar ist das unter allen Möglichkeiten die ungünstigste: Denn die Fahrt kostet genauso viel wie die mit dem langsamen ICE, dauert aber erheblich länger. Welche Auswirkungen hat diese zusätzliche Möglichkeit auf die Buchungen? Tatsächlich hat sich empirisch feststellen lassen, dass in derartigen Situationen die Alternative, die gegenüber der dritten Möglichkeit klar attraktiver ist (hier also die langsame ICE-Fahrt, die genauso viel kostet, aber nicht so lange dauert wie die Regional-Express-Fahrt), an Attraktivität gewinnt: Insbesondere von denjenigen, die sich ohne die dritte Alternative mit ihrer Entscheidung schwergetan hätten, wird der eine oder andere vom schnellen ICE auf den anderen ICE umschwenken, weil dieser langsame ICE klar attraktiver ist als die Alternative „Regional-Express". Man spricht hier vom Kontrasteffekt, weil das „Zielprodukt" im Kontrast zum „Köder" attraktiver erscheint, als es ohne den Köder wäre.[1057]

492 Der Kontrasteffekt konnte bei verschiedensten Produkten belegt werden, die in Lebensmittelläden einmal mit und einmal ohne einen Köder, der gegenüber einer Alternative klar schlechter ist („**asymmetrisch dominiert**"[1058]), angeboten wurden.[1059] Für den Einzelhandel ist er allerdings leichter einsetzbar als in typischen Verhandlungssituationen, denen Juristen ausgesetzt sind, weil es im Einzelhandel üblich ist, mehrere Alternativen derselben Produktgruppe anzubieten, so dass der Kunde nicht irritiert ist, wenn sich dabei auch asymmetrisch dominierte Produkte befinden. Würde ein Anwalt

---

1057 *Schweizer*, Kognitive Täuschungen vor Gericht, 2005, Rn. 743.
1058 Asymmetrisch, weil der Köder nur gegenüber der einen Alternative klar schlechter ist, also von ihr dominiert wird: Die Wahl zwischen langsamem ICE und Regional-Express zum gleichen Preis würde immer zugunsten des ICE ausfallen. Die Wahl zwischen teurerem schnellen ICE und Regional-Express wäre dagegen immer noch nicht eindeutig, weil einigen Fahrgästen die Geldersparnis von 25 Euro vielleicht auch 3 Stunden Fahrzeit wert wäre.
1059 Vgl. z. B. *Doyle/O'Connor/Reynolds/Bottomley*, The Robustness of the Asymmetrically Dominated Effect: Buying Frames, Phantom Alternatives, and In-Store Purchases, in: Psychology & Marketing 16 (1999), S. 225, 239 ff.

im Rahmen einer Vertragsverhandlung ein Angebot A machen („Verkauf des Unternehmens U für 7,5 Mio. Euro") und ein Angebot B („Verkauf des Unternehmens U ohne die Elektroniksparte für 5 Mio. Euro"), könnte er nicht glaubhaft noch parallel dazu ein klar schlechteres Köderangebot offerieren („Verkauf des Unternehmens U ohne die Elektroniksparte für 6 Mio. Euro"), um den Kaufinteressenten in Richtung des Angebots B zu lenken. Allerdings ist es auch gar nicht zwingend nötig, dass der „Köder" von einer der beiden Alternativen dominiert wird. Es hat sich herausgestellt, dass ein Köder auch schon wirkt, wenn er gegenüber dem Ziel als deutlich weniger attraktiv erscheint[1060]: Auch wenn die Regional-Express-Fahrt nicht 50 Euro (wie die langsame ICE-Fahrt) gekostet hätte, sondern nur 45 Euro, hätte sie den langsamen ICE attraktiver erscheinen lassen. Denn für nur 5 Euro Geldersparnis hätten ganze 2 Stunden Zeit investiert werden müssen, die Ersparnis pro Stunde hätte also nur 2,50 Euro betragen. (Zum Vergleich: Beim Umstieg vom schnellen auf den langsamen ICE hätte die Ersparnis pro Stunde mit 25 Euro zehnmal so hoch gelegen!) Eine solche zwar nicht dominierte, aber doch klar minderwertige Alternative kann auch in – manchen – typischen juristischen Verhandlungssituationen eingesetzt werden („Verkauf des Unternehmens U ohne die Elektroniksparte und die Chemiesparte für 4,8 Mio. Euro").

VIII. Abwehr manipulativer Verhandlungstechniken

Diese Verhandlungs- und Verkaufsstrategien kommen extrem häufig zum Einsatz, schlichtweg, weil sie bei einem Großteil der Verhandlungspartner sehr gut funktionieren. Hilflos ausgeliefert ist man ihnen aber deshalb nicht. Der erste und wichtigste Schritt zur effektiven Abwehr des Manipulationsversuchs ist, ihn rechtzeitig zu erkennen.

Techniken, die auf der Reziprozitätsnorm aufbauen, können Sie bis zu einem gewissen Grad von Anfang an unterbinden, damit die soziale Norm erst gar nicht psychologisch aktiviert wird, indem Sie ungebetene Gefallen oder Geschenke ablehnen.[1061] Das ist allerdings nicht immer möglich, ohne eine peinliche Situation auszulösen. Eine Alternative ist es hier, mental den Gefallen umzudefinieren. Sollte sich herausstellen, dass er als Vehikel benutzt wird, um Sie zu einer Gegenleistung zu bewegen, betrachten Sie das kleine Geschenk nur materiell als das, was es ist, und nicht als Repräsentant für etwas darüber Hinausgehendes wie eine besondere zwischenmenschliche Geste der Freundlichkeit, die auf wahrer Sympathie beruht.[1062] Danach ebbt das Bedürfnis, auf die Gefälligkeit Ihrerseits mit einer Gefälligkeit zu reagieren, schnell ab.

Vorsicht ist geboten bei voreiliger Selbstfestlegung. Wenn Sie sie vermeiden können, ist das von Vorteil, um sich den Rückzug aus der Verhandlungssituation offenzuhalten. Kommt es dennoch früher oder später zu einer gewissen Festlegung, bedenken Sie, dass das Gebundenheitsgefühl rein subjektiv ist. Sie sind nicht wirklich bereits gebunden und auch nicht moralisch verpflichtet, sich jederzeit und in allen Themen konsistent zu verhalten. Es kann sehr rational sein, seine Meinung später noch einmal zu ändern. Diese Freiheit sollten Sie sich nicht selbst nehmen, nur aus der Sorge heraus, es könnte „schief" aussehen, schließlich erzeugt Ihr Gegenüber sehr wahrscheinlich dieses Gefühl ganz gezielt. (In Verhandlungen mit einem Vertragspartner, mit dem eine län-

---

1060 *Huber/Puto*, Market Boundaries and Product Choice: Illustrating Attraction and Substitution Effects, in: Journal of Consumer Research 10 (1983), S. 31, 32, 39–40.
1061 *Cialdini*, Influence, 5. Aufl. 2014, S. 49–50.
1062 *Cialdini*, Influence, 5. Aufl. 2014, S. 39–52.

gerfristige Vertragsbeziehung angestrebt ist oder bereits besteht, ist es allerdings unter Umständen dennoch sinnvoll, auf ein relativ konsistentes Auftreten zu achten, um die künftige weitere Beziehung nicht zu belasten.) Emotionaler Druck sollte nie handlungsleitend für einen Vertragsabschluss sein.

496 Auch der Behauptung eines Knappheitszustandes sollten Sie stets skeptisch begegnen. Zugebenermaßen bedarf es einer gewissen inneren Besinnung, um sich einer gut orchestrierten Verknappungsstrategie emotional wieder zu entziehen.[1063] Wie plausibel ist es wirklich, dass die Gelegenheit nie wiederkommt? Ist es möglich, dass ein ähnlich gutes Angebot, das nur in Kleinigkeiten abweicht, sich noch anderweitig auftreiben lässt? Lassen Sie sich vor allem nicht durch künstliche Countdowns aus der Ruhe bringen. Es ist in Ordnung, sich innerlich etwas aufgewühlt zu fühlen, solange Sie sich dadurch nicht zu einem bestimmten Handeln drängen lassen. Wenn man Ihnen nicht genug Zeit zum Nachdenken gibt, steckt dahinter häufig ein Manipulationsversuch. Besser kein Deal als ein schlechter Deal.

1063 *Lewicki/Barry/Saunders*, Negotiation, 6. Aufl. 2010, S. 244.

§ 14 Moralische Urteile

Die psychologische Diskussion über die Entwicklung **moralischer Urteile** wurde maßgeblich durch Arbeiten *Jean Piagets*[1064] und *Laurence Kohlbergs*[1065] beeinflusst. Grundlegend war Piagets 1932 erstmals erschienenes Buch „Das moralische Urteil des Kindes". Es zeigt sich eine Entwicklung hin zu einer größeren Komplexität des Moralkonzepts mit zunehmendem Lebensalter: So machten Kinder unter fünf Jahren die Bewertung einer Handlung vorwiegend an ihrem Ergebnis fest, während erst die etwa Fünfjährigen die Absicht des Handelnden berücksichtigten.[1066] *Piaget* geht zunächst von einem Stadium der heteronomen Moral – der Orientierung an von anderen aufgestellten Geboten – bis ins Alter von etwa sieben Jahren aus.[1067] Es folge als nächstes Stadium eine Übergangsphase bis etwa zum zehnten Lebensjahr, an deren Ende ein Stadium der autonomen Moral mit etwa elf oder zwölf Jahren erreicht werde: Grundlage moralischer Entscheidungen sei nun nicht mehr der blinde Gehorsam gegenüber Autoritäten, vielmehr werden Regeln als Produkte sozialer Interaktion verstanden, die durch Verständigung einer Gruppe auch geändert werden können; bei der Aufstellung von Regeln sehen Kinder in dieser Phase Gerechtigkeit und Gleichberechtigung als zu berücksichtigende Faktoren an.[1068] Im Grundsatz ist die Theorie *Piagets* zur moralischen Entwicklung von Kindern weitgehend anerkannt und empirisch bestätigt.[1069] Im Einzelnen gibt es aber durchaus auch erhebliche Kritikpunkte; so spricht z. B. einiges dafür, dass *Piaget* die Fähigkeit der jüngeren Kinder, die Bedeutung der Handlungsabsicht für die moralische Beurteilung einer Handlung zu verstehen, unterschätzte, weil die guten oder schlechten Absichten des Handelnden in den von ihm präsentierten Szenarien nicht deutlich genug herausgestellt wurden.[1070]

Kohlberg geht aufgrund von Befragungen von Kindern zu konkreten moralischen Dilemmata von einer Entwicklung des moralischen Urteils in sechs Stufen aus, die sich durch die Gründe für moralisches Verhalten unterscheiden:[1071] Auf Stufe 1 ist die Vermeidung negativer Folgen der Grund für moralisches Handeln, auf Stufe 2 geht es ebenfalls um die Folgen für das Individuum, aber auf der Grundlage einer Kosten-Nutzen-Abwägung. Auf Stufe 3 steht das Streben nach Akzeptanz und die Vermeidung von Ablehnung im Vordergrund. Stufe 4 beruht auf der Befolgung von Regeln mit dem Ziel, das soziale System zu bewahren. Auf Stufe 5 orientiert sich das Verhalten am Ziel, so zu handeln, wie es für das Wohlergehen der Gesellschaft am besten ist, auf Stufe 6 werden Recht und Gerechtigkeit in Übereinstimmung mit selbst gewählten ethischen Prinzipien abstrakter Art bestimmt (wie z. B. Gegenseitigkeit, Gleichheit, Re-

---

1064 *Piaget*, Das moralische Urteil des Kindes, 1932 (hier zitiert nach der deutschen Ausgabe von 2015).
1065 *Kohlberg*, in: Hoffman/Hoffman, Review of Child Development Research, 1964, S. 383 ff.
1066 *Zelazo u. a.*, Intention, Act, and Outcome in Behavioral Prediction and Moral Judgment, in: Child Development 67 (1996), S. 2478, 2489; *Gerrig/Zimbardo*, Psychologie, 18. Aufl. 2008, S. 406.
1067 *Piaget*, Das moralische Urteil des Kindes, 1932 (hier zitiert nach der deutschen Ausgabe von 2015), S. 229 ff., 362 ff.
1068 *Piaget*, Das moralische Urteil des Kindes, 1932 (hier zitiert nach der deutschen Ausgabe von 2015), S. 229 ff., 363 f.
1069 *Siegler/Eisenberg/De Loache/Saffran*, Entwicklungspsychologie im Kindes- und Jugendalter, 4. Aufl. 2016, S. 532 f.
1070 *Siegler/Eisenberg/De Loache/Saffran*, Entwicklungspsychologie im Kindes- und Jugendalter, 4. Aufl. 2016, S. 533.
1071 Zum Folgenden *Gerrig*, Psychologie, 21. Aufl. 2018, S. 429; *Kohlberg*, in: Hoffman/Hoffman, Review of Child Development Research, 1964, S. 383, 400.

spekt vor der Menschenwürde).[1072] Methodisch trifft *Kohlberg* durchaus auf Einwände. So wird er z. B. dahingehend kritisiert, dass er nicht ausreichend zwischen moralischen Fragen und bloßen sozialen Konventionen differenziert und auch kulturelle Unterschiede nicht berücksichtigt habe.[1073] Das Bestehen der Stufen ist dagegen zumindest im Grundsatz anerkannt, wenn auch die Annahme einer strikten Abfolge, nach der das Denkmuster einer niedrigeren Stufe mit Erreichen der höheren Stufe im wesentlichen nicht mehr angewandt wird, in dieser Rigidität zweifelhaft ist.[1074] Während die Stufen 1 bis 3 weitgehend unumstritten sind, bleiben die folgenden Stufen nach wie vor kontrovers; insbesondere erreichen keineswegs alle Menschen Stufe 4, und viele Erwachsene wachsen zumindest nicht über diese Stufe hinaus.[1075] Es erscheint daher angemessen, soweit moralische Maßstäbe durch ausfüllungsbedürftige Begriffe wie „gute Sitten" u. ä. in der Rechtsordnung positiviert sind, bei der Ausfüllung keine zu hohen Anforderungen zu stellen und nicht über Stufe 4 hinauszugehen.[1076] Keine Rolle sollten die moralischen Entwicklungsstufen dagegen bei Normen bilden, die allein auf die Einsichtsfähigkeit abstellen. So soll z. B. für § 828 Abs. 3 BGB, der zur Voraussetzung einer Schadensersatzhaftung erhebt, dass der Minderjährige „die zur Erkenntnis der Verantwortlichkeit erforderliche Einsicht hat", die Erkennbarkeit der Gefahr einer Interessenverletzung genügen;[1077] auf komplexere moralische Bewertungen kommt es demgegenüber nicht an. Auch für die strafrechtliche Schuldunfähigkeit ist die Frage der moralischen Entwicklungsstufe nicht von zentraler Bedeutung, genügt doch nicht die bloße Unfähigkeit, das Unrecht der Tat einzusehen (was man durchaus mit der noch nicht erreichten erforderlichen Stufe begründen könnte), vielmehr muss diese Unfähigkeit gerade auf einem der in § 20 StGB genannten Eingangsmerkmale (krankhafte seelische Störung, tiefgreifende Bewusstseinsstörung, Schwachsinn oder andere schwere seelische Abartigkeit) beruhen. Fruchtbar gemacht werden können derartige entwicklungspsychologische Überlegungen aber sehr wohl im Rahmen des Merkmals der sittlichen und geistigen Reife im Sinne des § 3 JGG, also bei der Frage der strafrechtlichen Verantwortlichkeit eines Jugendlichen.[1078]

1072 *Kohlberg*, The Claim to Moral Adequacy of a Highest Stage of Moral Judgement, in: Journal of Philosophy 70 (1973), S. 630, 631 f.
1073 *Siegler/Eisenberg/De Loache/Saffran*, Entwicklungspsychologie im Kindes- und Jugendalter, 4. Aufl. 2016, S. 535.
1074 *Siegler/Eisenberg/De Loache/Saffran*, Entwicklungspsychologie im Kindes- und Jugendalter, 4. Aufl. 2016, S. 535 f.
1075 *Gerrig*, Psychologie, 21. Aufl. 2018, S. 429.
1076 Andere Forscher nehmen bei der Entwicklung des moralischen Denkens andere Stufenabgrenzungen an, zumindest die Grundzüge sind aber mit den Theorien *Kohlbergs* vergleichbar. So geht *Eisenberg* (Altruistic Emotion, Cognition, and Behavior, 1986, S. 56 f., 91 f., 103, 150, 158 f.) von fünf Stufen aus, in denen sich prosoziales Denken bei Kindern und Jugendlichen entwickelt: Auf eine selbstbezogene Orientierung, während derer sich das Kind – etwa im Kindergartenalter – vorwiegend mit seinen eigenen Interessen statt mit moralischen Überlegungen befasst, soll eine Orientierung an Bedürfnissen auch anderer folgen (etwa im Grundschulalter), dann die Orientierung an Anerkennung oder stereotypen Vorstellungen von guten oder schlechten Verhaltensweisen (Mittelstufe). Es soll dann eine selbstreflexive empathische Orientierung folgen, bei der z. B. Schuld oder positive Gefühle, die sich auf die Folgen des eigenen Handelns richten, berücksichtigt werden. Längst nicht alle erreichen die letzte Stufe, bei der die Rechtfertigung des Verhaltens vorwiegend auf internalisierten Werten und Normen beruht oder dem Wunsch, den Zustand der Gesellschaft zu verbessern.
1077 *Wagner*, in: MünchKomm BGB, 7. Aufl. 2017, § 828 Rn. 11.
1078 Vgl. im einzelnen *Schlehofer*, in: Gertler/Kunkel/Putzke (Hrsg.), BeckOK JGG, 10. Edition, Stand: 1.8.2018, § 3 Rn. 7 ff.

§ 14 Moralische Urteile

Feststellen lässt sich jedenfalls, dass Personen mit zunehmendem Alter moralische Urteile weniger mit den Details konkreter Situationen als vielmehr mit allgemeinen Prinzipien begründen.[1079]

499

[1079] *Gerrig*, Psychologie, 21. Aufl. 2018, S. 408; vgl auch *Pratt u. a.*, From Inquiry to Judgment: Age and Sex Differences in Patterns of Adult Moral Thinking and Information-Seeking, in: International Journal of Aging and Human Development 27 (1988), S. 109 ff. zur Entwicklung des moralischen Denkens im Erwachsenenalter.

§ 15 Freier Wille

500 Nach einer verbreiteten Auffassung – dem sogenannten normativen Schuldbegriff – setzt unser Schuldprinzip im Strafrecht den **freien Willen** des Täters voraus; das Konzept der Schuld basiere auf einer auf die Willensfreiheit gegründeten Handlungsfreiheit, die verlangt, dass der Täter aus eigenen Gründen entschieden und gehandelt hat, obwohl er – ebenfalls aus eigenen Gründen – anders hätte entscheiden und handeln können.[1080] Unter dieser Prämisse wäre es problematisch, wenn sich herausstellte, dass Menschen tatsächlich nicht die Freiheit haben, in einer bestimmten Weise zu handeln oder doch ganz anders.

501 Ob Menschen einen freien Willen in diesem Sinne haben, ist jedoch keineswegs unproblematisch. Die Argumentation des sog. **Determinismus**, die die Willensfreiheit verneint, lautet – in zugegebenermaßen recht kurzer Darstellung, die nicht allen Verästelungen, die in diesem Bereich vertreten werden, gerecht wird –, folgendermaßen:[1081] Allgemein kann man sagen, dass alle mentalen/geistigen Phänomene im Bewusstsein eines Menschen auf Aktivitäten seines Gehirns beruhen. Indem neuronale Aktivität stattfindet, entstehen mentale Ereignisse – nicht umgekehrt! Nicht indem mentale Ereignisse stattfinden, entsteht Gehirnaktivität. Gehirne sind aber physikalische Systeme, die den Naturgesetzen folgen. Das spricht dafür, dass naturregulierte physische Vorgänge das hervorrufen, was dem betroffenen Menschen selbst als seine „freie" Entscheidung erscheint. Tatsächlich wäre der Wille dann in dem Sinne „unfrei", dass er selbst von Naturgesetzen gesteuert wird. Mit anderen Worten: Wenn man einen Menschen, der in einer bestimmten Situation eine bestimmte Entscheidung getroffen hat, noch einmal in absolut dieselbe Situation bringen könnte und sein Gehirn in genau demselben Zustand wäre, würde sein „freier Wille" immer wieder genau dieselbe Entscheidung treffen und sich damit als unfrei herausstellen. (Faktisch geht es natürlich nicht, einen Menschen noch einmal in genau dieselbe Situation zu bringen, ohne dass sich irgendetwas physiologisch zwischenzeitlich in seinem Gehirn verändert hat – schon die erstmalige Konfrontation mit der Situation ist ja etwas, was Folgen im Gehirn auslöst, z. B. Erinnerungen.[1082])

502 Diese Determinismusthese lässt sich als naturalistische Theorie einordnen, die alle mentalen Phänomene als abhängig von oder identisch mit neurophysiologischen Vorgängen begreift, so dass das Entstehen mentaler Vorgänge naturgesetzlichen Regeln unterliegt.[1083] Die „**mentalistischen**" Gegenauffassungen verstehen dagegen die Handlungsentschlüsse als in irgendeinem Sinne „emanzipiert" vom deterministischen System des Gehirns.[1084]

503 Folgt man dem Determinismus, gerät das Fundament unseres Strafrechts ins Wanken. Mit den Worten des Hirnforschers *Gerhard Roth*: „Eine Gesellschaft darf niemanden bestrafen, nur weil er in irgendeinem moralischen Sinne schuldig geworden ist – dies hätte nur dann Sinn, wenn dieses denkende Subjekt die Möglichkeit gehabt hätte, auch

---

1080 BGHSt 2, 194, 200; *Kaufmann*, Das Schuldprinzip, 2. Aufl. 1976, S. 175.
1081 Vgl. *Merkel*, Ist freier Wille Bedingung strafrechtlicher Schuld?, in: Hastedt (Hrsg.), Macht und Reflexion, 2016, S. 285, 289 f.
1082 *Zippelius*, Rechtsphilosophie, 6. Aufl. 2011, S. 145 f.
1083 *Merkel*, Neurowissenschaften und Recht, in: Hassemer/Neumann/Saliger, Einführung in die Rechtsphilosophie und Rechtstheorie der Gegenwart, 9. Aufl. 2016, S. 401, 407.
1084 *Merkel*, Neurowissenschaften und Recht, in: Hassemer/Neumann/Saliger, Einführung in die Rechtsphilosophie und Rechtstheorie der Gegenwart, 9. Aufl. 2016, S. 401, 407.

anders zu handeln als tatsächlich geschehen."[1085] Allerdings meinen durchaus auch unter den Deterministen längst nicht alle, dass der Wille nicht frei sei.[1086] Es soll vielmehr auf die richtige Definition der Willensfreiheit ankommen. Letztendlich müsse man als Voraussetzung für Schuld nicht ein wirkliches Anders-Handeln-Können ansehen; vielmehr reiche es aus, dass die Fähigkeit zu hinreichender Selbstkontrolle besteht, auch wenn diese Selbstkontrolle einzig und allein vom neurophysikalischen Funktionieren des Gehirns abhängig ist („**normative Ansprechbarkeit**").[1087] Demnach bedeutet die „Willensfreiheit" nicht, dass „der Täter tatsächlich anders handeln konnte, sondern nur, dass er bei intakter Steuerungsfähigkeit und damit gegebener normativer Ansprechbarkeit als frei behandelt wird".[1088] Die Schuld wäre demnach dann gegeben, wenn dem Täter Entscheidungsmöglichkeiten zur Normbefolgung im Tatzeitpunkt noch zugänglich waren, also wenn die psychische Steuerungsmöglichkeit, die der gesunde Erwachsene im Normalfall besitzt, – sei sie nun determiniert oder frei – im konkreten Fall vorhanden war.[1089]

Zweifelsfrei ist das aber nicht. Nehmen wir einmal den folgenden Fall, der vor etwa zwei Jahrzehnten in Amerika aufgetreten ist:[1090] Ein bislang unbescholtener Lehrer und Familienvater gab, nachdem er jahrzehntelang rechtstreu gelebt hatte, plötzlich hemmungslos pädophilen Neigungen nach, die es in seinem bisherigen Leben nicht gegeben hatte. Als Ursache dafür wurde nach seiner Verhaftung ein Hirntumor im präfrontalen Cortex ermittelt, also in einer Gehirnregion, die für die Kontrolle von Handlungsdispositionen zuständig ist. Nach Entfernung des Tumors verschwanden augenblicklich auch die pädophilen Neigungen. Nach einem Jahr bildete sich der Tumor erneut, gleichzeitig traten die pädophilen Neigungen wieder zutage, die durch die erneute Tumoroperation wiederum beseitigt werden konnten. Hier spricht einiges für eine zumindest verminderte Schuldfähigkeit, wenn nicht sogar für Schuldunfähigkeit, da der Betroffene ja für die Entwicklung des allein ursächlichen Tumors nicht verantwortlich gemacht werden kann. Allerdings stellt sich dann durchaus die Frage, was die tumorbedingte neuronale Grundlage für die Pädophilie denn eigentlich genau von einer lebensgeschichtlich erworbenen gehirnstrukturellen Grundlage unterscheidet – eine Frage, über die in der Rechtsphilosophie munter diskutiert wird und die wir in einem Lehrbuch zur Psychologie nicht abschließend beantworten können. Gegenstand eines Lehrbuchs „Psychologie für Juristen" sind weniger die rechtsphilosophischen Fragestellungen,[1091] sondern vielmehr deren psychologische bzw. neurowissenschaftliche Grundlagen. Der rechtsphilosophische Streit führt praktisch nicht weiter, wenn ohnehin empirisch nicht festzustellen ist, ob denn ein freier Wille existiert oder nicht.

In den letzten Jahrzehnten haben viele Neurowissenschaftler reklamiert, die Frage einer vollständigen Determiniertheit des Willens sei empirisch entscheidbar. Nach den

---

1085 *Roth*, Aus Sicht des Gehirns, 2003, S. 181.
1086 Vgl. allgemein zum Kompatibilismus, der Willensfreiheit und Determiniertheit für miteinander vereinbar hält, und zum Inkompatibilismus *Bröckers*, Strafrechtliche Verantwortung ohne Willensfreiheit, 2015, S. 98 ff.
1087 *Roxin*, Strafrecht, Allgemeiner Teil, Band 1, 4. Aufl. 2006, § 19 Rn. 36 f.
1088 *Roxin*, Strafrecht, Allgemeiner Teil, Band 1, 4. Aufl. 2006, § 19 Rn. 37.
1089 *Papathanasiou*, in: Bock/Harrendorf/Ladiges, Strafrecht als interdisziplinäre Wissenschaft, 2015, S. 53, 67 f.
1090 Vgl. *Burns/Swerdlow*, Right orbito-frontal Tumor with Pedophilia Symptom and Constructional Apraxia Sign, in: Archives of Neurology 60 (2003), S. 437 ff.
1091 Vgl. dazu vertiefend *Merkel*, Neurowissenschaften und Recht, in: Hassemer/Neumann/Saliger, Einführung in die Rechtsphilosophie und Rechtstheorie der Gegenwart, 9. Aufl. 2016, S. 401 ff.

sogenannten **Libet-Experimenten**[1092] sollen sog. **Bereitschaftspotentiale** existieren, Gehirnaktivitäten, die sich schon etwa eine halbe Sekunde, bevor dem Handelnden sein Entschluss zur Handlung bewusst wird, zeigen. Daraus könnte man schließen, dass der Ablauf der Vornahme einer Handlung schon begonnen hat, bevor der Handelnde sich bewusst zur Handlung entschließt. Der Psychologe *Wolfgang Prinz* drückt das folgendermaßen aus: „Wir tun nicht, was wir wollen [...], sondern wir wollen, was wir tun."[1093]

506 Der amerikanische Psychologe *Benjamin Libet* untersuchte den zeitlichen Zusammenhang zwischen der bewussten Entscheidung zu einer Bewegung und der Einleitung dieser Bewegung auf neuronaler Ebene. Er ließ die Versuchspersonen Fingerbewegungen (z. B. Schnipsen) durchführen, gleichzeitig sollten sie sich anhand einer Uhr merken, wann sie den bewussten Wunsch verspürten, diese Bewegung auszuführen. Die Versuchspersonen verspürten ihren Drang, den Finger zu bewegen, im Durchschnitt 200 Millisekunden vor der Ausführung der Bewegung, das Bereitschaftspotential entstand jedoch schon etwa 550 Millisekunden vor der Muskelaktivierung.[1094] Wenn dieser Untersuchungsbefund zutrifft, hat also das Gehirn bereits mit der Planung und Einleitung der Bewegung begonnen, bevor sich die Versuchsperson bewusst zu ihr entschließt. Es wäre dann also nicht das bewusste, rationale Ich, sondern das sog. „limbische System" (also unser „unbewusstes Handlungsgedächtnis") die Instanz, die das menschliche Handeln steuert. Freie Entscheidungen wären also unmöglich, weil Menschen demnach gelenkt von ihrer Hirnstruktur handelten.

507 Beweist das wirklich die Determiniertheit des menschlichen Willens? *Libet* selbst glaubte daran nicht.[1095] Ein erster Grund dafür ist die **Veto-Möglichkeit**: *Libet* stellte in Variationen seines grundlegenden Versuchsaufbaus fest, dass die Versuchspersonen auch noch bis zu 100–200 Millisekunden vor der Fingerbewegung (und bis zu 450 Millisekunden nach dem Auftreten des Bereitschaftspotentials) in der Lage waren, sich umzuentscheiden und den Finger doch nicht zu bewegen.[1096] Neuere Forschungen haben die Veto-Option bis 200 Millisekunden vor Bewegungsbeginn bestätigt.[1097] Wenn die Veto-Option aber noch 350–450 Millisekunden nach Auftreten des Bereitschaftspotentials bestanden hat, dann kann allein das Auftreten des Bereitschaftspotentials die Entscheidung noch nicht determiniert haben.[1098] Zweitens kann man auch das Studiendesign hinterfragen.[1099] Denn eigentlich ist die Entscheidung, einen Finger zu bewegen, schon vor Beginn des Experiments getroffen worden, denn die Bewegung eines Fingers war gerade die Aufgabe des Probanden. Die Versuchspersonen hatten also den

---

1092 *Libet*, Haben wir einen freien Willen?, in: Geyer (Hrsg.), Hirnforschung und Willensfreiheit, 2004, S. 268, 269 ff.
1093 *Prinz*, Freiheit oder Wissenschaft?, in: v.Cranach/Foppa (Hrsg.), Freiheit des Entscheidens und Handelns, ein Problem der nomologischen Psychologie, 1996, S. 86, 98.
1094 *Libet*, Haben wir einen freien Willen?, in: Geyer (Hrsg.), Hirnforschung und Willensfreiheit, 2004, S. 268, 275.
1095 *Libet*, Haben wir einen freien Willen?, in: Geyer (Hrsg.), Hirnforschung und Willensfreiheit, 2004, S. 268, 277, 287.
1096 *Libet*, Unconscious Cerebral Initiative and the Role of Conscious will in Voluntary Action, in: The Behavioral and Brain Sciences 8 (1985), S. 529, 537.
1097 *Schultze-Kraft u. a.*, The point of no return in vetoing self-initiated movements, in: PNAS 113 (2016), S. 1080, 1082 ff.
1098 *Papathanasiou*, in: Bock/Harrendorf/Ladiges, Strafrecht als interdisziplinäre Wissenschaft, 2015, S. 53, 64.
1099 *Papathanasiou*, in: Bock/Harrendorf/Ladiges, Strafrecht als interdisziplinäre Wissenschaft, 2015, S. 53, 65.

Ablauf im Gehirn abgespeichert, und es ging nicht mehr darum, zu entscheiden, ob eine Handlung durchgeführt wird, sondern nur noch, wann. Allerdings gab es in der Folgezeit auch Ansätze, den Probanden keine ganz genaue Bewegung vorzugeben, ohne dass es dabei zu grundsätzlich abweichenden Ergebnissen gekommen wäre.[1100] *Hermann* und Kollegen konnten durch ein Studiendesign, bei dem die genaue Bewegung – nämlich, ob ein Knopf mit der linken oder mit der rechten Hand gedrückt werden sollte –, erst durch unterschiedliche Reiztypen auf einem Computerbildschirm festgelegt wurde, zeigen, dass das Bereitschaftspotential noch keine ganz bestimmte Bewegung determiniert: Die Bereitschaftspotentiale traten bereits auf, bevor die Reizdarbietung am Bildschirm erfolgt war, also bevor der Proband wissen konnte, welche Bewegung er ausführen würde – die Bereitschaftspotentiale deuteten *Hermann* und Kollegen daher als Zeichen einer unspezifischen Erwartung und allgemeinen Aufmerksamkeit.[1101] *Soon* und Kollegen konnten die Ergebnisse *Libets* darüber hinaus auf komplexere abstrakte Entscheidungen erweitern.[1102]

Ein drittes Problem liegt darin, dass sich vermutlich einige Versuchspersonen auf den Entscheidungsprozess konzentrierten, andere dagegen auf die Uhr, wobei Zeiträume von einigen Hundert Millisekunden auch bei der von *Libet* wegen dieser Problematik verwendeten Oszilloskop-Uhr, auf der sich die Probanden den Standort eines Lichtflecks merken mussten[1103] – kaum zuverlässig von den Probanden angegeben werden können.[1104] Viertens könnte es sein, dass bei der Entscheidung in den *Libet*-Experimenten, die keine moralische Relevanz hatte, andere Hirnmechanismen aktiviert wurden als bei einer moralisch relevanten Entscheidung.[1105] Fünftens könnte nur der Nachweis 100%iger Prognostizierbarkeit den empirischen Beleg absoluter Determiniertheit erbringen.[1106] Das menschliche Gehirn mit seinen etwa 10^{12} Nervenzellen und etwa 10^{16} Verbindungen zwischen diesen (Synapsen) erscheint aber in seiner Komplexität als niemals vollständig beschreibbar.[1107] Der empirische Beleg vollständiger Vorhersehbarkeit ist daher nicht zu erbringen.

Insbesondere die Veto-Option ist in der jüngsten Vergangenheit Gegenstand von Experimenten gewesen. Die Berliner Neurologen *Schultze-Kraft* und Kollegen[1108] gaben ihren Probanden die Aufgabe, mit ihrem Fuß ein Pedal am Boden zu drücken, während am Bildschirm vor ihnen ein grünes Signal leuchtete. Allerdings registrierte ein Computer die Bereitschaftspotentiale und änderte, sobald er ein Bereitschaftspotential

---

1100 Vgl. z. B. *Haggard/Eimer*, On the Relation between Brain Potentials and the Awareness of Voluntary Movements, in: Experimental Brain Research 126 (1999), S. 128, 130.
1101 *Hermann u. a.*, Eine neue Interpretation von Libets Experimenten aus der Analyse einer Wahlreaktionsaufgabe, in: *Hermann/Pauen/Rieger/Schicktanz* (Hrsg.), Bewusstsein – Philosophie, Neurowissenschaften, Ethik, 2005, S. 120, 125 ff.
1102 *Soon u. a.*, Predicting Free Choices for Abstract Intentions, in: PNAS 110 (2013), S. 6217, 6219.
1103 Vgl. *Libet*, Haben wir einen freien Willen?, in: Geyer (Hrsg.), Hirnforschung und Willensfreiheit, 2004, S. 268, 274.
1104 *Papathanasiou*, in: Bock/Harrendorf/Ladiges, Strafrecht als interdisziplinäre Wissenschaft, 2015, S. 53, 65; *Pauen*, Illusion Freiheit? Mögliche und unmögliche Konsequenzen der Hirnforschung, 2. Aufl. 2008, S. 208.
1105 *Papathanasiou*, in: Bock/Harrendorf/Ladiges, Strafrecht als interdisziplinäre Wissenschaft, 2015, S. 53, 65 f.
1106 *Papathanasiou*, in: Bock/Harrendorf/Ladiges, Strafrecht als interdisziplinäre Wissenschaft, 2015, S. 53, 66.
1107 *Papathanasiou*, in: Bock/Harrendorf/Ladiges, Strafrecht als interdisziplinäre Wissenschaft, 2015, S. 53, 67.
1108 *Schultze-Kraft u. a.*, The point of no return in vetoing self-initiated movements, in: PNAS 113 (2016), S. 1080 ff.

für die Bewegung wahrnahm, das Signal für eine Sekunde auf Rot. Für das Drücken des Pedals, während das rote Signal angezeigt wurde, erhielten die Probanden Minuspunkte. Tatsächlich waren sie in der Lage, bis etwa 200 Millisekunden vor Beginn der Bewegungsausführung die Bewegung noch komplett zu stoppen, obwohl das Bereitschaftspotential bereits bestanden hatte.

510 Eine Absage an die Vorstellung von Willensfreiheit erzwingt die empirische Forschung der Kognitionswissenschaften jedenfalls nach derzeitigem Forschungsstand nicht.[1109] Unabhängig davon, ob tatsächlich ein freier Wille existiert, lässt sich der Effekt nachweisen, dass Menschen umso eher bereit sind, anderen zu helfen, und sich umso weniger auf unmoralische Handlungen einlassen, je stärker sie an den freien Willen glauben.[1110]

[1109] Ebenso *Mahlmann*, Rechtsphilosophie und Rechtstheorie, 4. Aufl. 2017, § 28 Rn. 31.
[1110] *Aronson/Wilson/Akert*, Sozialpsychologie, 8. Aufl. 2014, S. 86; *Baumeister/Masicampo/DeWall*, Prosocial Benefits of Feeling Free: Disbelief in Free Will Increases Aggression and Reduces Helpfulness, in: Personality and Social Psychology Bulletin, 35 (2009), S. 260 260, 263 f., 267.

§ 16 Ein paar Worte zum Abschluss

Es gibt immer etwas zu lernen. Interdisziplinarität öffnet den Blick für tausende Erkenntnisse. Auch wir, die Autoren, haben uns bei der Entstehung dieses Buches in so manche Aspekte noch einmal ganz neu vertieft, Fragen gestellt und gestaunt, was die Forschung inzwischen zutage gefördert hat. Wenn dieses Buch Sie mindestens einmal dazu gebracht hat, zu stutzen und eine alte „Selbstverständlichkeit" neu zu überdenken, war es uns die Mühe des Schreibens bereits wert. Wir hoffen, es ist Ihnen mehr als einmal passiert.

Literaturverzeichnis

Abrams, D./Viki, J. T./Masser, B./Bohner, G., Perceptions of stranger and acquaintance rape: The role of benevolent and hostile sexism in victim blame and rape proclivity, in: Journal of Personality and Social Psychology 84 (2003), S. 111–125.
Adler, F., Rechtsfragen bei Vernehmungen in Strafsachen, in: Hermanutz, M./Litzcke, S. (Hrsg.), Vernehmung in Theorie und Praxis, Wahrheit, Irrtum, Lüge, 2. Aufl. Stuttgart 2009, S. 33–54.
Adler, F., Rechtsfragen bei Glaubhaftigkeitseinschätzungen – Aussageanalyse und Polygraphentest, in: Hermanutz, M./Litzcke, S. (Hrsg.), Vernehmung in Theorie und Praxis, Wahrheit, Irrtum, Lüge, 2. Aufl. Stuttgart 2009, S. 55–68.
Ahrens, H.-J., Der Beweis im Zivilprozess, Köln 2015.
Allison, P. D., The cultural evolution of beneficent norms, in: Social Forces 71 (1992), S. 279–301.
Allport, G. W., The historical background of modern social psychology, in: Lindzey, G. (Hrsg.), Handbook of Social Psychology, 2. Aufl. Reading 1954, Bd. 2, S. 3–56.
Amelung, K., Zur Zulässigkeit des Einsatzes von Lügendetektoren im Strafverfahren, in: JR 1999, S. 382–385.
Anderson, C. A./Berkowitz, L./Donnerstein, E./Huesmann, L. R./Johnson, J./Linz, D./Malamuth, N./Wartella, E., The influence of media violence on youth, in: Psychological Science in the Public Interest 4 (2003), S. 81–110.
Anderson, C. A./Bushman, B. J., Effects of violent video games on aggressive behavior, aggressive cognition, aggressive affect, physiological arousal, and prosocial behavior: A meta-analytic review of the scientific literature, in: Psychological Science 12 (2001), S. 353–359.
Anderson, C. A./ Dill, K. E., Video games and aggressive thoughts, feelings, and behavior in the laboratory and in life, in: Journal of Personality and Social Psychology 78 (2000), S. 772–790.
Anderson, R. C./Pichert, J. W., Recall of previously unrecallable information following a shift in perspective, in: Journal of Verbal Learning and Verbal Behavior 17 (1978), S. 1–12.
Arntzen, F., Vernehmungspsychologie, Psychologie der Zeugenvernehmung, 3. Aufl. München 2008.
Arntzen, F./Michaelis-Arntzen, E., Psychologie der Zeugenaussage, System der Glaubhaftigkeitsmerkmale, 4. Aufl. München 2007.
Aronson, E./Mills, J., The Effect of Severity of Initiation on Liking for a Group, in: Journal of Abnormal and Social Psychology 59 (1959), S. 177–181.
Aronson, Elliot/Wilson, Timothy D./Akert, Robin M., Sozialpsychologie, 8. Aufl., München 2014.
Artkämper, H., Anmerkung zu BGH, Urt. v. 17.12.1998 – Az. 1 StR 156/89 – Zulässigkeit eines Polygraphen, in: NJ 1999, S. 153–154.
Asch, S. E., Effects of Group Pressure Upon the Modification and Distortion of Judgment, in: Guetzkow, H. (Hrsg.), Groups, Leadership and Men, Pittsburgh 1951, S. 177–190.
Asch, S. E., Opinions and social pressure, in: Scientific American 193 (1955), S. 31–35.
Ashmore, R. D./Longo, L.C., Accuracy of stereotypes: What research on physical attractiveness can teach uns, in: Lee, Y.-T./Jussim, L. J./McCauley, C. R. (Hrsg.), Stereotype accuracy: Toward appreciating group difference, Washington, DC 1995, S. 63–86.
Atkinson, R. C., & Shiffrin, R. M., Human Memory: A Proposed System and its Control Processes, in: Spence, K. W./Spence, J. T. (Hrsg.), The Psychology of Learning and Motivation: Advances in Research and Theory, Bd. 2, New York 1968, S. 115–118.
Baddeley, A. D./Hitch, G., Working Memory, in: Bower, G. A. (Hrsg.), Recent Advances in Learning and Motivation, Bd. 8, New York 1974, S. 47–89.
Barclay, P., Trustworthiness and competitive altruism can also solve the „tragedy of the commons", in: Evolution and Human Behavior 25 (2004), S. 209–220.
Bartlett, F.C., Remembering: A study in experimental and social psychology, Cambridge 1932.

Batson, C. D./Klein, T. R./Highberger, L./Shaw, L. L., Immorality from empathy-induced altruism: When compassion and justice conflict, in: Journal of Personality and Social Psychology 68 (1995), S. 1042–1054.
Baumeister, R. F., Masicampo, E. J., & DeWall, C. N. (2009). Prosocial benefits of feeling free: Disbelief in free will increases aggression and reduces helpfulness. Personality and Social Psychology Bulletin 35, 260–268.
Bautze, K., Die Menschenwürde als Ware, in: Jura 2011, S. 647–650.
Bayen, U. J., Gedächtnis, Irrtum und Vernehmung, in: Hermanutz, M./Litzcke, S. (Hrsg.), Vernehmung in Theorie und Praxis, Wahrheit, Irrtum, Lüge, 2. Aufl. Stuttgart 2009, S. 86–99.
Bell, S. T./Kuriloff, P. J./Lottes, I., Understanding attributions of blame in stranger rape and date rape situations: An examination of gender, race, identification, and students' social perceptions of rape victims, in Journal of Applied Social Psychology 24 (1994), S. 1719–1734.
Bender, R./Nack, A./Treuer, W.-D., Tatsachenfeststellung vor Gericht, Glaubhaftigkeits- und Beweislehre, Vernehmungslehre, 4. Aufl. München 2014.
Ben-Shakar, G., A Critical Review of the Control Questions Test (CQT), in: Kleiner, M. (Hrsg.), Handbook of Polygraph Testing, 2002, S. 103–126.
Bergman, E. T./Roediger, H. L., Can Bartlett's repeated reproduction experiments be replicated?, in Memory & Cognition 27 (1999), S. 937–947.
Berkowitz, L., Affective aggression: The role of stress, pain and negative affect, in: Geen, R. G./ Donnerstein, E. (Hrsg.), Human aggression: Theories, research and implications for public policy, San Diego 1998, S. 49–72.
Berkowitz, L., Aggression: Its causes, consequences and control, New York 1993.
Berkowitz, L./Le Page, A., Weapons as aggression-eliciting stimuli, in: Journal of Personality and Social Psychology 7 (1967), S. 202–207.
Bernstein, F., Altruism and genetic relatedness, in: Buss, D.M. (Hrsg.), The Handbook of Evolutionary Psychology, Hoboken 2005, S. 528–551.
Bierhoff, H.-W., Theorien hilfreichen Verhaltens, in: Frey, D./Irle, M. (Hrsg.), Theorien der Sozialpsychologie, Band II: Gruppen-, Interaktions- und Lerntheorien, 2. Aufl. Bern 2002, S. 178–197.
Biesanz, J. C./Neuberg, S. L./Smith, D. M./Asher, T./Judice, T. N., When accuracy-motivated perceivers fail: Limited attentional resources and the reemerging self-fulfilling prophecy, in: Personality and Social Psychology Bulletin 27 (2001), S. 621–629.
Blank, H./Nestler, S./von Collani, G./Fischer, V., How many Hindsight Biases are there?, in: Cognition 106 (2008), S. 1408–1440.
Bodenhausen, Galen V., Stereotypic biases in social decision making and memory: Testing process models of stereotype use, in: Journal of Personality and Social Psychology 55 (1988), S. 726–737.
Bonanno, G. A., Resilience in the face of potential trauma, in Current Directions in Psychological Science 14 (2005), S. 135–138.
Boros, J./Münnich, I./Szegedi, M., Psychology and Criminal Justice, International Review of Theory and Practice, Berlin/New York 1998.
Bower, G. H./Gilligan, S. G./Monteiro, K. P., Selectivity of Learning Caused by Affective States, in: Journal of Experimental Psychology: General 110 (1981), S. 451–473.
Brehm, J. W., Postdecision changes in the desirability of alternatives, in: Journal of Abnormal and Social Psychology 52 (1956), S. 384–389.
Brehm, J. W., A Theory of Psychological Reactance, New York 1966.
Brendgen, M. u.a, Examining genetic and environmental effects on social aggression: A study of 6-year-old twins, in: Child Development 76 (2005), S. 930–946.
Brockmann, C., Beschuldigtenvernehmung, in: Volbert, R./Steller, M. (Hrsg.), Handbuch der Rechtspsychologie, Göttingen 2008, S. 244–252.
Brockmann, C., Vernehmungstechniken, in: Stein, F. (Hrsg.), Grundlagen der Polizeipsychologie, 2. Aufl. Göttingen u. a. 2003, S. 167–179.
Bröckers, B., Strafrechtliche Verantwortung ohne Willensfreiheit, Baden-Baden 2015.

Literaturverzeichnis

Bröder, A., Versuchsplanung und experimentelles Praktikum, Göttingen 2011.
Brown, R., Social Psychology, 2. Aufl. New York 1986.
Brunstein, J. C., Implizite und explizite Motive, in: Heckhausen, H. (Hrsg.), Motivation und Handeln, 5. Aufl. Berlin, Heidelberg 2018, S. 269–296.
Burger, J. M., Replicating Milgram – Would People Still Obey Today?, in: American Psychologist 64 (2009), S. 1–11.
Burke, D. M./Ames, M. A./Etherington, R./Pietsch, J., Effects of Victim's and Defendant's Physical Attractiveness on the Perception of Responsibility in an Ambiguous Domestic Violence Case, in: Journal of Familiy Violence 5 (1990), S. 199–207.
Burns, J. M./Swerdlow, R. H., Right orbito-frontal Tumor with Pedophilia Symptom and Constructional Apraxia Sign, in: Archives of Neurology 60 (2003), S. 437–440.
Burnstein, E./Worchel, P., Arbitrariness of frustration and its consequences for aggression in a social situation, in: Journal of Personality 30 (1962), S. 528–540.
Bushman, B. J., Human aggression while under the influence of alcohol and other drugs: An integrative research review, in: Current Directions in Psychological Science 2 (1993), S. 148–152.
Bushman, B. J./ Anderson, C. J., Violent video games and hostile expectations: A test of the general aggression model, in: Personality and Social Psychology Bulletin 28 (2002), S. 1679–1686.
Campbell, Donald T./Stanley, Julian C., Experimental and quasi-experimental designs for research, Chicago 1967.
Carnagey, N. L./Anderson, C. A., The effects of reward and punishment in violent video games on aggressive affect, cognition, and behavior, in: Psychological Science 16 (2005), S. 882–889.
Caspar/Pjanic/Westermann, Klinische Psychologie, Wiesbaden 2018.
Chaiken, S., Communicator Physical Attractiveness and Persuasion, in: Journal of Personality and Social Psychology 37 (1979), S. 1387–1397.
Chen, M./Bargh, J. A., Nonconscious behavioral confirmation processes: The self-fulfilling consequences of automatic stereotype activation, in: Journal of Experimental Social Psychology 33 (1997), S. 541–560.
Choi, I./Dalal, R./Kim-Prieto, C./Park, H., Culture and judgement of causal relevance, in: Journal of Personality and Social Psychology 84 (2003), S. 46–59.
Cialdini, R. B., Influence – Science and Practice, 5. Aufl. Harlow 2014.
Cialdini, R. B./Goldstein, N. J., Social Influence: Compliance and conformity, in: Annual Review of Psychology 55 (2004), S. 591–621.
Cialdini, R. B./Vincent, J. E./Lewis, S. K./Catalan, J./Wheeler, D./Darby, B. L., Reciprocal Concessions Procedure for Inducing Compliance: The Door-in-the-Face Technique, in: Journal of Personality and Social Psychology 31 (1975), S. 206–215.
Civelli, Analysepsychologie, Teil 2, in: Kriminalistik 2010, S. 719–725.
Cloyd, C. B./Spilker, B. C., Confirmation Bias in Tax Information Search: A Comparison of Law Students and Accounting Students, in: Journal of the American Taxation Association 22 (2000), S. 60–71.
Cloyd, C. B./Spilker, B. C., The Influence of Client Preferences on Tax Professionals' Search for Judicial Precedents, Subsequent Judgments and Recommendations, in: The Accounting Review 74 (1999), S. 299–322.
Collins, A. M./Loftus, E. F., A Spreading-Activation Theory of Semantic Processing, in: Psychological Review 82 (1975), S. 407–428.
Comello, M. L./ Myrick, J. G./ Raphiou, A. L., A health fundraising experiment using the 'foot-in-the-door' technique, in: Health Marketing Quarterly, 33 (2016). S. 206–220.
Comstock, G./Scharrer, E., Television: What's on who's watching, and what it means, San Diego 1999.
Conner, M./Rhodes, R. E./Morris, B./McEachan, R./Lawton, R., Changing exercise through targeting affective or cognitive attitudes, in: Psychology & Health 26 (2011), S. 133–149.
Cowan, N., An embedded-processes model of working memory, in: Miyake A./Shah, P. (Hrsg.), Models of working memory: Mechanisms of active maintenance and executive control, Cambridge 1999, S. 62–101.

Crowley, A. E./Hoeyer, W. D., An integrative framework for understanding tow-sided persuasion, in: Journal of Consumer Research, 20 (1994), S. 561–574.
Dahle, K.-P., Hat der sogenannte „Lügendetektor" nach veränderter Rechtslage in Deutschland eine Zukunft? Versuch einer psychologischen Standortbestimmung, in: Psychologische Rundschau 54 (2003), S. 103–111.
Darley, J./Latané, B., Bystander intervention in emergencies: Diffusion of responsibility, in: Journal of Personality and Social Psychology 8 (1968), S. 377–383.
Davies, G. M./Thomson, D. M. (Hrsg.), Memory in Context: Context in Memory, Oxford 1988.
Dessecker, A., Gefährlichkeit und Verhältnismäßigkeit – Eine Untersuchung zum Maßregelrecht, Berlin 2004
Dettenborn, H., Anmerkungen zum Polygrafie-Beschluss des BGH für das Zivilverfahren, in: FPR 2003, S. 559–566.
Dettenborn, H./Fröhlich, H.-H./Szweczyk, H., Forensische Psychologie – Lehrbuch der gerichtlichen Psychologie für Juristen, Kriminalisten, Psychologen, Pädagogen und Mediziner, 2. Aufl. Berlin 1989.
DiLalla, L. F., Behavior genetics of aggression in children: Reviews and future directions, in: Developmental Review 22 (2002), S. 593–622.
Döring, N./Bortz, J., Forschungsmethoden und Evaluation in den Sozial- und Humanwissenschaften, 5. Aufl. Berlin 2016.
Dollard, J./Miller, N. E./Doob, L. W./Mowrer, O. H./Sears, R. R., Frustration and aggression, New Heaven 1939.
Douglass, A. B./Pavletic, A., Eyewitness confidence malleability, in: Cutler, B. L. (Hrsg.), Conviction of the innocent: Lessons from psychological research, Washington 2012, S. 149–165.
Doyle, J. R./O'Connor, D. J./Reynolds, G. M./Bottomley, P. A., The Robustness of the Asymetrically Dominated Effect: Buying Frames, Phantom Alternatives, and In-Store Purchases, in: Psychology & Marketing 16 (1999), S. 225–243.
Dunning, D./Peretta, S., Automaticity and eyewitness accuracy: A 10- to 12-second rule for distinguishing accurate from inaccurate positive identifications, in: Journal of Applied Psychology 87 (2002), S. 951–962.
Ebster, C./Neumayr, B., Applying the door-in-the-face compliance technique to retailing, in: The International Review of Retail, Distribution and Consumer Research 18 (2008), S. 121–128.
Effer-Uhe, D., Einsatzmöglichkeiten des Polygraphen – der irreführend sogenannte Lügendetektor, in: MLR 2013, S. 99–104.
Effer-Uhe, D., Zur Möglichkeit der Übertragung der „Nullhypothese" bei der Beweiswürdigung aus dem Strafverfahren auf das Zivilverfahren, in: Broemel, R./Krell, P./Muthorst, O./Prütting, J. (Hrsg.), Prozessrecht in nationaler, europäischer und globaler Perspektive, Tübingen 2017, S. 59–66.
Effer-Uhe, D., Die Parteivernehmung – Überlegungen zu einer verstärkten Nutzbarmachung von § 448 ZPO, Baden-Baden 2015.
Effer-Uhe, D., Die richtige Höhe des Schmerzensgeldantrags – Im Spannungsfeld zwischen Ankereffekt und Kostenrisiko, in: Christandl, G./Laimer, S./Nemeth, K./Skarics, F./Tamerl, D./Trenker, M./Voithofer, C./Walch, M. (Hrsg.), Intra- und Interdisziplinarität im Zivilrecht – Jahrbuch Junger Zivilrechtswissenschaftler 2017, Baden-Baden 2018, S. 71–88.
Efran, M. G., The Effect of Physical Appearance on the Judgment of Guilt, Interpersonal Attraction, and Severity of Recommended Punishment in a Simulated Jury Task, in: Journal of Research in Personality 8 (1974), S. 45–54.
Eisenberg, N., Altruistic Emotion, Cognition, and Behavior, Hillsdale 1986.
Ellenberger, H. F., The Discovery of the Unconscious, The History and Evolution of Dynamic Psychiatry, London 1970.
Ellenberger, H. F., Die Entdeckung des Unbewussten, Geschichte und Entwicklung der dynamischen Psychiatrie in den Anfängen bis zu Janet, Freud, Adler und Jung, 2. Aufl. Zürich 1996.
Engelkamp, J., Mehrspeichermodelle: Unterscheidung von Kurz- und Langzeitgedächtnis, in: Hoffmann, J./Engelkamp, J. (Hrsg.), Lern- und Gedächtnispsychologie, 2. Aufl. S. 119–136.

Literaturverzeichnis

Englich, B., Geben Sie ihm doch einfach fünf Jahre!, in: Zeitschrift für Sozialpsychologie 36 (2005), S. 215–225.

Englich, B., Urteilseinflüsse vor Gericht, in: in: Volbert, R./Steller, M. (Hrsg.), Handbuch der Rechtspsychologie, Göttingen 2008, S. 486–496.

Englich, B./Mussweiler, T., Sentencing under Uncertainty: Anchoring Effects in the Courtroom, in: Journal of Applied Social Psychology 31 (2001), S. 1535–1551.

Englich, B./Mussweiler, T./Strack, F., Playing Dice with Criminal Sentences – The Influence of irrelevant Anchors on Experts: Judicial Decision Making, in: Personality and Social Psychology Bulletin 32 (2006), S. 188–200.

Enserink, M., Searching for the mark of Cain, in: Science, 289 (2000), S. 575–579.

Eschenröder, C. T., Hier irrte Freud, Zur Kritik der psychoanalytischen Theorie und Praxis, 2. Aufl. München/Weinheim 1986.

Eysenck, H. J., Siegmund Freud – Niedergang der Psychoanalyse, München 1985.

Fabian, T./Stadler, M. A., Polygraphietest im Ermittlungsverfahren, in: Kriminalistik 2000, S. 607–612.

Feingold, A., Good-Looking People Are Not What We Think, in: Psychological Bulletin 111 (1992), S. 304–341.

Festinger, L., A theory of cognitive dissonance, Stanford 1957.

Festinger, L./Carlsmith, J. M., Cognitive consequences of forced compliance, in: Journal of Abnormal and Social Psychology 58 (1959), S. 203–211.

Festinger,L./Macoby, N., On resistance to persuasive communications, in Journal of Abnormal and Social Psychology 68 (1964), S. 359–366.

Fischer, L./Wiswede, G., Grundlagen der Sozialpsychologie, 3. Aufl. München 2009.

Fischer, P./Krueger, J. I./Greitemeyer, T./Vogrincic, C./Kastenmüller, A./Frey, D./Heene, M./Wicher, M./Kainbacher, M., The bystander-effect: A meta-analytic review on bystander intervention in dangerous and non-dangerous emergencies, in: Psychological Bulletin 137 (4) (2011), S. 517–537.

Fischhoff, B., An early history of hindsight research, in: Social Cognition 25 (2007), S. 10–13.

Fischhoff, B., Hindsight ≠ Foresight: The Effect of Outcome Knowledge on Judgment under Uncertainty, in: Quality and Safety in Health Care 12 (2003), S. 304–312.

Fisher, R. P./Geiselman, R. Edward, Memory-enhancing Techniques for Investigative Interviewing, The Cognitive Interview, Springfield, Ill., U.S.A. 1992.

Fisher, R. P./Geiselman, R. Edward/Raymond, D. S./Jurkevich, L. M., Enhancing enhanced eyewitness memory: Refining the cognitive interview, in: Journal of Police Science & Administration 15 (1987), S. 291–297.

Fisher, R./Ury, W./Patton, B. M./Raith, W./Hof, W., Das Harvard-Konzept, 22. Aufl. Frankfurt am Main/New York 2004.

Fiske, S. T./Harris, L. T./Cuddy, A. J. C., Why Ordinary People Torture Enemy Prisoners, in: Science 306 (2004), S. 1482–1483.

Fooken, I., Resilienz und posttraumatische Reifung, in: Maercker, A. (Hrsg.) Posttraumatische Belastungstörung, 4. Aufl. Berlin 2013, S. 75–94.

Fraidin, S. N., When is One Head Better than Two? Interdependent Information in Group Decision Making, in: Organizational Behavior and Human Decision Processes 93 (2004), S. 102–113.

Franklin, B., Autobiographie von Benjamin Franklin, 2. Aufl. München 2010.

Frans, Ö./Rimmö, P. A./Aberg, L./Fredrikson, M., Trauma exposure and post-traumatic stress disorder in the general population, in: Acta Psychiatrica Scandinavica 111 (2005), S. 291–299.

Freedman, J. L./Fraser, S. C., Compliance without Pressure: The Foot-in-the-Door Technique, in: Journal of Personality and Social Psychology 4 (1966), S. 195–202.

Frey, D./Greif, S., Sozialpsychologie. Ein Handbuch in Schlüsselbegriffen, 4. Aufl. München 1997.

Friend, R. M./Vinson, M., Leaning Over Backwards: Jurors' Responses to Defendants' Attractiveness, in: Journal of Communication 24 (1974), S. 124–129.

Frister, H., Der Lügendetektor – Zulässiger Sachbeweis oder unzulässige Vernehmungsmethode?, in: ZStW 106 (1994), S. 303–331.
Gabbert, F./Memon, A./Allan, K., Memory conformity: Can eyewitnesses influence each other's memories for an event?, in: Applied Cognitive Psychology 17 (2003), S. 533–543.
Geipel, A., Handbuch der Beweiswürdigung, 3. Aufl. Bonn 2017.
Gertler, N. F./Kunkel, V./Putzke, H. (Hrsg.), Beck'scher Online-Kommentar zum JGG, 10. Edition, Stand: 01.08.2018.
Gerrig, Richard J., Psychologie, 21. Aufl., Hallbergmoos 2018.
Gerrig, Richard J./Zimbardo, Philip G., Psychologie, 18. Aufl., Hallbergmoos 2008.
Gheorghiu, V. A., The Development of Research in Suggestibility: Critical Considerations, in: Gheorghiu, V. A./Netter, P./Eysenck, H.-J./Rosenthal, R. (Hrsg.), Suggestion and Suggestibility, New York 1989, S. 3–55.
Gibbons, F. X./Eggleston, T. J./Benthin, A. C., Cognitive reactions to smoking relapse: The reciprocal relation between dissonance and self-esteem, in: Journal of Personality and Social Psychology 72 (1997), S. 184–195.
Gigerenzer, G., Ecological Intelligence – An Adaption for Frequencies, in: Dellarosa Cummins, D./Allen, C., The Evolution of Mind, New York/Oxford 1998, S. 9–29.
Gigerenzer, G., Das Einmaleins der Skepsis, Berlin 2004.
Gigerenzer, G., Why heuristics work, in: Perspectives on Psychological Science 3 (2008), S. 20–29.
Gilbert, D. T./Hixon, J. G., The trouble of thinking: Activation and applications of stereotypical beliefs, in: Journal of Personality and Social Psychology 60 (1991), S. 509–517.
Gilbert, D. T./Malone, P. S., The correspondence bias, in: Psychological Bulletin 117 (1995), S. 21–38.
Gilovich, T., How we know what isn't so: The fallibility of human reason in everyday life, New York 1991.
Goeckenjan, I./Oeberst, A., Aus Schaden wird man klug? Die Bedeutung des Rückschaufehlers (Hindsight Bias) für die Strafrechtsanwendung, in: R&P 34 (2016), S. 27–34.
Goette, W./Habersack, M. (Hrsg.), Münchener Kommentar zum Aktiengesetz, Band 2 – §§ 76–117, MitbestG, DrittelbG, 4. Aufl. München 2014.
Goldstein, B., Wahrnehmungspsychologie. Ein Grundkurs, 9. Aufl. Berlin 2015.
Goodman-Delahunty, J./Granhag, P. A./Hartwig, M./Loftus, E. F., Insightful oder Wishful: Lawyers' Ability to Predict Case Outcomes, in: Psychology, Public Policy, and Law 16 (2010), S. 133–157.
Gouldner, A. W., The Norm of Reciprocity: A Preliminary Statement, in: American Sociological Review 25 (1960), S. 161–178.
Granberg, D./Bartels, B., On being a lone dissenter, in: Journal of Applied Social Psychology 35 (2005), S. 1849–1858.
Grau, I./Bohner, G., Anchoring Revisited: The Role of the Comparative Question, in: PLOS ONE 9 (2014), S. 1–6.
Greitemeyer, T./McLatchie, N., Denying humanness to others: A newly discovered mechanism by which violent video games increase aggressive behavior, in: Psychological Science 22 (2011), S. 659–665.
Greuel, L., Zeugenvernehmung, in: Volbert, R./Steller, M. (Hrsg.), Handbuch der Rechtspsychologie, Göttingen 2008, S. 221–231.
Greuel, L./Offe, S./Fabian, A., Glaubhaftigkeit der Zeugenaussage, Theorie und Praxis der forensisch-psychologischen Begutachtung, Weinheim 1998.
Greve, W., Opfer von Kriminalität und Gewalt, in: Volbert, R./Steller, M. (Hrsg.), Handbuch der Rechtspsychologie, Göttingen 2008, S. 189–197.
Gross, S. R./Syverud, K. D., Getting to No: A Study of Settlement Negotiations and the Selection of Cases for Trial, in: Michigan Law Review 90 (1991), S. 319–393.
Gsell, B./Krüger, W./Lorenz, S./Reymann, C., Beck-online-Grosskommentar zum Zivilrecht, Stand: 01.09.2018.

Literaturverzeichnis

Guéguen, N./Martin, A./Silone, F./David, M., Foot-in-the-door technique and reduction of driver's aggressiveness: A field study, in: Traffic Psychology and Behaviour 36 (2016), S. 1–5.
Guéguen, N./Silone, F./David, M., The effect of the two feet-in-the-door technique on tobacco deprivation, in: Psychology & Health 31 (2016), S. 768–775.
Habschick, K., Erfolgreich vernehmen – Kompetenz in der Kommunikations-, Gesprächs- und Vernehmungspraxis, 4. Aufl. Heidelberg 2016.
Haggard, P./Eimer, M., On the Relation between Brain Potentials and the Awareness of Voluntary Movements, in: Experimental Brain Research 126 (1999), S. 128–133.
Hales, A. H., The preemptive presentation technique: Getting your foot in the door without making a request, West Lafayette 2018.
Hamilton, W. D., The genetical evolution of social behavior, in: Journal of Theoretical Biology 7 (1964), S. 1–52.
Haney, C./Banks, C./Zimbardo, P., Interpersonal Dynamics in a Simulated Prison, in: International Journal of Criminology and Penology 1 (1973), S. 69–97.
Hanson, K. L./Medina, K. L./Padula, C. B./Tapert, S. F./Brown, S. A., Impact of adolescent alcohol and drug use on neuropsychological functioning in young adulthood: 10-years-outcomes, in Journal of Child & Adolescent Substance Abuse 20 (2011), S. 135–154.
Hart, W./Albarracín, D./Eagly, A. H./Brechan, I./Lindberg, M. J./Merrill, L., Feeling validated versus being correct: A meta-analysis of selective exposure to information, in: Psychological Bulletin 135 (2009), S. 555–588.
Hasel, L. E./Kassin, S. M., False confessions, in: Cutler, B. L. (Hrsg.), Conviction of the innocent: Lessons from psychological research, Washington, DC 2012, S. 53–77.
Hastorf, A. H./Cantril, H., They saw a game: A case study, in Journal of Abnormal and Social Psychology 49 (1954), S. 129–134.
Hauer, J., Anmerkungen und Gedanken zum Fall Mollath – Verschwörung oder Gleichgültigkeit?, in: 2013, S. 209–213.
Haugtvedt, C. P./Wegener, D. T., Message order effects in persuasion: An attitude strength perspective, in: Journal of Consumer Research 21 (1994), S. 205–218.
Heckhausen, H., Achievement Motivation and Its Constructs: A Cognitive Model, in: Motivation and Emotion 1 (1977), S. 238–329.
Heckhausen, H., Motivation: Kognitionspsychologische Aufspaltung eines summarischen Konstrukts, in: Psychologische Rundschau 28 (1977), S. 175–189.
Heckhausen, H./Beckmann, J., Motivation durch Erwartung und Anreiz, in: Heckhausen, H. (Hrsg.), Motivation und Handeln, 5. Aufl. Berlin, Heidelberg 2018, S. 119–162.
Heckhausen, H./Scheffer, D., Eigenschaftstheorien der Motivation, in: Heckhausen, H. (Hrsg.), Motivation und Handeln, 5. Aufl. Berlin, Heidelberg 2018, S. 49–82.
Heckhausen, J./Heckhausen, H., Motivation und Handeln: Einführung und Überblick, in: Heckhausen, H. (Hrsg.), Motivation und Handeln, 5. Aufl. Berlin, Heidelberg 2018, S. 1–9.
Heckhausen, H./Rheinberg, F., Lernmotivation im Unterricht, erneut betrachtet, in: Unterrichtswissenschaft 8 (1980), S. 7–47.
von Heintschel-Heinegg, B. (Hrsg.), Beck'scher Onlinekommentar StGB, 38. Edition, Stand: 01.05.2018, München 2018.
Hendon, D. W./Roy, M. H./Ahmed, Z. U., Negotiation Concession Patterns: A Multicultural, Multiperiod Study, in: American Business Review 21 (2003), S. 75–83.
Hermann, C./Pauen, M./Min, B. K./Busch, N. A./Rieger, J., Eine neue Interpretation von Libets Experimenten aus der Analyse einer Wahlreaktionsaufgabe, in: Herrmann, C./Pauen, M./Rieger, J./Schicktanz, S. (Hrsg.), Bewusstsein – Philosophie, Neurowissenschaften, Ethik, München 2006, S. 120–134.
Hermanutz, M./Litzcke, S., Vernehmungsmethoden, in: Hermanutz, M./Litzcke, S. (Hrsg.), Vernehmung in Theorie und Praxis, Wahrheit, Irrtum, Lüge, 2. Aufl. Stuttgart 2009, S. 116–138.
Heubrock, D./Donzelmann, N., Psychologie der Vernehmung – Empfehlungen zur Beschuldigten-, Zeugen- und Opferzeugen-Vernehmung, Frankfurt am Main 2010.

Hogg, M. A., The social psychology of group cohesiveness: From attraction to social identity, London 1992.
Holliday, R. E., Reducing Misinformation Effects in Children with Cognitive Interviews: Dissociating Recollection and Familiarity, in: Child Development 74 (2003), S. 728–751.
Holliday, R. E., The Effect of a Prior Cognitive Interview on Children's Acceptance of Misinformation, in: Applied Cognitive Psychology 17 (2003), S. 443–458.
Holliday, R. E./Albon, A. J., Minimising Misinformation Effects in Young Children with Cognitive Interview Mnemonics, in: Applied Cognitive Psychology 18 (2004), S. 263–282.
Honts, C. R./Amato, S. L., Countermeasures, in: Kleiner, M. (Hrsg.), Handbook of Polygraph Testing, 2002, S. 251–264.
Huber, J./Puto, C., Market Boundaries and Product Choice: Illustrating Attraction and Substitution Effects, in: Journal of Consumer Research 10 (1983), S. 31–44.
Huesmann, L. R./Moise-Titus, J./Podolski, C.-L./Eron, L. D., Longitudinal relations between children's exposure to TV violence and their aggressive and violent behavior in young adulthood: 1977–1992, in Developmental Psychology 39 (2003), S. 201–221.
Hüttmann, K., Übersicht über die häufigsten der für die richterliche Beweiswürdigung relevanten statistischen Fehlschlüsse, in: GVRZ 2018, S. 9.
Hussy, W./Jain, A., Experimentelle Hypothesenprüfung in der Psychologie, Göttingen 2002.
Hyman, I. E., Jr./Kleinknecht, E. E., False Childhood Memories: Research, Theory, and Applications, in: Williams, L. M./Banyard, V. L. (Hrsg.), Trauma and Memory, Thousand Oaks 1999, S. 175–188.
Hyman, I. E., Jr./Loftus, E. F., Errors in Autobiographical Memory, in: Clinical Psychology Review 18 (1998), S. 933–947.
Inbau, F. E./Reid, J. E./Buckley, J. P., Criminal interrogation and confessions, 3. Aufl. Baltimore 1986
Insko, C. A./Thibaut, J. W./Moehle, D./Wilson, M./Diamond, W. D./Gilmore, R./Solomon, M. R./Lipsitz, A., Social evolution and the emergence of leadership, in: Journal of Personality and Social Psychology 39 (1980), S. 431–448.
Jain, S. P./Posavac, S. S., Prepurchase attribute verifiability, source credibility, and persuasion, in: Journal of Consumer Psychology 11 (2001), S. 169–180.
James, W., The principles of psychology, New York 1890.
Janis, I. L., Groupthink: Psychological Studies of Policy Decisions and Fiascoes, 2. Aufl. Boston 1982.
Janis, I. L./Frick, F., The relationship between attitudes toward conclusions and errors in judging logical validity of syllogisms, in: Journal of Experimental Psychology 33 (1943), S. 73–77.
Jansen, G., Zeuge und Aussagepsychologie, 2. Aufl. Heidelberg 2012.
Joecks, W./Miebach, K. (Hrsg.), Münchener Kommentar zum StGB, Band 3 – §§ 80–184j, 3. Aufl. München 2017.
Johnson, J. G./Cohen, P./Smailes, E./Kasen, S./Brook, J. S., Television Viewing and Aggressive Behavior During Adolescence and Adulthood, in: Science 295 (2002), S. 2468–2471.
Johnson, M. K./Hashtroudi, S./Lindsay, D. S., Source Monitoring, in: Psychogical Bulletin 114 (1993), S. 3–28.
Johnson, M. K./Raye, C. L., Reality Monitoring, in: Psychological Review 99 (1981), S. 67–85.
Jones, E. E./Harris, V. A., The Attribution of Attitudes, in: Journal of Experimental Social Psychology 3 (1967), S. 1–24.
Jones, E. E./Kohler, R., The effects of plausibility on the learning of controversial statements, in: Journal of Abnormal and Social Psychology 57 (1959), S. 315–320.
Josephson, W. L., Television Violence and Children's Aggression: Testing the Priming, Social Script, and Disinhibition Predictions, in: Journal of Personality and Social Psychology 53 (1987), S. 882–890.
Kahneman, D./Tversky, A., On the psychology of prediction, in: Psychological Review 80 (1973), S. 237–251.

Literaturverzeichnis

Kahneman, D./Tversky, A., Prospect Theory: An Analysis of Decision under Risk, in: Econometria 47 (1979), S. 263-291.
Kamin, K. A./Rachlinski, J. J., Ex Post ≠ Ex Ante: Determining Liability in Hindsight, in: Law and Human Behavior 19 (1995), S. 89-104.
Kassin, S. M./Drizin, S. A./Grisso, T./Gudjonsson, G. H./Leo, R. A./Redlich, A. D., Police-induced confessions, risk factors and recommendations: Looking ahead, in Law and Human Behavior 34 (2010), S. 3-38.
Kaufmann, A., Das Schuldprinzip – eine strafrechtlich-rechtsphilosophische Untersuchung, 2. Aufl. Heidelberg 1976.
Kelley, H. H., The warm-cold variable in first impressions of persons, in: Journal of Personality 18 (1950), S. 431-439.
Kessler, T./Fritsche, I., Sozialpsychologie, Wiesbaden 2018.
Kiesler, C. A./Kiesler, S. B., Conformity, Reading 1969.
Kihlstrom, J. F., The trauma-memory argument and recovered memory therapy, in: Pezdek, K./Banks, W. P. (Hrsg.), The recovered memory/false memory debate, San Diego 1996, S. 297-311.
Kilpatrick, D. G./Ruggiero, K. J./Acierno, R./Saunders, B. E./Resnick, H. S./Best, C. L., Violence and risk of PTSD, major depression, substance abuse/dependence, and comorbidity: Results from a national survey of adolescents, in: Journal of Consulting and Clinical Psychology 71 (2003), S. 692-700.
Kirsch, A., Trauma und Wirklichkeit, Wiederauftauchende Erinnerungen aus psychotherapeutischer Sicht, Stuttgart 2001.
Knauer, C./Kudlich, H./Schneider, H. (Hrsg.), Münchener Kommentar zur StPO, Band 2 – §§ 151-332, München 2016.
Koehler, D. J., Explanation, Imagination, and Confidence in Judgment, in: Psychological Bulletin 110 (1991), S. 499-519.
Köhnken, G./Kraus, U./Schemm, K. von, Das Kognitive Interview, in: Volbert, R. /Steller, M. (Hrsg.), Handbuch der Rechtspsychologie, Göttingen 2008, S. 232-243.
Köhnken, G./Milne, R./Memon, A./Bull, R., The cognitive interview: A meta-analysis, in: Psychology, Crime & Law 5 (1999), S. 3-27.
Kohlberg, L., The Claim to Moral Adequacy of a Highest Stage of Moral Judgement, in: Journal of Philosophy 70 (1973), S. 630-646.
Kohlberg, L., Development of moral character and moral ideology, in: Hoffman, M. L./Hoffman, L. W. (Hrsg.), Review of child development research, Bd. 1, New York 1964, S. 383-432.
Kohlberg, L., The philosophy of moral development, New York 1981.
Korchmaros, J. D./Kenny, D. A., An evolutionary and close-relationship model of helping, in: Journal of Social and Personal Relationships 23 (2006), S. 21-43.
Korobkin, R./Guthrie, C., Opening Offers and Out-of-court Settlement: A Little Moderation may not go a long Way, in: Ohio State Journal of Dispute Resolution 10 (1994), S. 1-22.
Korobkin, R./Guthrie, C., Psychological Barriers to Litigation Settlement: An Experimental Approach, in: Michigan Law Review 93 (1994), S. 107-192.
Krix, A. C./Sauerland, M., Wie lassen sich Zeugenaussagen verbessern? – Neue Entwicklungen und Methoden, in: Praxis der Rechtspsychologie 23 (2013), S. 136-150.
Kroll, O., Reid-Methode, in: Das Behördenmagazin – Fachzeitschrift für Polizeibeamte und den öffentlichen Dienst 2/2016, S. 8-12.
Kroll, O., Wahre und falsche Geständnisse in Vernehmungen, Stuttgart 2012.
Krosnick, J. A./Alwin, D. F., Aging and susceptibility to attitude change, in: Journal of Personality and Social Psychology 57 (1989), S. 416-425.
Kruger, J./Wirtz, D./Miller, D. T., Counterfactual thinking and the first instinct fallacy, in: Journal of Personality and Social Psychology 88 (2005), S. 725-735.
Krull, D. S., Does the grist change the mill? The effect of the perceiver's inferential goal on the process of social inference, in: Personality and Social Psychology Bulletin 19 (1993), S. 340-348.

Kulik, J. A./Brown, R., Frustration, attribution of blame and aggression, in: Journal of Experimental Social Psychology 15 (1979), S. 183–194.
Lampinen, J. M./Copeland, S. M./Neuschatz, J. S., Recollections of things schematic: Room schemas revisited, in: Journal of Experimental Psychology: Learning, Memory, Cognition 27 (2001), S. 1211–1222.
Langlois, J./Kalakanis, L./Rubenstein, A. J./Larson, A./Hallam, M./Smoot, M., Maxims or Myths of Beauty? A Meta-Analytic and Theoretical Review, in: Psychological Bulletin 126 (2000), S. 390–423.
Lanius, R. A./Williamson, P.C./Hopper, J./Densmore, M./Boksman, K./Gupta, M. A./Neufeld, R. W./Gati, J. S./Menon, R. S., Recall of emotional states in posttraumatic stress disorder: An fMRI investigation, in: Biological Psychiatry 53 (2003), S. 204–210.
Larson, J. R./Christensen, C./Franz, T. M./Abbott, A. S., Diagnosing Groups: The Pooling, Management, and Impact of Shared and Unshared Case Information in Team-Based Medical Decision Making, in: Journal of Personality and Social Psychology 75 (1998), S. 93–108.
Lassiter, G. D., Psychological science and sound public policy: Video recording of custodial interrogations, in: American Psychologist 65 (2010), S. 768–779.
Latané, B., The psychology of social impact, in: American Psychologist 36 (1981), S. 343–356.
Latané, B./Darley, J. M., The unresponsive bystander: Why doesn't he help?, Englewood Cliffs 1970.
Lazarus, R. S./Folkman, S., Stress, appraisal, and coping, New York 1984.
Leppert, N., Der Sündenbock, in: Message – Internationale Zeitschrift für Journalismus 2009, http://www.message-online.com/archiv/message-2-2009/leseproben/der-suendenbock (Datum des letzten Abrufs: 28.12.2018).
Lerner, M. J., The two forms of belief in a just world, in: Motanda, L./Lerner, M. J. (Hrsg.), Responses to victimization and belief in a just world, New York 1998, S. 247–269.
Lewicki, R. J./Barry, B./Saunders, D. M., Negotiation, 6. Aufl. Boston 2010.
Libet, B., Haben wir einen freien Willen? in: Geyer, C. (Hrsg.), Hirnforschung und Willensfreiheit, Frankfurt am Main 2004, S. 268–288.
Libet, B., Unconscious Cerebral Initiative and the Role of Conscious will in Voluntary Action, in: The Behavioral and Brain Sciences 8 (1985), S. 529–560.
Lilienfeld, S. O./Lynn, S. J./Lohr, J. M./Tavris, C. (Hrsg.), Science and Pseudoscience in Clinical Psychology, 2. Aufl. New York 2003.
Lilienfeld, S. O./Ruscio, J. P./Lynn, S. J. (Hrsg.), Navigating the Mindfield, A Guide to Separating Science from Pseudoscience in Mental Health, Amherst 2008.
Lindsay, D. S./Allen, B. P./Chan, J. C. K./Dahl, L. C., Eyewitness suggestibility and source similarity: Instrusions of details from one event into memory reports of another event, in: Journal of Memory and Language 50 (2004), S. 96–111.
Lindsay, D. S., Misleading suggestions can impair eyewitnesses' ability to remember event details, in: Journal of Experimental Psychology: Learning, Memory, and Cognition 16 (1990), S. 1077–1083.
Lindsay, D. S./Hagen, L./Read, J. Don/Wade, K. A./Garry, M., True Photographs and False Memories, in: Psychological Science 15 (2004), S. 149–154.
Lindsay, R. C. L./Wells, G. L., Improving eyewitness identifications from lineups: Simultaneous versus sequential lineup presentation, in: Journal of Applied Psychology 70 (1985), S. 556–564.
Litzcke, S./Hermanutz, M., Vernehmung und Glaubhaftigkeit – Grundbegriffe, in: Hermanutz, M./Litzcke, S. (Hrsg.), Vernehmung in Theorie und Praxis, Wahrheit, Irrtum, Lüge, 2. Aufl. Stuttgart 2009, S. 17–32.
Litzcke, S./Hermanutz, M., Warnsignale, in: Hermanutz, M./Litzcke, S. (Hrsg.), Vernehmung in Theorie und Praxis, Wahrheit, Irrtum, Lüge, 2. Aufl. Stuttgart 2009, S. 168–183.
Litzcke, S./Klossek, A., Glaubhaftigkeitsattribution – Wahrheits- und Lügenstereotype, in: Hermanutz, M./Litzcke, S. (Hrsg.), Vernehmung in Theorie und Praxis, Wahrheit, Irrtum, Lüge, 2. Aufl. Stuttgart 2009, S. 199–212.

Literaturverzeichnis

Loftus, E. F., Eyewitness testimony, Cambridge 1979.
Loftus, E. F./Garry, M./Hayne, H., Repressed and recovered memory, in: Borgida, E./Fiske, S. T. (Hrsg.), Beyond common sense: Psychological science in the courtroom, Malden 2008, S. 177–194.
Loftus, E. F./Ketcham, K., The Myth of Repressed Memory, New York 1994.
Loftus, E. F./Ketcham, K., Die therapierte Erinnerung, Hamburg 1995.
Loftus, E. F./Miller, D. G./Burns, H. J., Semantic integration of verbal information into a visual memory, in: Journal of Experimental Psychology: Human Learning and Memory 4 (1978), S. 19–31.
Loftus, E. F./Palmer, J. C., Reconstruction of automobile destruction: An example of the interaction between language and memory, in: Journal of Verbal Learning and Verbal Behavior 13 (1974), S. 585–589.
Loftus, E. F./Pickrell, J. E., The Formation of False Memories, in: Psychiatric Annals 25 (1995), S. 720–725.
Lorenz, H. E., Lehren und Konsequenzen aus den Wormser Missbrauchsprozessen, in: DRiZ 1999, S. 253–255.
Lovibond, S. H./Adams, M./Adams, W. G., The Effects of Three Experimental Prison Environments on the Behavior of Nonconflict Volunteer Subjects, in: Australian Psychologist 14 (1979), S. 273–285.
Ludewig, R./Baumer, S./Tavor, D., Einführung in die Aussagepsychologie, in: Ludewig, R./Baumer, S./Tavor, D. (Hrsg.), Aussagepsychologie für die Rechtspraxis – Zwischen Wahrheit und Lüge, Zürich 2017, S. 17–118.
Lüttke, H. B., Experimente unter dem Milgram-Paradigma, in: Gruppendynamik und Organisationsberatung 35 (2004), S. 431–464.
Maercker, Symptomatik, Klassifikation und Epidemiologie, in: Maercker (Hrsg.) Posttraumatische Belastungstörung, 4. Aufl. Berlin 2013, S. 13 34.
Mahlmann, M., Rechtsphilosophie und Rechtstheorie, 4. Aufl. Baden-Baden 2017.
Malloy, T. E., Difference to inference: Teaching logical and statistical reasoning through on-line interactivity, in: Behavior Research Methods, Instruments, and Computers 33 (2001), S. 270–273.
Marlatt, G. A./Rohsenow, D. J., Cognitive processes in alcohol use: Expectancy and the balanced placebo design, in: Mello, N. K. (Hrsg.), Advances in substance abuse, Bd. 1, Greenwich 1980, S. 159–190.
Martin, P. Y./Marrington, S., Morningness-eveningness orientation, optimal time-of-day and attitude change: Evidence for the systematic processing of a persuasive communication, in: Personality and Individual Differences 39 (2005), S. 367–377.
Marx, B. P./Gross, A. M., Date rape: An analysis of two contextual variables, in: Behavior Modification 19 (1995), S. 451–463.
McBurnett, K./Lahey, B. B./Rathouz, P. J./Loeber, R., Low salivary cortisol and persistent aggression in boys referred for disputive behavior, in: Archives of General Psychiatry 57 (2000), S. 38–43.
McClelland D. C./Koestner, R. /Weinberger J., How Do Self-Attributed and Implicit Motives Differ?, in: Psychological Review 96 (1989), S. 690–702.
Meier, B. P./Robinson, M. D./Carter, M. S./Hinsz, V. B., Are Sociable People More Beautiful? A Zero-Acquaintance Analysis of Agreeableness, Extraversion, and Attractiveness, in: Journal of Research in Personality 44 (2010), S. 293–296.
Mendel, R./Traut-Mattausch, E./Jonas, E./Leucht, S./Kane, J. M./Maino, K./Kissling, W./Hamann, J., Confirmation Bias: Why Psychiatrists Stick to Wrong Preliminary Diagnoses, in: Psychological Medicine 41 (2011), S. 2651–2659.
Merkel, R., Ist „freier Wille" Bedingung strafrechtlicher Schuld?, in: Hastedt, H. (Hrsg.), Macht und Reflexion, 2016, S. 285–318.

Merkel, R., Neurowissenschaften und Recht, in: Hassemer, W./Neumann, U./Saliger, F. (Hrsg.), Einführung in die Rechtsphilosophie und Rechtstheorie der Gegenwart, 9. Aufl. Heidelberg 2016, S. 401–433.
Merton, R. K., Social theory and social structures, New York 1957.
Miebach, K., Die freie Beweiswürdigung der Zeugenaussage in der neueren Rechtsprechung des BGH, in: NJW 2014, S. 233–238.
Mikolic, J. M./Parker, J. C./Pruitt, D. G., Escalation in response to persistent annoyance: Groups versus individuals and gender effects, in: Journal of Personality and Social Psychology 72 (1997), S. 151–163.
Miles, D. R./Carey, G., Genetic and environmental architecture of human aggression, in: Journal of Personality and Social Psychology 72 (1997), S. 207–217.
Milgram, S., Behavioral Study of Obedience, in: Journal of Abnormal and Social Psychology 67 (1963), S. 371–378.
Milgram, S., Das Milgram-Experiment – Zur Gehorsamsbereitschaft gegenüber Autorität, 14. Aufl. Reinbek 2014.
Milne, R./Bull, R., Investigative Interviewing: Psychology and Practice, Chichester 1999.
Milne, R./Bull, R., Psychologie der Vernehmung, Bern 2003.
Mitchell, K. J./Livosky, M./Mather, M., The weapon focus effect revisited: The role of novelty, in: Legal and Criminal Psychology 1998, S. 287–303.
Mittermaier, Carl Joseph Anton, Die Lehre vom Beweise im deutschen Strafprozesse, nach der Fortbildung durch Gerichtsgebrauch und deutsche Gesetzbücher in Vergleichung mit den Ansichten des englischen und französischen Strafverfahrens, Darmstadt 1834.
Mohrbach, C., Methoden der Ermittlungsvernehmung, in: Deckers, R./Köhnken, G. (Hrsg.), Die Erhebung und Bewertung von Zeugenaussagen im Strafprozess – Juristische, aussagepsychologische und psychiatrische Aspekte, 2. Aufl. Berlin 2014, S. 347–351.
Moriarty, T., Crime, commitment and the responsive bystander: Two field experiments, in Journal of Personality and Social Psychology 31 (1975), S. 370–376.
Müller, S., Der Fall Mollath und die Strafjustiz – Anmerkungen aus der Praxis, in: Betrifft Justiz 2013, S. 176–180.
Müller-Benedict, V., Grundkurs Statistik in den Sozialwissenschaften, 5. Aufl. Wiesbaden 2011.
Munro, G. D./Ditto, P. H., Biased assimilation, attitude polarization and effect in reactions to stereotype-relevant scientific information, in: Personality and Social Psychology Bulletin 23 (1997), S. 636–653.
Musielak, H.-J./Voit, W., Zivilprozessordnung mit Gerichtsverfassungsgesetz – Kommentar, 15. Aufl. München 2018.
Natter, E./Mohn, M./Hablitzel, R., Die unmittelbare Aufzeichnung von Zeugenaussagen im zivil- und arbeitsgerichtlichen Verfahren, in: NJOZ 2013, S. 1041–1046
Nestler, S./Blank, H./Egloff, B., Hindsight ≠ hindsight: Experimentally induced dissociations between hindsight components, in Journal of Experimental Psychology: Learning, Memory, and Cognition 36 (2010), S. 1399–1413.
Nickolaus, Christoph, Ankereffekte im Strafprozess – Verstoß gegen das Prinzip des fairen Verfahrens?, Baden-Baden 2018.
Niehaus, S., Merkmalsorientierte Inhaltsanalyse, in: Volbert, R. /Steller, M. (Hrsg.), Handbuch der Rechtspsychologie, Göttingen 2008, S. 311–321.
Nisbett, R. E./Fong, G. T./Lehman, D. R./Cheng, P. W., Teaching reasoning, in: Science 238 (1987), S. 625–631.
O'Regan, J. K., Solving the „real" mysteries of visual perception: The world as an outside memory, in: Canadian Journal of Psychology 46 (1992), S. 461–488.
Pansu, P./ Lima, L./ Fointiat, V., When saying no leads to compliance: The door-in-the-face technique for changing attitudes and behaviors towards smoking at work, in: European Review of Applied Psychology 64 (2014), S. 19–27.

Literaturverzeichnis

Papathanasiou, K., Neurologische Befunde vs. strafrechtliches Schuldprinzip, in: Bock, S./Harrendorf, S./Ladiges, M. (Hrsg.), Strafrecht als interdisziplinäre Wissenschaft, Baden-Baden 2015, S. 53–74.

Pastötter, B./Oberauer, K./Bäuml, K.-H., in: Kiesel, A./Spada, H. (Hrsg.), Lehrbuch Allgemeine Psychologie, 4. Aufl. Bern 2018, S. 121–196.

Pausch, M. J./Matten, S. J., Trauma und Traumafolgestörungen. In Medien, Management und Öffentlichkeit, Wiesbaden 2018,

Pauen, M., Illusion Freiheit? Mögliche und unmögliche Konsequenzen der Hirnforschung, 2. Aufl. Frankfurt am Main 2008.

Pennebaker, J. W./Beall, S. K., Confronting a traumatic event: Toward an understanding of inhibition and disease, in: Journal of Abnormal Psychology 95 (1986), S. 274–281.

Pennington, N./Hastie, R., Practical implications of psychological research on juror and jury decision making, in: Personality and Social Psychology Bulletin 16 (1990), S. 90–105.

Pettigrew, T. F., The ultimate attribution error: Extending Allport's cognitive analysis of prejudice, in Personality and Social Psychology Bulletin 5 (1979), S. 461–476.

Petty, R. E./Cacioppo, J. T., Communication and persuasion: Central and peripheral routes to attitude change, New York 1986.

Petty, R. E./Cacioppo, J. T./Goldman, R., Personal involvement as a determinant of argument-based persuasion, in: Journal of Personality and Social Psychology 41 (1981), S. 847–855.

Petty, R. E./Cacioppo, J. T./Strathman, A./Priester, J. R., To think or not to think: Exploring two routes to persuasion, in: T. C. Brock/M. C. Green (Hrsg.), Persuasion: Psychological insights and perspectives, Thousand Oaks, 2. Aufl. 2005, S. 81–116.

Pfister, H.-R./Jungermann, H./Fischer, K., Die Psychologie der Entscheidung – Eine Einführung, 4. Aufl. Berlin/Heidelberg 2017.

Piaget, J., Das moralische Urteil des Kindes, Stuttgart 2015.

Piehl, J., Integration of Information in the „Courts": Influence of Physical Attractiveness on Amount of Punishment for a Traffic Offender, in: Psychological Reports 41 (1977), S. 551–556.

Pratt M. W./Golding, G./Hunter, W./Norris, J., From Inquiry to Judgment: Age and Sex Differences in Patterns of Adult Moral Thinking and Information-Seeking, in: International Journal of Aging and Human Development 27 (1988), S. 109–124.

Prinz, W., Freiheit oder Wissenschaft?, in: v.Cranach, M./Foppa, K. (Hrsg.), Freiheit des Entscheidens und Handelns, ein Problem der nomologischen Psychologie, Heidelberg 1996, S. 86–104.

Putzke, H., Untersuchung mittels eines Polygraphen (Lügendetektor) als ungeeignetes Beweismittel, in: ZJS 2011, S. 557–563.

Putzke, H./Scheinfeld, J./Klein, G./Undeutsch, U., Polygraphische Untersuchungen im Strafprozess – Neues zur faktischen Validität und normativen Zulässigkeit des vom Beschuldigten eingeführten Sachverständigenbeweises, in: ZStW 121 (2009), S. 607–644.

Rachlinski, J. J., Gains, Losses and the Psychology of Litigation, in: Southern California Law Review 70 (1996), S. 133–186.

Rasch, B./Friese, M./Hofmann, W./Naumann, E., Quantitative Methoden 1. Einführung in die Statistik für Psychologen und Sozialwissenschaftler, 3. Aufl. Berlin 2010.

Raskin, D. C./Kircher, J. C., Validity of Polygraph Techniques and Decision Methods, in: Raskin, D. C./Honts, C. R./Kircher, J. C. (Hrsg.), Credibility Assessment – Scientific Research and Applications, Amsterdam 2014, S. 63–129.

Reis, H.T./Nezlek, J./Wheeler, L., Physical Attractiveness in Social Interaction. Why Does Appearance Affect Social Experience?, in: Journal of Personality and Social Psychology 43 (1982), S. 979–996.

Rengier, R., Strafrecht Allgemeiner Teil, 10. Aufl. München 2018.

Rengier, R., Strafrecht Besonderer Teil II – Delikte gegen die Person und die Allgemeinheit, 19. Aufl. München 2018.

Rensink, Ronald A., Change detection, in: Annual Review of Psychology 53 (2002), S. 245–277.

Literaturverzeichnis

Rhodes, N./Wood, W., Self-esteem and intelligence affect influenceability: The mediating role of message reception, in Psychological Bulletin 111 (1992), S. 156–171.

Robins, R. W./Beer, J. S., Positive illusions about the self: Short-term benefits and long-term costs, in Journal of Personality and Social Psychology 80 (2001), S. 340–352.

Rohmann, J. A., Gerichtsvorbereitung sensibler Zeugen, in: Bliesener, T./Lösel, F./Köhnken, G. (Hrsg.), Lehrbuch Rechtspsychologie, Bern 2014, S. 223–243.

Rohmann, J. A., Trauma und Folgen – Erkenntnisse, verbreitete Ansichten und rechtspsychologische Bedeutung, in: Deckers, R./Köhnken, G. (Hrsg.), Die Erhebung und Bewertung von Zeugenaussagen im Strafprozess – Juristische, aussagepsychologische und psychiatrische Aspekte, 2. Aufl. Berlin 2014, S. 193–241.

Rosenhan, D. L., On being sane in insane places, in: Science 179 (1973), S. 250–258.

Rosenthal, R./Fode, K. L., The Effect of Experimenter Bias on the Performance of the Albino Rat, in: Behavioral Science 1963, S. 183–189.

Ross, L., Dealing with conflict: Experiences and experiments, in: Gonzales, M. H./Tavris, C./Aronson, J., The scientist and the humanist: A festschrift in honor of Elliot Aronson, New York 2010, S. 39–66.

Ross, L., The intuitive psychologist and his shortcomings, in: Berkowitz, L., Advances in experimental social psychology, Bd. 10, New York 1977, S. 173–220.

Ross, L./Nisbett, R. E., The person and the situation: Perspectives of social psychology, New York 1991.

Roth, G., Aus Sicht des Gehirns, Frankfurt am Main 2003.

Roxin, C., Strafrecht, Allgemeiner Teil – Band 1: Grundlagen. Der Aufbau der Verbrechenslehre, 4. Aufl. München 2006.

Rückert, S., Das Schlafzimmer als gefährlicher Ort, in: DIE ZEIT Nr. 28/2016 vom 30.06.2016, https://www.zeit.de/2016/28/sexualstrafrecht-verschaerfung-kritik [zuletzt abgerufen am 27.07.2018].

Ryckman, R. M./Graham, S. S./Thornton, B./Gold, J. A./Lindner, M. A., Physical size stereotyping as a mediator of attributions of responsibility in an alleged date-rape situation, in: Journal of Applied Social Psychology 28 (1998), S. 1876–1888.

Säcker, F. J./Rixecker, R./Oetker, H./Limperg, B. (Hrsg.), Münchener Kommentar zum BGB, Band 6 – §§ 705–853, PartGG, ProdHG, 7. Aufl. München 2017.

Salzgeber, J., Der psychologische Sachverständige im Familiengerichtsverfahren, Rechtliche, ethische und fachpsychologische Rahmenbedingungen sachverständigen Handelns bei familiengerichtlichen Fragestellungen zu Sorge- und Umgangsregelungen, 2. Aufl. München 1992.

Schade, B., Der Zeitraum von der Erstaussage bis zur Hauptverhandlung als psychologischer Prozess. Folgerungen für die Glaubwürdigkeitsbegutachtung am Beispiel der Wormser Prozesse über sexuellen Kindesmissbrauch, in: StV 2000, S. 165–170.

Schäfer, H.-B./Ott, C., Lehrbuch der ökonomischen Analyse des Zivilrechts, 5. Aufl. Berlin/Heidelberg 2012.

Schindler, R. M., Consequences of Perceiving Oneself as Responsible for Obtaining a Discount: Evidence for Smart-Shopper Feelings, in: Journal of Consumer Psychology 7 (1998), S. 371–392.

Schneider, E., Beweis und Beweiswürdigung, 5. Aufl. München 1994.

Schönke, A./Schröder, H., Strafgesetzbuch – Kommentar, 29. Aufl. München 2014.

Schooler, J. W., Seeking the core: The issues and evidence surrounding recovered accounts of sexual trauma, in: Williams, L. M./Banyard, V. L. (Hrsg.), Trauma and Memory, Thousand Oaks 1999, S. 203–216.

Schoreit, A., Einsatz von Polygraphen und Glaubhaftigkeits-Gutachten psychologischer Sachverständiger im Strafprozeß, in: StV 2004, S. 284–287.

Schüssler, M., Polygraphie im deutschen Strafverfahren, Frankfurt am Main 2002.

Schultze-Kraft, M./Birman, D./Rusconi, M./Allefeld, C./Görgen, K./Dähne, S./Blankertz, B./Haynes, J. D., The point of no return in vetoing self-initiated movements, in: PNAS 113

Literaturverzeichnis

(2016), S. 1080–1085, http://www.pnas.org/content/113/4/1080.full.pdf (Datum des letzten Abrufs: 28.12.2018).

Schwabe, J., Rechtsprobleme des Lügendetektors, in: NJW 1979, S. 576–582.

Schwarz, N./Bless, H./Strack, F./Klumpp, G./Rittenauer-Schatka, H./Simons, A., Ease of retrieval as information: Another look at the availability heuristic, in Journal of Personality and Social Psychology 61 (1991), S. 195–202.

Schwarzwald, J./Raz, M./Zvibel, M., The Application of the Door-in-the-Face Technique When Established Behavioral Customs Exist, in: Journal of Applied Social Psychology 9 (1979), S. 576–586.

Schweizer, M., Beweiswürdigung und Beweismaß – Rationalität und Intuition, Tübingen 2015.

Schweizer, M., Einheit des Beweismaßes: Soll im Straf- und Zivilprozessrecht das gleiche Beweismaß gelten?, in: D. Effer-Uhe/E. Hoven/S. Kempny/L. Rösinger (Hrsg.), Einheit des Prozessrechts? Tagungs Junger Prozessrechtswissenschaftler am 18./19. September 2015 in Köln, Stuttgart 2016, S. 341–362.

Schweizer, M., Kognitive Täuschungen vor Gericht – Eine empirische Studie, Zürich 2005.

Selg, H., Sigmund Freud, Genie oder Scharlatan?, Eine kritische Einführung in Leben und Werk, Stuttgart 2002.

Shaw, J./Porter, S., Constructing Rich False Memories of Committing Crime, in: Psychological Science 26 (2015), S. 291–301.

Siegler, R./Eisenberg, N./De Loache, J./Saffran, J., Entwicklungspsychologie im Kindes- und Jugendalter, 4. Aufl. Berlin/Heidelberg 2016.

Sigall, H./Ostrove, N., Beautiful but Dangerous: Effects of Offender Attractiveness and Nature of Crime on Juridic Judgment, in: Journal of Personality and Social Psychology 31 (1975), S. 410–414.

Sime, J. D., Affiliative behavior during escape to building exits, in: Journal of Environmental Psychology 3 (1983), S. 21–41.

Simons, D./Ambinder, M., Change Blindness: Theory and Consequences, in: Current Directions in Psychological Science 14 (2005), S. 44–48.

Simonson, I., Choice Based on Reason: The Case of Attraction and Compromise Effects, in: Journal of Consumer Research 16 (1989), S. 158–174.

Smyth, J./Pennebaker, J., Exploring the boundary conditions of expressive writing: In search of the right recipe, in: British Journal of Health Psychology 13 (2008), S. 1–7.

Sommer, U., Effektive Strafverteidigung, 3. Aufl. Köln 2016.

Soon, C. S./Hanxi He, A/Bode, S./Haynes, J.-D., Predicting Free Choices for Abstract Intentions, in: Proceedings of the National Academy of Science of the United States of America 110 (2013), S. 6217

Solso, R., Kognitive Psychologie, Heidelberg 2005.

Spina, R. R./Ji, L. J./Tieyuan, G./Zhiyong, Z./Ye, L./Fabrigar, L., Cultural differences in the representativeness heuristic: Expecting a correspondence in magnitude between cause and effect, in: Personality and Social Psychology Bulletin 36 (2010), S. 583–597.

Sporer, S. L., Personenidentifizierung, in: Volbert, R./Steller, M. (Hrsg.), Handbuch der Rechtspsychologie, Göttingen 2008, S. 387–398.

Sporer, S. L., Recognizing Faces of other ethnic Groups: An Integration of Theories, in: Psychology, Public Policy and Law 7 (2001), S. 36–97.

Staake, K. H., Die Gestaltung der Vernehmung einer Auskunftsperson in der Hauptverhandlung durch den Tatrichter, in: Deckers, R./Köhnken, G. (Hrsg.), Die Erhebung von Zeugenaussagen im Strafprozess, Berlin 2007, S. 213–222.

Stasser, G./Stewart, D. D./Wittenbaum, G. M., Expert Roles and Information Exchange During Discussion: The Importance of Knowing Who Knows What, in: Journal of Experimental and Social Psychology 31 (1995), S. 244– 265.

Stasser, G./Titus, W., Pooling of Unshared Information in Group Decision Making: Biased Information Sampling during Discussion, in: Journal of Personality and Social Psychology 48 (1985), S. 1467–1478.

Steller, M., Falsche Geständnisse bei Kapitaldelikten: Praxis – Der Fall Pascal, in: Müller, H. E. (Hrsg.), Festschrift für Ulrich Eisenberg zum 70. Geburtstag, München 2009, S. 213–217.
Steller, M., Psychophysiologische Aussagebeurteilung, in: Volbert, R./Steller, M. (Hrsg.), Handbuch der Rechtspsychologie, Göttingen 2008, S. 364–375.
Steller, M., Vom richtigen Umgang mit Opfer-Zeugen, in: Forens Psychiatr Psychol Kriminol 2008, S. 65–67.
Steller, M./Dahle, K.-P., Grundlagen, Methoden und Anwendungsprobleme psychophysiologischer Aussage- und Täterschaftsbeurteilung („Polygraphie", „Lügendetektion"), in: Praxis der Rechtspsychologie 9 (Sonderheft), Juli 1999, S. 127–204.
Steller, M./Köhnken, G., Criteria-Based Statement Analysis, in: Raskin, D. C. (Hrsg.), Psychological methods in criminal investigation and evidence, New York 1989, S. 217–245.
Stocké, V., Framing und Rationalität – Die Bedeutung der Informationsdarstellung für das Entscheidungsverhalten, München 2002.
Stoff, D. M./Cairns, R. B., Aggression and violence: Genetic, neurobiological and biosocial perspectives, Mahwah 1997.
Stürmer, S., Sozialpsychologie, München 2016.
Sulloway, F. J., Freud, Biologe der Seele: Jenseits der psychoanalytischen Legende, Köln 1982.
Sulloway, F. J., Freud, Biologist of the Mind, Beyond the Psychoanalytic Legend, New York 1979.
Taylor, Shelley E./Fiske, Susan T., Point of view and perceptions of causality, in: Journal of Personality and Social Psychology 32 (1975), S. 439–445.
Thomas, A. K./Loftus, E. F., Creating bizarre false memories through imagination, in: Memory & Cognition 30 (2002), S. 423–431.
Toma, C./Butera, F., Hidden Profiles and Concealed Information: Strategic Information Sharing and Use in Group Decision Making, in: Personality and Social Psychology Bulletin 35 (2009), S. 793–806.
Trivers, R. L., The evolution of reciprocal altruism, in: Quarterly Review of Biology 46 (1971), S. 35–57.
Tulving, E./Thomson, D. M., Encoding specificity and retrieval processes in episodic memory, in: Psychological Review 80 (1973), S. 352–373.
Tversky, A./Kahneman, D., Availability: A heuristic for judging frequency and probability, in: Cognitive Psychology 5 (1973), S. 207–232.
Tversky, A./Kahneman, D., Evidential Impact of Base Rates, in: Kahneman, D./Slovic, P./Tversky, A. (Hrsg.), Judgment under Uncertainty – Heuristics and Biases, Cambridge 1982.
Tversky, A./Kahneman, D., The Framing of Decisions and the Psychology of Choice, in: Science, New Series 211 (1981), S. 453–458.
Tversky, A./Kahneman, D., Judgment under Uncertainty: Heuristics and Biases, in: Science, New Series 185 (1974), S. 1124–1131.
Undeutsch, U., Forensische Psychologie, Göttingen 1967.
Undeutsch, U./Klein, G., Wissenschaftliches Gutachten zum Beweiswert physiopsychologischer Untersuchungen, in: Praxis der Rechtspsychologie 9 (Sonderheft), 1999, S. 45–126.
Varnum, M. E. K./Grossmann, I./Kitayama, S./Nisbett, R., The origin of cultural differences in cognition: The social orientation hypothesis, in: Current Directions in Psychological Science 19 (2010), S. 9–13.
Vidmar, N., Effects of Decision Alternatives on the Verdicts and Social Perception of Simulated Jurors, in: Journal of Personality and Social Psychology 22 (1972), S. 211–218.
Volbert, R., Aussagen über Traumata, in: Volbert, R./Steller, M. (Hrsg.), Handbuch der Rechtspsychologie, Göttingen 2008, S. 342–352.
Volbert, R., Beurteilung von Aussagen über Traumata – Erinnerungen und ihre psychologische Bewertung, Bern 2004.
Volbert, R., Sekundäre Viktimisierung, in: Volbert, R./Steller M. (Hrsg.), Handbuch der Rechtspsychologie, Göttingen 2008, S. 198–208.
Volbert, R., Suggestion, in: Volbert, R./Steller, M. (Hrgs.), Handbuch der Rechtspsychologie, Göttingen 2008, S. 331–341.

Literaturverzeichnis

Volbert, R./Lau, S., Aussagetüchtigkeit, in: Volbert, R./Steller, M. (Hrsg.), Handbuch der Rechtspsychologie, Göttingen 2008, S. 289–299.

Walter, T., Beyond Mollath – Strafrechtliche Unterbringung in der Psychiatrie, in: ZRP 2014, S. 103–106.

Warren, R. M., Perceptual restoration of missing speech sounds, in: Science 167 (1970), S. 392–393.

Wells, G. L./Hasel, L., Facial composite production by eyewitness, in Current Directions in Psychological Science, 16 (2007), S. 6–10.

Wells, G. L./Loftus, E. F., Eyewitness memory for people and events, in: Goldstein, A. M. (Hrsg.), Handbook of psychology: Forensic psychology, Bd. 11, New York 2003, S. 149–160.

Wendler, A., Die Vernehmung der Auskunftsperson in der Hauptverhandlung aus richterlicher Sicht, in: Deckers, R./Köhnken, G. (Hrsg.), Die Erhebung von Zeugenaussagen im Strafprozess, 2007, S. 188–212.

Wendler, A., Vernehmungslehre, in: Römermann, V./Paulus, C. (Hrsg.), Schlüsselqualifikationen für Jurastudium, Examen und Beruf, München 2003, S. 298–331.

Wendler, A./Hoffmann, H., Technik und Taktik der Befragung, 2. Aufl. Stuttgart 2015.

Wendt, M., Allgemeine Psychologie – Wahrnehmung, Göttingen 2014.

Wheeler, S. C./DeMarree, K. G., Multiple mechanisms of prime-to-behavior effects, in: Social and Personality Psychology Compass 3 (2009), S. 566–581.

Williams, L. E./Bargh, J. A., Experiencing physical warmth promotes interpersonal warmth, in: Science 322 (2008), S. 606–607.

Wilson, T. D./Houston, C. E./Etling, K. M./Brekke, N., A new look at anchoring effects: Basic anchoring and its antecedents, in: Journal of Experimental Psychology: General 125 (1996), S. 387–402.

Wilson, G. D./Eysenck, H.-J., Einleitung, in: Wilson, G. D./Eysenck, H.-J. (Hrsg.), Experimentelle Studien zur Psychoanalyse Sigmund Freuds, Wien 1979, S. 15–31.

Wood, W., Attitude change: Persuasion and social influence, in: Annual Review of Psychology 51 (2000), S. 539–570.

Worchel, S./Lee, J./Adewole, A., Effects of Supply and Demand on Ratings of Object Value, in: Journal of Personality and Social Psychology 32 (1975), S. 906–914.

Wuensch, K. L./Castellow, W. A./Moore, C. H., Effects of Defendant Attractiveness and Type of Crime on Juridic Judgment, in: Journal of Social Behavior and Personality 6 (1991), S. 713–724.

Zelazo, P. D./Helwig, C. C./Lau, A., Intention, act, and outcome in behavioral predicition and moral judgment, in: Child Development 67 (1996), S. 2478–2492.

Zippelius, R., Rechtsphilosophie, 6. Aufl. München 2011.

Stichwortverzeichnis

Die Angaben verweisen auf die Paragrafen des Buches (**fette Zahlen**) sowie die Randnummern innerhalb der einzelnen Paragrafen (magere Zahlen).
Beispiel: § 9 Rn. 10 = **9** 10

Abu Ghraib **7** 399
Affekt **12** 455
Affirmation Bias **1** 7, **3** 126
Aggression **9** 429 ff.
Altruismus **6** 383
Anfangswahrscheinlichkeit **3** 86
Ankereffekt **3** 55 f., **13** 476
Ankerheuristik **3** 55
Ansprechbarkeit
– normative **15** 503
Anthropologie **1** 3
A-posteriori-Wahrscheinlichkeit **3** 84
A-priori-Wahrscheinlichkeit **3** 84
Assoziationen **5** 256
Attribution
– defensive **7** 410
– externale **7** 405
– internale **7** 405
– selbstwertdienliche **7** 409
Attributionsfehler
– fundamentaler **7** 397
– ultimativer **7** 407
Attributionstheorie **7** 393
Aufmerksamkeitsfokussierung **4** 142
Ausgangshypothese **5** 202
Aussageanalyse
– inhaltsorientierte **5** 220
Aussagetüchtigkeit **5** 215
Aussagewürdigung **5** 214
Autorität **8** 424
Autosuggestion **4** 179

Basisrate **3** 66, 80, **5** 294
Bayes-Theorem **3** 84
Belastungsstörung, posttraumatische **11** 445 ff.
Belief-Bias-Effekt **3** 100
Benjamin-Franklin-Effekt **7** 402

Beobachtungsmethode **1** 9
Bereitschaftspotential **15** 506
Bericht **5** 318
Bestrafung
– unzureichende **12** 458
Beweiskette **3** 75
Beweislastverteilung **5** 202
Beweisring **3** 72 ff.
Beweiswürdigung **5** 198
Bewusstsein **4** 154
Bottom-up-Verarbeitung **4** 145
Business Judgement Rule **3** 107

Cocktailparty-Phänomen **4** 142
commitment **13** 470
Confirmation Bias **1** 7, **3** 126

Darstellungseffekt **3** 112 ff.
Datenbank **1** 35
date rape **6** 390
Defense Attorney's Fallacy **3** 82
Deliktstypik **5** 247
Denken
– automatisches **4** 146
– kontrolliertes **4** 146
Denkstil
– analytischer **4** 152
– holistischer **4** 152
Detailreichtum **5** 242
Determinismus **15** 502
Dissonanz
– kognitive **2** 43 ff.
Doppel-blind-Verfahren **1** 13

Ego-Shooter **9** 431
Einstellung **12** 455
Einstellungsänderung **12** 457 ff.
Elaboration-Likelihood-Modell **12** 462
Empathie-Altruismus-Hypothese **6** 385

Endwahrscheinlichkeit 3 84
Erinnerung
– verdrängte 4 190
Erwartungseffekte 1 13
Experimentelle Methode 1 12

Falschinformationseffekt 4 171
Fehler, umgekehrter 3 101 ff.
Fehlschluss
– des Verteidigers 3 82
– statistischer 3 67
Fehlschluss des Anklägers 3 68
Feldexperiment 1 20
Filterfrage 5 337
Frage
– geschlossene 5 340
– offene 5 339
Fragetechnik 5 327
Fragetypen 5 336
Framing 3 112 ff.
Frustrations-Aggressions-Hypothese 9 434
Fuß-in-der-Tür-Technik 13 481

Garantenstellung 6 384
Gedächtnisverschluss 5 325
Gefühle 5 252
Gegenüberstellung 4 161
Gehorsam 8 424
Gestik 5 244
Glaube an die gerechte Welt 7 410
Glaubhaftigkeit 5 201
Glaubwürdigkeit 5 201
Groupthink 8 419
Gruppendenken 8 419
Gruppenkohäsion 8 416
Gruppenpolarisierung 8 421

Haloeffekt 3 110
Häufigkeitsbaum 3 79
high elaboration 12 462
Hindsight Bias 3 107
Hofeffekt 3 110
Homogenität 5 275

Hypnose 4 181
Hypothesen 1 5

Ignoranz, pluralistische 6 387
Individualität 5 251
Indizien
– abhängige 3 97
– unabhängige 3 97
Indizienfamilie 3 99
Informationen
– Abruf von 4 157
Informationsabruf 4 157
Informationseinfluss 8 413
Inhaltsorientierte Aussageanalyse 5 220
Inkadenzphänomen 5 325
Inkonstanz 5 277 ff.
Interaktion 5 245
Interferenz 4 156
Interrater-Reliabilität 1 9
Interview
– kognitives 5 351
Interviewer-Bias 1 8
Inverse Fallacy 3 101 ff.

Kausalität 1 11
– dispositionale 7 393
– externale 7 393
– internale 7 393
– situative 7 393
Knallzeuge 4 140
Knappheit 13 471, 487
Kognition 12 455 ff.
Kommunikation
– persuasive 12 461
Kompetenzanalyse 5 283 ff.
Komplott 5 348 f.
Kompromisseffekt 3 128 ff.
Konfirmatorisches Testen 3 126
Konformität 8 413
Konstanz 5 277 ff.
Kontrasteffekt 13 489 ff.
Kontrollbedingungen 1 14
Kontrollfragentest 5 231
Korrelative Methode 1 10

Kovariationsprinzip 7 396
Laborexperiment 1 20
Libet-Experimente 15 505 ff.
Loss Aversion 3 117
Low-balling 13 472
low elaboration 12 462
Lügendetektor 5 224 ff.

Mehrkanalmethode 5 359
Milgram-Experimente 8 425 ff.
Mimik 5 244
Missbrauchsprozesse
– Wormser 4 191
Mit-der-Tür-ins-Gesicht-Technik 13 478
Mollath, Gustl 10 440
Motivation 6 378 ff.

Nachentscheidungsdissonanz 2 47
Nichtsteuerungskriterium 5 272
Normalverteilung 1 16
Normeinfluss 8 413
Normen, soziale 8 411 ff.
Nullhypothese 5 203, 222

Observation Bias 1 7
Opferzeuge 5 377
Originalität 5 251
Othello-Fehler 5 326
own-age bias 4 163
own-race bias 4 163
own-sex bias 4 163

Persuasion 12 455 ff.
– periphere Route 12 462
– zentrale Route 12 462
Phantombild 4 168
Phonemergänzung 4 145
Placeboeffekt 1 13
Polizeibeamter 5 372
Polygraphen 5 225
Polygraphie 5 225
Primacy-Effekt 3 54, 4 159, 12 465
Priming 4 148

Prophezeiung
– selbsterfüllende 3 110, 4 149, 5 326
Prosecutor's Fallacy 3 68, 93
Prospect Theory 3 112, 123
Protokoll 5 363
Pseudoerinnerungen 4 171
Psychoanalyse 1 21 ff.
Psychologie 1 1 ff.
Psychologische Forschung 1 4 ff.
Pygmalioneffekt 5 304

Quellendiskrimination 4 186
Quellenverwechslungsfehler 4 185

Rational-Choice-Theorie 13 489
Realitätskriterien 5 220, 239, 266 f.
Realkennzeichen 5 220, 239, 266 f.
Recency-Effekt 3 54, 4 159, 12 465
Regel
– explizite 8 411
– implizite 8 411
Reid-Technik 5 361
Reliabilität 1 18
Repräsentativitätsheuristik 3 66
Resilienz 11 444 ff.
Reziprozität 6 385
Rollen, soziale 8 411
Rosenthal-Effekt 5 304
Rückschaufehler 3 107 ff.

Schema 4 147
Selbstbelastung 5 263
Selbstdarstellung
– strategische 5 260
Selbstfestlegung 13 470
self-fulfilling prophecy 3 110, 4 149, 5 326
self-serving bias 7 409
Signifikanz, statistische 1 16
Skript, soziales 6 390
Social-Impact-Theorie 8 413
Sozialpsychologie 1 2
Soziologie 1 3
Standardisierung 1 8

Stanford-Prison-Experiment 7 400 ff.
Stereotypen 3 110, 4 192, 7 407
Stichproben 1 10
story-model 2 46
Strukturbrüche 5 267
Suggestion 4 171 ff.

Tatwissentest 5 234
Taxiproblem 3 79
Theorie 1 5
Tiefenpsychologie 1 21
Top-down-Verarbeitung 4 145
Tür-ins-Gesicht-Technik 13 478

Urteile, moralische 14 497 ff.
Urteilsheuristik 3 51, 4 151
Urteilsneigung, glaubhaftigkeitsbasierte 3 100

Validität 1 19
Variable
– abhängige 1 12
– unabhängige 1 12
Variablen
– Konfundierende 1 13
Verantwortungsdiffusion 6 386

Verflechtung 5 276
Verfügbarkeitsheuristik 3 52 ff.
Vergewaltigung 6 390, 11 446
Verhandeln 13 466 ff.
Verhandlungstechniken
– Abwehr von 13 493 ff.
Verhör 5 323 ff.
Verlustaversion 3 117
Vernehmungsmethoden 5 291, 350 ff.
Versuchsleiterartefakt 5 304
Vertauschungsfehler 3 101 ff.

Waffeneffekt 4 163
Wahllichtbildvorlage 4 162
Wahrnehmung 4 138 ff.
Wahrnehmungssalienz 4 141
Wahrscheinlichkeit, bedingte 3 86
Wiedererkennen von Personen 4 161
Willensfreiheit 15 500 ff.
Wormser Missbrauchsprozesse 4 191

Zeugenvernehmung 5 198, 291 ff.
Zickzackverhör 5 360
Zuschauereffekt 6 386 ff.